3교시
북아메리카 식민지

1교시
유럽 여러 나라의 경쟁

책 속의 QR 코드로 용선생의 세계 문화유산 강의를 볼 수 있습니다.
QR 코드를 스캔하여 회원 가입 및 로그인 진행 후
도서 구매 시 제공된 영상 쿠폰 번호를 등록해 주세요.

영상 재생 방법
❶ QR 코드 스캔 ⋯ ❷ 회원 가입 / 로그인 ⋯ ❸ 영상 쿠폰 번호 등록 ⋯ ❹ 영상 재생

회원 가입/로그인 후에 영상 재생을 위해 QR 코드를 다시 스캔해 주세요.
쿠폰 번호는 최초 1회만 등록 가능하며, 변경 또는 양도할 수 없습니다.
로그인 상태라면 즉시 영상을 재생할 수 있습니다.
PC에서는 용선생 클래스(yongclass.com)에서 시청할 수 있습니다.

영상 재생 방법 안내

글 이희건
서울대학교 고고미술사학과를 졸업하고 오랫동안 책 만드는 일을 해 왔으며, 사회평론 역사연구소장을 역임했습니다.

글 차윤석
서울대학교 독어독문학과를 졸업하고 같은 학교 대학원에서 석·박사 과정을 거친 뒤 독일 뮌헨대학교에서 중세문학 박사 과정을 마쳤습니다.

글 김선빈
고려대학교 국어국문학과를 졸업하고 웹진 《거울》 등에서 소설을 썼습니다. 어린이 교육과 관련된 일을 시작하여 국어, 사회, 세계사와 관련된 다양한 교재와 콘텐츠를 개발했습니다.

글 박병익
고려대학교 사학과를 졸업했습니다. 사실의 나열이 아닌 '왜?'와 '어떻게?'라는 질문을 통해 어린이들이 역사와 친해지는 글을 쓰기 위해 오늘도 고민하고 있습니다.

글 김선혜
고려대학교 사학과를 졸업하고 여러 회사에서 콘텐츠 매니저, 기획 업무를 담당했습니다.

그림 이우일
홍익대학교에서 시각디자인을 공부한 만화가입니다. '노빈손' 시리즈의 모든 일러스트레이션을 그렸으며 지은 책으로는 《우일우화》, 《옥수수빵파랑》, 《좋은 여행》, 《고양이 카프카의 고백》 등이 있습니다.

설명삽화 박기종
단국대학교 동양화과와 홍익대학교 대학원을 나와 지금은 아이들의 신나는 책 읽기를 위해 어린이 책 일러스트 작가로 활동하고 있습니다.

지도 김경진
'매핑'이란 지도 회사에서 일하면서 어린이, 청소년 책에 지도를 그리고 있습니다. 얼마 전까지 중학교 교과서 만드는 일도 했습니다. 참여한 책으로는 《아틀라스 중국사》, 《아틀라스 일본사》, 《아틀라스 중앙유라시아사》, 《미래를 여는 한국의 역사》 등이 있습니다.

구성 장유영
서울대학교에서 지리교육과 언론정보학을 공부했습니다. 졸업 후 학교에서 학생들을 가르치다 지금은 어린이책을 만들고 있습니다.

구성 정지윤
서울대학교 국어교육과를 졸업하고 문화예술, 교육 분야 기관에서 기획 업무를 담당했습니다.

자문 및 감수 박수철
서울대학교 역사교육과를 졸업하고 같은 대학 대학원 동양사학과에서 석사를, 일본 교토대에서 박사 학위를 받았습니다. 현재는 서울대학교 역사학부 교수로 재직 중입니다. 지은 책으로는 《오다·도요토미 정권의 사사지배와 천황》이 있으며, 함께 지은 책으로는 《아틀라스 일본사》, 《사료로 보는 아시아사》, 《일본사의 변혁기를 본다》 등이 있습니다.

자문 및 감수 윤은주
서울대학교 서양사학과를 졸업하고 프랑스 사회과학고등연구원에서 박사 학위를 받았습니다. 현재 국민대학교 교양대학 강의 전담 교원으로 일하고 있습니다. 《넬슨 만델라 평전》을 우리말로 옮겼으며 《히스토리》의 4~5장과 유럽 국가들의 연표를 우리말로 옮겼습니다.

자문 및 감수 이근명
서울대학교 동양사학과를 졸업하고 같은 학교 대학원에서 석사·박사 학위를 받았습니다. 현재 한국외국어대학교 사학과 교수로 재직하고 있습니다. 지은 책으로는 《남송 시대 복건 사회의 변화와 식량 수급》, 《아틀라스 중국사(공저)》, 《동북아 중세의 한족과 북방민족》 등이 있고, 《중국역사》, 《중국의 시험지옥-과거》, 《송사 외국전 역주》 등을 우리말로 옮겼습니다.

자문 및 감수 최재인
서울대학교 서양사학과를 졸업하고 같은 학교 대학원에서 석사·박사 학위를 받았습니다. 현재 서울대학교 강사로 일하고 있습니다. 함께 지은 책으로 《서양여성들 근대를 달리다》, 《여성의 삶과 문화》, 《다민족 다인종 국가의 역사인식》, 《동서양 역사 속의 다문화적 전개양상》 등이 있고, 《가부장제와 자본주의》, 《유럽의 자본주의》, 《세계사 공부의 기초》 등을 우리말로 옮겼습니다.

교과 과정 감수 박혜정
성균관대학교 역사교육과를 졸업하고 현재는 경기도 용인 신촌중학교에서 근무하고 있습니다. 『나의 첫 세계사』를 집필하였습니다.

교과 과정 감수 한유라
홍익대학교 역사교육과를 졸업하고, 현재는 경기도 광명 충현중학교에서 근무하고 있습니다. 『12.3 사태, 그날 밤의 기록』을 집필하였습니다.

교과 과정 감수 원지혜
동국대학교 역사교육과를 졸업하고, 현재는 경기도 시흥 은계중학교에서 근무하고 있습니다. 『더 늦기 전에 시작하는 생태환경사 수업』의 공저자입니다.

기획자문 세계로
1991년부터 역사 전공자들이 모여 함께 고민하고 연구하며 한국사와 세계사를 가르치고 있습니다. 《용선생의 시끌벅적 한국사》 기획에 참여했고, 지은 책으로는 역사동화 '이선비' 시리즈가 있습니다.

8 분출하는 유럽, 정점에 선 아시아

절대 왕정. 과학 혁명과 계몽주의, 청나라, 에도 막부

교양으로 읽는
용선생
세계사

글 | 이희건 차윤석 김선빈 박병익 김선혁
그림 | 이우일 박기종

차례

1교시 유럽 나라들이 세계를 무대로 치열한 경쟁을 벌이다

유럽 연합의 기초가 된 베네룩스 3국	014
에스파냐가 몰락하고 바닷길이 열리다	020
중상주의, 장사를 해서 왕의 금고를 채워라	027
주식회사가 탄생하다	032
네덜란드가 아시아로 뛰어들어 번영을 누리다	039
네덜란드에 이어 영국과 프랑스가 인도양 무역에 뛰어들다	047
북아메리카 모피 무역을 놓고 영국과 프랑스가 다투다	055
대서양 삼각 무역에 뿌려진 아프리카 사람들의 눈물	060
나선애의 정리노트	067
세계사 퀴즈 달인을 찾아라!	068
용선생 세계사 카페	
해적의 시대가 열리다	070
영국 최고의 극작가 셰익스피어의 명작 들여다보기	074

교과 연계 중학교 역사① IV-3 서아시아와 유럽 사회의 변화

2교시 절대 왕정이 들어선 프랑스, 입헌 군주제가 확립된 영국

축복받은 자연 위에 예술을 꽃피운 나라 프랑스	082
유럽이 참혹한 30년 전쟁에 휘말리다	088
유럽에 새로운 국제 질서가 마련되다	096
프랑스에 절대 왕정이 들어서다	103
프랑스가 유럽 최강국으로 우뚝 서다	111
영국 의회가 왕을 처형하고 공화국을 선언하다	117
명예혁명을 통해 입헌 군주제를 실시한 영국	126
나선애의 정리노트	135
세계사 퀴즈 달인을 찾아라!	136
용선생 세계사 카페	
바로크 건축의 걸작 베르사유 궁전	138
삼총사-하나는 모두를 위해, 모두는 하나를 위해	142

교과 연계 중학교 역사① IV-3 서아시아와 유럽 사회의 변화

3교시 북아메리카에 영국 식민지가 자리 잡다

이민자가 만든 다문화 사회 캐나다	148
북아메리카에서 새로운 삶을 시작한 유럽인들	154
북아메리카와 영국의 사이가 점점 나빠지다	168
북아메리카에서 영국과 프랑스 간의 전쟁이 벌어지다	174
영국의 세금 폭탄에 식민지가 독립을 꿈꾸다	179
나선애의 정리노트	187
세계사 퀴즈 달인을 찾아라!	188
용선생 세계사 카페	
아메리카 원주민들은 어떻게 살았을까?	190

교과 연계 중학교 역사① V-1 유럽과 아메리카의 국민 국가 체제

4교시 과학 혁명, 세상을 바라보는 눈이 바뀌다

한 지붕 네 가족 섬나라 영국	200
새로운 세상에 눈을 뜨게 한 코페르니쿠스의 전환	208
스타 과학자 갈릴레이가 이단 심판을 받은 이유	217
유럽인의 새로운 세계관 합리주의와 경험주의	222
과학이 눈부신 발전을 거듭하다	228
계몽사상이 꽃피다	233
사회 계약론이 발전하다	239
나선애의 정리노트	245
세계사 퀴즈 달인을 찾아라!	246
용선생 세계사 카페	
라이벌 관계였던 천재 과학자 뉴턴과 라이프니츠	248
계몽사상가들의 신념이 담긴 책 《백과전서》 들여다보기	254

교과 연계 중학교 역사① V-1 유럽과 아메리카의 국민 국가 체제

5교시 중부 유럽의 국가들이 강자로 떠오르다

유라시아 대륙의 거대한 나라 러시아	262
오스트리아가 30년 전쟁의 폐허를 딛고 일어서다	268
오스트리아 왕위 계승 전쟁이 벌어지다	273
변방의 브란덴부르크가 강력한 프로이센 왕국으로 성장하다	277
프로이센과 오스트리아가 슐레지엔을 놓고 치열하게 싸우다	287
표트르 1세가 낙후된 러시아를 개혁하다	294
러시아가 제2의 전성기를 맞다	305
나선애의 정리노트	311
세계사 퀴즈 달인을 찾아라!	312
용선생 세계사 카페	
시베리아 개척에 나선 러시아	314
30년 전쟁에서 폴란드 분할까지, 격변하는 유럽을 한 번에 정리하자!	318

교과 연계 중학교 역사① Ⅳ-3 서아시아와 유럽 사회의 변화

7교시 만주족이 세운 중국 마지막 왕조 청나라

고유 문화를 지키며 살아가는 중국의 시짱 자치구 티베트	378
만주족이 만리장성을 넘어 청나라를 세우다	384
당근과 채찍으로 중국을 다스리다	394
청나라의 전성기를 이끈 세 명의 황제	399
활짝 열어젖힌 바다의 문, 청나라의 번영을 이끌다	411
청나라, 유럽 대륙과 부딪히다	417
나선애의 정리노트	425
세계사 퀴즈 달인을 찾아라!	426
용선생 세계사 카페	
명·청 시대를 주름잡았던 진상과 휘상	428
명·청 시대 베스트셀러 소설 TOP 4	432

교과 연계 중학교 역사① Ⅳ-2 동아시아와 인도 지역 질서의 변화

6교시 에도 막부, 일본에 평화가 찾아오다

일본의 수도 도쿄를 돌아보다	326
쇼군이 중앙 집권을 강화하다	332
에도 막부, 나라의 문을 걸어 잠그다	341
상업의 발달로 번영을 누리는 에도 시대	347
빈곤 문제와 대기근이 에도 시대를 뒤흔들다	356
지방 번들이 살길을 모색하며 번정 개혁에 나서다	361
나선애의 정리노트	367
세계사 퀴즈 달인을 찾아라!	368
용선생 세계사 카페	
조닌의 대중문화 살펴보기	370

교과 연계 중학교 역사① Ⅳ-2 동아시아와 인도 지역 질서의 변화

한눈에 보는 세계사-한국사 연표	436
찾아보기	438
참고문헌	440
사진 제공	447
퀴즈 정답	451

초대하는 글

용선생 역사반, 세계로 출발!

여러분, 안녕! 용선생 역사반에 온 걸 환영해!

용선생 역사반의 명성은 익히 들어 잘 알고 있겠지? 신나고 즐거운 데다 깊이까지 있다고 소문이 쫙 났더라고. 역사반에서 공부한 하다와 선애, 수재, 영심이도 중학교 잘 다니고 있다는 소식을 들었지.

그런데 어느 날 중학생이 된 하다와 선애, 수재, 영심이가 다짜고짜 찾아와서 막 따지는 거야.

"선생님! 왜 역사반에서는 한국사만 가르쳐 주신 거예요?"

"중학교 가자마자 세계사를 배우는데, 이름도 지명도 너무 낯설고 어려워요!"

"역사반 덕분에 초등학교 때는 천재 소리 들었는데, 중학교 가서 완전 바보 되는 거 아니에요?"

한참을 그러더니 마지막에는 세계사도 가르쳐 달라고 조르더라고.

"너희들은 중학생이어서 역사반에 들어올 수 없어~"

그랬더니 선애가 벌써 교장 선생님한테 허락을 받았다는 거야. 아닌 게 아니라 다음날 교장 선생님께서 나를 불러 이러시더군.

"용선생님, 방과 후 시간에 역사반 아이들을 위한 세계사 수업을 해 보면 어떨까요?"

결국 역사반 아이들은 다시 하나로 뭉쳤어.

원래 역사반에서 세계사까지 가르칠 계획은 전혀 없었지만⋯ 피할 수 없다면 즐겨라. 역사반 아이들이 이토록 원하는데 용선생이 어떻게 가만히 있을 수 있겠어? 그래서 중·고등학교 세계사 교과서들은 물론이고, 서점에 나와 있는 세계사 책들, 심지어 미국과 독일을 비롯한 세계사 교과서까지 몽땅 긁어모은 뒤 철저히 조사했어. 뭘 어떻게 가르칠지 결정하기 위해서였지. 그런 뒤 몇 가지 원칙을 정했어.

첫째, 지도를 최대한 활용하자! 서점에 나와 있는 책들은 대부분 지도가 부족하더군. 역사란 건 공간에 시간이 쌓인 거야. 그러니 그 공간을 알아야 역사가 이해되지 않겠어? 그래서 지도를 최대한 많이 넣어서 너희들의 지리 감각을 올려주기로 했단다.

둘째, 사람들이 살아가는 모습을 꼼꼼히 들여다보자! 세계사 공부를 할 때 중요 사건이 왜 일어났는지도 중요하지만, 그때 사람들이 어떤 모습으로 살았는지도 중요해. 그 모습을 보면, 그들이 왜 그렇게 살았는지, 우리와는 무엇이 같고 다른지 알 수 있게 될 거야.

셋째, 사진과 그림을 최대한 많이 보여주자! 사진 한 장이 백 마디 말보다 사건이나 시대 분위기를 훨씬 더 효과적으로 전달할 때가 많아. 특히 세계사를 처음 배울 때는 이런 시각 자료가 큰 도움이 되지. 사진이나 그림은 당시 분위기를 파악하는 데도 아주 좋은 자료란다.

==넷째, 다른 역사책에서 잘 다루지 않는 지역의 역사도 다루자!== 인류 문명은 어떤 특정한 집단이나 나라가 만든 게 아니라, 지구상에 살았던 모든 집단과 나라가 빚어낸 합작품이야. 아프리카, 아메리카 원주민, 유목민도 유럽과 아시아 못지않게 인류 문명의 발전에 기여했다는 말이지. 세계 각지에서 일어난 문명과 역사를 알면 세계사가 더 쉽게 느껴질 거야.

==다섯째, 과거와 현재를 연결하자.== 수업 시작하기 전에 그 시간에 배울 사건들이 일어났던 나라나 도시의 현재 모습을 보게 될 거야. 그 장소가 과거뿐 아니라 지금도 사람들의 삶의 현장이라는 것을 보여 주기 위해서지. 예를 들어 메소포타미아 하면 사람들은 메소포타미아 문명이 일어난 곳으로만 알지, 지금 그곳에 이라크라는 나라가 있다는 사실은 모르는 경우가 많아. 지금 이라크 사람들의 모습과 옛날 메소포타미아 문명 사람들의 모습을 비교해 보는 것도 좋은 역사 공부 방법이란다.

이런 원칙으로 재미있게 세계사 공부를 하려는데, 작은 문제가 하나 있어. 세계사는 한국사와 달리, 직접 현장을 방문하기가 쉽지 않다는 점이지. 하지만 용선생이 누구냐. 역사 공부를 위해서라면 물불 가리지 않는 용선생이 이번에는 너희들이 볼 수 있는 영상도 만들었어. ==책 속의 QR코드를 찍으면 세계 곳곳의 문화유산과 흥미로운 사건을 볼 수 있을 거야.==

자, 얘들아. 그럼 이제 슬슬 세계사 여행을 시작해 볼까?

등장인물

'용쓴다 용써' 용선생

어쩌다 맡게 된 역사반에, 한국사에 이어 세계사까지 가르치게 됐다. 맡은바 용선생의 명예를 욕되게 할 수는 없지. 제멋대로 자란 머리카락을 휘날리며 오늘도 용쓴다.

'장하다 장해' 장하다

'튼튼하게만 자라 다오.'라는 아버지의 소원대로 튼튼하게만 자랐다. 세계적인 축구 스타가 꿈! 세계를 다니려면 세계사 지식도 필수라는 생각에 세계사반에 지원했다. 영웅 이야기를 좋아해서 역사 인물들에게 관심이 많다.

'오늘도 나선다' 나선애

역사 마스터를 꿈꾸는 우등생. 공부도 잘하고 아는 게 많아서 잘 나선다. 글로벌 인재가 되려면 기초 교양이 튼튼해야 한다는 생각으로 용선생을 찾아가 세계사반을 만들게 한다. 어려운 역사 용어들을 똑소리 나게 정리해 준다.

'잘난 척 대장' 왕수재

시도 때도 없이 잘난 척을 해서 얄밉지만 천재적인 기억력 하나만큼은 인정. 또 하나 천재적인 데가 있으니 바로 깐족거림이다. 세계를 무대로 한 사업가를 꿈꾸다 보니 지리에 관심이 많다.

'엉뚱 낭만' 허영심

엉뚱 발랄한 매력을 가진 역사반의 분위기 메이커. 남다른 공감 능력이 있어서 사람들이 고통을 겪을 때면 눈물을 참지 못한다. 예술과 문화에 관심이 많고, 그 방면에서는 뛰어난 상식을 자랑한다.

'깍두기 소년' 곽두기

애교가 넘치는 역사반 막내. 훈장 할아버지 덕분에 뛰어난 한자 실력을 갖추고 있으며, 어휘력만큼은 형과 누나들을 뛰어넘을 정도. 그래서 새로운 단어가 등장할 때마다 한자 풀이를 해 주는 것이 곽두기의 몫.

1교시

유럽 나라들이 세계를 무대로 치열한 경쟁을 벌이다

에스파냐의 패권이 흔들리자 바다에 대한
에스파냐의 통제력도 약화되었어.
유럽 열강은 이때를 놓치지 않고 바다로 진출했어.
큰 이익을 남길 수 있는 값비싼 물품을 확보하기 위해서였지.
이번 시간에는 유럽 열강들의
뜨거운 해상 진출 경쟁을 뒤따라가 보자.
출발!

1588년	1602년	1623년	1651년	1713년	1756년	1757년
에스파냐의 무적함대 패배 (칼레 해전)	네덜란드 동인도 회사 설립	암본 사건	영국, 항해법 선포	위트레흐트 조약	7년 전쟁 시작	영국, 플라시 전투에서 승리

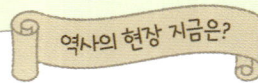

유럽 연합의 기초가 된 베네룩스 3국

서유럽의 세 나라인 벨기에, 네덜란드, 룩셈부르크를 묶어서 '베네룩스 3국'이라고 해. 뿌리가 같은 이 세 나라는 습지가 많고 땅이 매우 척박한 편이야. 그래서 농업보다는 일찍부터 상업과 제조업에 눈을 돌렸고, 지금은 세계에서 손꼽히는 부국이 됐지. 베네룩스 3국은 1960년 '베네룩스 경제 동맹'을 맺어서 적극적으로 경제 협력에 앞장섰어. 베네룩스 경제 동맹은 오늘날 유럽 연합 탄생의 기초가 되었단다.

간척으로 일궈 낸 풍요의 땅 네덜란드

동쪽으로 독일, 남쪽으로 벨기에와 국경을 맞대고 있는 네덜란드는 전체 면적이 한반도의 5분의 1, 인구는 약 1,800만 명 정도 되는 작은 나라야. 하지만 중계 무역으로 세계 5대 수출국이 된 부유한 나라지. 네덜란드는 국토의 4분의 1이 해수면보다 낮은 곳에 자리 잡고 있는 독특한 나라이기도 해. 바다에 둑을 쌓고 물을 빼내 인공적으로 만든 간척지가 많기 때문이지. 네덜란드라는 말도 '낮은 땅'이라는 뜻이란다.

↑ **네덜란드의 수도 암스테르담**
암스테르담은 강 하구에 둑을 쌓아 만든 땅에 들어선 도시야. 거미줄처럼 얽힌 작은 물길이 도시 구석구석을 도로처럼 연결하지.

← **도로 위의 운하** 버가 오가는 운하가 자동차가 오가는 도로 위를 가로지르고 있지? 네덜란드에서는 이렇게 독특한 광경을 흔히 볼 수 있어.

↑ 유럽의 관문 로테르담 항구
로테르담은 네덜란드 제2의 도시이자 한때 세계 최대 항구였어. 지금도 전 세계에서 유럽으로 들어오는 화물의 절반 이상이 로테르담을 거쳐 가.

← 물을 빼내는 풍차
네덜란드 사람들은 바람의 힘으로 바닷물을 퍼내기 위해 풍차를 사용했어. 한때는 네덜란드 전역에 8,000개가 넘는 풍차가 있었다고 해.

↑ **로테르담 큐브하우스** 뒤집어진 큐브처럼 생긴 3층짜리 아파트야. 독특한 모양으로 많은 관광객을 불러 모으지.

➜ **원예 산업 강국 네덜란드**
튤립으로 유명한 네덜란드는 세계 최다의 꽃 수출국이야. 특히 전 세계에서 온갖 꽃을 들여온 두 이를 개량해 파는 것으로 유명해.

← **꽃 경매장 알스미어**
축구장 200개 규모에 이르는 알스미어 경매장에서는 하루에 수천만 송이의 꽃이 거래돼, 전 세계로 팔려나가.

➜ **네덜란드에서 개량된 주황색 당근**
꽃뿐만 아니라 각종 식물 품종 개량 기술도 세계 최고 수준이야. 세계에서 유통되는 채소 종자의 35퍼센트가 네덜란드산일 정도지.

유럽의 중심 벨기에

네덜란드, 프랑스, 독일 사이에 위치한 벨기에는 면적이 한반도의 7분의 1, 인구 1천만 명이 조금 넘는 작은 나라야. 하지만 세계에서 손꼽히는 부유한 나라지. 주로 원료를 수입해 가공해서 파는 가공 무역이 발달했고, 세계 최대의 다이아몬드 수출국이기도 해.

▲ **벨기에의 수도 브뤼셀** 브뤼셀을 유럽의 '정치적 수도'라고도 해. 유럽 연합(EU)과 북대서양 조약 기구(NATO) 본부 등 1,000개가 넘는 각종 국제기구의 본부가 이곳에 자리 잡고 있거든.

◀ **스머프** 벨기에는 세계적으로 유명한 캐릭터 '스머프'의 고향이야.

▶ **브뤼셀의 상징 오줌싸개 동상** 크기가 60센티미터쯤 되는 조그마한 동상이야.

▲ **프랄린 초콜릿** 벨기에에서 만들어진 초콜릿이야. 초콜릿 안에 견과류나 크림이 들어 있어.

▲ **와플의 고향 벨기에** 밀가루와 달걀 반죽을 틀 안에 넣고 구운 뒤 달콤한 크림을 얹어 먹는 와플은 1700년대 벨기에에서 처음 개발됐어.

유럽의 작은 거인 룩셈부르크

베네룩스 3국 중 가장 작은 나라 룩셈부르크는 제주도보다 약간 큰 면적에 인구는 65만 명에 불과한 초미니 극가야. 하지만 철강업과 국제 금융업으르 1인당 국내총생산 세계 1위를 자랑하는 경제 강국이란다. 또 유럽 사법 재판소와 유럽 투자 은행이 자리하고 있어서 벨기에의 브뤼셀과 더불어 유럽의 중심으로 손꼽히지.

↑ 룩셈부르크 전경 강과 산으로 둘러싸인 룩셈부르크의 구시가지는 오늘날도 중세의 아름다운 모습을 그대로 간직하고 있어.

↑ 유럽 투자 은행 유럽 연합 소속 금융 기관이야. 룩셈부르크는 세제 혜택과 규제 완화를 통해 국제 금융업을 키웠그, 그 결과 유럽의 금융 중심지가 됐단다.

↑ 아돌프 다리 룩셈부르크 구시가지와 신시가지를 연결하는 높이 46미터, 길이 153미터으 거대한 아치형 다리으:

에스파냐가 몰락하고 바닷길이 열리다

"대항해 시대에 먼저 앞서 나간 나라가 에스파냐였던 거 기억하지? 에스파냐는 아메리카에서 캐낸 막대한 은으로 유럽 최강국이 되었지만, 그 많은 은을 전쟁으로 다 써 버린 뒤 몰락했어. 그중에서도 영국과의 전쟁, 네덜란드 독립 전쟁이 매우 결정적이었지."

"네. 에스파냐가 종교 문제 때문에 영국과 네덜란드와 싸웠다고 하셨어요!"

← 엘리자베스 1세 (1533년~1603년) 영국을 강국으로 끌어올리는 데 큰 역할을 한 왕이야. 평생 독신으로 지내며 '나는 국가와 결혼했다.'라고 말한 것으로 유명하지.

"그래. 하지만 종교 문제가 전부는 아니었단다. 영국의 엘리자베스 1세가 에스파냐의 화를 돋우는 짓까지 벌였거든. 엘리자베스 1세는 해적 선장에게 사략선 면허를 발급해 아메리카에서 오는 에스파냐의 배를 약탈할 수 있도록 허가해 줬어."

"영국 여왕이 해적질을 부추겼다는 말씀인가요?"

"그럼~ 적극적으로 지원했지. 영국은 에스파냐에 타격을 가하려면 어떻게 해서든 에스파냐가 아메리카에서 실어 오는 금과 은을 최대한 빼앗아야 한다고 생각했어. 그런데 현실적으로 막강한 에스파냐 해군에 맞서 싸우기에는 영국 해군이 약했거든. 그러니 정면 승부 대신 해적 활동으로 에스파냐에 타격을 주는 게 영국에 도움이 된다고 본 거지."

"하지만 해적질로 타격을 가해 봤자 피해가 얼마나 되겠어요?"

왕수재가 손을 내젓자, 용선생이 웃으며 말했다.

나선애의 세계사 사전

사략선 국가로부터 외국 배를 약탈해도 좋다는 허가를 받은 선박을 말해. 사략선 면허를 받은 해적은 합법적으로 외국 배를 약탈해 돈을 벌 수 있었고, 국가의 보호도 받을 수 있었지.

영수증을 주는 친절한 해적, 프랜시스 드레이크

↓ **프랜시스 드레이크** (1540년~1596년) 해적이자 영국 해군으로 활약해 훗날 카리브해에서 활동한 여러 해적의 롤모델이 되었어.

↑ **복원된 황금사슴호** 황금사슴호는 프랜시스 드레이크가 타던 사략선이야. 드레이크의 고향인 영국 데본에 전시되어 있지.

유럽 나라들이 세계를 무대로 치열한 경쟁을 벌이다

프랜시스 드레이크의 세계 일주

▲ 엘리자베스 여왕에게 기사 작위를 받는 프랜시스 드레이크 세계 일주를 마친 프랜시스 드레이크는 기사 작위를 받고 해군 장교로 임명됐어.

1577년, 영국의 엘리자베스 1세는 프랜시스 드레이크에게 '에스파냐가 아메리카의 태평양 연안에 건설한 식민지를 탐사하라.'라는 명령을 내렸어. 드레이크는 이 명령에 따라 다섯 척의 배를 이끌고 영국을 떠났지.

드레이크의 항해는 결코 쉽지 않았어. 마젤란 해협을 지나 태평양에 들어섰을 때에는 거센 폭풍우와 해적의 습격 때문에 다섯 척의 배 중 네 척을 잃고, 드레이크가 탄 황금사슴호 한 척만 가까스로 남았지. 그러나 이때부터 드레이크는 남아메리카 연안을 따라 북상하며 태평양 연안에 건설된 에스파냐 식민지와 보물 운반선을 닥치는 대로 약탈했단다. 드레이크는 태평양을 건너 동남아시아에서도 약탈을 이어 갔어. 그리고 1580년 9월, 배에 보물을 잔뜩 실은 채 3년 만에 영국으로 돌아왔지. 에스파냐 식민지를 약탈하다 보니 어느새 지구를 한 바퀴 돌게 된 거야. 드레이크는 엉겁결에 마젤란에 이어 세계에서 두 번째로 세계 일주 항해에 성공한 사람이 되었단다.

▲ 드레이크의 세계 일주 경로

"아냐. 실제로 에스파냐는 영국의 사략선 때문에 엄청난 피해를 봤어. 특히 프랜시스 드레이크 같은 사략선 선장은 세계 곳곳을 누비며 에스파냐의 상선과 해안 마을을 약탈했고, 이렇게 마련한 보물을 그대로 영국 왕실에 갖다 바쳤지. 이때 드레이크가 가져다 바친 보물이 영국의 1년 세금 수입보다 많을 정도였대."

"우아, 진짜요?"

"영국에겐 큰 횡재였지만, 그 많은 보물을 약탈당한 에스파냐에겐 울화통이 터질 일이었어. 에스파냐는 당장 드레이크를 사형에 처하라고 영국에 요구했어. 하지만 엘리자베스 1세는 도리어 드레이크 선장에게 기사 작위를 수여하고 영국 해군의 지휘를 맡겼지."

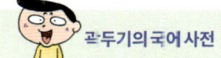

곤두기의 국어 사전

횡재 가로놓을 횡(橫) 재물 재(財). 뜻밖에 재물을 얻었거나, 그렇게 얻은 재물을 뜻해.

"뭐야, 완전히 싸우자는 거잖아요."

"그래. 게다가 영국은 같은 신교 국가인 네덜란드의 독립 운동을 지원해서 에스파냐의 신경을 거슬리게 했어. 결국 에스파냐는 영국에 본때를 보여 주겠다며 함대를 총출동시켰지. 에스파냐의 전략은 매우 간단했어. 이때 네덜란드에는 네덜란드 독립 전쟁 때문에 에스파냐 군대가 많이 주둔해 있었거든. 그러니 함대를 네덜란드로 보내 그곳에 있는 에스파냐 군대를 바다 건너 영국으로 실어 나르는 거였지. 영국은 육군이 매우 약하기 때문에, 일단 상륙에만 성공하면 손쉽게 승리를 거둘 거라고 생각한 거야."

"그럼 상륙하기 전에 바다에서 막히면 어떡해요?"

"하하. 당시 에스파냐 함대는 유럽 최강이었어. '무적함대'라는 별명을 가지고 있을 정도였지. 영국은 프랜시스 드레이크를 비롯한 사략선 선장을 죄다 불러 모아 에스파냐의 공격에 대비했지만, 승부는

용선생의 세계사 돋보기

영국은 유럽 대륙에서 떨어진 섬나라라서 육상 전투 대비가 제대로 되어 있지 않았어. 당장 수도인 런던만 해도 적의 습격에 대비한 요새나 성 같은 방어 시설이 없다시피 했지.

유럽 나라들이 세계를 무대로 치열한 경쟁을 벌이다

뻔해 보였어. 유럽 사람들은 누구나 에스파냐의 승리를 믿어 의심치 않았지. 그런데 1588년, 정말 세상이 뒤집힐 일이 벌어졌단다. 에스파냐의 무적함대가 영국 해군한테 박살이 나 버린 거야."

"정말이에요? 대체 영국이 어떻게 이긴 거죠?"

장하다의 눈이 휘둥그레졌다.

"영국 해군은 정면 승부로는 이길 수 없다고 판단했어. 그래서 선택한 게 화공이었지. 무적함대가 에스파냐 육군을 실어 가려고 칼레 해안에 정박해 있을 때 영국 해군은 작은 배에 불을 붙여 무적함대 쪽으로 떠내려 보냈어."

곽두기의 국어 사전

화공 불 화(火) 칠 공(攻). 불을 이용해 적을 공격하는 것을 말해.

정박 닻 정(碇) 배 댈 박(泊). 닻을 내려 배를 해안에 머물게 하는 것을 말해.

왕수재의 지리 사전

칼레 프랑스와 영국 사이에 놓인 도버 해협에 인접한 프랑스 북부 도시야.

영국 해안의 하얀색 절벽이 보여.

↑ **프랑스 북부 해안에서 바라본 영국** 영국과 유럽을 갈라놓는 도버 해협은 폭이 불과 34킬로미터밖이 되지 않아. 에스파냐 함대는 이곳에서 영국 해군에게 일격을 당해 영국 상륙 계획을 포기했어.

"아하, 무적함대에 불을 옮겨 붙이겠다는 계산이군요."

"다행히 무적함대의 배들은 바다로 흩어져서 불길을 피했어. 하지만 100여 척이 넘는 배가 급히 불길을 피하느라 대열은 엉망이 되어 버렸지. 때마침 바람도 거칠게 불었어. 영국 해군은 이때를 놓치지 않고 무적함대를 향해 화약이 떨어질 때까지 대포를 퍼부었단다."

"그럼 에스파냐 해군엔 대포가 없었나요?"

"그건 아닌데, 불길을 피해 배들이 급히 흩어지느라 제대로 대포를 조준하고 쏠 경황이 없었지. 결국 무적함대는 힘 한번 써보지도 못한 채 만신창이가 되어 버렸어. 한편 영국으로 실어 나르려던 에스파냐 육군도 네덜란드 독립군의 공격에 발이 묶여 약속 장소로 오지도 못했지."

↑ 적함대의 영국 공격로와 퇴각로

"육군을 영국에 상륙시키려던 계획은 물거품이 되었네요."

"그렇단다. 무적함대는 어쩔 수 없이 영국 공격을 포기하고 에스파냐로 돌아가기로 결정했어. 그런데 하필 이때 영국 앞바다에 남풍이 강하게 불어서 에스파냐는 북쪽으로 영국을 한 바퀴 크게 돌아가야 했지. 무적함대는 그 와중에 폭풍과 암초를 만나 함선이 대부분 침몰하고 해군 수천 명이 몰살당하는 치명적인 피해를 입었단다."

"에스파냐가 크게 한 방 먹었네요."

하다의 말에 용선생이 미소를 지었다.

"당장의 피해도 피해지만 무적함대의 명성에 금이 간 게 결정타였

↑ 폭풍우 치는 아일랜드의 모허 절벽 에스파냐 함대는 영국과 아일랜드 주변에서 두 차례나 폭풍우를 만났어. 그 때문에 80척에 가까운 배를 잃는 치명적인 피해를 입었지.

어. 그동안 에스파냐에 가로막혀 해상 진출을 주저하던 유럽 나라들이 앞다퉈 전 세계의 바다를 향해 돛을 높이 올렸거든. 이렇게 해서 포르투갈과 에스파냐가 아시아와 아메리카 무역을 독점하던 시대는 막을 내리고, 유럽 열강들 사이에 본격적인 경쟁이 시작됐단다."

곽두기의 국어 사전

열강 늘어놓을 열(列) 굳셀 강(强). 국제 문제에서 큰 역할을 하는 강한 나라 여럿을 의미하는 말이야.

용선생의 핵심 정리

영국은 사략선을 이용해 에스파냐의 보물을 약탈함. 에스파냐는 영국으로 무적함대를 출동시켰으나 1588년 칼레 해전에서 크게 패배함.

중상주의, 장사를 해서 왕의 금고를 채워라

"근데 어떻게 경쟁했는데요? 에스파냐처럼 막 전쟁만 벌이다가는 다들 금방 망할 텐데."

나선애가 고개를 갸웃거리며 말하자 용선생은 씩 웃음을 지었다.

"좋은 질문이야. 어차피 다른 나라들은 에스파냐처럼 무턱대고 전쟁을 벌일 형편도 아니었어. 그 대신 무역을 통해 이익을 얻거나 상인들에게 세금을 거두어 왕의 금고를 채우려고 했지. 포르투갈에서는 왕들이 직접 무역에 투자하거나 배를 마련해 사업을 벌이기도 했어. 다른 나라들은 특정 상인에게 무역 독점권을 주

▲ **화승총병** 끊임없는 전쟁 때문에 총과 대포 제작 기술도 점점 발달했어. 전장에서는 중무장한 기사가 사라지고 화승총으로 무장한 보병과 기병이 활약했지.

고, 사업 이익을 나누어 받았지."

"왕이 그런 일까지 해요? 허, 참."

"그만큼 나라들 간에 경쟁이 치열했기 때문이란다. 1500년대와 1600년대 유럽에서는 전쟁이 끊이지 않았어. 200년 동안 10년 정도를 빼면 대포 소리가 그친 적이 없었지. 조금만 얕잡아 보였다가는 누군가에게 잡아먹히고 말 게 뻔하니 왕들은 수단과 방법을 가리지 않고 돈을 모아 군대를 키워야 했어."

"다들 왜 그렇게 싸웠죠?"

"전쟁의 원인은 가지가지였어. 가톨릭과 신교 사이의 갈등, 왕위 계승권을 둘러싼 대립, 영토 분쟁……."

"에휴, 정신이 하나도 없었겠네요."

"그래. 자, 그럼 어떻게 하면 무역으로 돈을 많이 벌 수 있을까?"

"그야 수입은 줄이고 수출은 늘리면 되죠."

왕수재가 말했다.

"옳지, 유럽의 왕들도 해외로부터 수입은 줄이고, 최대한 많은 물건을 만들어 해외로 내다 파는 정책을 폈어. 적게 사고 많이 팔면 그만큼 이익이 남을 테니까. 같은 이유로 수입품에 높은 관세를 매겼어. 관세를 붙이면 수입품의 가격이 올라가기 때문에 수입이 억제돼. 또 국민들은 비싼 수입품 대신 국산품을 쓸 테니 자국 산업을 지원하는 효과도 볼 수 있었어. 물론 관세 수입도 짭짤했지."

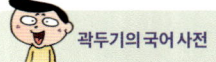 곽두기의 국어 사전

관세 빗장 관(關) 세금 세(稅). 국경을 넘어 수출되거나 수입되는 물건에 매기는 세금을 말해.

"으흠, 그거 좋은 방법이네요."

"그런 것 같으니? 물론 수입품과 경쟁을 하지 않아도 되니 국내 상인이나 제조업자는 좋지. 그렇지만 평범한 사람들은 품질이 나빠도 국산품을 쓸 수밖에 없으니 손해를 보기도 해."

"아, 그렇구나. 관세 때문에 소비자들은 어쩔 수 없이 국산품을 쓸 수밖에 없게 된다, 이런 말씀이군요."

"빙고! 자, 이번엔 해외로 수출을 늘릴 차례야. 어떻게 하면 수출을 늘릴 수 있을까?"

"그야 좋은 물건을 싸게 만들면 되겠죠?"

"맞아. 수출을 많이 하려면 어떻게 해서든 제품의 가격을 낮춰야 해. 그런데 여기에 한 가지 걸림돌이 있었어. 바로 장인의 동업자 조합, 길드였지. 지금까지는 길드가 물건의 생산량과 값을 정했어. 물건을 수출하는 상인이 아무리 물건을 싸게 대량으로 만들어 달라고 해도 길드는 손을 내저었지. 값싼 물건을 대량으로 만드는 것보다 값비싼 물건을 몇 개 만드는 게 힘도 덜 들고 이익도 더 많았으니까."

"그럼 어떡해요? 물건을 만드는 건 장인들인데."

"상인들은 새로운 방법을 찾아냈단다."

"어떤 방법인데요?"

"응. '선대제'라고 부르는 방법이야. 길드에 속하지 않은 노동자나 농민들에게 간단한 기술을 가르친 뒤, 도구와 원료를 대 주고 물건을

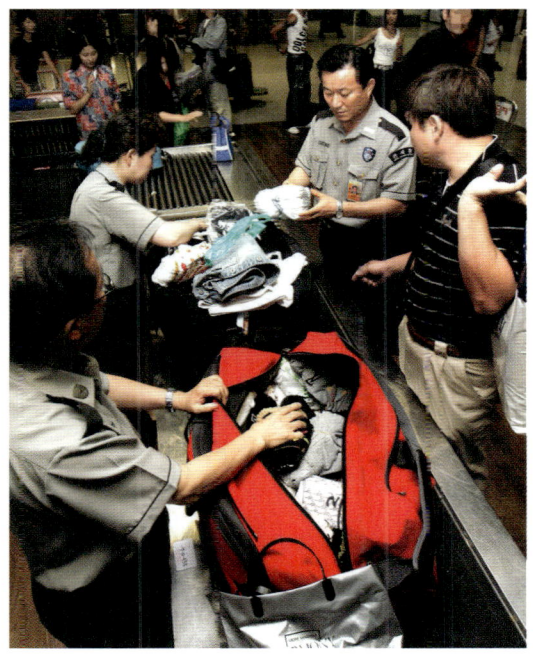

♠ 세관 검사 모습 오늘날도 대부분의 국가는 수입품에 관세를 붙여 지나친 수입을 억제해. 공항이나 항구에서는 여행객이 혹시라도 세금을 피해 비싼 물건을 몰래 들여오지 않는지 검사한단다.

유럽 나라들이 세계를 무대로 치열한 경쟁을 벌이다

곽두기의 국어 사전

농한기 농사 농(農) 한가할 한(閑) 기약할 기(期). 한 해 농사가 끝나고 잠시 농사일을 쉬는 때를 말해.

↑ **영국의 모직 코트**
영국 모직 코트는 지금도 세계 최고 제품으로 인기가 높아. 물론 지금은 선대제 방식이 아니라 공장에서 기계로 만들지.

만들게 하는 거야. 상인들은 이들이 만든 물건들을 거둬 와 싼값에 팔았어."

"그러니까 상인들이 장인 대신 노동자나 농민들을 고용해 값싼 물건을 대량으로 만들기 시작했다는 거죠?"

"맞아. 예컨대 영국의 상인들은 농한기에 농민들을 모집해서 양털과 기계를 가져다주고 모직물을 만들도록 했어. 그 결과 영국의 모직물 산업은 급성장했지."

"그런데 농사만 짓던 농민들이 갑자기 모직물을 잘 만들 수 있나요?"

"좋은 지적이야. 사실 초기에 선대제 방식으로 만든 물건은 장인이 만든 물건에 비해 품질이 형편없었어. 그래도 가격이 싸니까 팔렸지.

그런데 자꾸 만들다 보니 기술이 쌓이면서 품질이 차츰 향상되었고, 상인들도 선대제 방식을 더욱 선호하게 되었지. 그래서 1600년대를 거치면서 유럽에서는 선대제로 물건을 만들게 됐단다."

"선생님, 그런데 다들 수입은 안 하고 수출만 하려고 하면 도대체 누가 물건을 사요?"

왕수재가 손을 들고 물었다.

"아무래도 유럽 안에서는 팔기가 어려웠지. 그래서 더욱더 해외 진출이 중요해졌단다. 아메리카와 아프리카의 유럽 식민지에서는 생필품이 늘 부족했기 때문에

↑ 건설 중인 유럽 식민지의 모습 이렇게 건물을 짓고 사람들이 정착해 살아가려면 음식은 물론이고 각종 연장과 무기, 옷감 같은 물건이 계속 필요했어. 그래서 유럽 국가들은 식민지에 물건을 잔뜩 팔아 이익을 올렸지.

선대제로 만든 값싼 물건도 잘 팔렸거든. 또 한 가지, 식민지에서는 담배나 사탕수수, 모피처럼 유럽에서 구하기 힘든 원료를 싸게 구할 수 있었어. 그러다 보니 유럽 국가들 사이에 식민지 쟁탈전이 벌어졌단다."

"일석이조네요. 물건도 팔고, 원료도 구하고."

"바로 그거야. 자, 정리해 볼까? 일단 관세를 올려 수입을 줄이고, 선대제 방식으로 수출할 물건을 싼값에 만들고, 식민지를 건설해 원료 공급처와 물건을 팔 시장을 확보하는 거야. 이렇게 상업을 중시해 부유한 국가를 만들고자 하는 정책을 '중상주의'라고 한단다. 유럽의 여러 나라는 중상주의 정책을 펼쳐서 나라의 금고를 채우고, 그 돈으

곽두기의 국어 사전

중상주의 중요할 중(重) 장사 상(商). 상업을 중요하게 생각한다는 뜻이야. 수입을 줄이고 수출을 늘려서 나라의 부를 늘리려는 정책을 말해.

유럽 나라들이 세계를 무대로 치열한 경쟁을 벌이다

로 거친 전쟁의 소용돌이 속에서 살아남을 수 있는 강한 군대를 유지하려고 했어."

"휴, 돈 벌기 정말 힘드네요."

장하다가 한숨을 내쉬자 용선생은 히죽 미소를 지었다.

> **용선생의 핵심 정리**
>
> 유럽 각국은 전쟁에서 승리하고 살아남기 위해 경쟁적으로 중상주의 정책을 폄. 중상주의 정책은 수입을 줄이고, 수출을 늘려 나라의 이익을 극대화하는 정책.

주식회사가 탄생하다

"자, 그런데 아직 상인들에게는 부족한 게 있어. 바로 돈이야."

"돈이 없으니까 돈을 벌려고 장사를 하는 거 아닌가요?"

"흐흐. 그런데 큰돈을 벌려면 일단 밑천이 많이 들어가거든. 예를 들어 이 당시 가장 많은 돈을 벌 수 있는 사업은 동남아시아처럼 먼 바다로 배를 보내서 진귀한 물품을 수입해 오는 사업이었어. 어지간한 부자가 아니고서야 혼자서 항해 비용을 다 대는 건 어려운 일이었지. 게다가 사업의 규모가 커질수록 상인들이 감당해야 하는 위험 부담도 덩달아 커졌어. 가령 어떤 상인이 전 재산을 털어서 동남아시아로 배를 보냈는데, 만약 그 배가 폭풍을 만나서 침몰하거나 해적을 만나서 물건을 죄다 빼앗겼다고 해 봐. 배를 보낸 상인은 어떻게 되겠니?"

"그야 쫄딱 망하는 거죠, 뭐."

↑ 항해 중 난파된 상선 동남아시아나 인도 같은 먼바다로 가는 항해는 많은 돈을 벌 수 있는 만큼 실패할 위험이 큰 사업이었어. 그래서 위험 부담을 줄이기 위해 상인들은 주식회사를 만들었지.

"맞아. 큰 사업일수록 위험 부담이 크다 보니 어지간히 돈이 많은 상인도 혼자서는 감당하기 어려웠지. 그래서 상인들은 여럿이 돈을 모아 밑천을 마련하고, 성공하면 각자 투자한 비율에 따라 이익을 나누는 방식을 생각해 냈어. 혹시 사업이 쫄딱 망하더라도 투자한 만큼만 손해를 보면 되지."

"오, 그러면 위험 부담이 줄어드는 거네요."

"맞아. 상인들은 사업을 함께 할 때 각자 얼마만큼씩 투자했는지를 증명하는 증서를 만들어 나누어 가졌는데, 이게 바로 '주식'이야."

"주식이라고요? '주식회사' 할 때 그 주식 말인가요?"

"그렇단다. 마침내 주식회사라는 새로운 형태의 회사가 탄생한 거

용영심의 상식 사전

주식 회사에 투자한 금액만큼의 자기 몫을 알려 주는 증표야. 주식을 많이 가질수록 회사에 큰 영향을 미칠 수 있단다.

유럽 나라들이 세계를 무대로 치열한 경쟁을 벌이다

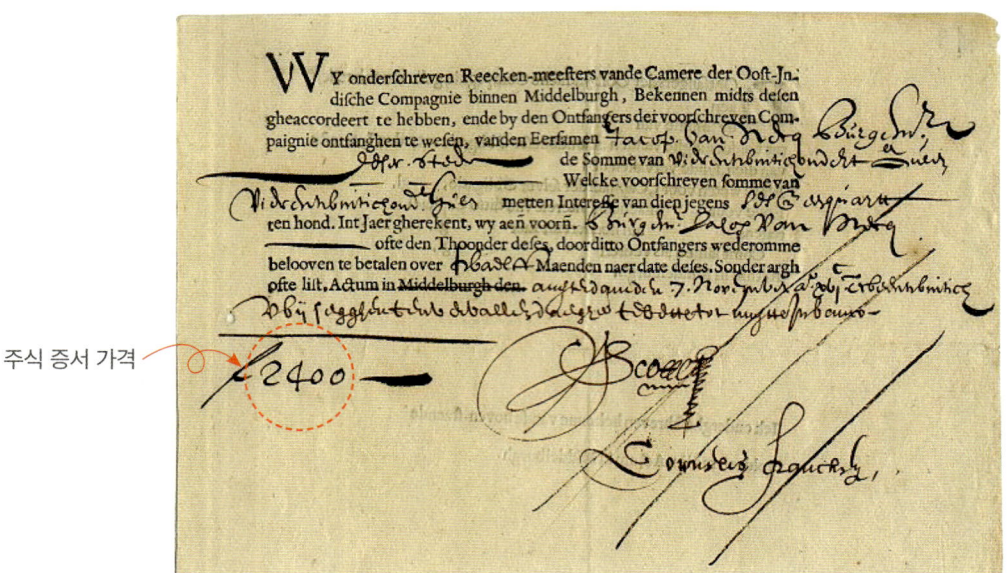

↑ **네덜란드 동인도 회사의 주식 증서** 세계 최초의 주식회사인 네덜란드 동인도 회사의 주식 증서야. 표면에는 주식 증서의 가격도 쓰여 있어 물건처럼 사고팔았어.

주식 증서 가격

야. 삼성전자나 애플처럼 오늘날 우리가 아는 큰 회사들은 대부분 주식회사지."

"근데 주식은 그냥 사고파는 거 아니에요? 우리 아버지는 늘 주식 가격이 오르면 팔 거라고 그러시던데……."

"흐흐. 그것도 맞아. 주식회사 제도가 자리 잡자 상인들은 자신이 가진 주식을 물건처럼 사고팔기 시작했단다. 운영이 잘돼서 많은 이익을 남길 수 있을 것으로 예상되는 회사의 주식은 비싼 값에 거래됐어. 반면 사업이 잘 안되는 회사의 주식은 가격이 떨어졌지. 1600년대 들어 네덜란드와 영국에 주식을 거래하는 증권 거래소가 생겨났고, 이후 유럽에는 더욱더 큰 주식회사가 등장하게 돼."

"증권 거래소가 생기면 주식회사가 커져요?"

> **허영심의 상식 사전**
>
> **증권 거래소** 여러 회사의 주식 가격을 서로 비교해 사고팔 수 있도록 만든 시장이야. 현재 세계 최대 규모의 증권 거래소는 뉴욕에 있지.

▲ 오늘날의 암스테르담 증권 거래소 1602년 암스테르담에 세계 최초로 증권 거래소가 세워졌어. 암스테르담 증권 거래소는 오늘날에도 북유럽의 대표적인 주식 시장 중 하나란다.

"증권 거래소에서 더 쉽게 주식을 살 수 있게 되면서 상인뿐만 아니라 평범한 사람들까지도 주식에 관심을 갖게 되었거든. 그래서 예전보다 훨씬 더 큰 자금을 모아서 그만큼 더 큰 회사를 만들 수 있게 된 거야. 사업의 규모도 덩달아 더 커졌지. 1600년대 암스테르담에서는 주식 투자 열풍이 불어서 거의 모든 시민이 주식을 가지고 있을 정도였대."

"와, 무슨 회사의 주식을 그렇게 많이 샀는데요?"

"주로 인도양 무역을 하는 무역 회사가 인기였어. 대표적인 회사가 1602년에 세워진 네덜란드 동인도 회사였지. 네덜란드 동인도 회사는 인도와 동남아시아에서 향신료와 차, 도자기 같은 동방 물품을 수입하는 무역 회사였단다. 일단 무사히 물건을 실어 오기만 하면 큰돈

곽두기의 국어 사전

열풍 세찰 열(烈) 바람 풍(風). 몹시 거센 바람을 가리키는 말로 매우 세차게 일어나는 기운이나 기세를 비유적으로 이르는 말이야.

용선생의 세계사 돋보기

'동인도'는 콜럼버스가 아메리카 대륙을 인도라고 착각한 탓에 생겨난 지명이야. 나중에 아메리카와 인도가 전혀 다른 곳이라는 것이 밝혀졌을 때에는 이미 아메리카를 '인도'라고 부르는 습관이 굳어진 상태였거든. 그래서 원래의 인도는 '동인도', 카리브해 일대는 '서인도'라고 부르기로 한 거지. 보통은 인도와 동남아시아 일대를 묶어서 동인도라고 불렀어.

유럽 나라들이 세계를 무대로 치열한 경쟁을 벌이다 **035**

↑ **영국은행** 영국의 중앙은행인 영국은행도 1694년에 주식회사 형태로 처음 출발했어. 당시에 이미 무역업, 금융업 등 다양한 분야에서 주식회사가 만들어지기 시작했지.

을 벌 수 있지만, 큰 밑천이 필요하고 위험 부담도 크기 때문에 주식회사로 운영하기에 적합한 사업이었지. 이 외에 아메리카와 아프리카를 오가며 무역을 하는 서인도 회사, 지중해 무역을 전문으로 하는 레반트 회사도 있었어. 네덜란드 동인도 회사가 큰 성공을 거두자 프랑스, 덴마크, 스웨덴 등 다른 나라의 상인들도 잇달아 동인도 회사를 설립했단다."

"역시 그 나라 왕들이 그런 회사들을 팍팍 밀어 줬겠죠?"

"당연하지. 아예 정부가 직접 나서서 무역 회사를 만들기도 했는

걸. 그리고 왕은 이런 무역 회사에 무역 독점권을 주었어. 예컨대 영국에서는 영국 동인도 회사만이 인도와 무역을 할 수 있도록 해 준 거야. 그뿐만 아니라 무역 회사에 해외 통치자와의 협상권, 재판권, 화폐 발행권까지 부여했어. 심지어 자체적으로 군대를 보유하고 독자적으로 전쟁을 벌일 수 있는 권리까지 줬지. 네덜란드 동인도 회사도 마찬가지였어."

영국 동인도 회사

"와, 군대를 거느리고 전쟁까지 할 수 있다면 그건 회사가 아니라 국가 아닌가요?"

네덜란드 동인도 회사

"그래. 사실 이런 독점 무역 회사들은 해외에서는 또 하나의 나라나 다름없었어. 사실상 어지간한 나라보다 훨씬 부유했고, 막강한 군대를 보유했지. 네덜란드 동인도 회사는 여러 나라의 무역 회사 중에서도 가장 먼저 성공을 거두었단다. 자, 그럼 이번에는 네덜란드 동인도 회사가 어떻게 활약했는지 알아볼까?"

▲ **각국의 동인도 회사 동전**
동인도 회사는 마치 독립된 국가처럼 자신만의 화폐를 발행해서 사용했어

용선생의 핵심 정리

큰돈이 필요하고 위험 부담이 큰 사업을 시작하기 위해 주식회사를 만들고 증권 거래소를 세움. 최초의 주식회사인 네덜란드 동인도 회사는 큰 성공을 거두었고, 유럽 각국은 이와 비슷한 무역 회사를 만들고 각종 특권을 부여해 경쟁에 나섬.

네덜란드가 아시아로 뛰어들어 번영을 누리다

"네덜란드 상인들은 1595년부터 인도 무역에 뛰어들었단다. 이 무렵이면 에스파냐는 예전처럼 해상 진출을 가로막을 힘이 없었고, 이

유럽 나라들이 세계를 두대로 치열한 경쟁을 벌이다 **039**

네덜란드를 뒤흔든 튤립 열풍

↑ 셈페르 아우구스투스
1600년대 유럽에서 가장 인기 있던 튤립 품종으로 가격이 엄청나게 비쌌어.

튤립은 풍차와 함께 네덜란드를 대표하는 상징이야. 튤립은 1550년 무렵 오스만 제국을 통해 유럽에 처음 소개되면서, 정원에 심는 화초로 큰 인기를 끌었어. 하지만 번식에 오랜 시간이 걸리기 때문에 가격이 비쌌지.

상술에 뛰어난 네덜란드 상인들은 이런 튤립에 주목했어. 상인들은 일제히 튤립을 사들였고, 튤립 가격은 하늘 높은 줄 모르고 치솟았어. 그러자 모든 네덜란드 사람들이 튤립 시장에 뛰어들어 튤립을 사들이기 시작했단다. 전 재산을 터는 것도 모자라 은행에서 빚을 내 튤립을 산 사람도 수두룩했지. 사람들은 마치 주식 가격이 오르듯 튤립의 가격이 오르길 기대한 거야.

튤립 열풍은 1630년대에 최고조에 달했어. 심지어 꽃이 피기도 전에 장차 꽃이 필 것을 생각해 튤립 뿌리를 비싼 가격에 사들이는 일도 있었지. 튤립 가격은 하루에도 2배, 3배씩 뛰었고, 심지어 몇십 배가 넘게 오른 날도 있었어. 튤립 뿌리 하나의 가격이 황소 수십 마리와 맞먹을 정도였지.

튤립이 아무리 예뻐도 이렇게 터무니없는 가격에 살 사람은 없었겠지? 하늘 높은 줄 모르고 치솟던 튤립 가격은 1637년 2월 갑자기 폭락하기 시작하더니 불과 4개월 만에 헐값이 되었어. 튤립에 투자했던 사람들은 졸지에 빈털터리가 되었지. 언뜻 황당하게 들리는 튤립 열풍은 당시 네덜란드의 투자 열풍이 어느 정도였는지 느끼게 해 주는 사건이란다. 모두들 돈을 벌 수 있다면 어떤 상품이든지 찾으려고 혈안이 되어 있었거든.

← 피터르 브뤼헐의 〈봄〉
당시 귀족 정원에서 튤립을 가꾸는 모습이 잘 묘사되어 있어.

전에 인도양을 장악했던 포르투갈도 이미 힘이 빠져 네덜란드는 손쉽게 인도에 진출했지. 인도로 보낸 배들이 저마다 향신료를 싣고 와서 큰 이익을 남기자, 네덜란드 상인들은 너도나도 배를 사서 인도로 보냈어. 그러자 문제가 생겼어. 네덜란드 상인끼리 서로 경쟁을 하다 보니 향신료 가격이 폭락한 거야."

"그럼 어떡해요?"

"경쟁을 막으면 되지. 옆 나라 영국에서는 이미 1600년에 영국 동인도 회사를 세우고 동인도 지역의 무역 독점권을 주었단다. 같은 영국 상인끼리의 지나친 경쟁을 막기 위해서였지. 네덜란드 상인들도 이것을 흉내 내 동인도 회사를 만들고, 인도를 포함한 아시아 지역에서의 무역 독점권을 주었어."

"그럼 두 나라의 동인도 회사들끼리 경쟁이 시작되겠군요!"

"흐흐. 그런데 사실 영국 동인도 회사와 네덜란드 동인도 회사는 경쟁이 안 될 정도로 규모가 차이 났어. 네덜란드 동인도 회사의 초기 자본금이 영국 동인도 회사의 12배나 되었거든. 그만큼 배도 많고, 인도양 항해 경험이 풍부한 항해사도 훨씬 많았지."

"우아, 왜 그 정도로 차이가 커요?"

"네덜란드가 자리 잡은 플랑드르 지역은 옛날부터 상업이 매우 발달한 부유한 지역이었

↑ 네덜란드 동인도 회사의 깃발
네덜란드 동인도 회사는 동인도 회사 인장(VOC)을 넣은 네덜란드 국기를 앞세우고 인도와 동남아시아 ᄇ-다로 진출했어.

어. 거기다 종교 개혁 이후로는 부유한 신교도 상인들도 이곳으로 모여들었지. 에스파냐와 프랑스의 칼뱅파 상인들이 종교의 자유를 찾아 몰려온 거야. 레콩키스타가 끝난 뒤 에스파냐에서 쫓겨난 유대인들 역시 이곳으로 이주해 왔어. 사실 네덜란드가 유럽 최강국 에스파냐를 상대로 끈질기게 독립 전쟁을 할 수 있었던 것도 이렇게 모여든 상인들이 대 준 돈으로 용병을 잔뜩 고용할 수 있었기 때문이지."

"지도만 봐서는 작은 나라인 줄 알았는데, 그게 아니네요."

"그럼. 네덜란드는 1607년에 에스파냐 세력을 몰아내고 사실상 독립을 이루었어. 이때부터 네덜란드 동인도 회사의 활동에도 불이 붙었지. 네덜란드 동인도 회사는 아시아에서 포르투갈 세력을 밀어내고 인도에서 일본에 이르는 아시아의 바다 전체를 장악했단다. 그리고 자와섬에 바타비아라는 도시를 건설해서 동인도 회사의 거점으로 삼았지. 이 도시가 현재 인도네시아의 수도인 자카르타야."

▶ 1600년대 네덜란드 동인도 회사의 활동 영역

우아, 아프리카, 인도, 동남아시아까지 진출하지 않은 곳이 없네.

▲ **자카르타의 전경** 원래 작은 어촌이었던 자카르타(바타비아)는 네덜란드 동인도 회사의 거점이 된 이후 오늘날에는 인구 천만이 넘는 대도시로 성장했어.

▲ **자카르타의 네덜란드 총독부** 네덜란드 동인도 회사는 자카르타에 본부를 두고 동남아시아 무역을 주도했어.

"포르투갈이 너무 쉽게 밀려난 것 같아요."

"그건 종교 탓이 컸어. 포르투갈 상인들은 교역 못지않게 선교에도 열심이어서 크리스트교를 거부하는 현지의 지배자나 주민과 갈등을 일으키곤 했지. 반면에 네덜란드 상인들은 오로지 장사에만 관심이 있었어. 자연히 현지 지배자들은 포르투갈 상인보다 네덜란드 상인을 무역 파트너로 선호했단다."

"아하, 그러고 보니 일본에서도 포르투갈 사람들이 크리스트교를 퍼뜨렸다고 하셨어요."

곽두기가 또랑또랑한 목소리로 덧붙였다.

"선생님, 그런데 포르투갈도 결국 인도양을 오랫동안 장악하지는 못했잖아요. 네덜란드한테는 무슨 뾰족한 수라도 있었나요?"

"응. 네덜란드는 포르투갈처럼 아시아와 유럽 사이의 바닷길을 장

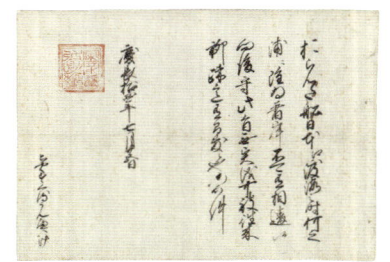

▲ 일본이 네덜란드에 발행한 교역 허가증
이 허가증에는 네덜란드 배는 일본 해안에 정박이 가능하고, 네덜란드 사람은 일본 여행을 할 수 있다고 적혀 있어. 그리고 네덜란드 배는 공격하지 않겠다고 밝혀 두었지.

악해서 통행세를 거두고 향신료 수입을 독점해 이득을 보기보다, 아시아 지역 안에서 이루어지는 무역에 적극적으로 뛰어들어서 돈을 벌려고 했단다."

"아시아 지역 안에서의 무역이라고요?"

"예를 들자면 인도에서 면직물을 사다가 동남아시아에 팔고, 동남아시아에서 향신료를 사다가 중국에 팔고, 중국에서 도자기와 비단을 사다가 인도에 파는 식이지. 굳이 머나먼 유럽까지 오가는 것보다 이렇게 아시아에서만 활동하는 게 더 많은 이득을 볼 수 있는 방법이었어. 또 네덜란드 동인도 회사는 일본의 유일한 해외 무역 파트너로서도 많은 이익을 봤단다. 이때 일본에서는 아메리카 못지않게 은이 많이 생산되었거든."

"유럽 상인이 아시아에서 이루어지는 무역까지 장악하다니, 쩝."

"게다가 네덜란드 상인들은 조선술과 항해술도 매우 뛰어났단다.

▶ 네덜란드 동인도 회사의 조선소 풍경
배가 건물만 하지? 이렇게 크고 튼튼한 선박을 빠른 속도로 만들 수 있는 실력은 유럽에서도 네덜란드가 독보적이었어. 지금도 네덜란드는 선박 건조 설계 분야의 선진국이란다.

그래서 해운업으로도 많은 돈을 벌었어. 1600년대 네덜란드에는 세계 그 어느 나라보다도 많은 상선이 있었고, 유럽 내부뿐 아니라 아시아, 아메리카 교역도 주도했지. 그야말로 네덜란드가 전 세계의 바다를 꽉 잡고 있었다고 해도 지나친 말이 아니었어."

> **허영심의 상식 사전**
> **해운업** 배로 사람이나 화물을 운송해 주는 사업이야.

"우아, 그렇게 작은 나라가 그 정도 일을 했다니, 어마어마한데요."

"1600년대에서 1800년대에 이르기까지 네덜란드는 유럽에서 제일가는 부자 나라였어. 이 그래프는 바로 유럽의 주요 나라들의 인구와 경제력이 어떻게 변화했는지 비교해 놓은 거야. 네덜란드가 덩치에 비해 얼마나 부유한 나라였는지 실감이 나지?"

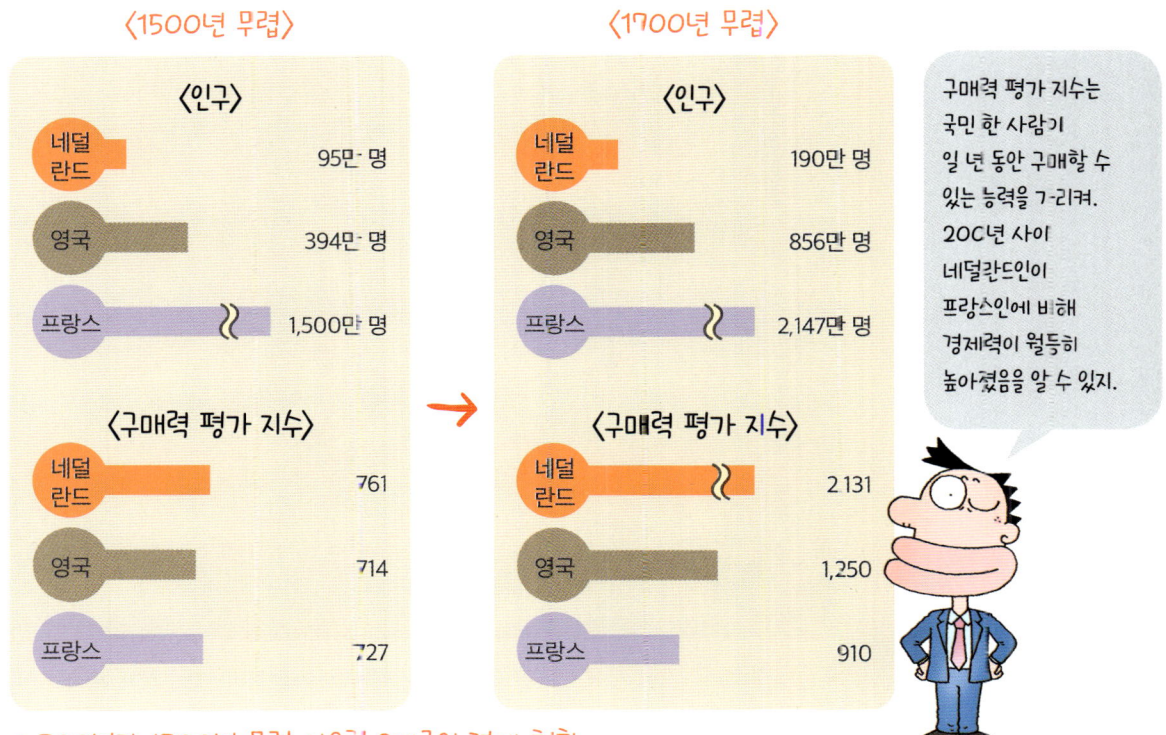

↑ 1500년과 1700년 무렵 서유럽 3개국의 경제 현황

"1700년 무렵에는 네덜란드 사람이 프랑스 사람보다 2배 이상 잘 살았다는 뜻이네요?"

"그러게. 인구는 프랑스의 10분의 1도 안 되는데."

왕수재와 나선애가 그래프를 보며 중얼거리자 용선생은 고개를 끄덕였다.

"네덜란드는 포르투갈과 에스파냐가 몰락하며 찾아온 기회를 제대로 붙잡은 나라였지. 물론 다른 나라도 구경만 하고 있지는 않았어. 또 다른 해상 강국인 영국과 대륙의 강국 프랑스도 적극적으로 경쟁

↑ 황금기의 암스테르담 전경 암스테르담은 북유럽에서 가장 붐비는 항구였어. 동인도 회사를 통해 수입된 수많은 물건들은 암스테르담을 거쳐 유럽 전역으로 판매되며 큰돈을 벌어다 주었지.

에 뛰어들었거든."

용선생의 핵심 정리

네덜란드는 1602년 동인도 회사를 세우고 아시아로 진출해 큰 성공을 거둠. 유럽과 아시아 사이의 무역뿐 아니라 아시아 내에서의 무역에서도 많은 돈을 벎.

네덜란드에 이어 영국과 프랑스가 인도양 무역에 뛰어들다

"영국은 동인도 회사도 먼저 세웠으면서 왜 네덜란드에 뒤처진 거죠?"

허영심이 생각났다는 듯 고개를 갸웃했다.

"여러 가지 이유가 있었어. 가장 큰 이유는 1603년 엘리자베스 1세가 세상을 떠난 뒤 영국에서 심각한 내분이 일어나 동인도 회사를 충분히 지원해 주지 못했기 때문이란다. 두 번째는 그 틈에 포르투갈을 밀어내고 먼저 아시아에서 자리를 잡은 네덜란드 동인도 회사가 영국 동인도 회사의 진출을 한사코 방해했기 때문이야. 네덜란드 동인도 회사는 동남아시아를 지나는 영국 배를 약탈하고, 동남아시아의 현지 주민들을 부추겨서 영국인을 공격하게 했어."

"네덜란드 상인이 엄청 텃세를 부린 거네요."

"이러다 보니 영국 상인과 네덜란드 상인 사이에 갈등이 극심해졌어. 1623년에 암본에서 일어난 사건은 두 나라 사이의 갈등이 어느 정도였는지 잘 보여 주는 사건이야."

용선생의 세계사 돋보기

당시 영국은 낯선 스코틀랜드 출신의 제임스 1세가 새로운 왕이 되면서 왕과 귀족 사이의 갈등이 나날이 심각해졌어.

↑ **암본섬** 말루쿠 제도 남동쪽에 위치한 암본섬은 고급 향신료인 육두구가 많이 자라는 섬이라 많은 유럽 상인이 찾아오는 곳이었지.

↑ **암본 사건** 영국 상인들이 네덜란드 동인도 회사 직원에게 고문당하는 모습이 그려져 있어.

"암본에서 무슨 일이 벌어졌는데요?"

"네덜란드 동인도 회사가 동남아시아의 암본이라는 도시에서 영국인 10여 명을 붙잡아 잔인하게 처형해 버렸어. 네덜란드 측에서는 영국인들이 네덜란드 동인도 회사의 요새를 빼앗으려 했다는 이유를 댔지만, 뚜렷한 증거는 없었단다."

"흠, 영국인을 못 오게 하려고 그런 일을 벌인 거군요."

왕수재가 팔짱을 낀 채 중얼거렸다.

"암본 사건 이후 두 나라 사이는 몹시 험악해졌어. 그래도 유럽에서 영국과 네덜란드는 같은 신교 국가로서 에스파냐나 프랑스 같은 공동의 적과 맞서 싸우는 협력 관계였기 때문에 당장 전쟁을 벌일 수는 없었

↑ **콜카타** 인도 북동부 벵골 지역의 대도시야. 영국 동인도 회사의 무역 거점이었고, 훗날 이곳에서부터 영국의 인도 지배가 시작됐어.

지. 결국 영국 동인도 회사는 배도 훨씬 많고 돈도 훨씬 많은 네덜란드 동인도 회사에 밀려 동남아시아 진출을 포기했어. 그 대신 네덜란드의 방해가 덜한 인도로 방향을 틀어서 인도 북동부 벵골 지방의 콜카타와 남동부의 마드라스에 근거지를 마련했지. 그런데 이때쯤 되면 인도산 후추는 유럽에서 너무 흔해져서 큰 이득을 볼 수가 없었어."

"완전 망했네요?"

"그런데 여기서 엄청난 반전이 일어났어! 인도산 면직물이 유럽에서 큰 인기를 끌기 시작한 거야. 지금까지 유럽 사람들은 주로 양털로 짠 모직물을 이용했는데, 인도산 면직물은 모직물보다 훨씬 가볍고 부드러운 데다가 빨기도 쉽고, 염색해서 다양한 색을 내기도 쉬웠

왕수재의 지리 사전

벵골 갠지스강이 바다로 흘러드는 인도의 북동부를 가리켜. 평야가 넓고 물이 풍부해서 농사짓기 좋은 곳이었지.

마드라스 오늘날 인도의 첸나이. 벵골만 연안의 도시로 인도에서 네 번째로 큰 도시야.

곽두기의 국어 사전

반전 되돌릴 반(反) 구를 전(轉). 반대 방향으로 굴러간다는 뜻으로 일의 형세가 뒤바뀌는 것을 가리켜.

유럽 나라들이 세계를 무대로 치열한 경쟁을 벌이다

↑ 면직물을 짜는 인도 사람들
이렇게 만든 면직물은 영국 동인도 회사를 통해 유럽으로 팔려 나갔어.

→ 캘리코로 만든 옷
영국으로 수입된 인도산 면직물을 '캘리코'라고 해. 주요 면직물 생산지인 인도 남서부의 도시 캘리컷(지금의 코지코드)에서 따온 이름이야.

거든. 그래서 영국 동인도 회사는 인도산 면직물을 수입해서 큰 이익을 올렸어."

"이야, 인도로 쫓겨난 게 오히려 득이 된 거군요."

"그래도 아직 영국이 벌어들이는 이익은 네덜란드를 제칠 정도는 아니었어. 영국은 특히 네덜란드가 해운업으로 벌어들이는 수입이 너무 부러웠지. 네덜란드 배들은 영국 본토와 영국의 해외 식민지로 각종 상품과 사람을 실어 나르면서 막대한 돈을 벌어들였거든. 그래서 1651년, 영국은 네덜란드에 타격을 주기 위해 새로운 항해법을 만들었단다."

"어떤 법인데요?"

"요점만 말하자면 이거야. '앞으로 영국, 혹은 영국의 식민지로 들어오는 상품은 반드시 영국 배로 싣고 와야 한다.' 즉, 앞으로 영국인은 무역할 때 네덜란드 배를 이용하지 말라는 거였지."

"무슨 그런 법이 다 있어요?"

"네덜란드 입장에서는 화가 나는 일이었지만, 중상주의에 충실한 정책이지. 이렇게 해야 영국의 해운업을 키워서 네덜란드와 경쟁할 수 있거든. 항해법 때문에 그간 험악했던 두 나라 사이의 갈등은 완전히 폭발했고, 네 차례에 걸쳐 전쟁까지 벌였어."

"그래서요? 누가 이겼는데요?"

↑ 메드웨이 해전 네덜란드와 영국의 제2차 전쟁에서 벌어진 해전이야. 네덜란드는 이 전투에서 승리하며 영국과 유리한 조건으로 평화 조약을 맺었지만, 이후 계속된 전쟁에서 영국에 차츰 밀리게 됐단다.

"처음에는 대체로 네덜란드가 우세했지만, 시간이 흐를수록 영국이 앞서 나갔어. 그럴 만도 한 게, 섬나라인 영국과 달리 네덜란드는 국경을 맞대고 있는 또 다른 강국 프랑스도 상대해야 했거든. 그래서 네덜란드는 차츰 영국과 정면으로 부딪치는 것을 피하고 아시아 무역에만 집중했단다. 반면에 영국은 섬나라라는 지리적인 강점을 살려 인도와 아프리카, 아메리카를 무대로 광범위하게 무역을 펼치며 네덜란드보다 앞서갔지."

"흠, 그럼 이제는 영국이 세계 무역을 좌우하게 되는 거네요."

"어허, 프랑스를 빼놓으면 섭섭하지! 프랑스는 부유한 상인이 많거나 무역 도시가 발달한 나라가 아니다 보니 영국이나 네덜란드보다

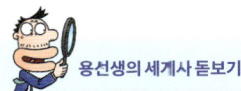

용선생의 세계사 돋보기

프랑스는 상업이 별달하고 부유한 네덜란드를 자신의 지배 아래 두려고 계속 노력했어. 프랑스의 첫 번째 목표는 당시 네덜란드 공화국의 남부에 해당하는 벨기에 지역이었어. 이곳은 가톨릭 신자가 많고, 프랑스의 영향을 받아서 프랑스어를 쓰는 사람도 많았거든.

유럽 나라들이 세계를 무대로 치열한 경쟁을 벌이다 **051**

↑ 퐁디셰리 인도 남동부 해안의 항구 도시로 프랑스 동인도 회사가 인도에 건설한 무역 거점이었어. 한동안 프랑스령 인도 수도였지. 이곳에서는 지금도 프랑스어가 잘 통한대.

↑ 프랑스 동인도 회사의 문장

한발 늦게 해외 무역에 뛰어들었어. 그 대신 다른 나라를 따라잡으려고 국가가 직접 나서서 해외 무역을 주도했단다."

"국가가요?"

"그래. 1664년 프랑스 국왕과 왕족들이 직접 돈을 투자해 프랑스 동인도 회사를 세우고 해외 무역을 시작했거든. 회사 운영도 왕이 임명한 관리가 맡았지."

"흠, 그럼 왕이 일일이 무역을 챙긴 셈이네요."

"응. 게다가 프랑스 왕실은 유럽에서 가장 부유한 왕실이었어. 당시 프랑스는 인구도 병사 수도 유럽에서 가장 많은 유럽 최강국이었거든. 왕실의 적극적인 지원 덕분에 프랑스 동인도 회사는 짧은 시간에 크게 성장했단다. 그 모습을 본 영국 동인도 회사는 잔뜩 긴장할 수밖에 없었지."

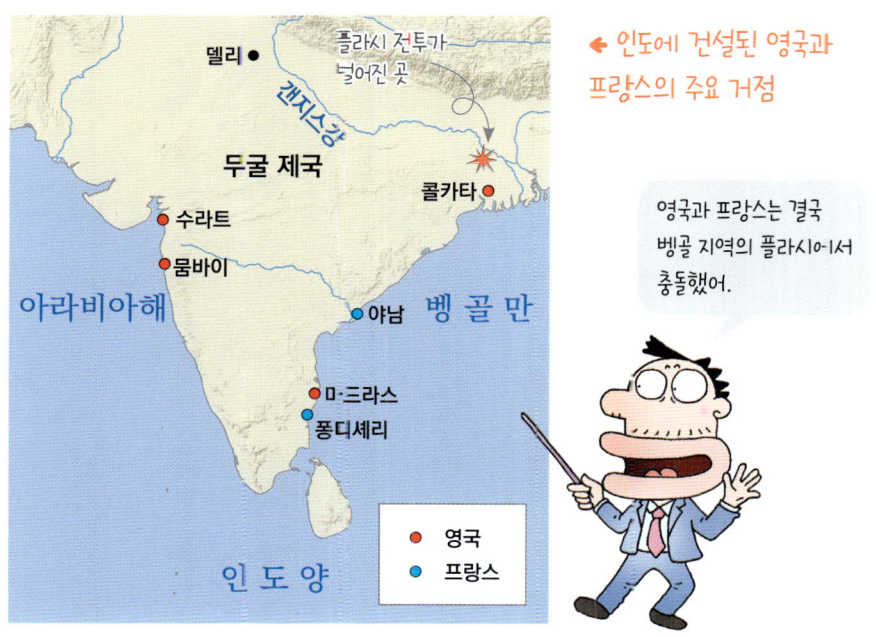

← 인도에 건설된 영국과 프랑스의 주요 거점

영국과 프랑스는 결국 벵골 지역의 플라시에서 충돌했어.

"그럼 이제 두 나라가 부딪치게 되겠군요?"

아이들의 눈빛이 초롱초롱해졌다.

"그래. 영국 동인도 회사와 프랑스 동인도 회사는 인도에서 경쟁적으로 세력을 넓혀 나갔어. 이 무렵이면 인도를 지배하던 무굴 제국은 혼란에 빠진 탓에 두 회사의 침입을 적극적으로 막아 낼 수가 없었지. 그러다가 1756년 유럽 본토에서 영국과 프랑스 사이에 전쟁이 벌어지자, 인도의 두 회사도 전쟁을 벌였어."

"누가 이겼어요?"

"영국이 이겼어. 영국은 1757년 6월에 콜카타 북서쪽에 위치한 플라시에서 프랑스와 벵골 연합군을 물리쳤어. 플라시 전투를 계기로 인도 무역의 주도권은 급격하게 영국으로 넘어갔지. 이후 프랑스는 영국 세력에 서서히 밀려나다가 결국 인도에서 사업을 완전히 접고

용선생의 세계사 돋보기

이 전쟁을 '7년 전쟁'이라고 부르는데, 정확하기는 프로이센과 오스트리아가 벌인 전쟁에 영국과 프랑스가 각각 동맹으로 끼어들어 싸운 거였어.

▲ **플라시 전투** 전투가 끝난 후 영국 동인도 회사 총독과 영국에 매수된 벵골의 새로운 영주가 만났어. 영국은 이 전투를 계기로 벵골의 영주를 꼭두각시로 삼아 벵골 지역을 지배하게 되었지.

그 대신 동남아시아를 노리게 돼."

"그럼 결국엔 영국이 제일 잘나가는 게 맞잖아요?"

"호호. 그건 다른 지역도 살펴보고 이야기하자. 이 무렵 영국과 프랑스는 북아메리카에서도 치열하게 세력 대결을 펼쳤거든."

 **용선생의 핵심 정리**

영국 동인도 회사는 인도산 면직물을 수입해 큰 이득을 보고, 네덜란드와 전쟁을 벌여 아메리카와 인도에서 무역을 주도해 나감. 뒤늦게 설립된 프랑스 동인도 회사는 국가의 지원을 받아 인도를 무대로 급성장했으나, 영국과의 경쟁에서 밀려남.

북아메리카 모피 무역을 놓고 영국과 프랑스가 다투다

"영국하고 프랑스가 북아메리카에서도 경쟁을 벌였어요?"

"응. 1600년 무렵 유럽 여러 나라는 북아메리카에서도 식민지를 건설해 나갔어. 일단 영국은 주로 동부 해안 지대를 따라 식민지를 건설했지. 이와 달리 프랑스는 주로 북아메리카의 큰 강을 따라 아메리카 내륙으로 들어가 식민지를 건설했단다. 예컨대 북동쪽에서는 세인트로렌스강, 남쪽에서는 미시시피강이 내륙으로 들어가는 중요한 통로였지."

용선생이 지도를 짚어 가며 말하자 아이들이 고개를 갸웃거렸다.

왕수재의 지리 사전

세인트로렌스강 대서양과 북아메리카 내륙의 오대호를 잇는, 길이 3,000킬로미터의 강이야.

미시시피강 북아메리카 내륙에서 시작돼 멕시코만으로 흐르는 강이야. 전체 길이는 6,270킬로미터로 세계에서 네 번째로 긴 강이지.

↑ 1600년대 말 북아메리카의 유럽 식민지

애팔래치아산맥 서쪽은 프랑스가, 동쪽은 영국이 차지했군.

유럽 나라들이 세계를 두대로 치열한 경쟁을 벌이다 **055**

↑ **세인트로렌스강** 세계에서 가장 큰 호수인 오대호와 대서양을 잇는, 총 길이 3,000킬로미터가 넘는 강이야. 프랑스 상인들은 이 강을 거슬러 올라가며 무역 기지를 건설했어.

↑ **자크 카르티에**
(1491년~1557년) 오늘날 캐나다 동부와 뉴펀들랜드 지역을 조사한 프랑스의 탐험가야. 세인트로렌스강 하구에 무역 기지를 세우고는 그 지역을 캐나다라고 불렀단다.

"왜 서로 다른 곳에 식민지를 만들었나요?"

"식민지를 만든 과정이 서로 달라서 그래. 영국 식민지는 주로 영국에서 이주해 온 이민자들이 건설했어. 아예 아메리카에 뿌리를 내리고 농사를 지으며 살아가기 위해 건설한 신도시였어. 그래서 내륙으로 깊숙이 들어가기보다는 바다 건너 영국과 쉽게 교류할 수 있는 해안가에 만들었지. 반면에 프랑스의 식민지는 북아메리카 원주민과 교역을 하기 위한 무역 기지에 가까웠단다. 그래서 원주민을 만나고 교역품을 거래할 수 있는 곳을 찾아 강을 따라 내륙 깊숙한 곳으로 파고들었어."

"원주민과 어떤 물품을 교역했는데요?"

"여러 가지가 있지만, 대표적인 게 모피였지. 북아메리카에는 곰이나 비버, 사슴 같은 야생 동물이 많아서 질 좋은 모피를 많이 구할 수 있었거든. 프랑스 상인들은 이미 1500년대 중반부터 북아메리카 내륙 깊숙이 들어가서 무역 기지를 세웠어. 오늘날 캐나다의 퀘벡, 몬

> **곽두기의 국어사전**
> **모피** 털 모(毛) 가죽 피(皮). 두꺼운 털이 붙어 있는 짐승의 가죽을 말해.

↑ **퀘벡** 오늘날 캐나다 제2의 도시야. 원래는 모피 무역을 위해 프랑스가 세운 무역 기지에서 출발했지. 그래서 퀘벡에서는 오늘날까지도 프랑스어를 사용한단다.

↑ **퀘벡의 프랑스 요새** 1690년 북아메리카에 처음으로 건설된 프랑스 무역 기지야.

트리올 같은 도시가 이렇게 시작되었단다. 그런데 영국이 뒤늦게 북아메리카 모피 교역에 뛰어들면서 두 나라의 갈등은 점점 커졌어."

"다른 나라가 돈 버는 건 가만히 보고 있질 못하는 시대였군요."

나선애가 필기를 멈추고 볼펜을 톡톡 쳤다.

"영국은 북아메리카의 북쪽 끝에 있는 허드슨만을 기반으로 모피 교역에 뛰어들려고 했어. 이곳은 1610년대에 영국의 탐험가 헨리 허드슨이 탐험한 곳이야. 허드슨만은 무려 20개가 넘는 강이 흘러드는 바다였는데, 강 유역에는 거대한 숲과 호수가 많아서 야생 동물이 매우 많이 살았어. 특히 코트와 모자를 만드는 데 요긴한 비버가 많아서 모피 상인에겐 보물 창고나 다름없었지. 영국은 1670년에 '허드슨만 회사'를 만들어서 허드슨만과 그 일대의 무역 독점권을 주었단다."

"동인도 회사 같은 걸 만든 거네요?"

↑ **아메리카 비버** 질 좋은 모피를 얻을 수 있는 인기 높은 사냥감이었어. 오늘날에는 멸종 위기 동물로 보호받고 있지.

유럽 나라들이 세계를 무대로 치열한 경쟁을 벌이다

북극을 가로질러 아시아로 가는 새 항로를 개척하라!

↑ **북극 항로** 영국이 개척하려고 했던 북극 항로야. 이 항로를 개척하는 데 성공했다면 북극해를 가로질러 곧장 태평양으로 갈 수 있었어.

↑ 북극해에서 얼음을 깨며 나아가는 쇄빙선

영국과 네덜란드같이 뒤늦게 해외 진출에 뛰어든 나라들은 아시아로 가는 새 항로를 개척하는 데 관심이 많았어. 아프리카를 돌아 아시아로 가는 항로는 너무 멀고 위험한 데다가 돈도 많이 들었거든. 게다가 에스파냐, 포르투갈 같은 경쟁자가 계속 방해를 했지. 그래서 북극을 가로질러 아시아로 가는 항로를 개척하려는 시도가 계속됐어. 특히 영국은 엘리자베스 1세 때부터 북아메리카 해안을 따라 북극을 지나는 항로를 개척하려고 탐험가를 많이 지원했지.

결과적으로 북극 항로 개척은 실패로 돌아갔단다. 북극해 일대는 한여름에도 빙하로 뒤덮여 있어서 배를 운항하기 어려웠거든. 그러나 비록 실패로 끝나긴 했지만 북극 항로를 개척하는 과정에서 북아메리카 해안의 지리와 자연환경에 대한 광범한 조사가 이루어졌어. 사실 헨리 허드슨이 허드슨 만을 탐험한 것도 북극 항로를 개척하는 과정에서 있었던 일이야. 최근 지구 온난화로 인해 북극의 얼음이 많이 녹고, 얼음을 깨는 쇄빙선이 발명되면서 북극 항로 개척이 다시 논의되고 있단다. 우리나라도 북극 항로를 이용해 유럽으로 수출하는 물건을 실어 나르면 운송에 걸리는 시간을 획기적으로 줄일 수 있대.

"그래. 허드슨만 회사는 허드슨만 곳곳에 요새를 짓고 군대를 파견해서 다른 나라 상인들이 얼씬도 못 하게 했단다. 당연히 이 근처에서 모피 장사를 하던 프랑스의 화를 돋울 수밖에 없었지. 결국 영국과 프랑스는 서로 군대를 동원해 싸움을 벌였어."

"그러면 여기서는 누가 이겼는데요?"

"또 영국이었어. 1701년, 유럽 본토에서 영국과 프랑스 사이에 전쟁이 벌어졌는데, 여기서 승리한 영국이 허드슨만 일대를 완전히 차지하게 되었어. 영국은 세인트로렌스강 하구의 뉴펀들랜드섬까지 넘겨받아서 북아메리카 무역에서 프랑스보다 한층 유리한 위치를 차지했지."

↑ 허드슨만 회사의 문장 1670년에 세워진 캐나다에서 가장 오래된 회사야. 영국 왕 찰스 1세의 조카인 루퍼트가 대표였지. 가운데 네 마리의 비버는 허드슨만 회사가 모피 교역을 주도한다는 걸 뜻해.

"그럼 북아메리카에서 프랑스가 밀려났나요?"

"그건 아니야. 힘을 많이 잃기는 했지만 세인트로렌스강 유역과 오대호 주변은 여전히 프랑스가 차지했어. 프랑스는 영국과의 충돌을 피해 북아메리카 내륙으로 세력을 넓히면서 모피 무역에 더더욱 열을 올렸지."

용선생의 세계사 돋보기

에스파냐 왕위 계승 전쟁을 말해. 프랑스와 에스파냐를 제외한 전 유럽이 동맹을 맺고 프랑스를 상대했지.

"영국이 북아메리카에서는 프랑스를 많이 봐줬나 봐요. 그냥 확 밀어낼 수도 있을 것 같은데······."

장하다의 말에 용선생이 미소를 지었다.

"흐흐, 사실 영국에겐 프랑스가 열중하는 모피 무역보다 더 엄청난 돈을 벌 수 있는 사업이 따로 있었어."

"그게 뭔데요?"

유럽 나라들이 세계를 두대로 치열한 경쟁을 벌이다

"바로 노예 무역이야. 카리브해와 남아메리카 일대의 대농장에 아프리카 흑인 노예들을 공급하는 사업이었지. 원래는 에스파냐가 노예 무역을 독점했는데, 아까 이야기한 전쟁을 계기로 1713년부터 영국이 이 독점권을 빼앗아 왔거든. 영국은 노예 무역을 기반 삼아 카리브해로 세력을 넓혀 가며 막대한 이득을 올렸단다."

> **용선생의 핵심 정리**
>
> 북아메리카에서 영국은 해안가 중심으로, 프랑스는 내륙 중심으로 식민지를 건설함. 1610년에는 허드슨만을 기반으로 영국이 모피 교역에 뛰어들면서 충돌했고, 전쟁 끝에 영국이 프랑스에 승리해 북아메리카에서 입지를 굳힘.

대서양 삼각 무역에 뿌려진 아프리카 사람들의 눈물

↑ **사탕수수 농장에서 일하는 노예들** 아메리카로 팔려 온 노예들은 옷도 제대로 입지 못한 채 온종일 고된 노동에 시달렸어.

"노예 무역으로 큰돈을 벌 정도였으면, 대체 노예를 얼마나 사고판 거죠?"

나선애가 불쾌한 표정으로 말했다.

"어마어마한 규모였어. 1600년대에 카리브해와 남아메리카 일대에 사탕수수 농장이 본격적으로 들어서며 일꾼이 엄청 많이 필요해졌거든. 당시 영국과 에스파냐를 비롯한 유럽 상인들은 죄다 노예 무역에 뛰어들어 엄청난 이득을 챙겼어. 1600년대 말부터 1800년대 말까지 아프리카에서 아메리카로 끌려온 흑인 노예의 수가 무려 천만 명이나 된단다."

"헉, 천만 명? 그렇게나 많아요?"

"응. 처음에는 해안 지역의 아프리카 원주민이 노예로 잡혀 왔지만, 나중에는 더 잡을 사람이 없어서 내륙 깊숙한 곳까지 노예 사냥꾼이 들어가 남녀노소를 가리지 않고 사냥하듯 잡아 왔단다."

"진짜 너무하네요! 아프리카 사람은 마구 노예로 부려 먹어도 된다는 거예요?"

허영심이 불끈했다.

> **용선생의 세계사 돋보기**
>
> 실제로 아프리카 내륙에서 노예 사냥에 나선 건 대부분 아프리카 현지인들이었어. 유럽 상인들은 해안의 항구에서 아프리카 노예를 사서 아메리카로 운송하는 역할을 맡았지.

"그때 유럽 사람들은 아프리카 흑인을 아예 사람으로 보지 않았어. 그냥 싼값에 부려 먹을 수 있는 일꾼일 뿐이었지. 게다가 노예 무역이 이렇게 번성한 데에는 한 가지 이유가 더 있단다. 대서양을 오가는 유럽 상인들은 이중, 삼중으로 돈을 벌 수가 있었거든."

"이중, 삼중이라니 무슨 말씀이세요?"

"예를 들어 중국에서 도자기를 사 오는 상인은 중국으로 들어갈 때에는 딱히 팔 상품이 없어서 별로 돈을 벌지 못했어. 중국에서 사 온 도자기를 유럽에 팔 때에만 돈을 벌게 되잖니? 이와 달리 대서양에서 노예 무역을 하는 상인은 항해를 할 때마다 돈을 벌 수 있었다는 뜻이야."

아이들이 알쏭달쏭한 듯 고개를 갸웃거리자 용선생은 지도를 한 장 펼쳤다.

"자, 일단 영국 상인은 아프리카 서해안에서 노예를 사서 아메리카에다 팔았어. 아메리카에서는 사탕수수로 만든 설탕과

▲ **왕립 아프리카 회사의 문장** 1660년 영국에 세워진 무역 회사야. 원래는 아프리카의 금을 채굴하기 위해 세웠지만, 사실상 노예 무역을 통해 큰돈을 벌었어.

▶ 대서양 삼각 무역

영국 상인들은 세 대륙을 오가며 이중, 삼중으로 돈을 벌었군!

허영심의 상식 사전

럼 사탕수수 찌꺼기를 발효시켜서 만든 싸구려 술이야. 가격이 저렴해서 유럽의 하층민이나 뱃사람이 즐겨 마셨어.

럼, 담배, 모피 같은 상품을 가져다가 유럽에 팔았지. 유럽에서는 총이나 옷감, 유리구슬 같은 물건을 가져다가 아프리카 왕이나 부족장에게 팔았고. 유럽산 무기와 반짝이는 유리구슬 같은 게 아프리카에서 인기가 좋았거든. 그리고 아프리카에서는 이 돈으로 다시 노예를 사서 아메리카에 팔았지."

"아하, 어딜 들르든 사고팔 게 있는 거네요."

"그래. 이렇게 대서양을 중심으로 세 대륙 사이를 오가며 무역을 했기 때문에 이런 방식의 무역을 대서양 삼각 무역이라고 불러. 영국 상인들은 대서양 삼각 무역으로 어마어마한 이득을 보았어. 다만 이 과정에서 아프리카 흑인 노예들은 인간 이하의 취급을 받았단다."

용선생은 모니터에 그림을 한 장 띄웠다.

"이건 당시 노예 무역선의 단면을 그림으로 그린 거야. 그림 속에

다닥다닥 붙어 있는 게 뭔지 아니? 바로 사람이란다."

"사람이라고요?"

놀란 아이들의 눈이 휘둥그렇게 커졌다.

"응. 아메리카로 끌려가는 아프리카 사람들이지. 노예 상인들은 배에 최대한 많은 노예를 싣기 위해 이렇게 통풍도 되지 않고 햇살 한 줌 들지 않는 배 밑바닥 짐칸에 사람들을 짐짝처럼 차곡차곡 실었어. 아프리카 사람들은 이렇게 누운 자세로 긴 쇠사슬에 묶인 채 몇 달에 걸쳐 대서양을 건너야 했단다."

"세상에……."

"당연히 수많은 아프리카 사람들이 노예 무역선의 짐칸에서 고통스럽게 죽어 갔어. 그중에는 견디다 못해 바닷물에 뛰어들어 자살

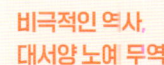
비극적인 역사, 대서양 노예 무역

↑ 영국 노예 무역선의 단면도

아니, 사람을 이렇게 짐짝처럼 싣다니!

↑ 리버풀 항구의 모습 1700년대부터 대서양 삼각 무역을 통해 성장한 항구 도시야. 한때는 유럽 최대 노예 무역 중심지였지.

↑ 카리브해 마르티니크섬의 사탕수수 농장 한때 발을 들여놓을 수 없을 만큼 울창했던 숲이 사탕수수 농장으로 탈바꿈하며 수많은 노동력이 필요하게 됐어. 그 자리를 채운 게 아프리카 노예들이었지.

하는 사람도 많았어. 노예 상인 입장에서는 손해였지. 그래서 자살을 방지하기 위해 아프리카 사람들에게 쇠사슬과 족쇄를 채우고 옴짝달싹 못 하도록 만들었단다."

"아메리카에 도착하면 좀 나아지나요?"

허영심이 한숨을 푹 쉬며 말했다.

"아메리카에 도착한 뒤의 생활은 더 지옥 같았단다. 노예들은 하루 스무 시간 가까이 노동에 시달렸어. 조금만 한눈을 팔면 어김없이 감독의 채찍이 날아들었고, 노예가 졸다가 팔이 기계 속으로 딸려 들어가면 감독은 즉각 칼로 노예의 팔을 잘라 버렸단다."

"네? 팔을 칼로 잘랐다고요? 도대체 왜요?"

"팔을 빼느라 기계를 멈추느니 차라리 팔을 자르는 게 노예 주인에게는 더 이익이었거든. 게다가 노예가 달아나지 못하도록 족쇄로 발목을 채우는 건 기본이고, 졸지 못하도록 목에 삐죽삐죽한 못이 박힌 올가미를 씌웠단다."

나선애가 답답한 듯 손을 번쩍 들었다.

"선생님, 아프리카 노예들은 그냥 당하고만 있었나요?"

"그렇지는 않아. 많은 사람이 죽음을 무릅쓰고 도망치거나, 힘을 모아 반란을 일으키기도 했어. 노예의 저항이 계속되자 유럽 내에서도 노예 무역과 노예 제도에 반대하는 운동이 시작되었지. 특히 노예

↑ 쿠바의 노예 감시탑
농장 곳곳에 높은 감시탑을 설치해서 노예의 일거수일투족을 감시했어.

무역의 선두 주자였던 영국은 1807년에 정식으로 노예 무역을 금지했단다."

"와, 웬일이에요? 돈만 벌 수 있다면 뭐든 하는 것 같더니."

"사실 1800년대 초반에 영국은 유럽의 다른 경쟁자를 모두 제치고 세계에서 가장 돈 많은 나라가 되어 있었거든. 산업도 크게 발달해서 굳이 노예 무역에 매달릴 필요가 없었고. 영국은 한발 더 나아가서 다른 나라도 노예 무역을 못 하게 막았단다."

"피, 늦었지만 노예 무역을 금지하기로 했으니 다행이네요."

"차츰 노예 무역은 나쁜 사업이라는 인식이 전 세계에 퍼졌고, 다른 나라도 차례로 노예 무역을 금지했어. 1800년대 말이 되면 노예

▲ 노예 제도를 반대하는 캠페인
노예 반대 운동이 일어난 1800년대에 그려진 포스터야. 그림 상단에는 "나는 인간도, 당신들의 형제도 아닙니까?"라고 쓰여 있어.

무역은 완전히 자취를 감추게 된단다. 그리고 1888년 브라질에서 노예제가 공식적으로 폐지되면서 흑인 노예들의 곤경은 마침내 막을 내렸어."

"휴, 끝났다! 다행이야!"

용선생은 아이들을 바라보며 미소를 지었다.

"1600년대부터 시작된 잔혹한 노예 무역은 이 당시 유럽의 여러 나라가 돈을 벌기 위해 얼마나 물불을 가리지 않았는지 보여 주는 사건이야. 물론 노예 무역은 아주 먼 옛날부터 있었지만, 이렇게 사람을 완전히 짐짝처럼 취급한 건 처음 있는 일이었거든. 상인들의 경쟁이 그만큼 심했다고 생각할 수 있지."

"그러게요. 그렇게까지 해서 돈을 벌려고 하다니 너무 나빴어요!"

"흠, 이 당시 유럽 사람들은 정말 변화무쌍한 세계에 살았어. 치열한 전쟁이 계속 벌어지고, 바다 건너에서는 매일매일 새로운 발견 소식이 들려오는 세상이었지. 그러니 사람들 사이의 경쟁도 더욱 치열할 수밖에 없었는지도 몰라. 유럽의 사정에 대해서는 다음 시간에 계속 공부하자. 모두 고생 많았어!"

용선생의 핵심 정리

유럽 상인들은 아프리카 노예 무역을 비롯한 대서양 삼각 무역으로 큰 이득을 봄. 노예들은 인간 이하의 취급을 받으며 고된 노동에 시달렸고, 노예 제도는 1800년대 초반에 이르러서야 서서히 금지되기 시작함.

나선애의 **정리노트**

1. ### 에스파냐의 몰락
   - 영국의 사략선 지원으로 영국과 에스파냐 사이에 전쟁 발발
   - 1588년 칼레 해전에서 에스파냐가 영국에 대패
     → 에스파냐가 몰락하고 바닷길을 차지하려는 유럽 열강 간의 경쟁 시작

2. ### 유럽의 중상주의 정책
   - 중상주의 정책 실시: 상업 장려, 국내 산업을 보호해 국가의 재정을 늘림.
     → 수입은 줄이고 선대제 공업으로 수출은 늘림.
     → 원료 시장이자 판매 시장인 해외 식민지 개척 경쟁 시작
   - 주식회사 탄생: 위험 부담이 큰 사업을 위해 여러 사람이 투자 비용과 이익을 나눔.
   - 네덜란드 동인도 회사가 인도양 교역으로 큰 이득을 봄.
     → 증권 거래소가 생기며 주식 투자 활성화 → 네덜란드에 뒤이어 영국, 프랑스가 인도양 진출

3. ### 해외에서 치열하게 경쟁하는 유럽
   - 암본 사건을 계기로 영국은 동남아시아 대신 인도 무역에 집중
   - 영국은 항해법으로 네덜란드 견제 → 영국이 네덜란드와의 전쟁에서 승리하며 네덜란드를 제침.
   - 프랑스와의 경쟁에서 이긴 영국이 인도산 면직물 등 인도 무역 독점
   - 북아메리카 모피 무역을 둘러싸고 영국과 프랑스가 경쟁을 벌임.
     → 영국이 승리하며 북아메리카 무역의 주도권을 쥠.

4. ### 대서양 삼각 무역으로 큰 부를 쌓은 유럽
   - 유럽이 대서양 삼각 무역으로 막대한 이익을 챙김.
   - 카리브해의 농장 규모가 커지며 노예 무역 급증
     → 1600년대 말부터 200년간 천만 명의 흑인이 아메리카로 끌려감.
     → 1807년 영국을 시작으로 노예 무역이 금지되기 시작

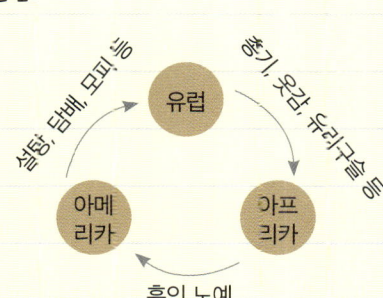

세계사 퀴즈 달인을 찾아라!

1 다음 인물에 대한 설명으로 옳지 않은 것은? (　　)

〈엘리자베스 1세〉

① 영국의 왕이야.
② 에스파냐 배를 약탈하는 해적을 지원했어.
③ 프랜시스 드레이크에게 영국 해군의 지휘를 맡겼어.
④ 에스파냐와 협력해 네덜란드의 독립 운동을 탄압했어.

2 빈칸에 공통으로 들어갈 알맞은 말을 써 보자.

○○ 해전은 1588년 에스파냐의 무적함대가 영국에 대패한 해전이다. 에스파냐는 네덜란드의 에스파냐군을 영국에 상륙시키려 했으나, 영국 해군의 기습과 뒤이은 폭풍 때문에 실패하고 말았다. 이에 ○○ 해전은 에스파냐 몰락의 원인이 되었다.

(　　　　　　　　　　)

3 유럽의 중상주의 정책에 대한 설명으로 옳지 않은 것은? (　　)

① 해외에 수출하려고 품질이 좋고 비싼 물건만 생산했다.
② 원료 시장이자 판매 시장인 해외 식민지 개척 경쟁이 시작되었다.
③ 수입은 줄이고, 수출을 늘려 나라의 이익을 극대화하는 정책을 의미한다.
④ 유럽 각국은 전쟁에서 승리하고 살아남기 위해 경쟁적으로 중상주의 정책을 펼쳤다.

4 네덜란드 동인도 회사에 대한 설명으로 옳지 <u>않은</u> 것은? ( )

① 세계 최초의 주식회사였다.
② 국가처럼 화폐도 발행하고 군대도 갖추었다.
③ 인도양 무역에서 프르투갈에 밀려 주도권을 잃었다.
④ 자와섬에 도시 '바타비아'를 건설해 아시아 무역의 거점으로 삼았다.

6 영국과 프랑스의 인도 무역에 대한 설명으로 옳지 <u>않은</u> 것은? ( )

① 영국은 인도산 면직물로 큰돈을 벌었다.
② 영국은 네덜란드와의 경쟁에서 밀려 인도로 진출했다.
③ 프랑스는 국왕과 왕족들이 주도하여 동인도 회사를 세웠다.
④ 인도 무역의 주도권을 두고 벌어진 전쟁에서 프랑스가 최종 승리하였다.

5 다음 지도에 나타난 A, B 지역을 차지한 국가의 이름으로 알맞은 것은? ( )

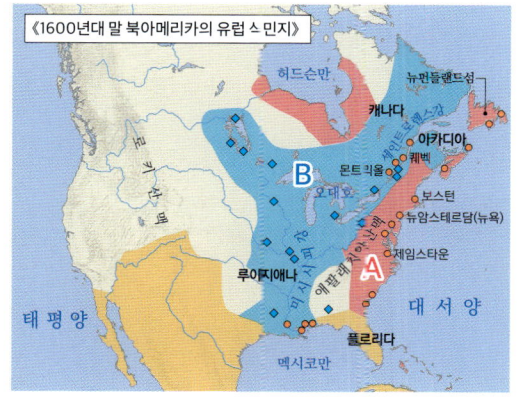

	A	B
①	영국	프랑스
②	영국	네덜란드
③	프랑스	영국
④	프랑스	네덜란드

7 1600년대 대서양 삼각 무역에 대한 설명으로 알맞은 것에 ○표, 알맞지 <u>않은</u> 것에 X표 해 보자.

○ 유럽은 총기와 옷감을 아프리카에 팔았다. ( )

○ 영국의 리버풀은 노예 무역 중심지로 성장했다. ( )

○ 19세기 초 프랑스를 시작으로 노예 무역이 금지되기 시작했다. ( )

○ 카리브해 일대의 사탕수수 농장이 크게 늘며 노예 무역이 급증했다. ( )

정답은 451쪽에서 확인하세요!

용선생 세계사 카페

해적의 시대가 열리다

1600년대부터 유럽 각국의 해외 무역이 활발해지며 해적의 활동도 그에 따라 활발해졌지. 물론 해적 활동은 불법이었어. 하지만 아직은 유럽의 어떤 나라도 머나먼 인도양이나 카리브해의 해적들을 단단히 단속할 만큼 해군이 강하지 않았지. 해적은 귀한 무역품이나 귀금속을 수송하는 상선을 습격했단다.

영국이나 프랑스는 에스파냐처럼 이미 세계 곳곳에 식민지를 건설한 경쟁국을 상대하기 위해 오히려 해적을 적극적으로 이용하기도 했어. 해적에게 경쟁국의 배를 약탈해도 좋다는 면허증을 발급해 준 거야. 국가로부터 약탈 면허를 받은 이런 해적선을 사략선이라고 하는데, 특히 영국 사략선 선장들은 아메리카에서 보물을 싣고 오는 에스파냐 상선을 주로 공격해 영국인에게는 영웅 대접을 받았어.

그러나 해적의 전성기는 세계 무역이 점차 안정되고, 영국 해군이 막강하게 성장해 세계의 바다를 휘어잡으면서 막을 내리게 돼. 1700년대에 들어서며 영국은 사략선에 대한 지원을

↑ 해적기 사람 해골과 뼈 두 개를 교차시킨 해적기는 오늘날까지도 해적의 상징으로 유명해. 1700년대 초 활동한 해적 에드워드 잉글랜드가 처음 사용했지.

↑ 영화 〈캐리비안의 해적〉의 전투 장면 《캐리비안의 해적》은 카리브해를 무대로 활약하던 해적과 이를 소탕하려는 영국 해군의 대결을 배경으로 한 영화야.

중단하고 차츰 해적을 단속했어. 지원이 끊긴 사략선들은 영국 상선까지 닥치는 대로 습격하기도 했지. 그럼 이 당시 세계적으로 이름을 떨친 유명한 해적 몇 명을 만나 볼까?

헨리 모건

영국 출신 사략선 선장이야. 스무 살에 아메리카로 건너가 사탕수수 농장에서 일하며 여러 해적의 활약을 전해 들었지.

스물아홉 살 때부터 사략선 활동을 시작한 헨리 모건은 카리브해의 에스파냐 상선과 식민지를 집중적으로 공격해 어마어마한 부와 명성을 얻었어. 평생 단 한 번도 바다에서 패배한 적이 없다고 하는구나. 명성을 인정받은 헨리 모건은 카리브해의 영국 해군 사령관이 되어 다른 사략선을 지휘하며 더더욱 많은 활약을 펼쳐 나갔지.

영국과 에스파냐가 평화 조약을 맺은 뒤에도, 계속해서 에스파냐 식민지와 배를 공격한 헨리 모건은 1672년에 체포돼 영국으로 끌려갔어. 하지만 영국 왕조차 이미 카리브해 일대에 막강한 영향력을 가진 헨리 모건을 함부로 처형할 수가 없었지. 헨리 모건은 3년 만에 풀려났고, 그 후 자메이카 총독으로 임명되었대.

▲ **헨리 모건의 초상화**

◀ **포트로열**
오늘날 자메이카의 킹스턴 인근에 있었던 영국 항구야. 영국 사략선들이 모여드는 해적 소굴로 악명이 높았지. 포트로열은 169년 대지진으로 완전히 붕괴되었어.

캡틴 키드

본명은 윌리엄 키드. 영국 사략선 선장으로 프랑스를 상대로 영국 식민지를 보호하는 역할을 맡았어. 주로 인도양을 무대로 프랑스 깃발을 달고 있는 배라면 종류를 가리지 않고 모조리 공격했지.

그러다가 프랑스 동인도 회사의 물건을 나르느라 프랑스의 깃발을 달고

▲ 캡틴 키드의 보물
캡틴 키드의 보물은 전설처럼 전해지며 숱한 이야깃거리를 낳았어.

있는 인도 상선을 공격한 게 문제가 됐어. 인도의 무굴 제국은 영국 정부에 강력하게 항의했고, 영국 정부는 캡틴 키드를 해적으로 낙인찍어 현상금을 내걸었지. 영국에 도움이 될 때는 실컷 이용해먹다가 문제가 되자 모른 척한 거야. 인도양에서 카리브해로 도망친 키드는 결국 체포되어 1701년 교수형에 처해졌어.

그런데 캡틴 키드가 처형당한 이후 그가 그동안 약탈로 모은 막대한 보물을 세계 곳곳에 숨겨 두었다는 소문이 퍼져 나갔어. 심지어 그중 일부는 우리나라 제주도 어딘가에 묻어 두었다는 이야기도 있는데, 믿거나 말거나!

앤 보니와 메리 리드

둘 다 여자 해적이라는 점에서 유명해진 인물이야. 먼저 앤 보니부터 알아볼까? 앤 보니는 10대일 때 카리브해에서 해적들을 상대하는 술집을 운영했다고 해. 이곳에서 존 라캄이라는 해적의 애인이 되었고, 그와 함께 배를 훔쳐 해적 생활을 시작했지. 하지만 부하들에게는 자신이 여자라는 걸 알리지 않았어.

영국에서 태어난 메리 리드는 어려서부터 남자 행세를 하며 살았대. 메리의 어머니가 메리에게 재산을 상속해 주기 위해 메리가 아들이라고 사기를 쳤거든. 메리는 남장한 채 해군에 입대했고, 진급이 어려워지자 아메리카로 떠났다가 그대로 해적 생활을 시작했지.

▼ 앤 보니(왼쪽)와 메리 리드(오른쪽)

메리는 1720년부터 앤 보니와 존 라캄의 해적선에서 일했어. 앤 보니는 메리가 여자라는 걸 금세 눈치챘지만 비밀로 남겨뒀지. 그런데 둘이 너무 사이가 좋은 걸 보고 앤에게 다른 남자가 생겼다고 의심한 선장 존 라캄이 메리를 죽이려 들자,

둘 다 자신이 여자라는 걸 밝혔다고 해.

앤과 메리는 영국 해군에게 붙잡힌 뒤 감옥에 갇혔어. 메리는 감옥에서 일찍 세상을 떠났지만, 앤은 얼마나 더 살았는지 정확히 알 수 없단다. 아이를 낳다가 죽었다는 이야기도 있고, 미국으로 건너가서 오랫동안 잘 살았다는 이야기도 있어.

'검은 수염' 에드워드 티치

카리브해에서 활동한 모든 해적 중에 가장 무시무시한 악명을 떨친 사람이야. 수염을 길게 기르고 다녀서 본명보다는 '검은 수염'이라는 별명으로 더 유명했지.

에드워드 티치도 원래는 영국 해군 소속으로, 프랑스, 에스파냐와 싸우기 위해 카리브해에 왔어. 하지만 전쟁이 끝나자 해적 생활을 시작해 카리브해를 오가는 상선을 닥치는 대로 약탈했지. 항상 두 개의 칼과 많은 권총을 가지고 다니는 에드워드 티치의 모습은 훗날 해적을 묘사한 많은 영화와 소설의 참고 자료가 되었단다.

해적에 의한 피해가 심해지자 영국 왕은 '모든 죄를 용서할 테니 해적 행위를 중단하라.'라고 명령했어. 하지만 티치는 이를 무시한 채 계속 해적질을 하다가 결국 1718년 영국 해군에 포위되어 전투 중 사망했지.

➜ 에드워드 티치 무시무시한 이미지를 만들기 위해 머리에 불붙은 심지를 붙이고 다녔다고 해. 이 그림에도 불타는 심지가 보여.

➜ 〈캐리비안의 해적〉에 등장한 에드워드 티치 에드워드 티치는 해적의 대명사로 오늘날도 영화나 만화, 소설 등 많은 이야기에 등장한단다.

용선생 세계사 카페

영국 최고의 극작가 셰익스피어의 명작 들여다보기

↑ 윌리엄 셰익스피어 (1564년~1616년)

세계 곳곳에서 유럽 여러 나라의 경쟁에 불이 붙은 1500년대 말, 영국의 수도 런던은 상인들로 북적였어. 이 런던에서 세계 문학에 큰 획을 긋게 될 천재 극작가 한 명이 작품 활동을 시작했지. 바로 '영문학의 아버지'로 존경받는 윌리엄 셰익스피어가 그 주인공이란다.

셰익스피어는 1564년 영국 중부의 작은 마을에서 상인의 아들로 태어났어. 어린 시절 고향의 학교에 다니며 성경과 간단한 고전 교육을 받았지만 집이 어려워진 탓에 학교는 제대로 마치지 못했다고 해. 그러나 셰익스피어는 이후 1590년 무렵부터 20여 년에 걸쳐 38편의 희곡 작품을 발표하며 영국 문학의 영원한 전설로 남았지. 《로미오와 줄리엣》, 《햄릿》, 《베니스의 상인》 등 셰익스피어의 명작들은 오늘날까지도 널리 읽히며 세계 곳곳에서 연극으로 상연되는 것은 물론, 영화나 뮤지컬 등 다양한 분야에서 재창작되고 있어.

셰익스피어가 이토록 널리 사랑받는 이유는 크게 두 가지로 나누어 생각할 수 있어. 첫째는 아름다운 문장과 뛰어난 어휘력이야. 셰익스피어가 활동할 당시 영어는 세련되지 못한 시골말 취급을 받았지. 그런데 셰익스피어는 '영어를 다시 창조했다'는 평가를 받을 정도로 세련되고 아름다운 문장을 구사했어. 심지어 2,000여 개나 되는 말을 새롭게 창조해 오늘날의 영어에 많은 영향을 미쳤어. 요즘 텔레비전에서 자주 접할 수 있는 '스웩(Swag)'이란 말도 셰익스피어가 만들었단다. 셰익스피어는 이 말을 '건들거리다'는 뜻으로 사용했대.

두 번째는 누구나 보편적으로 공감할 수 있는 작품 내용과 뛰어난 인물 묘사력이야. 바로 《로미오와 줄리엣》의 가슴 아픈 사랑 이야기가 400년 넘게 전 세계에서 사랑받고, 《햄릿》의 주인공 햄릿의 고뇌에 수많은 사람이 공감하게 만드는 힘이라고 할 수 있지. 이건 셰익스피어가 그만큼 인간의 심리를 깊이 이해한 작가라는 증거이기도 해.

다만 1년에 1~2편의 작품을 발표할 정도로 활발하게 활동한 인기 작가치고는 그 생애에 대해 알려진 것이 이상할 정도로 적어. 셰익스피어의 삶에서 정확한 기록이라고는 태어난 날과 결혼한 날 두 가지뿐일 정도거든. 제대로 된 교육도 받지 못한 사람이 이토록 대단한 업적을 남겼다는 게 워낙 믿기 어렵다 보니, 사실 셰익스피어는 실존 인물이 아니라고 주장하는 사람들도 있단다.

그럼 셰익스피어의 대표작어는 어떤 것들이 있는지 살짝 살펴볼까?

↓ 글로브 극장

↓ 글로브 극장 내부 1599년에 완공된 극장으로 셰익스피어의 작품이 처음 상연됐던 극장이야. 청교도 혁명 때 철거되었다가 1997년 원래 모습대로 복원되었고, 지금도 연극이 상연되고 있어.

↑ 1605년 런던에서 출간된 《햄릿》 표지

《덴마크 왕자 햄릿의 비극》

덴마크를 무대로 한 셰익스피어의 대표 비극으로 흔히 《햄릿》으로 알려져 있어. 덴마크의 젊은 왕자 햄릿이 자신의 아버지를 죽이고 어머니와 결혼해 왕위에 오른 삼촌에게 복수를 해 나가는 과정이 묘사된 작품이지. 치밀하고 완벽한 복수의 과정을 그린 작품이라기보다는, 지금 자신이 옳은 선택을 하는 것인지 끊임없이 고민하다 결국 복수와 함께 비극적인 최후를 맞이하는 주인공 햄릿의 심리 묘사가 높은 평가를 받는 작품이야. 햄릿이 고민 중에 내뱉는 독백인 "사느냐 죽느냐, 그것이 문제로다."는 연극 역사에 길이 남은 명대사란다.

《리어왕》

막강한 권력을 가진 영국의 리어왕과 세 딸에 얽힌 비극이야. 늙은 리어왕이 결혼을 앞둔 세 딸에게 유산을 물려주려 하는데, 첫째와 둘째 딸은 달콤한 아첨으로 많은 유산을 받아 냈어. 그러나 셋째 딸 코델리아는 아버지를 모시기 위해 결혼을 하지 않겠다고 선언했지. 화가 난 리어왕은 코델리아를 프랑스로 쫓아냈어.

그런데 유산을 물려주자 첫째 딸과 둘째 딸은 태도를 바꾸어 리어왕을 구박했단다. 결국 리어왕은 성 밖으로 쫓겨나 황야를 헤매고, 자신의 어리석음을 후회하다가 미쳐 버리고 말아. 코델리아가 뒤늦게 리어왕을 구하러 달려오지만, 결국 세 딸과 리어왕 모두 전쟁에 휘말려 비극적인 최후를 맞이하는 것으로 작품이 마무리되지. 셰익스피어의 여러 작품 중에서도 유달리 스케일이 크고 내용도 너무나 비극적이라서 많은 사람의 머릿속에 강한 인상을 남긴 작품이야. 《햄릿》과 《리어왕》, 또 다른 비극인 《멕베스》와 《오셀로》를 합쳐서 '셰익스피어의 4대 비극'이라고 부른단다.

↓ 코델리아와 리어왕
황야에서 떠돌다가 미쳐 버린 리어왕에게 셋째 딸 코델리아가 찾아온 장면이야.

《로미오와 줄리엣》

이탈리아의 도시 베로나를 무대로, 젊은 귀족 연인 로미오와 줄리엣의 비극적인 사랑 이야기를 그려 낸 작품이야. 로미오와 줄리엣은 첫눈에 반한 사이이지만, 원수지간인 서로의 가문 때문에 결코 이루어질 수 없는 사랑을 이어 나간 끝에 결국엔 비극적인 최후를 맞이하지. 셰익스피어의 여러 작품 중에서 가장 로맨틱하고 가슴 아픈 사랑 이야기라서 많은 사랑을 받았어. 영화로도 여러 번 만들어졌고, 그때마다 당대 최고의 스타가 출연해 인기를 끌었지.

▲ 영화 〈로미오와 줄리엣〉
1996년에 제작된 영화에서 로미오와 줄리엣이 처음 만나는 장면이야. 이 영화는, 이야기는 그대로 둔 채 현대로 시대 배경을 옮겨서 다시 제작됐지.

《베니스의 상인》

'베네치아'를 영어식으로 읽으면 '베니스'야. 《베니스의 상인》은 베네치아의 젊은 상인인 안토니오와 바사니오, 바사니오의 연인인 포샤와 유대인 고리대금업자 샤일록의 이야기를 담은 희곡이란다.

바사니오는 포샤에게 프러포즈를 하기 위해 친구 안토니오에게 돈을 빌리는데, 안토니오는 돈이 모자라자 자신의 배를 담보로 잡히고 유대인 샤일록에게 돈을 빌리지. 샤일록은 기한 안에 돈을 갚지 못할 경우 '심장에서 가장 가까운 살 1파운드를 가져간다'는 계약서를 쓴단다. 그런데 안토니오의 배가 예정된 날짜에 돌아오지 않아서 돈을 갚지 못할 처지에 놓이자 샤일록과 세 사람은 결국 법정에 서게 돼. 죽을 위기에 처한 안토니오는 포샤의 기발한 대응으로 목숨을 건지고 세 사람은 행복한 결말을 맞이하지.

《베니스의 상인》은 내용이 가볍고 사랑스러운 데다가 결말도 유쾌해서 많은 인기를 끌었어. 특히 악당으로 묘사되는 유대인 샤일록의 모습을 통해 당시 유럽에서 유대인이 어떤 취급을 받았는지 짐작할 수 있지.

▲ 영화 〈베니스의 상인〉
2004년에 제작된 영화의 한 장면. 샤일록이 법정에서 계약대로 안토니오의 가슴살 1파운드를 가져가려고 칼을 들이대고 있어.

2교시

절대 왕정이 들어선 프랑스, 입헌 군주제가 확립된 영국

1500년대 이후 유럽에서는 종교 갈등과 왕위 계승 문제 등
다양한 이유로 거의 단 한 해도 쉬지 않고 전쟁이 계속됐어.
일단 전쟁이 시작되면, 여러 나라가 끼어들면서
전쟁의 규모가 커지고 그 양상은 더욱 복잡해졌지.
과연 계속되는 혼란과 전쟁은 유럽 사회를 어떻게 바꿔 놓았을까?

1618년	1635년	1643년	1648년	1649년	1688년	1701년
30년 전쟁 시작	프랑스, 30년 전쟁에 참전	루이 14세 즉위	30년 전쟁 종료	영국, 찰스 1세 처형	영국에서 명예혁명 발생	에스파냐 왕위 계승 전쟁 시작

역사의 현장 지금은?

축복받은 자연 위에
예술을 꽃피운 나라 프랑스

서유럽의 중심에 위치한 프랑스는 독일, 에스파냐, 이탈리아, 스위스, 벨기에와 국경을 맞대고 있어. 위도는 한반도보다 높지만 편서풍과 대서양 난류 덕분에 기후가 비교적 온화한 편이야. 면적은 한반도의 3배, 인구는 6,700만 명 정도. 가뭄과 홍수 같은 자연재해가 드물고 국토의 대부분이 기름진 평야여서 전통적인 농업 강국이란다. 대서양과 지중해에 맞닿아 있어 해산물도 풍부하지.

▼ 루브르 박물관

루브르에서는 레오나르도 다빈치의 걸작 《모나리자》를 감상할 수 있어. 고풍스러운 건물과 피라미드 모양의 현대식 유리 조형물이 멋지게 조화되어 있지.

센강 / 에펠탑

유럽 문화의 중심지 파리

프랑스의 수도 파리는 오랫동안 유럽 예술과 문화의 중심이었어. 파리에는 세계에서 가장 많은 미술품을 소장한 루브르 박물관을 비롯해 오르세 미술관, 퐁피두 센터 등 수많은 미술관과 박물관이 있어서 매년 수백만 명에 이르는 관광객의 발길이 끊이지 않는단다.

↑ 기차역을 개조해 만든 오르세 미술관

← 조르주 퐁피두 센터
국립 근대 미술관 등이 위치한 복합 문화 시설이야. 건물의 철골 구조와 파이프들을 일부러 건물 밖에 눈에 띄게 노출해 낯선 느낌을 주지.

패션과 향수의 나라

프랑스는 세계 패션 산업의 중심지야. 루이뷔통, 샤넬, 디올 등 세계적인 명품 브랜드들이 프랑스에서 탄생했지. 1년에 두 번 파리에서 열리는 '파리 패션 위크'는 가장 유명한 패션쇼로 세계의 패션 트렌드를 미리 살펴볼 수 있는 행사야. 또 프랑스는 세계 향수 원료의 70퍼센트를 생산하는 향수 산업의 중심지이기도 해.

↑ 파리 패션 위크

◀ 루이뷔통 미술관

◀ 향수를 만드는 조향사

향수를 만드는 사람을 조향사라고 해. 세계의 조향사들이 300년이 넘는 향수 제조 전통을 가진 프랑스로 모여든단다.

↓ 휴양 도시 니스의 해변

아름다운 볼거리가 가득한 나라

프랑스는 넓은 국토만큼이나 다채로운 볼거리로 가득한 나라야. 지중해에 맞닿아 있는 프랑스 제2의 도시 마르세유, 국제 영화제가 열리는 5월이면 세계에서 관광객이 몰려드는 영화의 도시 칸, 아름다운 해변으로 유명한 도시 니스와 유럽에서 가장 높은 몽블랑 산자락에 위치한 휴양 도시 샤모니몽블랑도 모두 프랑스에서 만날 수 있는 도시란다.

노트르담 드 라 가르드 성당

↑ **마르세유** 프랑스 제2의 도시이자 지중해에서 가장 큰 무역항이야. 마르세유에서 가장 높은 곳에 위치한 노트르담 드 라 가르드 성당에 오르면 아름다운 지중해가 한눈에 들어오지.

→ **섬 전체가 수도원인 몽생미셸** 프랑스 북서쪽 작은 바위섬에 있는 수도원이야. 썰물 때만 육지와 이어지는 신비로운 자연환경으로 유명하지.

↑ 몽블랑 산자락에서 스키를 즐기는 사람들

↑ 영화의 도시 칸

와인의 나라 프랑스

프랑스인의 식탁에서 와인은 절대로 빠지지 않아. 프랑스는 유럽에서 이탈리아 다음으로 와인을 많이 생산하는 나라이며, 지역에 따라 특색 있는 와인을 만드는 것으로 유명하지. 그중에서도 보르도와 부르고뉴 와인은 세계적인 인기를 누린단다.

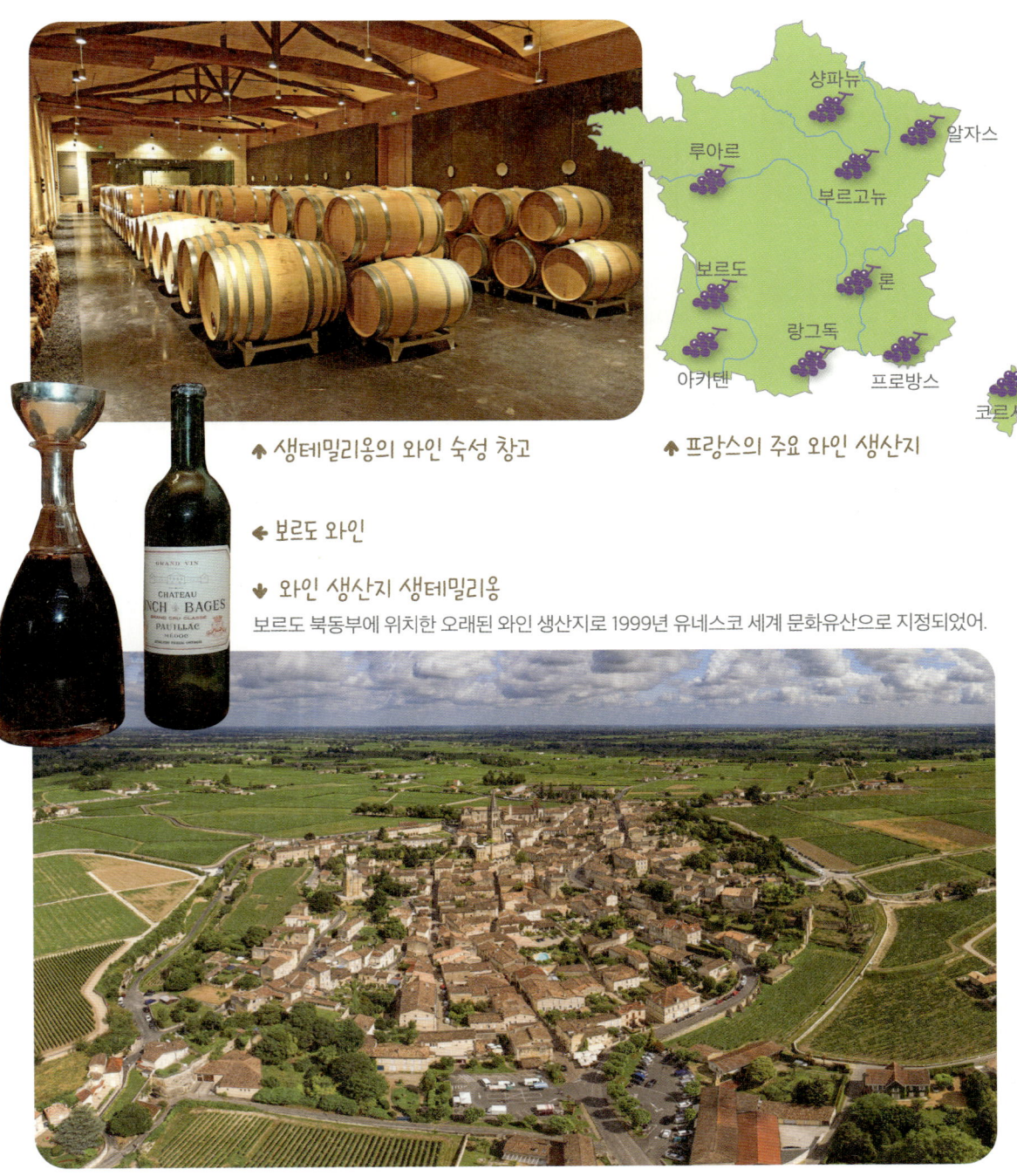

↑ 생테밀리옹의 와인 숙성 창고

↑ 프랑스의 주요 와인 생산지

← 보르도 와인

↓ 와인 생산지 생테밀리옹
보르도 북동부에 위치한 오래된 와인 생산지로 1999년 유네스코 세계 문화유산으로 지정되었어.

서양 요리 문화의 기준이 된 프랑스 요리

화려한 궁정 문화를 꽃피웠던 프랑스는 여러 음식을 차례로 즐기는 서양식 코스 요리가 시즈된 나라야. 정식 프랑스 코스 요리에서는 무려 2~3시간 동안 정해진 순서에 따라 요리가 나오는데, 보통 샌선, 소고기 순으로 메인 요리를 즐긴 뒤 치즈와 케이크 등의 디저트를 먹고 청포도로 담근 술을 증류한 코냑으로 마무리해. 프랑스의 요리 문화는 오늘날 서양 고급 음식 문화의 기준이 됐지. 특히 송르 버섯과 달팽이, 거위 간 요리는 프랑스의 3대 진미로 잘 알려져 있단다.

◀ **코코뱅** 닭고기와 야채를 으-인에 졸인 음식이야. 프랑스의 대표적인 대중 요리이지.

▶ **거위 간으로 만든 푸아그라**

▼ **달팽이로 만든 에스카르고**

◀ **프랑스의 문화유산 바게트** 바게트는 프랑스를 대표하는 식사용 빵이야. 프랑스 정부는 프랑스 바게트의 전통을 유지하기 위해 바게트에 밀가루, 물, 소금 이외의 재료를 써서는 안 되고 오로지 천연 효모를 이용해 발효시켜야 한다고 법으로 정해 놓았어.

↑ **송로버섯 트뤼프**

유럽이 참혹한 30년 전쟁에 휘말리다

"선생님, 유럽에 전쟁이 계속됐다고 하셨잖아요? 유럽에는 그렇게 싸울 일이 많았어요?"

"정말 여러 가지 이유가 있었지만, 그중에서도 가장 심각했던 건 종교 문제였단다. 루터의 종교 개혁 이후로 계속된 신교와 가톨릭 사이의 갈등이 급기야 신교를 믿는 나라와 가톨릭을 믿는 나라 사이의 갈등으로 번졌거든."

"어휴! 종교가 다르다고 싸움을 벌이다니 정말 어리석어요."

"꼭 그렇게 볼 수만은 없어. 겉으로는 종교를 내세웠지만 속으론 다들 자기 나라의 이익을 위해서 치밀하게 계산을 했으니까. 지금부터 '30년 전쟁'에 대해 알아볼 건데, 이 전쟁의 진행 과정을 살펴보면

선생님 이야기가 무슨 뜻인지 알 수 있을 거야."

"30년 전쟁이라면, 30년 동안이나 전쟁을 했다는 건가요?"

"맞아. 30년 전쟁은 신성 로마 제국, 즉 오늘날의 독일을 무대로 펼쳐진 전쟁이야. 유럽에서 가장 규모가 크고 치열한 종교 전쟁이었지. 전 유럽의 국가들이 가톨릭 편과 신교 편으로 나뉘어 이 전쟁에 참여했어."

이야기를 마친 용선생은 스크린에 커다란 지도를 한 장 띄웠다.

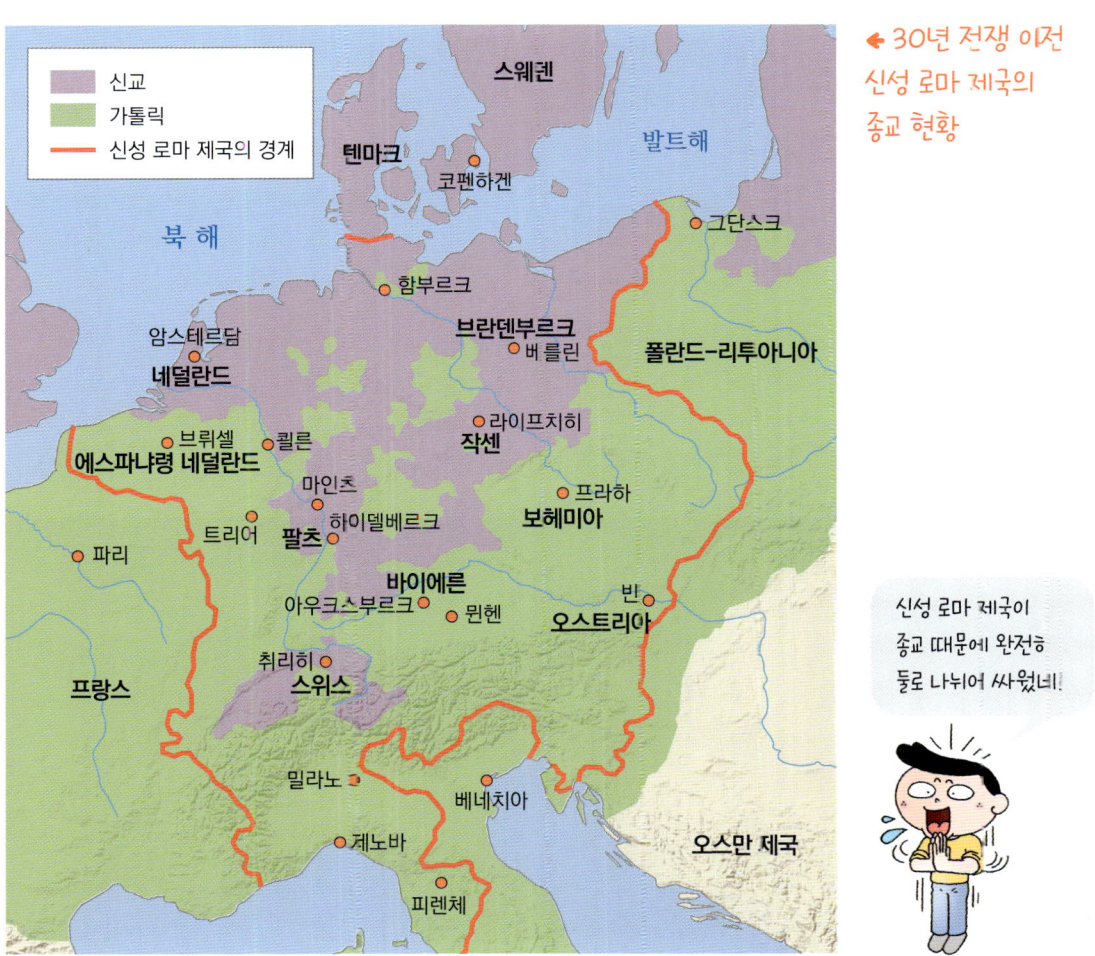

← 30년 전쟁 이전 신성 로마 제국의 종교 현황

신성 로마 제국이 종교 때문에 완전히 둘로 나뉘어 싸웠네!

"이건 30년 전쟁 이전 독일 지역의 대략적인 종교 분포를 나타낸 지도야. 1555년에 맺은 아우크스부르크 평화 협정 이후로 신성 로마 제국의 제후들은 각자 어떤 종교를 믿을지 자유롭게 선택할 수 있었단다. 주로 상업이 발달하고 도시가 많은 북부는 신교를, 농민이 많은 남부는 가톨릭을 믿었지."

"그럼 각자 믿고 싶은 걸 믿으면 되잖아요. 왜 전쟁을 벌여요?"

"문제가 된 건 보헤미아 왕국이야. 보헤미아에는 원래 신교를 믿는 사람이 많았어. 하지만 왕가의 대가 끊기는 바람에 1526년부터 이웃한 오스트리아의 대공을 왕으로 모셨지. 근데 오스트리아는 대대로 신성 로마 제국의 황제 자리를 독점해 온 합스부르크 가문의 본거지였단다. 혹시 기억하니?"

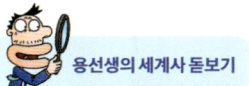

> 용선생의 세계사 돋보기
>
> 오스트리아로 왕위가 넘어간 건 보헤미아 왕가와 합스부르크 가문 사이의 정략결혼 때문이었어. 보헤미아의 마지막 왕 러요시 2세의 여동생이 합스부르크 가문으로 시집을 갔거든.

"네. 결혼 잘 한 덕에 세력을 마구 넓힌 가문 말씀하시는 거죠?"

"흐흐. 그래. 보헤미아 왕위를 차지한 것도 정략 결혼 덕분이었지. 근데 그 합스부르크 가문이 보헤미아 사람들에게 가톨릭을 강요하는 바람에 말썽이 생긴 거야. 1618년, 참다못한 보헤미아의 귀족들은 프라하

➔ 프라하성 투척 사건
합스부르크 가문의 가톨릭 강요에 성난 보헤미아 귀족들은 황제의 관리와 비서를 창밖으로 내던지고 반란을 일으켰어.

성으로 몰려가서 합스부르크의 황제가 임명한 관리와 비서들을 성 밖으로 내던져 버렸어. 그리고 앞으로 오스트리아의 대공 대신 신교를 믿는 팔츠의 선제후 프리드리히를 보헤미아의 새 왕으로 모시겠다고 선언했지. 이 선언 때문에 합스부르크 가문은 발칵 뒤집혔단다. 자칫하면 신성 로마 제국의 다음 황제 자리를 빼앗길 판이었거든."

왕수재의 지리 사전

팔츠 오늘날 독일 서부 라인란트팔츠주의 남부 지역을 가리켜. 중심 도시는 하이델베르크야.

"황제 자리를 빼앗긴다니 그게 무슨 말씀이시죠?"

"예전에 이야기했지만, 신성 로마 제국 황제는 황제 선출권을 가진 일곱 명의 제후가 선거를 통해 뽑았어. 보헤미아 왕도 선출권을 가지고 있는 제후 중 하나였지. 그런데 종교 개혁 이후로 선출권을 가진 제후 자리 중 세 자리가 신교 쪽으로 넘어가서 가톨릭을 믿는 합스부르크 가문을 지지하지 않았단다. 이런 상황에서 보헤미아 왕까지 신교 쪽으로 넘어가면 신교 쪽 제후가 4명이 돼서 가톨릭 쪽 제후보다 많아지니까, 합스부르크 가문이 다음 황제 자리를 신교 세력에게 빼앗길지도 모를 상황이 된 거지."

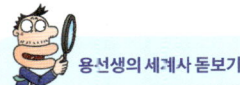

용선생의 세계사 돋보기

작센, 브란덴부르크, 팔츠 선제후는 신교를 믿었기 때문에 가톨릭을 따르는 합스부르크 가문을 지지하지 않았어.

"결국 가톨릭을 강요해서 긁어 부스럼을 만든 거네요."

왕수재가 팔짱을 낀 채 고개를 절레절레 저었다.

"흐흐. 당시 사람들에게는 신앙이 무엇보다도 중요했으니까. 신성 로마 제국 황제 페르디난트 2세는 제국 내의 가톨릭 세력을 결집해 신속하게 반란 세력 토벌에 나섰단다. 여기에 가톨릭의 수호자를 자처하는 에스파냐도 당연히 끼어들었지. 그 결과 보헤미아 반란은 그다지 오래가지 못하고 진압됐어."

"엥? 그런데 아까는 전쟁이 30년씩이나 계속되었다면

▲ **페르디난트 2세** (1578년~1637년) 신성 로마 제국 황제이자 오스트리아 대공, 헝가리의 왕이야. 보헤미아에 가톨릭을 강요해 30년 전쟁의 원인을 제공했지.

↑ **바이센베르크 전투**
1620년에 프라하 근방에서 벌어진 전투야. 이 전투에서 보헤미아 반란군은 가톨릭 동맹군에게 대패했어.

서요."

"페르디난트 2세가 반란을 진압한 뒤 본격적으로 신교를 탄압하면서 문제를 크게 키웠어. 그대로 지켜보다가는 신교 세력이 모조리 뿌리 뽑힐 지경이 되자 신교를 믿는 제후들과 주변 나라들이 하나둘씩 전쟁에 끼어들었고, 결국엔 전 유럽이 신교와 가톨릭으로 나뉘어 전쟁을 벌이게 된 거지."

"에구, 그렇게 해서 전쟁이 커진 거였군요."

"우선은 북유럽의 신교 국가인 덴마크와 스웨덴이 각각 군대를 이끌고 신교 세력 지원에 나섰어. 여기에 한창 에스파냐와 싸우던 영국과 네덜란드가 신교 편에 군사비를 지원하며 전쟁에 끼어들었지. 그런데 재밌는 건, 이 전쟁에서 프랑스가 신교 편에 서서 싸웠다는 거야."

"어, 그럼 프랑스도 신교를 믿는 나라가 된 건가요?"

"전혀 아니야. 프랑스는 엄연히 가톨릭을 믿는 나라였어. 하지만 이 기회에 라이벌인 합스부르크 가문을 누르고 유럽에서 주도권을 쥐기

↓ **프라하의 전경** 오늘날 체코의 수도인 프라하는 30년 전쟁의 발단이 된 보헤미아 반란이 일어난 곳이야. 지금은 옛 모습을 잘 간직한 아름다운 도시로 이름이 높지.

위해 신교 편을 든 거지. 애초에 종교 갈등으로 시작된 전쟁이지만, 어느새 종교를 앞세우기보다 자기 나라 이익을 챙기는 걸 더 중요하게 여기게 된 거야."

"아하, 그래서 아까 알고 보면 다들 자기 나라 이익을 생각했다고 말씀하신 거군요?"

장하다가 무릎을 치며 말했다.

"그래. 이렇게 여러 나라가 끼어들면서 전쟁은 끝날 듯 말 듯 계속 이어졌어. 황제군이 덴마크와 스웨덴 군대를 상대로 승리를 거두며

용선생의 세계사 돋보기

이슬람 국가인 오스만 제국도 프랑스와 같은 이유로 신교 세력을 지원했어.

▲ **뇌르틀링겐 전투** 가톨릭 연합군이 독일 남부 신교도의 도시 뇌르틀링겐에서 스웨덴이 이끄는 신교 연합군과 전투를 벌이고 있어. 신교 연합군은 이 전투에서 패배하며 큰 타격을 입었고, 합스부르크 가문이 승리할 것을 염려한 프랑스가 30년 전쟁에 뛰어드는 계기가 되었지.

▲ **스웨덴 국왕 구스타프 2세** (1594년~1632년)
신교 연합군을 지휘한 구스타프 2세는 숱한 전투를 승리로 이끌며 '북방의 사자'라는 별명을 얻었어. 하지만 황제가 이끄는 가톨릭 연합군과 싸우다 전사하고 말았지.

곽두기의 국어 사전

급료 줄 급(給) 헤아릴 료(料). 일에 대한 대가로 지불하는 돈을 말해.

"전쟁이 끝나나 싶더니, 프랑스가 본격적으로 뛰어들자 이번에는 황제가 궁지에 몰렸지. 한데 이렇게 전쟁이 무한정 늘어지자 큰 문제가 생겼어."

"돈이었겠죠, 뭐. 전쟁을 하려면 엄청난 돈이 필요하다고 하셨잖아요?"

왕수재의 말에 용선생은 고개를 끄덕였다.

"맞아. 30년 전쟁에 참가한 유럽 국가들은 보통 용병을 고용해서 싸웠어. 그런데 오랜 전쟁 탓에 돈이 바닥나서 용병들에게 급료를 줄 수가 없게 된 거야. 가톨릭 편도, 신교 편도 마찬가지였지. 심지어 당장 먹을 음식이나 옷 같은 기본적인 물자조차 제대로 제공할 수가 없었어. 결국 용병들은 농민을 약탈해 전쟁 물자를 마련하고 받지 못한 급료를 대신 챙겼단다."

"농민을 약탈해요? 세상에, 농민이 무슨 죄예요?"

↑ 30년 전쟁 당시 농민들의 짐마차를 약탈하는 용병들

▼ 알브레히트 폰 발렌슈타인
(1583년~1534년) 30년 전쟁 중 가톨릭 편에서 활약한 명장이야. 참혹한 전쟁을 끝내고자 황제 몰래 신교 측과 평화 협상을 하다 배신자로 몰려 암살당했어.

"그러게 말이다. 전쟁이 길어질수록, 30년 전쟁의 무대가 된 독일 농촌은 지옥으로 변해 갔어. 나중에는 아군이든 적군이든 싸움은 뒷전이고 약탈에만 전념했지. 이리 떼처럼 독일 곳곳을 돌아다니며 농민을 죽이고 식량과 재산을 빼앗았어. 엎친 데 덮친 격으로 흉년이 들고 전염병까지 돌아 더 많은 사람이 죽어 갔어. 결국 30년 전쟁 동안 독일 지역의 인구는 400만 명이나 줄어들었단다. 이 여파로 독일은 거의 100여 년 동안 유럽에서 가장 가난하고 낙후된 지역으로 남게 돼."

"결국 농민들만 큰 피해를 본 거네요."

곽두기가 안타까운 듯 고개를 절레절레 흔들었다.

 곽두기의 국어사전
여파 남을 여(餘) 물도 파(波). 큰 물결이 지나간 뒤에 일어나는 잔물결을 가리키는 말로, 어떤 일이 끝난 뒤 남아 미치는 영향을 일컬어.

 용선생의 핵심 정리

보헤미아의 종교 갈등에서 시작된 30년 전쟁은 전 유럽의 국가가 뛰어든 대규모 전쟁으로 발전함. 전쟁이 길어지며 독일 지역의 농민은 큰 피해를 입음.

유럽에 새로운 국제 질서가 마련되다

"30년 전쟁은 신교 편인 스웨덴과 프랑스의 우세 속에 마무리되고 있었어. 전쟁에 가담한 각 나라의 대표들은 1643년부터 평화 협상을 시작했지. 하지만 최종적으로 평화 조약이 맺어지기까지는 무려 5년이 더 걸렸단다."

"아니, 도대체 왜요? 그냥 더 이상 싸우지 말자고 서로 약속하면 되는 거 아니에요?"

"평화 협상을 하러 모인 유럽 여러 나라의 대표들이 모두 100명이 넘었거든. 이 많은 나라가 저마다 원하는 게 너무 달라서 모두가 만족하는 협상 결과를 내기가 매우 어려웠어. 게다가 전쟁은 여전히 진행 중이었고. 전쟁의 흐름에 따라 오늘 합의한 내용이 내일 뒤집어지기도 했지."

→ **오스나브뤼크 시청**
베스트팔렌 평화 조약을 위해 유럽 각국의 대표가 모였던 건물이야. 오스나브뤼크는 신교와 가톨릭 세력이 공존한 도시로 평화 협상을 하기에 적절한 곳이지.

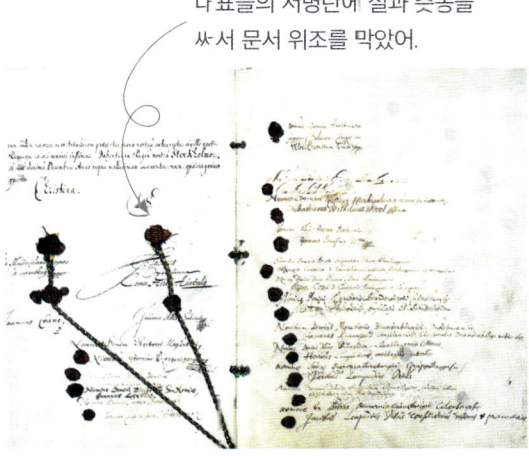

다 표들의 서명란에 실과 촛농을 써서 문서 위조를 막았어.

▲ 베스트팔렌 조약 체결 에스파냐와 네덜란드 대표들이 1648년 5월 뮌스터 시청에서 평화 조약을 체결하는 모습이야.

▲ 베스트팔렌 평화 조약 문서

"100명도 넘게 모여서 평화 협상을 한단 말이에요?"

"그래. 전쟁이 그렇게 잦았던 유럽에서도 이렇게 복잡한 협상은 처음 있는 일이었단다. 어쨌든 1648년, 숱한 회의 끝에 마침내 역사적인 평화 조약이 이루어졌어. 이때 평화 조약을 맺은 두 도시가 모두 독일 서부의 베스트팔렌 지역에 있기 때문에 이걸 '베스트팔렌 평화 조약'이라고 한단다."

"협상에 몇 년이나 걸린 걸 보면 엄청 대단한 내용이 있나 보죠?"

"내용을 요약하자면 크게 세 가지야. 첫째는 1555년 아우크스부르크 평화 조약 때의 약속을 제대로 지키자는 것이었어."

"아, 제후들에게 종교를 선택할 자유를 주기로 한 거 말이죠?"

"응. 다만 1555년에는 루터파 제후에게만 종교의 자유가 주어졌어. 하지만 이제는 칼뱅파를 비롯한 다른 신교 제후에게도 이 규정을 적용하기로 했단다. 그래서 영국 국교회를 유지하던 영국, 칼뱅파가 우세했던 네덜란드나 스위스도 합법적인 신교 국가로 인정받게 됐지."

용선생의 세계사 돋보기

전체 협상은 두 차례에 걸쳐 이루어졌어. 5월에는 뮌스터, 10월에는 오스나브뤼크에서 조약을 맺었지.

"이야, 신교 세력이 원하던 게 이뤄진 거네요?"

"응. 여기에 이어지는 두 번째 내용도 신교 세력이 간절히 원하던 거였어. 바로 그동안 합스부르크 가문의 지배를 받았던 여러 나라와 도시를 정식으로 독립시킨다는 것이었지. 그래서 에스파냐의 지배를 받던 네덜란드가 독립했고, 오스트리아의 지배를 받던 스위스와 북부 이탈리아도 독립을 이루었어. 뭐, 네덜란드 같은 나라는 이미 수십 년 전부터 사실상 독립을 이뤄서 잘나가고 있었지만, 정식으로 독립을 인정받은 거지."

"그럼 합스부르크 가문이 엄청나게 손해를 본 거네요."

"그뿐만이 아냐. 신성 로마 제국 안의 300개가 넘는 제후국은 완전한 주권과 외교권을 누릴 수 있게 됐어. 그러니까 황제는 제후가 어

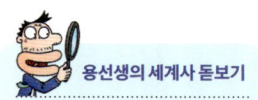

이때 네덜란드 남부 지역은 에스파냐의 영토로 남았어. 이곳은 오늘날 벨기에와 룩셈부르크가 되었단다.

주권 주인 주(主) 권리 권(權). 나라의 뜻을 스스로 결정할 수 있는 권리를 뜻해.

← 30년 전쟁 이후 신성 로마 제국

이때, 스위스와 북부 이탈리아, 네덜란드가 독립했어. 또 300여 개의 제후국들도 사실상 독립을 이뤘지.

떤 일을 하든 아무런 간섭을 할 수 없고, 제후들은 프랑스나 스웨덴 같은 외국과도 자유롭게 외교 관계를 맺을 수 있게 된 거야. 그러니까 외국과 동맹을 맺어 황제와도 맞설 수 있다는 뜻이었지."

"에이, 황제는 제쳐 두고 다들 맘대로 하는데 그게 무슨 제국이에요."

"그래. 이제 신성 로마 제국은 해체된 것이나 다름없단다. '독일 지역을 지배하는 제국'이라는 상징적 의미가 남아 있을 뿐이었지. 다만 '황제'의 칭호는 살아남아서 오스트리아의 합스부르크 가문이 계속 이어 갔어. 그러니 앞으로 유럽에서 황제라는 이름이 나오면 그냥 오스트리아 대공을 의미한다고 생각하면 돼."

"황제가 그런 의미라니…… 중국이랑은 정말 많이 다르네요."

아이들이 서로를 바라보며 고개를 갸웃거렸다.

↑ 쌍두 독수리 문장
합스부르크 가문이 본격적으로 강해진 1400년 무렵부터 신성 로마 제국 황제의 상징으로 쓰였어. 30년 전쟁 이후로도 합스부르크 가문 출신 황제들이 권위를 내세우기 위해 이 문장을 사용했지만 말 그대로 상징일 뿐이었어.

"자, 반면에 스웨덴과 프랑스는 많은 이득을 챙겼어. 스웨덴은 오늘날 독일 북부 지역의 땅을 차지했지. 이곳은 유럽 내륙에서 발트해와 북해로 나가는 큰 강의 하류 지역이었어. 이로써 스웨덴은 발트해 교역을 독점하면서 북유럽의 최강국으로 부상하게 된단다."

"그럼 프랑스는요?"

"프랑스는 독일과 국경을 맞대고 있는 알자스와 로렌 지방 일부를 차지했어. 이곳은 유럽 내륙과 북해를 잇는 라인강이 흐르는 교통 요충지인 데다 질 좋은 포도가 나는 곳이어서, 포도주를 만들어 팔면 많은 이득을 볼 수 있었지. 하지만 프랑스에게는 뭐니 뭐니 해도 강력한 라이벌인 합스부르크 가문을 꺾어 버렸다는 게 가장 큰 소득이었단다. 그래서 30년 전쟁 이후 프랑스는 100여 년 넘도록 유럽에서 제일가는 강대국 자리를 유지하게 됐지."

"회의를 통해 평화 조약을 맺었다고 해서 서로서로 양보한 줄 알았더니, 이긴 쪽이 챙길 건 다 챙겨 간 거네요."

▼ **슈체친** 오늘날 폴란드 북서부, 발트해 연안에 자리 잡은 도시야. 폴란드 내륙에서 발트해로 흘러드는 오데르강의 하구에 있어. 예로부터 교통의 요충지 역할을 했던 도시로, 스웨덴은 베스트팔렌 조약을 통해 이 도시를 손에 넣으며 많은 이득을 보았지.

◀ **알자스의 포도밭과 와인**
베스트팔렌 조약으로 프랑스는 교통 요충지이자 와인 산지인 알자스와 로렌 지방 일부를 차지했어.

허영심이 입을 비죽거리며 말했다.

"하하. 물론 전쟁에서 승리한 신교 편이 많은 걸 챙겨 간 건 사실이야. 하지만 베스트팔렌 조약은 100여 개나 되는 나라가 협상을 거쳐 만들어 낸 국제 질서였다는 점에서 역사적으로 중요한 의미를 가진단다. 베스트팔렌 조약 이후로 유럽에서는 국제적으로 큰 문제가 생길 때마다 이렇게 여러 나라의 대표가 모여서 회의를 여는 전통이 자리를 잡았거든. 요즘도 세계적으로 큰일이 생기면 많은 나라의 대표들이 국제 연합에 모여서 협상을 하지? 바로 그 전통이 베스트팔렌 조약에서 시작되었단다."

용선생의 설명에 아이들은 서로를 바라보며 고개를 끄덕였다.

 **용선생의 핵심 정리**

30년 전쟁의 결과 베스트팔렌 조약을 맺어 합스부르크 가문은 큰 손해를 보고, 신성 로마 제국은 사실상 이름만 남게 됨. 반면 스웨덴과 프랑스는 많은 이득을 봄.

그동안 북유럽 나라는 어떻게 발전했을까?

북유럽의 스칸디나비아 지역에는 대략 800년대 말 덴마크와 스웨덴, 노르웨이 왕국이 자리를 잡았어. 1397년, 이들 세 나라는 발트해에서 세력을 넓혀 나가는 한자 동맹에 맞서기 위해 덴마크의 마르그레테 1세를 공동 왕으로 모시는 연합 국가를 이루었지. 이걸 '칼마르 연합'이라고 불러. 칼마르 연합은 덴마크가 주도했지.

하지만 세 나라의 연합은 오래가지 못했어. 왕위 계승을 놓고 세 나라 귀족 사이에 갈등이 계속됐거든. 1470년 이후 스웨덴은 덴마크와 전쟁을 치르며 사실상 칼마르 연합에서 떨어져 나갔어. 그리고 1523년에는 덴마크를 물리치고 완전한 독립을 이루었지. 이후로도 덴마크와 스웨덴은 계속 으르렁대며 싸웠어. 하지만 덴마크와 노르웨이는 1800년대에 이르기까지 연합 국가를 유지했단다.

▲ **마르그레테 1세** (1353년~1412년) 덴마크, 노르웨이, 스웨덴의 섭정 자격으로 세 나라를 함께 다스렸어.

독립 이후 스웨덴은 발트해를 무대로 급격하게 성장했어. 특히 30년 전쟁에 참가해 많은 이득을 얻어냈고, 비슷한 시기 덴마크를 공격해 무릎 꿇리면서 일약 북유럽의 최강자로 떠올랐지. 덴마크는 영국과 네덜란드처럼 동인도 회사를 설립해 해외 무역에도 뛰어들었지만 별 이익을 보지는 못했어.

이렇게 무서울 것 없어 보이는 스웨덴에게도 강력한 라이벌이 있었단다. 바로 러시아였어. 동유럽 깊숙한 평원 지대를 무대로 성장한 러시아는 스웨덴이 차지한 발트해로 진출하려는 야심을 품었지. 두 나라는 1800년대에 이르기까지 여러 차례에 걸쳐 전쟁을 벌였는데, 이걸 '북방 전쟁'이라고 해.

스웨덴은 북방 전쟁 초기 러시아의 공격을 잘 막아 냈어. 하지만 결국 초강대국으로 성장한 러시아의 기세를 이기지 못하고 북유럽의 강자 자리를 내주고 말았단다.

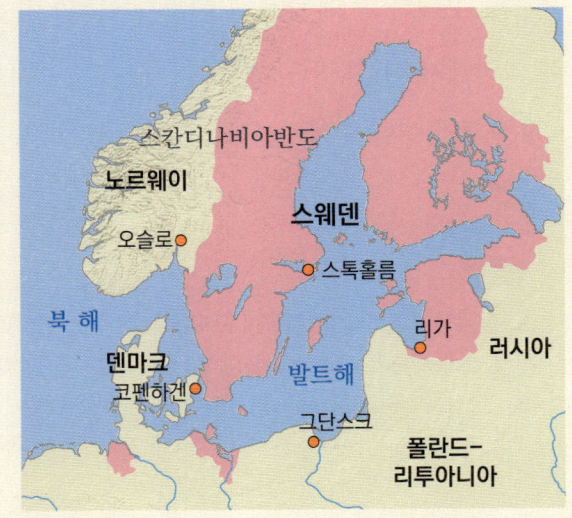

▲ **전성기의 스웨덴** (1650년 무렵) 스웨덴은 오늘날 핀란드, 에스토니아, 라트비아 일대를 지배하던 북유럽 강국이었어.

프랑스에 절대 왕정이 들어서다

"여기가 어디예요, 선생님?"

용선생이 스크린에 사진을 한 장 띄우자 아이들의 눈이 휘둥그레졌다.

"이건 프랑스의 국왕 루이 14세가 지은 베르사유 궁전이야. 유럽에서 가장 웅장하고 화려한 궁전으로 유명하지."

"우아! 정원이 정말 어마어마하게 큰데요."

"흐흐. 그렇지? 베르사유 궁전은 원래 숲속 사냥터에 있는 조그만 성이었어. 루이 14세가 엄청난 돈을 들여 이렇게 화려한 궁전으로 탈바꿈시켰지. 사진 중앙에 'ㄷ' 자 모양으로 세워진 건물에는 700개가 넘는 방이 있고, 방마다 비싼 도자기와 멋진 그림이 가득했어. 루이 14세는 바로 이 베르사유 궁전에서 전국에서 모여든 귀족과 함께 나

↓ 베르사유 궁전 전경
루이 14세가 파리 외곽에 건설한 호화 궁전이야. 30년 전쟁 이후 유럽 최강국이었던 프랑스의 위세가 어땠는지를 알려 주는 건물이지.

→ **승전 보고를 받는 루이 14세** 위풍당당하게 보고를 받는 루이 14세 좌우로 수많은 귀족들이 늘어서 있어. 루이 14세 주변에는 이렇게 늘 수백 명의 귀족이 모여 시중을 들었지.

↑ **루이 14세** (1638년~1715년) 절대 왕권을 휘두른 프랑스의 국왕이야. 루이 14세는 이렇게 자신의 모습을 위엄 있게 표현한 조각과 그림을 많이 남겼어.

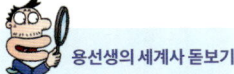

앙리 4세는 낭트 칙령을 통해 프랑스의 종교 화해를 이끈 인물이고, 위그노는 프랑스의 칼뱅파를 가리키는 말이야.

라를 다스렸단다."

"전국의 귀족이 다 모였다고요?"

"응. 이 궁전에 사는 사람은 1만 명이 넘었어. 조금이라도 권력에 욕심이 있는 귀족은 모두 다 모인 거야. 귀족들은 어떻게든 루이 14세의 눈에 들기 위해 하루 종일 루이 14세의 뒤를 졸졸 따라다니며 시중을 들었지. 루이 14세는 자신이 신의 명령에 따라 국왕의 자리에 올랐기 때문에 모든 신하가 자신의 명령을 하느님의 말씀처럼 철저히 따라야 한다고 말했단다."

"프랑스 국왕이 언제 그렇게 막강해졌죠?"

장하다가 의아한 듯 고개를 갸웃거렸다.

"물론 루이 14세 같은 국왕이 갑자기 나타난 건 아니었어. 프랑스는 1589년 앙리 4세가 즉위하고 위그노와의 치열한 종교 갈등을 수습한 이후부터 꾸준히 발전했단다. 특히 루이 13세 시기에는 리슐리

외 추기경이, 루이 14세 시기에는 마자랭 추기경이 등장해 왕권을 강화하고 프랑스를 강국으로 키우려 많은 노력을 했지. 그런데 매일같이 전쟁이 계속되는 유럽 상황에서 국력을 키우려면 꼭 필요한 게 있어. 그게 뭘까?"

"돈이겠죠, 뭐. 지난 시간부터 계속 말씀하셨잖아요?"

나선애가 손을 번쩍 들고 말하자 용선생은 웃으며 고개를 끄덕였다.

"맞아. 일단 돈이 필요했지. 돈이 있어야 전쟁을 할 수 있으니까. 프랑스는 에스파냐처럼 아메리카의 은을 캐낼 수도 없고, 네덜란드처럼 상업이 발달한 나라도 아니었어. 하지만 토지가 비옥하고 유럽의 그 어떤 나라보다도 인구가 많았지. 그래서 세금을 올리는 정도로도 당장 필요한 돈을 마련할 수 있었어. 물론 힘센 귀족이나 성직자들은 당연히 세금 내는 걸 싫어할 테니 세금을 면제해 줬지."

"에이, 돈 많은 귀족한테 세금을 거둬야 큰돈이 될 텐데요?"

"그래. 그러다 보니 세금만으로는 턱없이 부족했어. 프랑스는 부족한 세금 대신 수입을 늘리기 위해 각종 중상주의 정책을 펼쳤지만, 이걸로도 여전히 모자랐지. 그래서 비장의 카드를 꺼냈단다."

"그게 뭔데요?"

"바로 관직 판매야. 쉽게 말해 돈을 내면 공무원으로 채용해 주는 거지."

"풋, 그걸로 수입을 늘려 봤자 얼마나 되겠어요?"

왕수재가 피식 웃음을 터뜨렸다.

"아냐, 관직 판매 수입은 꽤 짭짤했어. 30년 전쟁 동안 프랑스 왕실

↑ 리슐리외 추기경
(1585년~1642년) 프랑스의 재상으로 루이 13세를 도와 프랑스의 왕권을 크게 강화한 인물이야.

곽두기의 국어 사전

비장 숨길 비(秘) 감출 장(藏). 남이 모르게 감춰 두거나 소중히 간직한 것을 가리키지.

절대 왕정이 들어선 프랑스, 입헌 군주제가 확립된 영국

▲ 루이 14세의 침실
왕과 왕비의 침실 바로 앞방에 관리가 항상 대기하며 왕이 잠들기 직전까지 시중을 들었단다.

수입의 40퍼센트 가까이가 관직을 팔아서 생긴 수입이었거든. 1660년대에 이르면 프랑스에는 1만 개 가까운 관직이 새롭게 만들어졌어. 나중에는 '궁전의 촛불 켜는 관리' 같은 것도 만들어서 팔 정도였지."

"세상에, 누가 그런 관직을 다 산 거예요?"

"주로 돈 많은 상공업자였단다. 관직을 사서 나랏일에 참여하면 장사뿐 아니라 이런저런 일로 이득을 볼 게 많았거든. 왕에게서 특권을 받거나, 아랫사람에게 뇌물을 받아 챙길 수도 있지. 또 농민에게 세금을 뜯어낼 수도 있고……."

"나라에서 그런 걸 뻔히 알면서도 관직을 팔았어요?"

"일단 돈이 급했으니까. 그리고 관직 판매로 늘어난 관리들이 프랑스 곳곳에서 여러 가지 일을 맡아보면 상대적으로 귀족의 힘을 약화시킬 수 있었어. 게다가 국왕은 관직을 판매한 돈으로 용병을 고용해 상비군을 갖출 수 있으니, 귀족을 제압할 강한 힘이 생기는 셈이었지. 실제로 리슐리외 추기경은 귀족의 근거지를 없애기 위해 지방에 있는 귀족의 성과 요새를 해체하기도 했어. 또 위그노 귀족의 반란 움직임을 접하자 곧바로 철저한 진압에 나섰지."

"귀족들이 가만히 있었나요?"

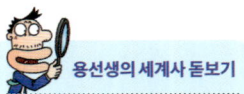

용선생의 세계사 돋보기

'프롱드'는 '돌팔매'란 뜻이야. 당시 파리 시민들이 왕에게 반항하는 뜻으로 돌을 던져 불만을 표시한 데서 붙은 이름이지.

"물론 귀족들도 그대로 당하고 있지는 않았어. 그래서 루이 14세가 왕위에 오른 지 얼마 지나지 않아 파리에서 큰 반란이 일어났지. 이걸 프롱드의 난이라고 하는데, 한때는 루이 14세가 파리를 탈출해 도망칠 정도로 기세가 거셌단다. 이때 루이 14세는 고작 열 살이었어."

"헉, 그렇게 어린 나이에 국왕이 도망쳐야 할 정도였어요?"

"응. 하지만 프롱드의 난은 실패로 끝났어. 반란에 참여한 귀족끼리 서로 자기 이익을 놓고 다투면서 힘이 빠져 버렸거든. 하지만 루이 14세는 이 사건을 계기로 귀족들이 언제라도 자신을 배신할 수 있다는 사실을 뼈저리게 느꼈지. 그래서 나이가 들어 자기가 직접 나라를 다스리게 되자 새로운 방법을 썼어. 베르사유에 호화로운 궁전을 짓고 전국의 귀족들과 함께 살기로 한 거야."

"귀족들이 배신할 수 있는데, 왜 궁전에서 같이 살아요?"

"바로 눈앞에 있어야 항상 감시할 수 있으니까. 귀족 입장에서도 베르사유에 가면 호화로운 궁전에서 꿈처럼 화려한 생활을 할 수 있었고, 온갖 특권을 누릴 수 있어서 큰 불만은 없었어. 반면 나라를 다스리는 일은 국왕이 임명한 관리가 도맡았지."

"호화롭게 사는 대신 권력은 포기하는 거네요. 흠."

허영심이 고개를 끄덕였다.

"흐흐. 물론 귀족들도 모든 권력을 내놓은 건 아니야. 궁전에서 국왕의 곁에 머무는 귀족은 자신과 가까운 사람들을 지방의 관리로 추천할 수 있었거든. 그래서 관리가 되고 싶은 사람들은 저마다 베르사유에 있는 귀족과 친하게 지내려고 안간힘을 썼단다. 귀족은 귀족대로 어떻게든 왕 곁에 가까이 가려고 애를 썼지. 국왕과 가까울수록 더 큰 권력을 가지게 되니까. 그래서 프랑스에는 이때부터 아주 복잡하고 까다로운 궁중 예절이 만들어졌어.

▲ **마자랭 추기경**
(1602년~1661년) 어린 루이 14세를 도와 프랑스를 다스린 재상이야. 베스트팔렌 협상을 주도했고, 프랑스 절대 왕정을 완성했지.

▲ **프롱드의 난을 진압한 루이 14세**
루이 14세가 위풍당당하게 반란군을 짓밟고 있는 모습을 묘사했어.

절대 왕정이 들어선 프랑스, 입헌 군주제가 확립된 영국

➜ **제노바 공화국 사신을 만나는 루이 14세**
베르사유 궁전에서 제노바 총독이 당시 궁중 예절에 따라 모자를 벗고 허리를 굽혀 루이 14세에게 공손하게 인사를 하고 있어.

귀족의 등급과 나이, 성별에 따라 국왕의 곁에 가까이 갈 수 있는 사람과 아닌 사람을 몹시 복잡하게 나누었어. 심지어 국왕은 자신을 가까이에서 모실 수 있는 관직을 만들어 돈을 받고 팔기도 했지."

"크, 이제 보니 국왕이 머리를 엄청 잘 쓴 거네요."

"루이 14세는 자신이 원하는 것은 무엇이든 할 수 있는 절대 왕권을 손에 쥐었어. 귀족들은 자신에게 잘 보이려고 애를 썼고, 국왕이 보낸 관리와 왕의 명령을 받는 수십만의 상비군이 뒤에 버티고 있었지. 그러니 자기가 신의 명령에 따라 국왕이 되었다는 자신감을 가지게 됐던 거야."

"신의 명령이라니! 자신감이 하늘을 찌르는군요."

용선생의 핵심 정리

프랑스는 세금을 올리고 관직을 팔아 나라의 수입을 늘리는 한편, 상비군과 관료 제도를 갖춰 나감. 루이 14세는 베르사유 궁전을 짓고 귀족들과 함께 호화로운 생활을 하며 절대 왕권을 누림.

프랑스가 유럽 최강국으로 우뚝 서다

용선생은 눈을 찡긋하며 말을 이어 나갔다.

"그런데 언뜻 대단해 보이는 프랑스의 절대 왕정에는 허점이 있었단다. 일단 막대한 돈을 주고 관직을 산 관리들은 국왕에게 충성하기보다 돈 벌 궁리만 했어. 수십만에 이르는 상비군도 대부분 용병이어서 국왕이 급료를 제때 주지 않으면 제대로 싸우려고 하지 않았지."

"왕은 어떻게 해서든 돈을 벌고 봐야겠군요."

"그렇단다. 프랑스의 절대 왕정이 계속 유지되려면 돈이 절대적으로 필요했어. 그래서 프랑스는 본격적으로 수입은 줄이고 수출은 늘리는 중상주의 정책을 펼치며 해외 식민지를 개척했단다. 지난 시간에 프랑스가 인도, 아메리카에서 영국과 경쟁을 벌였다고 이야기했지?"

"아하, 그게 루이 14세 때부터 시작되었군요."

"맞아. 특히 루이 14세 때 프랑스의 재무 장관이었던 콜베르가 중상주의 정책에 앞장섰지. 콜베르는 주로 이윤이 많이 남는 사치품 산업을 키우려고 했어. 고급 옷감이나 향수, 도자기 같은 물건을 생산하는 산업 말이야. 그리고 북아메리카에 식민지를 만들어서 모피를 수집해 오고, 네덜란드나 영국처럼 동인도 회사를 통해 아시아 무역에도 본격적으로 뛰어들었단다. 콜베르 덕택에 프랑스의 국가 수입은 크게 늘었어."

"이제 보니 프랑스에 대단한 사람이 많았네요."

▲ 콜베르 (1619년~1683년) 루이 14세 시기 프랑스의 재무 장관. 프랑스의 산업을 부흥시키고 경제를 살리는 데에 큰 역할을 했어.

▲ 루이 14세 시기의 프랑스 금화

▲ 캐나다의 프랑스 식민지 마을 루이 14세는 모피 교역을 위해 북아메리카에 식민지를 건설했어.

▲ 파리의 직물 공장을 찾은 루이 14세와 콜베르
여러 색상의 실로 그림이나 무늬를 짜 넣은 '고블랭'이란 벽걸이 천을 만드는 공장의 모습이야. 고블랭은 프랑스의 주요 수출품이었어.

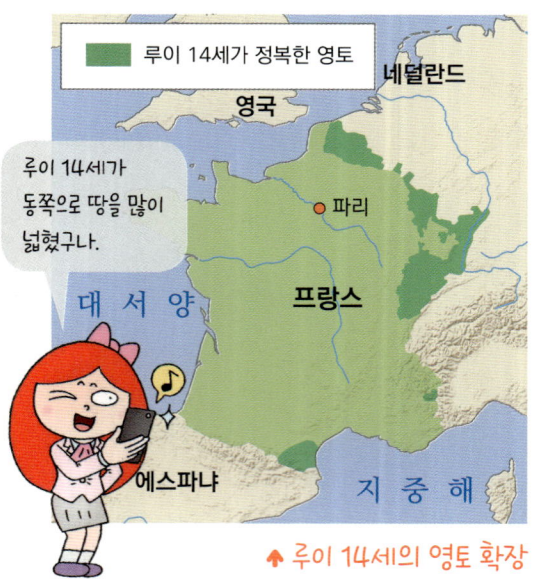

루이 14세가 동쪽으로 땅을 많이 넓혔구나.

▲ 루이 14세의 영토 확장

"그래. 그 덕분에 루이 14세 시절 프랑스는 유럽 최강국으로 성장했어. 특히 인구와 군사력 면에서 압도적이었는데, 이 무렵 프랑스 인구는 바다 건너 영국의 4배, 이웃한 네덜란드의 10배나 됐단다. 물론 상비군도 유럽 최고 수준이었지."

"프랑스가 네덜란드나 영국보다 강했단 말씀인가요?"

"물론 영국이나 네덜란드 모두 돈도 많고 해군도 막강했지. 하지만 육지에서만큼은 프랑스의 상대가 되지 않았어. 루이 14세는 강력한 육군을 앞세워 유럽 곳곳에서 전쟁을 벌였단다. 바다 건너 영국이야 프랑스의 공격을 피할 수 있었지만, 육지에 있는 네덜란드는 프랑스의 막강한 육군을 상대해야 했지. 프랑스는 1672년에 네덜란드를 공격해 네덜란드를 위험한 지경까지 몰고 가기도 했단다."

"이야, 그 정도였어요? 저번 시간에는 프랑스가 맨날 영국한테 밀려나기만 하더니."

"흠, 그런데 쉴 새 없이 전쟁을 벌인 것에 비하면 별 소득이 없었어. 프랑스가 너무 강력해지자 유럽의 다른 나라들이 동맹을 맺고 프랑스에 맞섰거든. 특히 1701년부터 벌어진 전쟁에서는 영국과 네덜란드, 오스트리아 등 유럽의 거의 모든 국가가 동맹을 맺어 13년 동안이나 프랑스에 맞서 싸웠어. 유럽 대륙에서뿐만 아니라 바다 건너 아메리카의 식민지에서도 전쟁이 벌어졌지."

"이번에는 또 뭣 때문에 그렇게 오랫동안 싸운 거죠?"

"에스파냐 왕위 계승 때문이었어. 1700년, 에스파냐 국왕이 후계자 없이 죽었는데, 죽기 전에 왕위를 루이 14세의 손자인 필리프에게 물려준다는 유언을 남겼어. 그리고 유언대로 필리프가 에스파냐 국왕이 되었지. 근데 만약 필리프가 나중에 프랑스 왕위까지 물려받는다면 프랑스는 그야말로 초강대국이 될 판이었어. 그래서 유럽의 다른 나라들이 모두 이 계승을 반대하고 나선 거야. 특히 오스트리아 황제는 자기 둘째 아들을 계승자로 내세웠단다."

용선생의 세계사 돋보기

루이 14세의 왕비는 에스파냐의 공주였어. 그래서 루이 14세의 후손은 에스파냐 왕위를 물려받을 권리가 있었지.

"아하, 그러니까 다들 프랑스가 너무 강해지는 걸 부담스러워했던 거군요."

"맞아. 제아무리 프랑스라 해도 유럽의 내로라하는 강국이 모두 힘을 합치자 고전할 수밖에 없었지. 어떻게 보면 그 와중에 13년 동안이나 전쟁을 끌고 간 프랑스도 참 대단하지? 결국 필리프의 에스파냐 왕위 계승은 인정하되 나중에 프랑스의 왕위에는 오르지 않기로 협상을 맺고 전쟁은 마무리되었어. 프랑스 국왕이 에스파냐와 프랑스를 동시에 다스리지 못하도록 한 거야."

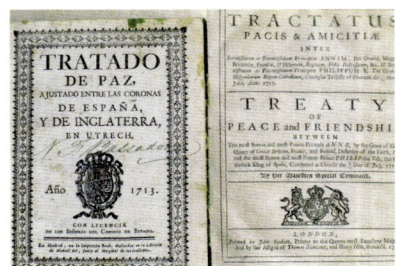

▲ **위트레흐트 조약**
에스파냐 왕위 계승 전쟁은 네덜란드 위트레흐트에서 평화 조약을 맺으며 끝났어.

"그 정도면 프랑스가 이긴 거 아니에요? 결국 자기 가문이 왕위 하나를 더 챙긴 거잖아요."

"그렇긴 하지만 주변 나라들이 챙긴 게 더욱 많았거든. 이를테면 오스트리아는 에스파냐령 네덜란드와 이탈리아 영토를 챙겼고, 영국은 에스파냐가 독점하고 있던 카리브해 노예 무역권을 확보했지. 그리고 북아메리카에서도 최대 경쟁자였던 프랑스에 비해 우위를 차지했어."

용선생이 지도를 짚어 가며 말했다.

"그럼 이번엔 프랑스가 꽤 손해를 본 거네요."

용선생은 잠자코 고개를 끄덕였다.

"그래. 프랑스는 매우 강력하고 부유한 나라였지만, 이렇게 큰 전쟁을 벌이고도 뚜렷한 이득을 얻지 못하자 점점 나라 사정이 곤란해

➡ **에스파냐 왕위 계승 전쟁 이후 유럽 세계**

전쟁 결과로 유럽에서는 오스트리아가 가장 큰 이득을 봤어.

졌지. 여기에 루이 14세가 저지른 큰 실수가 하나 더 있어. 바로 앙리 4세가 실시했던 낭트 칙령을 폐지하고 위그노에게 가톨릭을 강요한 거야. 프랑스 백성들은 절대 군주인 자신이 믿는 가톨릭만 믿어야 하며 다른 신앙을 가져선 안 된다는 거였지."

"루이 14세도 종교적 신념 때문에 가톨릭을 강요한 거예요?"

"그래. 신교는 주로 도시의 상공업자에게 인기가 좋았다고 했지? 프랑스의 위그노도 대부분 부유한 상인과 수공업자였지. 이때 25만 명에 가까운 위그노가 종교 탄압을 피해 네덜란드나 스위스 같은 이웃 나라로 이주해 버렸어. 중상주의 정책으로 애써 키워 온 프랑스의 상공업은 이 사건으로 폭삭 무너졌지."

"완전 자충수를 둔 거네요."

"그렇단다. 하지만 프랑스는 여전히 유럽 최고의 강대국이었어. 유럽의 다른 국왕들은 베르사유 궁전의 화려한 생활을 부러워했고, 프랑스의 막강한 군대를 무서워했지. 다들 베르사유 궁전처럼 화려한 궁전을 짓고 상비군과 관료 제도를 키워서 절대 왕권을 가지려고 안간힘을 썼어. 물론 그게 생각처럼 쉬운 건 아니었지만 말이야."

▲ 위그노에게 개종을 강요하는 군인
가톨릭으로 개종을 강요당한 위그노는 프랑스를 떠나갔지. 그 뒤 프랑스의 상공업은 쇠퇴하고 말았어.

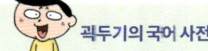 곽두기의 국어 사전

자충수 스스로 자(自) 막힐 충(充) 손 수(手). 바둑에서 자기 수를 메워 수 싸움에서 지게 만드는 수란 뜻으로 스스로 자기에게 불리한 일을 하는 것을 가리켜.

 용선생의 핵심 정리

프랑스는 유럽 최강대국으로 부상해 유럽 곳곳에서 전쟁을 벌임. 그러나 유럽 여러 나라가 동맹을 맺고 대응하자 전쟁에서 큰 이득을 얻지 못했고, 낭트 칙령을 폐지해 상공업에서도 큰 손해를 봄.

그림으로 보는 루이 14세

이 그림은 에스파냐 왕위에 오르게 된 루이 14세의 손자 필리프가 화가에게 주문한 루이 14세의 초상화야. 이 그림을 그렸을 때 루이 14세는 이미 예순이 훌쩍 넘은 할아버지였어. 하지만 필리프는 할아버지를 젊고 활기찬 모습으로 그려 달라고 했대. 할아버지의 젊은 시절 모습을 담고 싶어서지. 실제로 이 그림 속에는 프랑스 국왕의 여러 상징이 숨어 있다고 하는데, 어디 한번 살펴볼까?

- 거대한 기둥은 국왕의 절대적인 힘을 상징해.
- 왕의 위엄을 나타내기 위해 가발을 썼어.
- 대관식 망토야. 북아메리카 식민지에서 획득한 담비 털을 덧대어 만들었지.
- 성령 기사단 훈장이야. 가톨릭을 수호하는 왕이라는 걸 나타내.
- 정의의 여신이야. 왕으로서 첫 번째 덕목이 정의임을 나타내.
- 양모로 만든 짧은 바지야.
- 하이힐과 스타킹으로 날씬한 하체를 강조해서 영원한 젊음을 표현하려 했어.
- 푸른색 바탕 위의 백합 문장, 백합 모양의 왕홀 머리, 대관식용 검과 왕관은 프랑스 국왕의 상징이야.
- 화려한 보석으로 장식된 하이힐이야.

영국 의회가 왕을 처형하고 공화국을 선언하다

"이번에는 영국으로 가 볼까? 영국 국왕도 프랑스 국왕처럼 돈이 필요하기는 마찬가지였어. 그런데 영국에는 프랑스에 없는 게 하나 있었단다. 바로 귀족들이 장악한 강력한 의회였지."

"의회요?"

"응. 영국의 의회 전통은 저 먼 옛날 로마 제국이 멸망하고 앵글로색슨족이 영국을 점령했을 때로 거슬러 올라가. 앵글로색슨족에게는 귀족과 성직자들이 모여서 왕을 위한 자문 회의를 여는 전통이 있었는데, 시간이 흘러 이 회의에 각 지역의 귀족 대표들이 참석하면서 영국 전체 귀족들이 모이는 의회로 발전했지. 의회의 권한은 꽤 막강

허영심의 상식 사전
의회 한 나라의 법을 만드는 기관을 가리켜. 민주주의가 자리 잡은 오늘날엔 선거를 통해 국민이 뽑은 대표들이 모여서 토론과 투표를 거쳐 법을 만들지.

곽두기의 국어 사전
자문 물을 자(諮) 물을 문(問). 어떤 일을 잘 처리하기 위해 그 일의 전문가들에게 의견을 묻는 것을 가리켜.

↑ **웨스트민스터궁** 중세에는 영국의 왕궁으로 쓰였어. 하지만 1500년대 들어 의회가 의사당으로 쓰기 시작했지. 오늘날 영국 의회도 웨스트민스터궁을 사용한단다.

→ 에든버러 스코틀랜드의 수도인 에든버러의 모습이야. 스코틀랜드는 먼 옛날 로마 제국 시대부터 줄곧 영국과는 다른 역사와 문화를 가진 나라였어.

했어. 그래서 의회가 반대하면 국왕이라도 맘대로 할 수 있는 게 별로 없었지."

"의회가 말을 안 들으면, 프랑스처럼 상비군으로 눌러 버리면 되는 거 아니에요?"

왕수재의 말에 용선생은 고개를 가로저었다.

"그것도 영국이 프랑스와 다른 점이야. 영국 국왕에게는 상비군이 없었어. 영국은 섬나라라 프랑스처럼 항상 전쟁을 준비할 필요가 없었거든. 해군만 튼튼하면 돼. 그러니 전쟁 핑계를 대면서 세금을 올리기도 어려웠고, 조금이라도 세금을 올리거나 상비군을 만들려고 하면 의회가 끼어들어서 어깃장을 놓았지."

"오호라, 그러면 영국을 강국으로 만든 엘리자베스 1세도 매번 의회의 동의를 받아 나라를 다스렸어요?"

"응. 하지만 엘리자베스 1세는 영국 사람들에게 워낙 인기가 좋았고, 또 의회의 권위를 존중했기 때문에 의회와의 관계가 꽤 좋은 편

이었어. 그런데 엘리자베스 1세가 죽고 그 뒤를 이은 제임스 1세 때부터 조금씩 문제가 생기기 시작했단다. 제임스 1세는 영국 사람들에게 인기도 좋지 않았고, 의회가 사사건건 끼어드는 걸 싫어했거든."

"왜요? 일부러 귀족들과 싸움을 하고 싶은 건 아닐 테고."

"제임스 1세는 원래 영국 국왕이 아니라 스코틀랜드의 국왕이었기 때문이야. 엘리자베스 1세가 후손 없이 세상을 떠나는 바람에 영국 왕위를 물려받아 두 나라를 함께 다스렸지. 오늘날 영국 북쪽에 위치한 스코틀랜드는 로마 제국의 지배를 받지 않아서, 로마 제국의 영토였던 영국과는 전혀 다른 역사와 문화를 가진 나라였단다. 그래서 일단 영국 의회가 어떤 역할을 해 왔는지 정확하게 알지 못했어. 제임스 1세는 프랑스의 루이 14세처럼 국왕이 신으로부터 절대적인 권력을 받았다고 생각했지. 그래서 영국 의회에 나가서 이런 연설도 했어. '왕이 하는 일에 대해 신하가 이러쿵저러쿵하는 것은 왕에 대한 모독이다.', '왕은 이 세상에서 신의 대리인이다.'"

> 용선생의 세계사 돋보기
>
> 엘리자베스 1세의 고모가 스코틀랜드 왕과 결혼했기 때문에 일어난 일이야. 이때부터 스코틀랜드는 영국과 같은 왕을 섬기는 나라가 되어 점차 한 나라로 합쳐지게 된단다.

"뭐든 국왕 맘대로 하겠다는 거죠? 귀족들이 좋아할 리가 없겠네요."

"그렇지? 그래도 제임스 1세 때까지는 그럭저럭 큰 갈등이 없었어. 문제는 그 아들인 찰스 1세였단다. 찰스 1세때 영국이 30년 전쟁에 뛰어들면서 국왕과 의회의 본격적인 충돌이 시작됐지."

"아니, 왜요?"

"전쟁을 하려면 돈이 많이 필요하잖니? 귀족들에게 고개

↑ 찰스 1세 (1600년~1649년)
스코틀랜드 출신으로 통치 기간 내내 종교와 세금 문제로 의회와 갈등을 빚었어.

를 숙이기 싫었던 찰스 1세는 온갖 구실을 만들어 그때그때 임시 세금을 거두어서 전쟁 비용을 댔어. 예컨대 해안 경비에 필요한 배를 만들겠다며 '선박세'를 거두었는데, 처음에는 바닷가에 사는 사람들만 세금을 내게 했다가 나중에는 내륙에 사는 시민들도 세금을 내도록 했지. 배라고는 코빼기도 보이지 않는 산골에 사는데도 배 만드는 세금을 내야 하는 시민들은 불만이 이만저만이 아니었어. 하지만 찰스 1세는 세금 납부를 거부하는 사람들을 체포하고 재판에 넘겨서 엄벌에 처했단다."

"푸하, 그게 뭐예요? 그냥 강제로 돈을 뜯어내는 거잖아요?"

"그래. 그런데도 전쟁 비용이 모자라자 찰스 1세는 결국 1628년에 의회를 열어 특별 세금을 거두게 해 달라고 정식으로 요청했단다. 그동안 국왕에게 반감을 품고 있던 의회는 몇 가지 조건을 내걸었어."

"어떤 조건인데요?"

"세금을 거둘 때에는 반드시 의회의 승인을 받을 것. 법과 절차를

➜ **토론 중인 의원들**
영국 의회는 체계적인 토론 전통으로 명성이 높아. 오늘날도 영국에서는 이렇게 좁은 의사당에 수백 명의 의원들이 모여 치열한 토론을 통해 나랏일을 결정한단다.

따르지 않고서는 사람을 잡아 가두지 말 것. 민간인을 군법에 따라 재판하지 말 것. 군인이 멋대로 민가에서 숙박하지 말 것……. 이 요구 조건을 모두 합쳐서 '권리청원'이라고 해."

"찰스 1세는 권리청원을 받아들였어요?"

"일단 돈이 급하니 받아들일 수밖에 없었지. 하지만 고작 몇 달 만에 생각이 바뀌어서 의회를 해산했어. 그러고는 예전처럼 특별 세금을 걷고 반항하는 사람들을 체포했단다."

"흠, 그런데 그런 식으로 오래가긴 어려울 것 같은데."

"그래. 결국 1640년에 스코틀랜드에서 반란이 일어나면서 상황이 꼬였어."

"스코틀랜드에서 왜 반란이 일어나요? 찰스 1세도 그 지역 출신인데?"

"이번에도 종교 때문이었어. 스코틀랜드 사람들은 주로 장로교를 믿었는데, 찰스 1세가 영국 국교회를 믿으라고 강요했거든. 아무튼 반란을 진압하려니 당연히 군대와 돈이 필요했지."

"그럼 의회를 다시 열어야겠네요?"

"응. 찰스 1세는 결국 11년 만에 의회를 열었어. 하지만 의회는 국왕을 도와줄 생각이 전혀 없었단다. 오히려 지금까지 있었던 왕의 잘못을 따지느라 바빴지. 화가 난 찰스 1세는 또다시 의회를 해산하고 어떻게든 혼자 힘으로 반란을 진압해 보려 했지만 실패했어. 찰스 1세는 어쩔

곽두기의 국어사전
군법 군사 군(軍) 법 법(法). 군대에서 군인에게 적용하는 법률을 말해.

나선애의 세계사 사전
장로교 스코틀랜드의 칼뱅파 신교를 갈해. 신도들이 만든 교회법과 회의를 통해 교회를 이끌어 나가는 것이 특징이지.

↑ **세인트 자일스 대성당** 스코틀랜드의 에든버러에 있는 성당이야. 장로교의 중심지지.

수 없이 7개월 만에 도로 의회를 열었지. 이렇게 다시 열린 의회에서 의회와 국왕의 갈등이 대폭발했어."

"이제라도 의회 말을 들어야지 별수 있나요?"

"찰스 1세도 어지간하면 그러려고 했지. 하지만 그러기엔 의회의 요구가 좀 심했어. 의회는 국왕의 특별세를 모조리 폐지하고, 국왕의 특별 재판소도 폐지했지. 그리고 국왕의 측근들을 체포해서 처형해 버렸어. 여기에 국왕의 승인 없이도 3년에 한 번은 반드시 의회를 열도록 정했단다. 게다가 왕을 믿을 수 없다는 이유로 국왕이 가지고 있는 군대 통솔권도 의회에 넘기라고 했어. 심지어 왕비가 가톨릭 신자라는 이유로 이혼하라고 요구하기도 했단다."

"와, 찰스 1세가 그걸 다 들어줬어요?"

"그럴 리가 있겠니? 찰스 1세는 의회의 요구를 거부하고 다시 내전을 벌였어. 7년간 이어진 전쟁에서 패배한 찰스 1세는 결국 왕위에서 쫓겨났고, 1649년 공개 재판을 통해 사형에 처해졌지. 국가를 배신했다는 죄목이었어."

➜ **찰스 1세의 처형**
영국은 물론이고 전 유럽을 통틀어 왕에게 사형이 선고된 건 찰스 1세가 처음이었어. 왕의 처형은 영국 국민들에게도 큰 충격이었단다. 이 그림에도 충격을 받은 듯 쓰러진 사람들이 보여.

"왕이 처형당했다고요?"

"그래. 영국은 물론 전 유럽에서도 처음 있는 일이었지. 의회는 새로운 왕을 세우지 않고 의회가 나라를 다스리려고 했단다. 영국을 공화국으로 만들기로 한 거지. 바다 건너 프랑스에서 루이 14세가 절대 왕정을 굳혀 가는 동안 영국은 이렇게 완전히 다른 길을 간 거야."

"그러게요. 같은 유럽인데 전혀 다르네요."

"이렇게 공화국으로 다시 태어난 영국의 지도자가 된 사람이 바로 올리버 크롬웰이었어."

"그 사람은 누구죠?"

"크롬웰은 내전 중에 의회군을 이끌며 승리에 결정적인 공을 세운 사람이지. 또 찰스 1세의 처형을 주도한 인물이었어. 영국의 지도자가 된 이후로는 동인도 회사를 지원하고 새 항해법을 발표해서 동남아시아와 유럽의 무역을 장악한 네덜란드와 본격적인 경쟁에 나서기도 했지. 이후로 크롬웰은 10년 정도 영국을 사실상 혼자 다스리다시피 했어. 그런데 크롬웰은 독실한 청교도였단다."

"청교도는 또 무슨 종교를 믿는 사람들인데요?"

"청교도는 영국에서 칼뱅파 신교를 믿는 사람을 가리켜. 다른 나라의 칼뱅파와 마찬가지로 주로 상공업자들이 청교도였어. 근데 청교도는 영국 국교회가 교황만 섬기지 않을 뿐 여전히 가톨릭과 별다를 것이 없다며 국교회를 대대적으로 개혁해야 한다고 주장했지."

"대대적인 개혁이라니, 어떻게요?"

"칼뱅의 주장처럼 성경 말씀에 따라 철저히 금욕적인 생활을 하

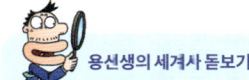

'영국, 혹은 영국 식민지로 오는 물건은 무조건 영국 배로 날라야 한다'는 법을 말해. 이 법 때문에 영국과 네덜란드는 네 차례나 전쟁을 치렀지.

→ 올리버 크롬웰 (1599년~1658년) 의회파 우두머리로 찰스 1세를 처형하고 사실상 영국을 다스렸어.

곽두기의 국어사전

경건 공경할 경(敬), 공경할 건(虔). 신과 같이 위대한 존재를 공경하고 받드는 마음으로 항상 엄숙한 태도를 유지하는 것을 말해.

나선애의 세계사 사전

호국경 '나라를 지키는 관리'라는 뜻이야. 원래 영국에서 왕이 힘이 없을 때, 왕을 보좌해 나라를 다스리던 귀족에게 붙이던 호칭이야.

용선생의 세계사 돋보기

찰스 1세에 대항해 반란이 일어난 1640년부터 영국 공화정이 막을 내리고 찰스 2세가 즉위하는 1660년까지 20년 동안을 '청교도 혁명' 시기라고 불러.

며 경건하게 살아야 한다고 했어. 크롬웰은 금주령을 내려 술을 마시지 못하게 했을 뿐 아니라, 오락도 죄로 여겨 연극과 스포츠, 각종 파티를 금지했단다. 심지어 크리스마스에 관한 내용이 성경에 없다고 크리스마스 행사도 금지했어."

"크리스마스 행사를 금지해요?"

곽두기가 황당한 표정을 지었어.

"당연히 다들 불만이 생길 수밖에 없었지. 근데 크롬웰은 권력을 잡은 지 얼마 되지 않아 무력으로 의회를 해산하고 자기 말을 거역하거나 반대하는 사람을 체포해 감옥에 가두었어. 그러고는 종신 호국경이 되어 죽을 때까지 청교도 정신에 따라 엄격하게 영국을 다스렸지."

"에이, 그러면 왕이랑 다를 게 뭐예요?"

허영심의 입이 뾰로통해졌다.

"그렇지? 영국 사람들도 무자비한 크롬웰보다는 차라리 왕이 낫다고 생각할 정도였어. 그래서 크롬웰이 죽자 영국 의회는 프랑스와 네

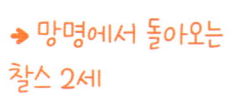
→ **망명에서 돌아오는 찰스 2세**
크롬웰의 독재에 신물이 난 영국 의회는 찰스 2세를 다시 왕으로 모셨어.

올리버 크롬웰과 아일랜드 대학살

▲ 아일랜드 주민을 학살하는 영국군

크롬웰은 영국이 내전을 겪는 동안 혼란 상태였던 스코틀랜드와 아일랜드를 무력으로 점령했어. 특히 아일랜드 주민의 저항이 거셌는데, 크롬웰은 직접 군대를 이끌고 아일랜드로 건너가 20만 명이 넘는 아일랜드 주민을 학살했단다. 당시 아일랜드 인구의 4분의 1에 해당하는 수였지. 또 아일랜드 귀족의 재산과 땅을 빼앗아서 영국에서 건너간 사람에게 나눠 주기도 했어.

이 사건 이후 아일랜드는 완전히 영국의 식민지가 되었고 1937년에야 독립을 이루었어. 하지만 두 나라 사이는 지금까지도 좋지 않단다. 특히 아일랜드 사람들은 올리버 크롬웰을 엄청나게 싫어하지.

덜란드를 오가며 망명 생활을 하던 찰스 1세의 아들을 불러들여 왕위에 앉혔지. 이 사람이 찰스 2세야. 찰스 2세는 국왕이 되자마자 크롬웰의 무덤을 파헤쳐서 시체의 목을 잘라 버렸단다. 감히 왕을 죽였다는 이유로 말이야."

"그렇게까지 아버지의 원수를 갚다니……. 으으, 무서워."

허영심이 몸을 부르르 떨며 중얼거렸다.

곽두기의 국어사전

망명 달아날 망(亡) 목숨 명(命). 정치적인 이유로 자기 나라를 떠나 외국으로 몸을 옮긴 상태를 뜻하는 말이야.

용선생의 핵심 정리

영국은 의회 전통이 깊은 나라. 제임스 1세 때부터 의회와 갈등이 심해졌고, 찰스 1세 때 폭발하여 내전에서 패한 왕이 처형됨. 이후 올리버 크롬웰은 청교도 정신에 따라 통치를 했지만 10여 년 만에 찰스 1세의 아들 찰스 2세가 복귀함.

절대 왕정이 들어선 프랑스, 입헌 군주제가 확립된 영국 **125**

명예혁명을 통해 입헌 군주제를 실시한 영국

"그런데 왕이 된 찰스 2세가 의회랑 싸우지 않을까요?"

나선애의 질문에 용선생은 고개를 절레절레 저었다.

"의회도 그게 걱정이었지. 그래서 의회는 찰스 2세를 왕위에 올리기 전에 몇 가지 요구를 했단다. 왕이라 해도 사람들을 함부로 체포해선 안 되고, 반드시 판사의 확인을 받아야 한다고 말이야. 그러니까 오늘날로 치면 판사에게서 구속 영장을 받아야 한다는 거지."

허영심의 상식 사전

구속 영장 누구를 잡아 가둘 수 있도록 판사가 내주는 허가증이야. 판사는 법과 양심에 따라 판단해 구속 영장을 내어준단다. 현대 법치 국가라면 반드시 갖추고 있는 절차이지.

"그걸 왕이 약속해 줬어요?"

"그럼. 찰스 2세는 아버지처럼 의회와 대놓고 싸울 생각이 없었어. 그래서 의회의 요구를 대부분 들어주고, 아버지의 죽음과 직접적으로 관련된 사람들에게만 복수하고 그냥 참은 거야."

"나름 현명한 사람이었네요."

"응, 찰스 2세는 의회 내부에 자기편을 만들어 가며 다시 왕권을 조금씩 강화해 나갔어. 밖으로는 당시 유럽 최강대국으로 떠오른 프랑스와 가깝게 지내며 경쟁국인 네덜란드를 견제했지. 찰스 2세가 다스리는 동안 영국은 대체로 안정을 되찾았어. 찰스 2세는 예술과 학문에도 관심이 많았고, 특히 과학 기술 발전에 많은 투자를 했지. 바로 이 시기에 아이작 뉴턴 같은 천재 과학자가 활동했단다."

↑ **찰스 2세** (1630년~1685년) 영국에서 추방돼 프랑스와 네덜란드를 떠돌다 가까스로 영국 왕위에 올랐어.

"휴, 그럼 이제 영국은 왕과 의회가 사이좋게 나라를

▶ 영국 왕립 학회
영국 왕립 학회는 1660년에 설립됐어. 아이작 뉴턴 등 많은 과학자가 활동하며 영국은 물론 전 유럽의 과학 발전에 크게 기여했지.

▲ 영국 왕립 학회 명예 회원증
독일 천문학자에게 준 명예 회원증이야. 다른 나라 학자들과도 학술 교류가 잦았음을 알 수 있지.

다스리는 거네요."

"하지만 그런 관계가 그리 오래가진 않았어. 찰스 2세의 뒤를 이어 동생 제임스 2세가 왕위에 올랐을 때 또 왕과 의회 사이에 갈등이 불거졌거든. 제임스 2세는 의회의 간섭을 받아 가며 나라를 다스릴 생각이 없었어. 그래서 또다시 찰스 1세처럼 자기 마음대로 사람들을 잡아 가두거나 내쫓았지. 또 한 가지 문제는 제임스 2세가 독실한 가톨릭 신자였다는 거야. 영국 의회의 귀족들은 거의 다 영국 국교회 신자 아니면 청교도였어. 이들은 혹시라도 제임스 2세가 종교 문제로 자신들을 탄압할까 봐 크게 걱정했지."

"그럼 또 내전이 벌어지는 건가요?"

"아니. 영국 사람들은 나라가 다시 혼란에 빠지는 걸 원하지 않았어. 그래서 기다리기로 했지. 제임스 2세는 이미 나이가 많고 자식이라고는 이미 결혼한 두 딸뿐이었는데 둘 다 영국 국교회 신자였거든. 그러니 맘에 들지 않더라도 몇 년 참다가 새 국왕이 즉위하면 되겠거

절대 왕정이 들어선 프랑스, 입헌 군주제가 확립된 영국

영국을 이끌어 나간 토리당과 휘그당

가톨릭 신자인 제임스 2세의 왕위 계승을 두고 의회 내부에서도 의견이 갈라졌어. 대체로 대지주와 귀족이 중심이 된 세력은 제임스 2세의 왕위 계승을 찬성했고, 상공업자 세력은 제임스 2세의 왕위 계승권을 빼앗아야 한다며 격렬하게 반대했지. 이때 반대파는 찬성파를 '토리'라고 했어. '도적 떼'라는 뜻이었지. 그리고 찬성파는 반대파를 '휘그'라고 불렀단다. '반역자'란 뜻이야.

명예혁명 이후 토리당과 휘그당은 영국 의회를 양분하는 두 개의 정당이 되었어. 이들은 때로는 경쟁하고 때로는 협력하며 영국을 이끌어 나갔지. 훗날 토리당은 보수당, 휘그당은 자유당으로 이름을 바꾸어 1900년대 초반까지 영국 의회를 좌우했어.

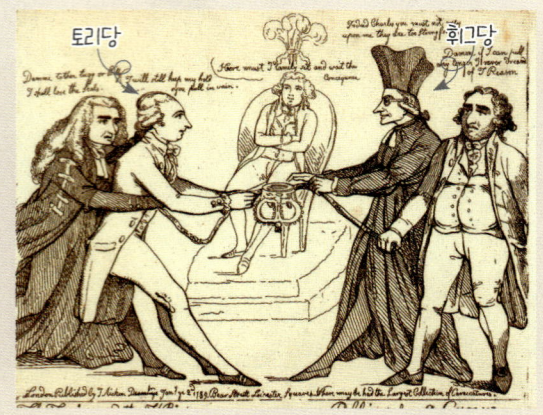

▲ **토리당과 휘그당** 의회에서 격렬하게 대치하는 토리당과 휘그당의 모습을 줄다리기에 빗대 표현한 그림이야.

용선생의 세계사 돋보기

빌럼 공작의 어머니는 제임스 2세의 누나였어. 그러니까 빌럼 공작은 제임스 2세의 사위이자 조카였지. 그래서 메리와 마찬가지로 영국 왕위 계승권이 있었단다. 이처럼 유럽의 귀족 가문들은 정략결혼으로 복잡하게 얽혀 있었어.

니 했던 거야. 그런데 이게 웬걸, 덜컥 왕자가 태어나 버렸지 뭐니?"

"그럼 어떡해요?"

"어떡하긴, 다급해진 의회는 네덜란드로 시집간 제임스 2세의 첫째 딸 메리를 찾아가 남편과 함께 영국으로 쳐들어와서 영국의 왕이 되어 달라고 부탁했어. 메리의 남편은 네덜란드의 지배자인 빌럼 공작이었거든."

"네덜란드한테 영국에 쳐들어와 달라고 부탁해요?"

"응, 사실 이때 영국은 불과 얼마 전까지 프랑스와 동맹을 맺고 네

↑ **영국으로 건너오는 빌럼 공작의 배** 빌럼은 400척의 배와 1만 3천 명의 대군을 이끌고 네덜란드에서 영국으로 건너왔단다.

↑ **윌리엄 3세와 메리 여왕** 빌럼 공작은 부인 메리와 함께 영국 왕위에 올랐어. 영국에서는 영어식 이름인 윌리엄 3세라고 불렀지.

덜란드와 전쟁을 벌인 사이였어. 강력한 경쟁국의 왕이 될 기회인데, 빌럼 공작으로서는 거절할 이유가 없는 제안이었지."

"그럼 제임스 2세는 가만 앉아서 당했나요?"

"빌럼 공작이 너무 빨리 쳐들어온 탓에 전쟁을 준비할 시간이 없었어. 제임스 2세는 바다 건너 프랑스로 도망쳤단다. 그 덕분에 빌럼은 큰 전투 없이 런던에 도착해 아내 메리와 함께 공동으로 영국 왕위에 올랐어. 빌럼 공작은 영국 국왕 윌리엄 3세가 되었지. 이 사건을 '명예혁명'이라고 해. 폭력을 쓰지 않고 명예롭게 이루어진 혁명이라는 뜻이지."

"이야, 의회가 원하는 대로 착착 진행된 거네요."

"의회는 그렇게 포장했지만, 정말 폭력 사태가 전혀 없었던 건 아니야. 사실 스코틀랜드와 아일랜드에서는 반란이 일어났고, 쫓겨난

▲ 보인강의 전투
영국에서 쫓겨난 제임스 2세가 프랑스의 도움을 받아 아일랜드에 상륙한 뒤 영국군을 상대로 벌인 전투야. 이 전투에서 크게 패배한 제임스 2세는 결국 영국 왕위를 되찾지 못했지.

제임스 2세가 프랑스와 에스파냐의 도움을 받아 영국을 공격하기도 했단다. 하지만 모두 다 실패했기 때문에 윌리엄 3세는 무사히 왕위를 지킬 수 있었어."

"어쩐지. 외국인이 왕위에 오르는데 다들 가만히 있었다고 해서 너무 이상했어요."

왕수재가 알겠다는 듯 고개를 끄덕였다.

"사태가 수습된 뒤 영국 의회는 윌리엄 3세에게 의회의 권리를 법으로 확실히 보장해 줄 것을 요구했어. 어차피 의회 덕분에 영국 왕이 된 윌리엄 3세는 그 요구를 흔쾌히 받아 줬지. 이때 의회가 들고 간 요구 사항을 '권리장전'이라고 해. 주요 내용을 살펴볼까?"

권리장전의 주요 내용

- 의회는 국왕의 간섭 없이 자유롭게 발언하고 토론을 할 수 있다.
- 의회를 자주 연다.
- 의회는 의원을 자유롭게 선출할 수 있다.
- 의회는 국왕에게 자유롭게 원하는 것을 요구할 권리가 있다.
- 의회의 동의 없이 법을 만들거나 세금을 거둘 수 없다.
- 의회의 동의 없이 평화 시기에 군대를 두지 않는다.

"의회, 의회, 의회…… 전부 의회 말 들으라는 내용뿐이네요."

"맞아. 권리장전의 핵심 내용은 의회의 권리를 보호하고 왕권을 제한하는 것이었어. 여기에 1701년에는 수정 조항을 넣어서 앞으로 가톨릭 신자는 영국 왕위에 오를 수 없다고 못을 박아 버렸단다. 혹시라도 제임스 2세처럼 가톨릭을 믿는 국왕이 등장해서 의회를 탄압할까 봐 미리 손을 쓴 거야."

"의회가 그런 것까지 정해도 돼요?"

아이들의 눈이 휘둥그레졌다.

"그래. 이제 영국은 왕을 모시지만 사실상 의회가 법률에 의해 모든 나랏일을 결정하는 나라가 된 거야. 영국처럼 의회가 만든 법에 따라 왕의 권한을 제한하는 제도를 '입헌 군주제'라고 해. 왕이 나라를 다스리긴 하지만 헌법에 따라야 한다는 뜻이지."

"그러니까 프랑스에서 절대 군주제

↑ 권리장전을 제출하는 의회의원들

 **나선애의 세계사 사전**
입헌 군주제 왕을 인정하되 헌법에 의해 왕의 권력을 제한하는 제도야. 오늘날 영국과 일본, 에스파냐 등 왕이 있는 나라들은 대부분 입헌 군주제 국가란다.

 허영심의 상식 사전
헌법 나라의 기본이 되는 최고 법이야. 나라의 정치 제도와 원칙, 국민의 권리와 의무 등이 규정되어 있지.

왕수재의 지리 사전

하노버 독일 중부에 자리잡은 인구 약 50만의 중소 도시야. 영국의 수도 런던과는 700킬로미터 정도 떨어져 있지.

가 자리 잡아 가는 동안, 영국에서는 입헌 군주제가 등장한 거네요."

나선애의 말에 용선생은 기분 좋게 고개를 끄덕였다.

"그래. 아주 잘 정리했구나. 명예혁명 이후 영국은 왕과 의회 사이의 오랜 갈등에서 벗어나 빠르게 안정을 찾았어. 그리고 1714년, 메리의 뒤를 이은 앤 여왕이 후계자를 남기지 못하고 세상을 떠나자 영국 의회는 독일 땅 하노버의 제후에게 영국 왕위를 넘겨주었단다."

"독일 제후에게 왕위를 넘겨줬다고요?"

"사실 다른 왕족들도 많았는데, 대부분 가톨릭 신자라 신교를 믿는 후보자를 찾다 보니 거의 남이나 다름없는 먼 친척에게 왕위가 돌아가게 된 거지. 이 사람이 조지 1세야. 그런데 조지 1세는 영어도 할 줄 모를뿐더러 영국 정치에는 아무런 관심도 없는 사람이었어."

"그런 사람이 어떻게 왕 노릇을 해요?"

↑ **의회에서 연설하는 영국의 테리사 메이 전 총리** 지금도 영국은 국왕 대신 의회의 대표자인 총리가 나랏일을 책임지고 다스려.

"그래서 이때부터 의회의 대표자인 수상이 왕을 대신해 영국을 다스리게 돼. 물론 수상은 의회의 지지를 받지 못하면 언제든지 바뀔 수 있었지. 수상이 나라를 다스리는 제도가 자리를 잡으며 영국의 입헌 군주제는 더욱 깊게 뿌리를 내렸단다. 이 전통은 오늘날까지 이어지지."

"후아, 영국 사람들 참 복잡한 거 좋아하네요. 그럴 거면 그냥 왕을 없애 버리면 안 되나?"

"흐흐. 말은 쉽지. 하지만 이미 천 년이 넘도록 익숙해진 왕정을 폐지한다는 게 말처럼 쉬운 일이 아니었거든. 그래도 영국에서 일어난 온갖 사건들은 같은 시더

 나선애의 세계사 사전

수상 대신들 중에 최고 직위에 있는 사람을 가리키는 말. 영국이나 독일과 같은 의원내각제 국가에서 수상은 의원들 중에서 서열이 가장 높은 사람을 뜻해. 나라 업무를 총괄하여 처리한다고 해서 '총리'라고도 불러.

↑ **조지 1세** (1660년~1727년) 하노버의 제후였던 조지 1세는 영국에 별 관심이 없어서 모든 정치를 의회에 맡겼어.

의 유럽인에게 큰 자극을 주었고, 훗날 프랑스를 비롯해 유럽 여러 나라에서 일어난 혁명에 큰 영향을 미쳤단다. 그 이야기는 나중에 배울 거야. 흐흐. 그럼 오늘은 여기까지 할까?"

용선생의 핵심 정리

제임스 2세가 왕위에 오르며 왕과 의회의 갈등이 다시 시작됨. 의회는 네덜란드의 빌럼 공작에게 영국 왕위를 넘겨주는 명예혁명을 일으켰고, 이후 영국에는 입헌 군주제가 자리를 잡음.

나선애의 정리노트

1. ### 유럽 최대의 종교 전쟁 30년 전쟁
   - 신성 로마 제국 황제가 신교를 믿는 보헤미아에 가톨릭 강요
     → 전 유럽이 신교와 가톨릭으로 나뉘어 전쟁을 벌임.
     → 차츰 종교보다 국익을 우선시함. → 양측 용병의 무차별 약탈로 독일 지역은 큰 피해를 입음.
   - 베스트팔렌 평화 조약(1648년)을 맺으며 전쟁 종결

2. ### 유럽의 국제 질서를 뒤바꾼 베스트팔렌 평화 조약
   - 네덜란드 등 합스부르크 가문의 지배를 받던 지역들 독립
   - 300여 개 제후국에게 주권 부여 → 사실상 신성 로마 제국 해체
   - 이후 프랑스는 유럽 최강국으로 성장, 합스부르크 가문은 큰 손해를 봄.

3. ### 절대 왕정이 자리 잡은 프랑스
   - 루이 14세의 절대 왕정: 세금 인상과 관직 판매로 재정 확보
     → 상비군과 관료제 정비로 귀족 세력 약화, 베르사유 궁전을 건설하여 귀족들과 호화로운 생활
   - 낭트 칙령 폐지 → 위그노 상공업자의 단체 이주로 인해 프랑스 상공업 약화

4. ### 명예혁명으로 입헌 군주제가 확립된 영국
   - 제임스 1세부터 시작된 왕과 의회의 갈등이 찰스 1세 때 폭발, 의회가 승리, 국왕이 처형됨.
     → 공화정 시작, 올리버 크롬웰이 독재 정치를 펼침.
     → 크롬웰이 죽고 난 뒤 찰스 2세가 10년 만에 왕위에 오름.
   - 명예혁명: 가톨릭 신자인 제임스 2세와 의회의 갈등
     → 의회의 요청으로 제임스 2세의 딸 메리와 남편 빌럼 공작(윌리엄 3세)이 영국 왕위에 오름.
     → 이후 헌법에 의해 왕의 권한을 제한하는 입헌 군주제 확립

세계사 퀴즈 달인을 찾아라!

1 다음 지도를 보고 알 수 있는 사실로 알맞은 것은? ( )

〈30년 전쟁이 일어나기 전 유럽〉

① 프랑스는 신교를 믿는 나라였다.
② 상업이 발달한 독일 북부 지역은 주로 신교를 믿었다.
③ 신성 로마 제국은 하나로 통합된 독실한 가톨릭 국가였다.
④ 아우크스부르크 평화 협정으로 신성 로마 제국의 제후들은 가톨릭만 믿었다.

2 30년 전쟁에 대해 잘못 설명한 친구는? ( )

 ① 전 유럽이 신교와 가톨릭으로 나뉘어 벌인 전쟁이야.

 ② 신성 로마 제국의 보헤미아 종교 탄압으로 시작되었어.

 ③ 전쟁 후 독일과 에스파냐는 유럽 제일의 강대국으로 성장했어.

 ④ 베스트팔렌 평화 조약으로 영국 성공회와 칼뱅파도 합법적인 지위를 얻었어.

3 루이 14세에 대한 설명으로 옳지 않은 것은? ( )

① 강력한 군사력으로 정복 전쟁을 벌였어.
② 상비군과 관료제를 정비해 절대 왕정을 확립했어.
③ 낭트 칙령을 실시해 위그노의 지지를 얻고 상공업을 발달시켰어.
④ 화려한 베르사유 궁전을 지어 귀족들과 화려한 생활을 즐겼어.

5 영국의 정치 체제에 대한 설명으로 옳지 않은 것은? ( )

[영국 정치 체제의 발전]

① 영국은 전통적으로 절대 군주 정치가 발달한 나라였어. 의회를 존중하며 정치를 하던 엘리자베스 1세가 죽자, 스코틀랜드의 제임스 1세가 왕이 되었지. ② 이후 즉위한 찰스 1세는 영국 의회와 내전을 벌이다 사형을 당했어. ③ 그 후 권력을 잡은 크롬웰은 독실한 청교도 신자였고, 금욕적인 생활을 강조해 국민들의 불만을 샀지. ④ 오늘날 영국은 의회의 대표인 수상이 왕을 대신해서 영국을 통치하고 있단다.

4 빈칸에 들어갈 알맞은 말을 써 보자.

○○○○은 제임스 2세에 반발한 의회가 네덜란드의 빌럼 공작에게 영국 왕위를 넘겨준 사건이다. 이 사건으로 왕위에 오른 제임스 2세의 딸 메리와 그녀의 남편 빌럼 공작은 의회의 요구를 받아들여 의회의 권한을 대폭 강화시켰다.

( )

정답은 451쪽에서 확인하세요!

6 다음 중 서로 관련 있는 것들을 바르게 연결해 보자.

① 청교도　　•　　　•　㉠ 영국 의회가 찰스 1세에게 요구한 권리 선언

② 권리청원　•　　　•　㉡ 왕권이 법에 의해 일정한 제한을 받는 정치 체제

③ 권리장전　•　　　•　㉢ 칼뱅파 신고도로 근욕적인 생활을 강조하는 교리를 따름

④ 입헌 군주제 •　　•　㉣ 윌리엄 3세의 즉위 이후 의회가 만든 선언문으로 영국 의회 정치 확립에 기여함

| 용선생 세계사 카페 |

바로크 건축의 걸작 베르사유 궁전

유럽에서 국가 간 경쟁이 치열하던 1600년대에는 각 나라마다 경쟁적으로 웅장하고 화려한 건축물을 지었어. 이때 유행한 건축 양식을 '바로크 양식'이라고 불러. 원래 바로크는 '찌그러진 진주'란 뜻으로, 구불거리며 둥글게 감아 도는 현란한 장식을 통해 사람의 시선을 확 사로잡는 효과를 중시한다는 뜻에서 붙여진 이름이야. 특히 왕의 위엄을 돋보이게 하는 웅장한 건축물에는 바로크 양식이 필수였지. 대표적인 바로크 건축물이 루이 14세가 건설한 베르사유 궁전이란다. 그럼 베르사유 궁전을 한번 훑어볼까?

↑ **베르사유 궁전 전경** 아직 궁전으로 완공되기 이전 모습을 담은 그림이야. 궁전 건물 뒤쪽으로 끝없이 늘어선 정원이 보이지?

왕실 소성당

독실한 가톨릭 신자인 루이 14세는 아침마다 미사에 참석했어. 왕과 왕족들은 2층에서, 귀족들은 1층에서 미사를 올렸지. 프랑스 왕자들의 세례식과 왕들의 결혼식도 이곳에서 치렀어.

← 화려하게 장식된 촛대

← 거울의 방

총 578개의 거울이 배치되어 화려하기 그지없는 방이야. 길이 75미터, 높이 12미터의 드넓은 공간으로 보통 외국 사신들의 접대나 왕실 축제 장소로 쓰였지. 밤에는 화려한 샹들리에마다 촛불을 켜 장관을 연출했어.

궁전

베르사유 궁전의 중심이 되는 건물이야. 400여 개에 이르는 방은 금과 은, 상아로 된 값진 공예품과 크리스털 샹들리에, 거울로 꾸며져 있어.

➦ 아폴론 분수
그리스 신화의 태양신 아폴론이 전차를 몰고 힘차게 달리는 모습을 묘사했어.

⬅ 오스트리아 쇤부른궁의 정원
베르사유 궁전의 정원을 모델로 삼았어.

⬅ 베르사유 궁전에 조각된 포도나무의 신 디오니소스상

➦ 정원
베르사유 정원은 수백만 송이의 꽃과 정교하게 다듬은 나무로 잘 꾸며져 있고, 곳곳에 그리스 신화를 소재로 한 조각상과 분수들이 있어. 곧 유럽 다른 왕궁도 베르사유 궁전을 본떠 비슷한 정원을 만들었지.

↑ 운하

정원 끝에는 센강의 물을 끌어와 만든 거대한 운하가 있어. 큰 축제 때 이곳에 배를 띄우고 모의 해전을 벌이기도 했지. 궁전에서 운하 끝까지의 거리는 무려 2.5킬로미터로, 빠른 걸음으로 걸어도 30~40분은 걸리는 거리야. 2024년 파리 올림픽에서는 운하 옆의 광장에서 승마 경기를 치르기도 했어.

↑ 운하에 배를 띄워서 노는 귀족들

용선생 세계사 카페

삼총사 - 하나는 모두를 위해, 모두는 하나를 위해

《삼총사》는 1844년 알렉상드르 뒤마가 1600년대의 프랑스와 영국을 무대로 다르타냥과 그의 동료인 삼총사의 활약을 그린 소설이야. 프랑스 왕 루이 13세뿐 아니라 에스파냐에서 시집온 왕비 안 도트리슈, 재상 리슐리외 추기경, 버킹엄 공작과 같이 역사 속 실제 인물이 등장해 사실과 허구가 잘 어우러져 있어. 삼총사는 '세 명의 총사'란 뜻인데, '총사'란 총으로 무장한 왕실 호위병이었어. 우리가 아는 소설 삼총사는 다르타냥 3부작 중 첫 번째 작품이야.

1625년 프랑스 남서부의 시골 귀족인 다르타냥은 국왕을 지키는 총사대에 들어가려고 파리로 올라왔어. 근데 그만 유명한 총사 아토스, 아라미스, 포르토스와 시비가 붙어 결투를 벌이게 됐지. 그때 총사대와는 원수인 리슐리외 추기경의 근위대가 나타나 이들을 체포하려고 했어. 다르타냥은 수적으로 부족한 삼총사를 도와 근위대와 맹렬히 싸워 승리를 거뒀어. 이 일로 네 사람은 친한 친구가 되었고, 다르타냥은 견습 총사가 되었지.

▼ 다르타냥과 삼총사 동상

어느 날 다르타냥은 연인인 프랑스 왕실의 시녀 콩스탕스를 통해 리슐리외 추기경이 프랑스의 왕비를 궁지에 몰고 영국과 전쟁을 벌이기 위해 음모를 꾸민다는 것을 알게 됐어. 왕비는 영국의 버킹엄 공작과 사랑하는 사이였는데, 왕이 생일 선물로 준 다이아몬드가 열두 개 박힌 목걸이를 영

▲ 《삼총사》의 무대가 되었던 프랑스 시골 여관
소설 속 다르타냥과 삼총사가 영국으로 갈 때 묵었던 여관의 실제 모습이야.

국의 버킹엄 공작에게 사랑의 증표로 주었거든. 추기경은 그 사실을 알고 왕비가 무도회에 목걸이를 하고 나오도록 했어. 왕비가 목걸이 없이 나타나면 왕비의 일을 폭로하고 이를 빌미로 영국과 전쟁을 벌일 생각이었지.

다르타냥과 삼총사는 리슐리외의 부하와 첩자인 밀러디의 방해를 뚫고 버킹엄 공작으로부터 목걸이를 다시 받아 왔고, 프랑스는 전쟁의 위기에서 벗어났어. 하지만 버킹엄 공작이 프랑스의 위그노 반란을 지원하면서 결국 영국과 프랑스 사이에 전쟁이 벌어졌지. 이 전쟁에서 공을 세운 다르타냥은 리슐리외에게도 능력을 인정받아 총사대 부대장 자리에까지 오른단다.

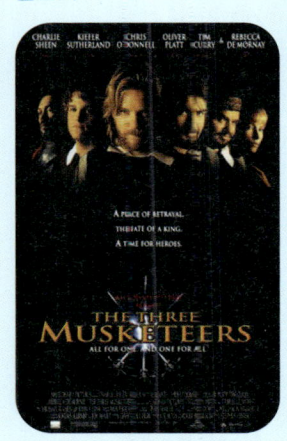
↓ 영화 〈삼총사〉(1993) 포스터

《삼총사》는 지금까지 수십 편이 넘는 영화, 애니메이션, 뮤지컬로 만들어졌어. 최근에는 영국 공영방송사인 BBC에서 만든 드라마도 방영되었지. 삼총사는 의리로 똘똘 뭉친 단짝인 세 명의 친구를 가리키는 말로 널리 쓰인단다.

▲ 우리나라 뮤지컬 〈삼총사〉

3교시

북아메리카에 영국 식민지가 자리 잡다

1600년대에 접어들면서 북아메리카 동부 해안 곳곳에
유럽인의 식민지가 건설되었어.
그중에서도 영국 식민지는 유럽 각지에서
이민자를 받아들이며 빠르게 성장했고,
100여 년이 지나자 모국인 영국에게서
독립하려는 움직임이 일어났어.
이번 시간에는 오늘날 미국의 모태가 된
아메리카의 영국 식민지가 어떻게 성장했는지 살펴볼까?

1607년	1620년	1733년	1754년	1763년	1773년	1774년
제임스타운이 건설됨	메이플라워호 도착. 플리머스가 건설됨	북아메리카에 13개 식민지가 자리 잡음	북아메리카에서 7년 전쟁 발발	7년 전쟁 종료	보스턴 차 사건	제1차 대륙 회의 개최

뉴욕

북아메리카의 주요 무역항으로, 영국이 네덜란드에게서 빼앗은 뒤 뉴암스테르담에서 뉴욕으로 이름을 고쳤어.

오논다가

오대호 인근 여섯 원주민 부족의 연합인 '이로쿼이 연맹'의 중심지였어. 이로쿼이는 7년 전쟁에서 영국과 동맹을 맺고 프랑스와 싸웠어.

로키산맥

태평양

필라델피아

펜실베이니아주의 주도. 이곳에서 미국 독립의 출발이 되는 첫 번째 대륙 회의가 개최되었어.

리오그란데강

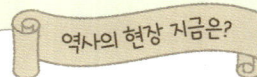

이민자가 만든 다문화 사회 캐나다

북아메리카 대륙 북부에 자리한 캐나다는 영국과 프랑스에서 건너온 이민자들이 세운 나라야. 미국의 뿌리인 영국 식민지와 비슷한 시기에 건설되었지만, 미국과는 문화와 전통이 조금 달라. 한때 프랑스의 식민지였기 때문에 영국 문화와 프랑스 문화 영향을 골고루 받았거든. 면적은 한반도의 45배 정도로 러시아에 이어 세계 2위야. 하지만 국토 대부분이 차가운 냉대 기후와 툰드라 기후 지역에 속해 있어서 인구는 기온이 비교적 온화한 남부 지역에 몰려 있지. 드넓은 영토와 풍부한 자원에 비해 인구는 적어서 약 4,000만 명에 불과해. 캐나다 정부는 적극적인 이민 정책으로 매년 25만 명이 넘는 이민자를 받아들이지. 전 세계 200여 개국에서 온 이민자들이 평화롭게 어울려 살아간단다.

↑ 퀘벡에서 열리는 누벨 프랑스 축제
프랑스 식민지였던 퀘벡주에는 프랑스 전통이 뿌리 깊게 남아 있어. 아직도 주민의 80퍼센트 이상이 프랑스어를 쓰고 가톨릭을 믿지.

토론토의 상징 CN타워야.

♠ 오대호의 나이아가라 폭포
캐나다와 미국의 국경에 있어. 북가메리카에서 가장 규모가 큰 폭포지.

◀ 캐나다 제1의 도시 토론토

캐나다의 경제·문화 중심지를 이루는 남부 도시들

토론토와 몬트리올 등 캐나다의 남부 도시들은 세계에서 가장 살기 좋은 도시로 손꼽혀. 그중 오대호 연안의 공업 도시로 성장한 토론토는 캐나다 최대 도시이자 경제 중심지야. 553.33미터 높이의 방송 송출탑인 CN 타워 전망대에서는 유명한 나이아가라 폭포도 볼 수 있어.

➡ 캐나다 수도 오타와의
국회 의사당 근위병 교대식
캐나다는 영국으로부터 독립했지만, 여전히 영국 왕을 국가 원수로 모시는 영연방 국가야. 그래서 영국 왕실 근위대가 캐나다 국회 의사당을 지키지.

이민자와 다문화의 나라

이민자가 많은 캐나다는 주요 대도시마다 차이나타운, 코리아타운 등 다양한 이민자의 거리가 형성되어 있는 나라이기도 해. 캐나다는 1971년 세계 최초로 '다문화주의'를 선언했어. 다문화주의란 다양한 이민자 집단이 가진 고유 문화를 적극적으로 인정하고 장려하는 사고방식이야. 캐나다 정부는 이를 위해 캐나다 내 여러 민족의 문화 행사를 적극 지원하고, 공공기관에 소수 언어 담당자를 두고 있어.

↑ **캐나다 최대 항구 도시 밴쿠버** 밴쿠버는 캐나다의 태평양 쪽 관문이야. 최근 아시아와의 교역이 활발해지며 특히 중국인을 비롯해 아시아계 이민자들이 많이 살아.

↑ 밴쿠버의 차이나타운

↑ 토론토의 코리아타운

← 매니토바주 위니펙의 리틀 이탈리아

캐나다의 아름다운 자연

국토의 절반 이상이 울창한 숲인 캐나다는 비버, 곰 등 각종 야생 동물의 천국이야. 무려 39개의 국립 공원과 8개의 자연 보호 구역이 있지. 그중 밴프 국립 공원은 캐나다 최초의 국립 공원으로, 자유롭게 들아다니는 야생 동물의 모습과 아름다운 빙하 지형을 감상할 수 있는 곳이란다.

↑ 밴프 국립 공원

↑ 비버와 곰이 새겨진 캐나다 동전

↑ 오로라 캐나다 북부 지역에서는 겨울에 오로라를 볼 수 있어. 원주민인 이누이트는 조상들의 영혼이 오로라에 나타난다고 믿는단다.

겨울 스포츠 강국

겨울이 긴 캐나다에는 스키, 하키 같은 겨울 스포츠를 즐기는 사람이 매우 많아. 특히 아이스하키는 캐나다의 국민 스포츠로 미국과 함께 세계 최강을 다투지. 빙하의 침식으로 생긴 수많은 호수가 겨울만 되면 꽁꽁 얼어붙기 때문에, 전국 어디에서나 아이스하키를 실컷 즐길 수 있대.

↑ **밴쿠버 휘슬러의 스키장** 2010년 밴쿠버 동계 올림픽 스키 경기가 열린 곳이야. 매년 2백만 명이 넘는 관광객이 방문한대.

← **캐나다 아이스하키 국가 대표팀** 2010년 캐나다 밴쿠버 동계 올림픽에서 금메달을 딴 뒤 기뻐하는 모습이야.

↓ **얼어붙은 호수 위에서 아이스하키를 즐기는 사람들**

단풍나무 숲과 메이플 시럽의 나라

캐나다에는 유독 단풍나무 숲이 많아. 그래서 캐나다를 상징하는 나무도 단풍나무이고, 캐나다 국기에도 단풍나무 잎이 새겨져 있지. 또 단풍나무 수액을 졸여서 만드는 메이플 시럽은 캐나다의 특산물로 전 세계 생산량의 85퍼센트를 차지해. 캐나다의 단풍나무 수액은 당도가 높아서 최고급 대우를 받는단다.

▲ 전통 간식 메이플 테피 얼음에 메이플 시럽을 뿌려서 먹는 메이플 테피는 캐나다의 전통 간식이야.

▲ 단풍나무 수액을 채취하는 모습

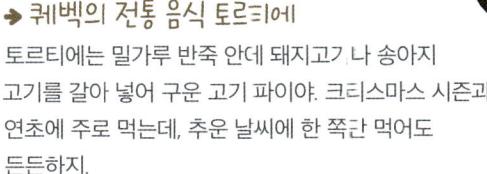

➔ 퀘벡의 전통 음식 토르티에
토르티에는 밀가루 반죽 안에 돼지고기나 송아지 고기를 갈아 넣어 구운 고기 파이야. 크리스마스 시즌과 연초에 주로 먹는데, 추운 날씨에 한 쪽만 먹어도 든든하지.

⬇ 캐나다의 5달러 지폐 지폐에도 아이스하키를 즐기는 사람들이 그려져 있어. 아이스하키는 캐나다를 대표하는 공식 운동이야.

153

북아메리카에서 새로운 삶을 시작한 유럽인들

"어디 보자, 예전에 영국이 북아메리카 해안에 식민지를 건설했다는 이야기는 했지?"

"네. 프랑스는 아메리카 원주민이랑 교역을 하기 위해 강 따라 깊숙이 들어가 정착지를 만들었지만, 영국 사람들은 유럽과 오가기 쉬운 해안에 정착지를 건설했다고 하셨어요."

나선애가 수업 노트를 펼치며 대답했다. 그때 장하다가 손을 번쩍 들었다.

"선생님, 식민지 개척에 앞장선 건 누구였어요?"

"식민지 개척을 주도한 건 주식회사야. 처음에는 영국뿐만 아니라 네덜란드와 스웨덴도 주식회사를 세워서 식민지 건설에 뛰어들었지.

너희들 주식회사가 뭔지는 기억하지?"

"음…… 위험하고 돈이 많이 필요한 사업을 하려고 여러 사람이 돈을 모아서 만드는 회사예요. 맞죠?"

왕수재의 말에 용선생은 크게 끄덕였다.

"정답이야. 식민지 건설이 성공적으로 이뤄지면, 투자자들은 자신이 산 주식만큼 식민지의 땅을 나누어 받았지. 그런데 식민지 건설 사업에는 주식을 살 돈이 없더라도 참여할 수 있었어. 식민지 건설에 참여하는 사람 한 명 당 주식 하나를 산 것과 똑같이 취급해 주었거든. 그러니까 가족 여러 명이 참여하면 그만큼 많은 땅을 나눠 받을 수 있었던 거야."

"아하. 돈이 없으면 몸으로라도 참여할 수 있었다, 이거군요!"

"그래. 1600년대 초 영국에서 만들어진 버지니아 회사가 이런 식으로 식민지를 개척할 사람을 모집했는데, 이때 지원한 사람들 대부분이 농민들이었단다."

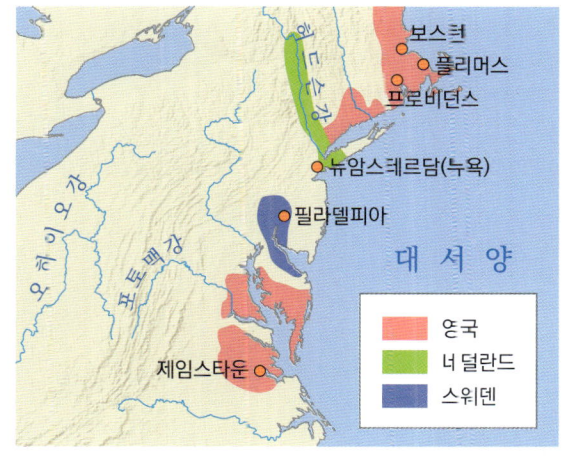

↑ 1600년대 초반 북아메리카 해안의 유럽 식민지

◀ 제임스타운 오늘날 제임스타운의 모습. 이곳은 처음 건설될 당시 모습을 재현한 정착촌 박물관이야.

◀ 존 스미스 (1580년~1631년) 영국의 탐험가. 버지니아 회사의 초기 이주민을 이끌며 제임스타운이 성공적으로 자리 잡는 데 큰 공을 세웠지.

→ **체서피크만의 습지**
영국인이 처음 도착한 해안 지대는 대부분 이렇게 농사 짓기 힘든 습지라 정착하기가 힘들었어.

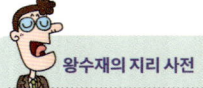

왕수재의 지리 사전

버지니아주 미국 동부의 주 (州). 영국의 첫 북아메리카 식민지가 들어선 곳이야.

"농민이요?"

"응. 영국 국왕 제임스 1세는 버지니아 회사에 아메리카 식민지 사업에 대한 독점권을 주고 적극적으로 식민지 개척에 나서도록 했어. 그리하여 1607년에 지금의 버지니아주에 북아메리카 최초의 영국 식민 도시인 제임스타운이 세워졌단다. 제임스 1세의 이름을 딴 도시였지. 이후 약 100여 년에 걸쳐 북아메리카 동해안 곳곳에 영국을 비롯한 여러 국가의 식민지가 들어서게 돼."

"그런데 농민들이 그렇게 다 아메리카로 가 버리면, 영국에서는 누가 농사를 지어요?"

곽두기가 고개를 갸우뚱했다.

"흐흐. 그런 걱정은 하지 않아도 돼. 상업을 중시하는 정책이 본격화된 이후 영국에는 농지에서 내쫓긴 농민이 많았단다. 지주들은 소작농을 내쫓고 그 땅에서 양을 키웠어. 양모 사업이 농사를 짓는 것보다 훨씬 더 이익이었기 때문이지. 북아메리카로 건너간 사람은 주로 이렇게 땅에서 쫓겨난 통에 먹고살 길이 막막해진 농민들이었단다."

"자기 땅을 갖고 싶은 마음에 아메리카로 건너간 거군요."

"하지만 아메리카에서의 생활은 생각보다 훨씬 어려웠어. 습지가 많은 데다가 영국보다 여름은 비가 많이 내리고 겨울은 너무 추워서 농사를 제대로 지을 수 없었거든. 엎친 데 덮친 격으로 전염병이 돌아서 많은 사람이 목숨을 잃었지."

"어휴. 살기 힘들어서 건너간 건데……."

허영심이 걱정스런 표정을 지었다.

"이때 천만다행으로 유럽인에게 도움의 손길을 내민 사람이 있었단다. 다름 아닌 아메리카 원주민이었어."

"원주민이 유럽인을 도와줬다고요?"

북아메리카에 건설된 영국의 첫 식민지 제임스타운

초기 식민지 주민들은 외부 침입을 막기 위해 삼각형으로 둘러친 말뚝 울타리 안에 살았어.

식민지 총독의 주택
영국 본국에서 국왕이 임명한 총독이 파견됐어.

의회 건물
영국 법에 벗어나지 않는 선에서 자기들끼리 법과 규칙을 만들고 총독을 도와 세금을 거뒀어.

방어벽
좁은 도랑을 파고 그 위에 통나무를 박아 만들었어.

포대
대포를 설치해 외국 선박을 공격할 수 있도록 했어.

목재로 기본 뼈대를 만들고 흙으로 벽을 발라 집을 지었어. 지붕은 짚을 엮어 올렸어. 한집에 5-6명이 살았대.

↑ **1670년대 버지니아주의 담배 농장** 노예들이 담배를 따서 말리고, 갈아서 담배를 만들고 있어. 이주민들은 일손이 부족하자 이렇게 아프리카 노예를 대량으로 사 와서 농장 일을 시켰지.

"응. 아메리카 원주민이 식량을 나눠 주고, 옥수수를 재배하는 법도 알려 줬거든. 그 덕분에 유럽인 이주자들은 굶어 죽을 위기를 넘겼지. 게다가 결정적으로 담배를 재배하는 방법도 알려 줬단다."

"담배가 굶어 죽지 않는 거랑 무슨 상관이 있나요?"

"이 당시 유럽에서는 담배가 인기를 끌었기 때문에 담배 농사는 큰돈을 벌 수 있는 기회였어. 머지않아 북아메리카에는 아프리카 흑인 노예를 사서 부릴 만큼 거대한 담배 농장이 만들어졌고, 이주민들은 많은 돈을 벌었지."

"와우! 그럼 성공한 거네요?"

"그래. 그런데 이렇게 먹고살기 위해 북아메리카로 건너온 사람들 외에 또 다른 이유로 건너온 사람들이 있었어."

"그 사람들은 누군데요?"

"유럽에서 종교적으로 탄압받던 신교도지. 대표적인 사람들이 영

영국에서 환영받은 북아메리카 원주민 공주, 포카혼타스

포카혼타스는 제임스타운 인근을 지배하는 아메리카 원주민 부족장의 딸이었어. 그녀는 1613년 제임스타운의 이주민과 아메리카 원주민 사이에 분쟁이 벌어졌을 때 영국에 포로로 붙잡혔는데, 이때 크리스트교로 개종하고 영국인 존 롤프와 결혼해 영국 사람이 되었지.

포카혼타스는 1616년 남편과 함께 런던으로 여행을 떠나서 크게 환영을 받았어. 당시 버지니아 회사는 포카혼타스를 '바다를 건너온 영국인과 사랑에 빠진 낭만적인 원주민 공주'로 영국 곳곳에 소개했거든. 포카혼타스를 이용해 이제 막 시작된 식민지 개척 사업을 홍보하려는 목적이었지. 포카혼타스는 유명 인사가 되었지만, 그만 병에 걸려 영국에서 세상을 뜨고 말았단다. 세월이 흐르며 포카혼타스의 이야기는 더욱 낭만적으로 다시 꾸며졌어. 특히 제임스타운이 막 건설될 때 영국인들의 목숨을 구했다는 이야기가 만들어졌고, 이 이야기를 바탕으로 1995년 디즈니는 애니메이션 〈포카혼타스〉를 제작하기도 했단다.

▲ 영국식 옷을 입은 포카혼타스

국의 청교도였어. 영국에서는 제임스 1세 때부터 청교도에게 영국 국교회를 강요하면서 종교 탄압이 심해졌거든. 그러자 영국 북부에 살던 청교도가 탄압을 피해 네덜란드로 이주했고, 그 가운데 일부가 1620년에 메이플라워호를 타고 바다를 건너 아메리카로 향했지."

"종교 때문에 대서양을 건넜단 말인가요?"

"응. 청교도들은 오늘날 매사추세츠 지역에 도착했고, 배에서 내리기 전 자기들의 대표를 뽑고 이렇게 서약했단다."

용선생의 세계사 돋보기

엘리자베스 1세의 뒤를 이어 영국 왕위에 오른 인물이야. 제임스 1세 때부터 영국 의회와 국왕의 갈등이 시작됐지.

▲ **메이플라워호**
아메리카로 건너갈 당시 메이플라워호에는 130여 명의 승객이 타고 있었대. 이들은 약 66일 간의 항해 끝에 아메리카에 도착했지.

▲ **메이플라워 서약** 메이플라워호의 이민자들은 플리머스에 상륙하기 전 대표를 뽑아 자치 정부를 만들기로 서약했어. 미국 사람들은 이들을 '필그림 파더스'라고 부르면서 오늘날 미국을 세운 선조로 여기지.

용선생은 근엄한 목소리로 말을 이어 나갔다.

여기 있는 우리는 영국과 스코틀랜드, 아일랜드의 국왕 제임스 1세의 충실한 신하입니다.
우리는 지금 신과 서로 앞에서 엄숙하게 계약을 맺으며 우리 스스로 정부를 만들어 다스리기로 결정합니다.
우리는 올바른 법과 공직을 만들기 위한 기틀을 세우려 합니다. 이는 우리가 질서를 더 잘 유지하고, 우리의 목적을 달성하기 위해, 또 우리 식민지에 도움이 되기 위해서입니다.
우리는 이 내용을 전적으로 받아들이고 따를 것을 서약합니다.

"자기들끼리 정부를 만들어요? 그래도 되는 거예요?"
곽두기의 눈이 휘둥그레졌다.

◀ 플리머스의 기념 건축물과 바위
필그림 파더스의 상륙 지점에 세워진 기념물이야. 이곳에는 필그림 파더스가 상륙할 때 최초로 밟았던 바위가 전시되어 있어.

"어차피 아메리카는 너무나 멀어서 영국 왕실이 일일이 간섭할 수가 없었거든. 그러니 자기들끼리 정부를 만들고 규칙을 정해서 자치를 하기로 한 거야. 제임스 1세도 식민지 건설을 장려하기 위해 자치 정부를 만들도록 허락해 주었지. 그래서 청교도는 북아메리카에서 종교의 자유를 누릴 수 있었어.'

"헤. 그거 다행이네요."

"메이플라워호에서 내린 사람들은 '플리머스'라는 도시를 건설했어. 청교도에게는 역사적인 일이었지. 그래서 미국에서는 메이플라워호를 타고 대서양을 건너온 사람들을 '필그림 파더스'라고 부르면서 특별히 기념하기도 해. 예컨대 미국의 가장 중요한 명절 중 하나인 '추수 감사절'은 플리머스의 청교도가 첫 수확에 성공한 것을 기념하는 날이지."

"흠, 청교도가 미국에서 중요한 역할을 했던 모양이죠?"

"응. 청교도는 초기 북아메리카 영국 식민지 건설의 주역이었어.

나선애의 세계사 사전
필그림 파더스 '순례자 조상'이라는 뜻이야. 종교의 자유를 찾아 험난한 길을 떠난 행동을 '순례'에 빗댄 것이지.

허경심의 상식 사전
추수 감사절 성탄절, 부활절과 함께 북아메리카 대륙의 최대 명절 중 하나로, 《구약성서》에서 신께 감사드리던 축제에서 비롯됐어. 미국에서는 11월 네 번째 목요일에 추수감사절(Thanksgiving Day)을 지내.

↑ **플리머스의 첫 추수 감사절** 북아메리카에서 첫 수확에 성공한 사람들은 큰 잔치를 열어 신께 감사 인사를 드렸어. 이 잔치에는 그동안 도움을 주었던 아메리카 원주민도 초대됐지. 오른쪽에 그려진 원주민들이 보이지?

← **칠면조 요리** 미국 사람들이 추수 감사절에 꼭 먹는 음식이야. 원래 칠면조는 북아메리카의 야생 동물인데, 초기 식민지 개척민들이 자주 사냥해서 먹었다고 해.

플리머스 식민지가 어느 정도 자리를 잡자 영국에서 더욱 많은 청교도가 종교의 자유를 찾아 대서양을 건너기 시작했어. 1643년 무렵이면 이미 2만 명이 넘는 청교도가 대서양을 건넜지. 나중에는 청교도뿐 아니라 유럽 전역에서 여러 가지 이유로 탄압받던 사람들이 차례차례 아메리카로 몰려들었단다."

"청교도 말고도 탄압받던 사람들이 또 있었어요?"

"물론이지. 유대인, 퀘이커 교도, 아일랜드인…… 모두들 출신지나 종교가 다른 만큼 사연도 제각각이었지. 심지어 프랑스의 신교도인 위그노도 프랑스 식민지가 아니라 영국 식민지에 정착해 식민지 개발에 동참했단다."

나선애의 세계사 사전

퀘이커 1600년대 영국에서 새로 생긴 신교로 신 앞에 모두가 평등하다고 여겨 성직자가 없는 것이 특징이야. 찰스 2세의 탄압을 피해 북아메리카 펜실베이니아로 건너와 식민지 개척에 앞장섰어. 우리나라에서는 '친우회'라고 불러.

"프랑스인이 왜 영국 식민지에 정착해요?"

"그건 가톨릭 신자이던 프랑스 국왕 루이 14세가 위그노가 프랑스 식민지에 들어와 사는 걸 막았기 때문이었단다."

"크, 종교 때문에 영국만 덕을 본 거네요."

"근데 유럽 사람들이 이렇게 많이 몰려들면 아메리카 원주민은 어떡해요?"

"그러게 말이다. 유럽인이 찾아왔을 때 북아메리카는 결코 주인 없는 땅이 아니었단다. 이미 수많은 아메리카 원주민이 살아가는 삶의 터전이었지. 유럽인은 글을 모르는 원주민을 속여 헐값으로 땅을 사들이거나, 무력을 써서 원주민을 쫓아내고 땅을 빼앗았어. 여기에 남아메리카와 마찬가지로 천연두 같은 전염병이 돌아서 많은 원주민이 목숨을 잃었지. 북아메리카에서는 원주민을 노예처럼 강제로 부려 먹는 일은 드물었지만, 원주민이 엄청난 피해를 봤다는 것은 꼭 기억해 두렴."

용선생의 말에 아이들은 고개를 끄덕였다.

"아무튼 100년 뒤인 1700년대 초에는 북아메리카의 동해안 전역에 영국 식민지 13개가 들어섰고, 식민지 인구도 모두 합치면 25만 명을 넘었단다. 이들은 출신도, 종교도 매우 다양했지만, 하루가 멀다

용선생의 세계사 돋보기

북아메리카 이주는 주로 가족 단위로 이루어졌어. 이들은 보통 원주민을 공격해 땅을 빼앗고 멀리 내쫓으려고 했지. 반면 남아메리카 식민지에는 보물을 찾거나 관리로 일하기 위해 홀로 이주한 사람들이 많았어. 이들은 보통 원주민을 노예처럼 부리며 광산을 개발하거나 농장을 건설하려고 했지.

▲ 1674년 뉴욕의 모습 뉴욕은 유럽 사람들이 정착한 지 100년도 안 되어 북아메리카를 대표하는 무역 도시로 발전했어.

➜ **오늘날 뉴욕의 맨해튼섬**

뉴욕은 오늘날 세계 제일의 도시이자 금융 중심지로 이름을 날리고 있어. 사진 중앙에 보이는 곳이 바로 뉴욕 식민지가 건설될 때부터 오늘날까지 뉴욕의 중심지 자리를 굳게 지키고 있는 맨해튼섬이지.

뉴욕이 원래 네덜란드 땅이었다고?

용선생의 세계사 돋보기

네덜란드 서인도 회사가 모피 교역을 위해 식민지로 개척했어. 1626년에 네덜란드 식민지 총독이 맨해튼섬을 지금 돈으로 100만원이란 헐값에 사들였지. 하지만 1664년 영국이 빼앗은 뒤 영국왕 제임스 2세(요크 공)의 이름을 따 뉴욕이라고 불렀어.

하고 전쟁이 터지는 유럽에서와는 달리 종교 문제에 크게 얽매이지 않고 서로 어울려 살려고 노력했어."

"유럽에선 종교 때문에 맨날 전쟁질만 하더니 신기하네요."

"뭐, 그렇다고 해서 아주 갈등이 없었다는 얘기는 아니야. 유럽 본토에 비하면 비교적 덜해서 어느 정도 종교의 자유를 누리며 살 수 있었던 거지. 이런 분위기 덕택에 북아메리카는 새로운 세계를 찾아온 이민자로 붐볐어. 뉴욕이나 보스턴, 필라델피아처럼 미국에서 가장 역사가 깊고 오늘날까지도 크게 번창하는 대도시가 바로 이때 만들어졌지."

"아하, 뉴욕이 그렇게 만들어졌구나."

장하다가 손가락을 튕겼다.

용선생의 핵심 정리

1600년대 초반, 버지니아 회사가 설립되며 영국의 아메리카 식민지 개척이 시작됨. 이후 종교의 자유를 찾아온 청교도 등 여러 사연을 가진 이주민이 모여들며 1700년대에 이르기까지 북아메리카 동해안에 13개의 영국 식민지가 건설됨.

북아메리카의 13개 영국 식민지

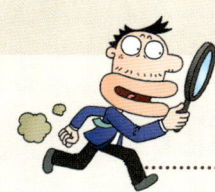

북아메리카의 13개 식민지는 오늘날 미국의 뿌리가 되었어. 각 지역의 기후와 환경에 따라 특산물도 서로 달랐고, 기원이나 주민의 종교도 다양했지.

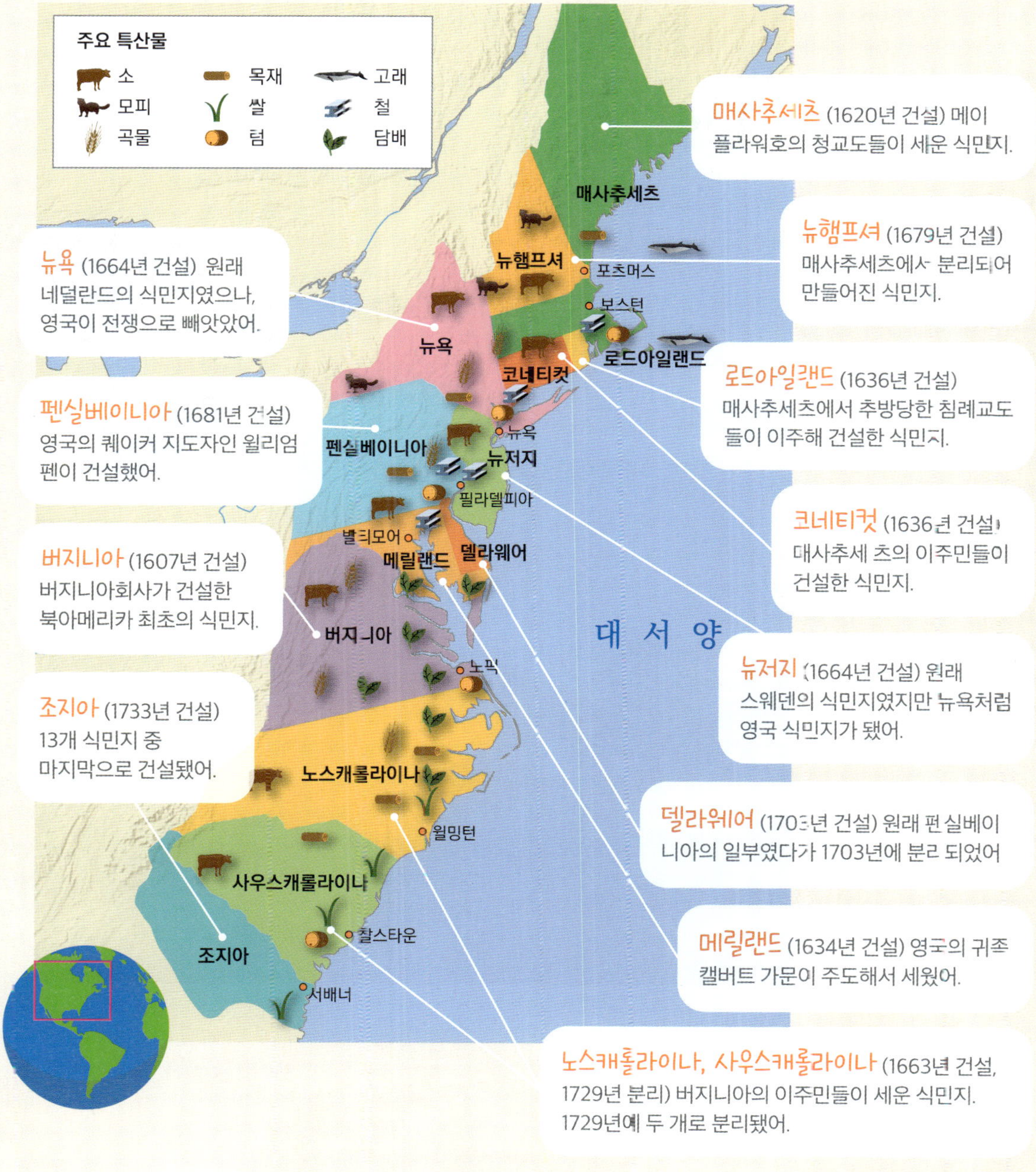

주요 특산물
소
목재
고래
모피
쌀
철
곡물
텀
담배
매사추세츠 (1620년 건설) 메이플라워호의 청교도들이 세운 식민지.
뉴햄프셔 (1679년 건설) 매사추세츠에서 분리되어 만들어진 식민지.
로드아일랜드 (1636년 건설) 매사추세츠에서 추방당한 침례교도들이 이주해 건설한 식민지.
코네티컷 (1636년 건설) 매사추세츠의 이주민들이 건설한 식민지.
뉴저지 (1664년 건설) 원래 스웨덴의 식민지였지만 뉴욕처럼 영국 식민지가 됐어.
델라웨어 (1703년 건설) 원래 펜실베이니아의 일부였다가 1703년에 분리 되었어
메릴랜드 (1634년 건설) 영국의 귀족 캘버트 가문이 주도해서 세웠어.
노스캐롤라이나, 사우스캐롤라이나 (1663년 건설, 1729년 분리) 버지니아의 이주민들이 세운 식민지. 1729년에 두 개로 분리됐어.
뉴욕 (1664년 건설) 원래 네덜란드의 식민지였으나, 영국이 전쟁으로 빼앗았어.
펜실베이니아 (1681년 건설) 영국의 퀘이커 지도자인 윌리엄 펜이 건설했어.
버지니아 (1607년 건설) 버지니아회사가 건설한 북아메리카 최초의 식민지.
조지아 (1733년 건설) 13개 식민지 중 마지막으로 건설됐어.
매사추세츠
뉴햄프셔
포츠머스
보스턴
뉴욕
로드아일랜드
코네티컷
뉴욕
펜실베이니아
뉴저지
필라델피아
볼티모어
메릴랜드
델라웨어
버지니아
노퍽
대 서 양
노스캐롤라이나
윌밍턴
사우스캐롤라이나
찰스타운
조지아
서배너

북아메리카와 영국의 사이가 점점 나빠지다

"근데 선생님, 영국은 13개나 되는 북아메리카 식민지를 어떻게 다스렸나요?"

"조금 복잡한데, 식민지 정부가 어떻게 구성됐는지 자세히 알아볼까? 우선 식민지에 땅을 가진 사람들이 투표를 해서 자기들의 대표를 뽑았어. 이렇게 만들어진 게 식민지 의회란다. 식민지 의회는 본국인 영국의 법에서 벗어나지 않는 선에서 자기들끼리 법과 규칙을 만들고 세금을 거두었어."

"아까 청교도처럼 말이죠?"

"그래. 하지만 영국 정부가 식민지 사람들에게 무작정 자유를 준 건 아니야. 식민지를 관리하기 위해 본국에서 파견한 관리도 있었거든. 처음에는 식민지 개척을 주도한 버지니아 회사의 직원들이 이 일을 맡았지만, 나중에는 국왕이 임명한 총독이 그 자리를 대신했어.

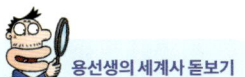

식민지 개척 초기에 버지니아 회사는 큰 이득을 보지 못해서 파산 위기에 몰렸어. 그래서 국왕이 회사의 특권을 취소하고 식민지를 직접 다스리기로 했지.

➜ **버지니아 총독 관저** 영국 국왕이 임명한 총독이 머물던 저택이야. 내부에 식민지 대표들로 구성된 의회당과 법정이 있어.

총독은 식민지 의회의 대표와 함께 행정 위원회를 만들어서 식민지를 다스렸지."

"음, 그럼 식민지 의회랑 총독이랑 누가 더 높은 건가요?"

허영심이 고개를 갸웃거리며 묻자 용선생은 고개를 끄덕였다.

"총독은 국왕이 파견한 사람이니까 일단은 총독이 더 높지. 하지만 실제로는 총독 마음대로 식민지를 다스릴 수 없었고, 식민지 의회에 꽤 많은 자치권을 주었어. 식민지 사람들이 지켜야 하는 법과 규칙은 식민지 의회가 만들었거든. 심지어 세금도 반드시 의회의 허락을 얻은 후에야 거둘 수 있었지."

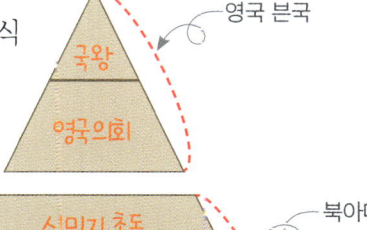
▲ 북아메리카 영국 식민지 통치 구조

"어? 그럼 그거 영국이랑 똑같은 거 아니에요? 영국 국왕도 의회의 허락이 있어야 세금을 거둘 수 있었잖아요."

"흐흐. 그래. 영국 특유의 정치 제도가 영국의 식민지로 고스란히 이식된 거지. 근데 식민지 의회는 본국인 영국은 물론 본국의 관리인인 총독과도 갈등을 빚었어. 주로 무역 문제 때문이었지. 영국 정부는 식민지 사람들이 무슨 물건을 만들어야 하는지, 재료는 어디서 수입해야 하는지, 상품을 실어 나를 때에는 어느 나라 배를 이용해야 하는지, 어느 나라랑 교역을 해도 되고 어느 나라랑

> **곽두기의 국어사전**
>
> **이식** 옮길 이(移) 심을 식(植). 식물 따위를 옮겨 심는다는 뜻으로 한 사회의 문화나 관습이 다른 사회에 뿌리내리는 것을 가리켜.

▲ 버지니아의 식민지 의회 1619년 버지니아의 식민지 의회를 시작으로 다른 식민지에도 의회가 속속 만들어졌어.

은 안 되는지 일일이 간섭했거든."

"왜 그렇게까지 간섭을 했나요?"

"본국인 영국을 부강하게 만들겠다는 생각 때문이었지. 그래서 아메리카의 영국 식민지에서 수입은 오로지 영국이나 영국의 다른 식민지에서만 해야 하고, 수출은 최대한 영국이 아닌 다른 나라로 해야 했어. 이때 운송도 영국 배로만 해야 했지. 당연히 북아메리카 식민지 사람들이 손해를 봤어. 예컨대 영국이 네덜란드를 방해하려고 만든 항해법 같은 것도 식민지 사람들에게는 큰 손해였단다."

"항해법이라면…… 영국 물건은 반드시 영국 배로만 운송해야 한다는 법, 맞죠?"

왕수재가 눈을 빛내며 말했다.

"근데 식민지 사람들이 항해법 때문에 무슨 손해를 보는데요?"

> 곽두기의 국어사전
> 운송 옮길 운(運) 보낼 송(送). 사람을 태워 보내거나 물건을 실어 보내는 걸 말해.

◆ 북아메리카의 무역

이 수많은 무역에서 영국 배만 이용해야 한다니!

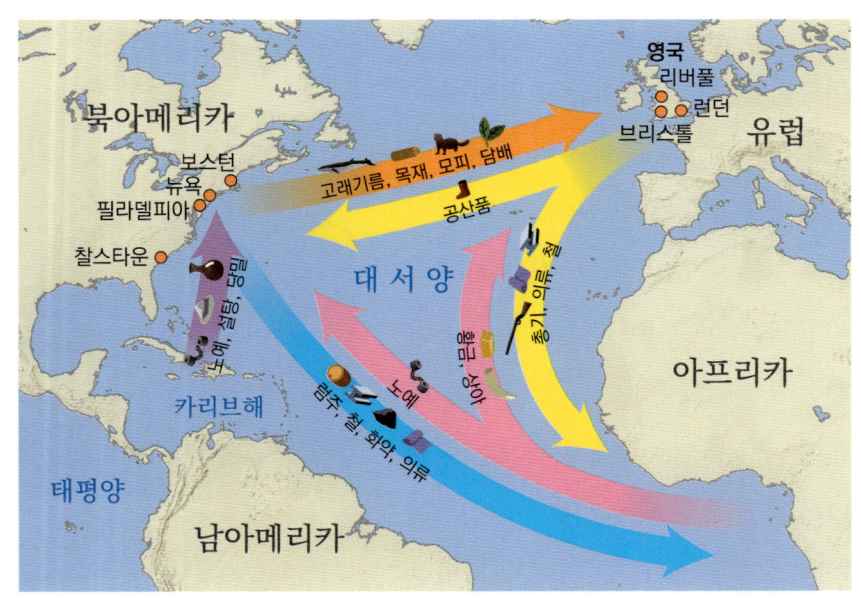

"이 당시 대서양 삼각 무역이 활성화되면서 북아메리카 식민지에서도 대서양을 넘나들며 많은 무역품이 거래되고 있었거든. 그런데 항해법에 따르면 북아메리카 식민지 사람들은 값싸고 빠른 네덜란드 배 대신 비싼 돈을 내고 영국 배를 이용해야 했던 거야. 비용은 늘고 그 이득은 영국 본국의 운송업자들이 고스란히 챙겨 가니 식민지 사람들로서는 화가 날 만했지."

"항해법 때문에 네덜란드만 손해를 본 게 아니었군요."

"1733년에 만들어진 당밀법도 식민지에는 큰 불만이었어."

"당밀법이 뭔데요?"

"당밀법은 외국산 당밀에 많은 관세를 매겨서 억지로 영국산 당밀만 사서 쓰게 하는 법이야. 북아메리카 사람들은 주로 카리브해에 있

나선애의 세계사 사전

당밀 사탕수수에서 설탕을 뽑아내고 나면 검고 진득한 액체가 남아. 이걸 당밀이라고 하지.

▲ **당밀과 럼** 사탕수수로 당밀을 만들고, 당밀로 독한 술인 럼을 만들어. 럼은 가격이 싸서 선원이나 노동자에게 인기가 높아 북아메리카의 주요 수출품이었어.

는 프랑스나 에스파냐의 사탕수수 농장에서 생산한 당밀을 수입해 럼이라는 독한 술을 만들어 팔았어. 그런데 당밀법 때문에 외국산 당밀에 세금이 왕창 붙자 럼이 엄청 비싸졌거든."

"그럼 억지로 비싼 물건을 써야 하는 거네요?"

영심이가 입술을 쭉 내밀었다.

"물론 식민지 사람들도 영국 정부가 시키는 대로 마냥 손해만 보고 있지는 않았지. 그래서 정부 몰래 하는 무역, 즉 밀무역이 기승을 부렸단다. 특히 보스턴이나 뉴욕 같은 북아메리카 북부의 무역 도시들은 밀수업자들의 천국이라고 할 만했지."

"영국 정부는 단속을 안 했어요?"

"일일이 단속할 수가 없었어. 해군을 보내 넓은 바다를 전부 틀어막을 수도 없는 일이잖니? 게다가 막상 단속에 나서야 할 영국 관리들이 뇌물을 받고 눈을 감아 주는 일도 많았단다. 막상 밀수꾼을 잡아서 재판을 하려고 해도, 재판이 식민지 법원에서 열렸기 때문에 같은 식민지 사람이라고 봐주는 경우도 있었지."

▲ **1700년대 초반의 보스턴 항구** 북아메리카에 위치한 무역 도시에는 세관원의 눈을 피해 카리브해에서 오는 밀수품을 실은 배들이 수시로 드나들었어.

"팔이 안으로 굽는 거네요."

장하다가 피식 웃었다.

"영국 본국에서 식민지 사람

들의 신경을 거스르는 정책을 내놓을수록, 영국과 북아메리카 식민지의 관계는 점점 더 멀어졌어. 게다가 식민지 개척 후 100여 년이 지난 1750년 무렵에는 식민지 인구가 크게 늘어났어. 이들은 아메리카에서 태어나 아메리카에서 자라난 사람들이었단다. 그러니 영국에 있는 영국인들이 아메리카 식민지를 마음대로 통제하고 간섭하는 것에 더 큰 반감을 가지게 되었지."

← 버지니아주 윌리엄스버그의 식민지 법원

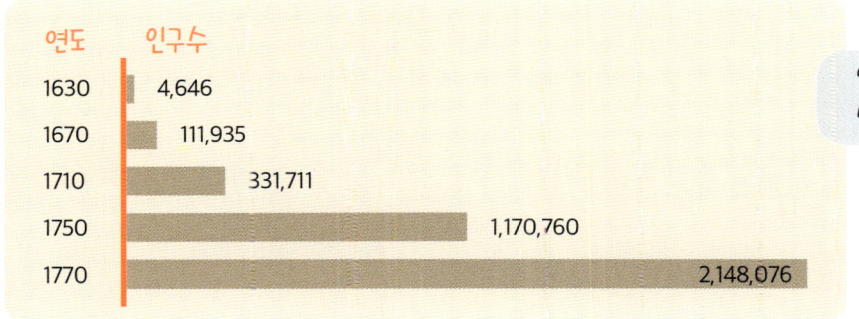

연도	인구수
1630	4,646
1670	111,935
1710	331,711
1750	1,170,760
1770	2,148,076

인구가 무려 462배나 늘었네!

↑ 북아메리카 13개 식민지 인구 변화 1600년대 후반부터 식민지가 안정적으로 발전하면서 인구가 급격히 늘었어. 이 중 대부분은 아메리카에서 태어나 평생 아메리카에서만 살았던 사람들이었지.

용선생의 핵심 정리

북아메리카 식민지에는 국왕이 임명한 총독이 파견됐지만 식민지인이 투표로 구성한 식민지 의회가 많은 자치권을 누림. 항해법과 당밀법 등 영국의 중상주의 정책 때문에 식민지인이 많은 손해를 보자, 영국 본국과 점차 사이가 나빠짐.

북아메리카에서 영국과 프랑스 간의 전쟁이 벌어지다

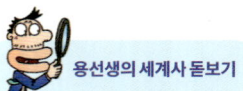

용선생의 세계사 돋보기

1756년부터 1763년까지 벌어진 전쟁이야. 정확하게는 프로이센과 오스트리아가 벌인 전쟁에 영국과 프랑스가 끼어든 거였어.

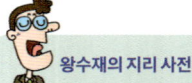

왕수재의 지리 사전

애팔래치아산맥 북아메리카 동부에 남북 방향으로 길게 뻗은 산맥. 서쪽으로 진출하려던 영국 식민지 사람들에게는 큰 장벽이었어.

"그러던 중 큰 사건이 터졌어. 영국과 프랑스가 다시 한 번 정면으로 맞붙은 거야. 두 나라는 세계 여러 곳에 식민지를 건설하며 서로 경쟁하던 도중 유럽과 인도, 아프리카, 아메리카에서 동시다발적으로 전쟁을 벌였는데, 1756년부터 7년간 벌어져서 7년 전쟁이라고 불러. 7년 전쟁 동안 영국과 프랑스는 북아메리카에서 오하이오강 유역을 놓고 치열한 대결을 펼쳤단다."

"영국이랑 프랑스는 왜 그렇게 싸운 건가요?"

용선생은 지도를 짚어 가며 설명을 이어 나갔다.

"오하이오강 유역을 서로 차지하려 했거든. 애팔래치아산맥 서쪽

↑ 7년 전쟁 전후 북아메리카 식민지 변화

▲ **오하이오강 주변의 넓은 평원** 애팔래치아산맥 너머 광활한 오하이오강 유역은 미시시피강으로 진출하는 교통의 요지야. 1700년대 이곳에는 영국과 프랑스의 이주민뿐만 아니라 아메리카 원주민도 많이 살았지.

에 있는 오하이오강 유역은 농사를 지을 수 있는 넓은 들판이 펼쳐져 있고, 미시시피강과 이어져 있어서 원주민과 모피 교역을 위해서도 매우 중요한 교통의 요충지였지. 그래서 애팔래치아산맥 동쪽에 있는 영국 식민지 사람들은 오래전부터 오하이오강 유역으로 식민지를 넓힐 계획을 짰어. 근데 프랑스도 이곳에 눈독을 들였지. 프랑스는 미시시피강을 거슬러 올라가며 내륙으로 식민지를 넓혀 갔거든. 결국 이곳에서 영국과 프랑스가 쾅 하고 부딪쳤어."

"그러니까 서로 영역을 넓혀 가는 과정에서 충돌이 벌어졌다는 거네요."

"영국과 프랑스의 싸움에 오하이오강 유역에 살던 원주민 부족도

나선애의 세계사 사전

이로쿼이 연맹 오대호 동쪽과 뉴욕 북부 지역에 살며 같은 말을 쓰던 아메리카 원주민 6개 부족 연합체야.

용선생의 세계사 돋보기

대부분 캐나다와 오대호 서쪽 지역에 살면서 알곤킨어를 쓰는 원주민들이야. 전통적으로 이로쿼이 연맹은 알곤킨어를 쓰는 부족들과 오대호의 비버 사냥을 두고 치열한 경쟁을 벌여 왔거든.

용선생의 세계사 돋보기

영국 식민지에는 주로 가족 단위로 정착해 농사를 짓는 사람이 많았지만, 프랑스 식민지에는 모피 교역을 하려는 상인들이 많았기 때문에 인구 차이가 많이 났어.

끼어들었어. 원주민도 유럽인과 동맹을 맺고 싸우면 많은 이득을 볼 수 있기 때문이지. 모피 교역을 통해 이득을 볼 수 있고, 유럽산 무기로 무장할 수도 있었거든. 영국은 이로쿼이 연맹이라는 원주민 부족과 동맹을 맺었어. 반면 프랑스는 이로쿼이 연맹과 사이가 좋지 않은 원주민 부족들과 동맹을 맺었지. 이렇게 두 나라는 원주민까지 끌어들여 전쟁을 벌였단다."

"어휴, 유럽인들의 전쟁에 원주민까지 합세해 전쟁이 더 복잡해진 셈이네요."

"처음엔 누가 이길지 앞을 내다볼 수 없는 전쟁이었어. 일단 식민지 규모는 영국이 훨씬 앞섰지. 당시 영국 식민지 인구는 150만 명에 이르렀는데, 프랑스 식민지의 인구는 겨우 7만 5천 명 남짓이었거든. 하지만 전쟁 초반 프랑스는 실전 경험이 풍부한 육군 지휘관을 앞세워 전쟁을 유리하게 이끌어 나갔단다. 프랑스와 원주민 연합군은 한때 영국 식민지의 중심지인 뉴욕 근처까지 밀고 들어갈 만큼 앞서 나갔지."

"그럼 영국이 진 거예요?"

"그건 아니야. 영국에는 강력한 해군이 있었어. 영국은 강한 해군으로 유럽에서 프랑스의 주요 항구를 모두 봉쇄해서 아메리카로 가는 프랑스군의 보급을 차단할 수 있었어. 그래서 장기전으로 갈수록 영국군이 유리해졌지. 영국은 1759년부터 전세를 역전시키더니 1760년에는 기어코 프랑스군에게 항복을 받아 냈단다. 7년 전쟁이 완전히 마무리된 이후 영국은 북아메리카에서 프랑스를 몰아내고 주도권을 잡았어."

▲ 원주민과 모피를 거래하는 유럽 상인

곽두기의 국어 사전
장기전 길 장(長) 기간 기(期) 싸움 전(戰). 오랜 기간에 걸쳐 싸우는 전쟁을 가리켜.

"영국이 끈질기게 버텨서 이긴 거네요."

"그래. 그런데 이렇게 전쟁이 길어지자 영국 정부는 식민지 사람들에게 군대를 구성해 전쟁을 도와 달라고 요청했어. 아메리카의 지리나 사정을 잘 아는 사람이 필요했던 거야. 식민지 사람들은 정식 군인이 아니었지만 민병대를 구성해 전쟁을 도왔고, 식민지 민병대의 젊은 지휘관들은 전쟁에서 큰 공을 세웠어. 특히 조지 워싱턴이 이끄는 민병대는 여러 개의 프랑스 요새를 빼앗아 영국의 승리에 크게 기여했단다."

나선애의 세계사 사전
민병대 정식 군대가 아니라 민간인으로 구성된 군대를 가리켜. 사회나 국가가 위기에 처했을 때 만들어지지. 임진왜란 때 활약한 우리나라의 의병을 떠올리면 돼.

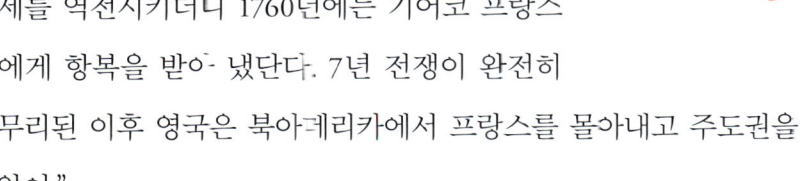
➜ **이로쿼이 연맹의 원주민들** 오대호 인근에 살던 원주민들이야. 영국과 손잡고 프랑스와 전쟁을 벌였어.

↑ **카리용 전투** 1758년 뉴욕주 인근의 카리용 요새에서 벌어진 전투야. 이 전투에서 프랑스군은 3,000여 명의 병력으로 5배가 넘는 16,000명이 넘는 영국군을 상대로 대승을 거두었어.

↑ **키브롱만 해전** 1759년 프랑스의 키브롱만에서 벌어진 전투야. 이 전투에서 영국 해군이 프랑스 해군을 박살 내고 해상 주도권을 잡았어.

↑ **조지 워싱턴** (1732년~1799년) 미국의 초대 대통령이야. 7년 전쟁에 참가해 프랑스군과 맞서 싸우며 전쟁 경험을 쌓았지.

"어? 미국의 첫 번째 대통령 조지 워싱턴 말인가요?"

왕수재가 눈을 동그랗게 떴다.

"맞아. 조지 워싱턴을 비롯한 식민지의 젊은 지휘관들은 나중에 식민지가 영국을 상대로 한 독립 전쟁을 승리로 이끄는 데에 중요한 역할을 했지."

"어? 식민지 사람들이 영국과 전쟁을 벌여요?"

"응. 전쟁은 영국의 승리로 끝났지만, 식민지와 영국 본국 사이는 더욱 나빠졌어."

용선생의 핵심 정리

북아메리카에서 7년 전쟁이 벌어지고 이 전쟁에서 승리한 영국이 북아메리카에서 주도권을 장악함. 당시 영국 식민지인들이 민병대를 구성해 전쟁에 참여함.

↑ **퀘벡 함락** 전쟁 막바지에 프랑스의 대표 도시 퀘벡이 함락당하며 승리는 영국쪽으로 완전히 기울었어.

↓ **제프리 애머스트**
(1717년~1797년) 북아메리카에서 7년 전쟁을 승리로 이끈 영국 지휘관이야. 전쟁이 끝난 뒤 영국 식민지를 총괄하는 총독 자리에 올랐지.

영국의 세금 폭탄에 식민지가 독립을 꿈꾸다

"전쟁에서 함께 손잡고 싸웠는데도 사이가 왜 더 나빠졌나요?"

"전쟁이 끝난 뒤 식민지인들은 자기들이 민병대까지 구성해서 목숨을 걸고 싸운 만큼 큰 혜택이 돌아올 거라고 기대했어. 적어도 전쟁의 원인인 오하이오강 유역은 자기들이 차지하게 될 거라고 생각했지. 그런데 이게 웬걸? 영국 정부는 외려 식민지 사람들에게 애팔래치아산맥 너머 서쪽으로는 땅을 넓히지 말라고 경고를 하고 나섰단다."

"왜요? 전쟁에서 이겼잖아요?"

"아까도 이야기했지만, 애팔래치아산맥 서쪽에는 여러 아메리카 원주민 부족이 살았거든. 이로쿼이처럼 영국과 힘을 합친 부족도 있었지만 영국에 거부감을 가진 부족도 많았지. 이들은 급속하게 세력

▲ 폰티악 전쟁
7년 전쟁에 뒤이어 벌어진 영국과 원주민 사이의 전쟁이야. 원주민들이 식민지 깃발을 든 영국군과 맞서 싸우고 있어.

을 넓히는 영국에 대항해 힘을 합쳤어. 그래서 7년 전쟁이 끝나자마자 원주민과의 전쟁이 시작되어 영국군은 큰 피해를 입었지. 그 후 영국 정부는 결국 1763년, 원주민들과 애팔래치아산맥 서쪽으로 식민지를 넓히지 않기로 평화 조약을 맺었단다."

"아하, 그럴 만한 이유가 있었네요."

"이유야 어쨌든, 식민지 사람들로서는 화가 나는 일이었지. 기껏 전쟁에서 승리하고도 얻은 게 아무것도 없었으니까. 게다가 영국 정부가 7년 전쟁을 치르느라 어마어마한 빚더미에 올랐는데, 이 빚을 갚기 위해 식민지에서 세금을 마구잡이로 거뒀어. 영국이 진 빚은 당시 돈으로 1억 2천만 파운드, 지금 우리 돈으로 따지면 400조 원이나 됐단다."

"그 엄청난 빚을 식민지에서 세금을 거둬서 메꾸려 한 거예요?"

"그럼. 사실 본국보다 만만한 게 식민지였지. 영국 정부는 일단 식민지에서 수입해서 쓰던 포도주와 커피, 차와 옷 같은 생활필수품에 높은 관세를 매겼어. 그리고

◀ 서쪽으로 이주하는 대니얼 분 대니얼 분은 애팔래치아산맥 서쪽으로 이주한 미국의 첫 번째 이주민이야. 훗날 광활한 서부 개척으로 이어지는 미국의 역사를 암시하는 그림이기도 해.

1765년부터는 식민지에서 사용하는 모든 공문서와 출판물에 영국 정부가 발행한 인지를 사서 붙이도록 했단다. 땅문서, 유언장, 결혼 증명서뿐만 아니라 심지어 신문과 트럼프 카드에도 인지를 붙여야 했지. 이걸 인지로 걷는 세금, 즉 인지세라고 해."

"무슨 트럼프 카드에 세금을 매겨요?"

"독하지? 게다가 13개 식민지 정부가 영국군의 아메리카 주둔 비용을 부담하는 법까지 만들었단다. 이쯤 되자 식민지마다 난리가 났어. 돈도 돈이지만, 식민지 사람들의 의사를 무시하고 영국 정부 맘대로 세금을 거두는 것을 참을 수 없었던 거지. 식민지의 자치권을 무시한다고 여긴 거야."

"그러게요. 화가 날 만도 하네요."

아이들은 고개를 끄덕였다.

"결국 각 식민지 의회의 대표들이 공동 대응에 나섰어. 식민지 대표들의 요구는 간단했지. '우리 대표가 없는 영국 의회에서 정한 세금은 못 낸다! 세금을 거두려면, 식민지인의 대표인 우리의 동의를 얻어라!' 그리고 이 요구를 받아 줄 때까지 영국 상품 불매 운동 등으로 저항에 나섰단다."

"그래서 영국이 요구를 받아들였어요?"

"워낙 항의가 거세다 보니 인지세법은 곧 폐지됐어. 하지만 곧 다시 온갖 명목으로 세금을 거두었지. 식민지인의 감정은 말 그대로 부글부글 끓어올랐단다. 그러던 중 1770년, 보스턴에서는 식민지 사람들의 영국에 대한

곽두기의 국어사전

인지 도장 인(印) 종이 지(紙). 세금이나 수수료를 냈다는 것을 증명하기 위해 서류에 붙이는 종이를 말해.

주둔 머무를 주(駐) 진 칠 둔(屯). 군대가 임무를 수행하기 위해 어떤 지역에 머무는 것을 말해.

↓ 상업 거래를 확인하는 1페니 인지
이 인지를 관공서에서 구입해서 우표처럼 모든 문서에 하나씩 붙여야 했어.

북아메리카에 영국 식민지가 자리 잡다 **181**

분노를 폭발시키는 사건이 터졌어. 영국군이 보스턴 시민에게 총을 쏴서 시민 다섯 명이 죽고 여섯 명이 다치는 사태가 벌어진 거야."

"군인이 시민한테 총을 쐈다고요?"

"보스턴 시민이 눈덩이에 돌을 넣어 영국 군인에게 던지는 일이 있었어. 사소한 해프닝이었는데, 사태가 점점 심각해지더니 흥분한 군인들이 무장도 안 한 시민들에게 총을 쏘면서 사상자가 발생하는 사태로 번진 거야. 그런데 사건 이후 문제가 더 커졌어. 총을 쏜 군인들이 재판에 넘겨졌는데, 재판에서 대부분 무죄 판결을 받은 거야."

"군인이 시민한테 총을 쐈는데 무죄라니 화날 만도 하네요."

허영심이 씩씩대며 말했다.

"크게 분노한 식민지 사람들은 더는 이런 억울한 일을 당하지 않기 위해 영국으로부터 독립해야 한다고 생각하게 되었지. 민심이 이렇게 악화되는 데도 영국 정부는 아랑곳 않고 계속 세금을 거두려고 했단다. 1773년에는 '홍차법'을 만들어서 식민지인의 화를 더 북돋았어."

← 보스턴 항구

보스턴은 북아메리카 식민지에서 가장 활발한 무역 도시였고, 영국의 세관이 설치된 곳이라 영국이 세금을 가장 집중적으로 거둔 도시였어. 그래서 영국에 불만도 가장 컸지.

↑ **시위대에 총을 쏘는 영국군** 1770년에 발생한 보스턴 학살 사건은 영국 군인과 보스턴 시민 사이의 사소한 실랑이에서 시작됐어. 하지만 사상자가 발생하는 폭력 사태로 번지자 식민지인은 크게 분노했지.

↑ **올드 스테이트 하우스** 보스턴에 남아 있는 가장 오래된 건물로, 영국 정부에 저항한 보스턴 시민을 기리는 박물관으로 쓰여.

"홍차법은 뭔가요? 홍차에도 세금을 매기는 거예요?"

"정반대야. 홍차법은 홍차에 매기던 관세를 완전히 없앤 법률이란다."

"엥? 세금이 없으면 홍차값도 싸지니 나쁠 것 없잖아요?"

"들어 보렴. 홍차는 중국과 인도의 특산물이야. 영국과 네덜란드의 동인도 회사가 홍차를 수입해 유럽과 아메리카에 팔았지. 그런데 이때까지 식민지 사람들은 영국 동인도 회사가 아니라 주로 네덜란드 동인도 회사에서 밀수해 온 홍차를 사다 마셨어."

"왜 굳이 밀수한 외국 회사 차를 마셔요?"

"관세 때문에 영국 차가 비쌌기 때문이야. 아까 영국 정부가 식민지 생필품에 높은 관세를 매겼다고 했지? 그래서 식민지 사람들은 값비싼 영국 홍차보다는 밀수해 온 네덜란드 홍차를 싼값에 사서 마셨지. 이런 상황을 바꾸려고 영국 정부는 영국 동인도 회사가 아메리카로 들여오는 홍차의 관세를 면제해 줬단다. 관세가 없으면 동인도 회사가 판매하는 영국 차 가격이 내려가고, 그러면 식민지 사람들이 굳이 외국 차를 사지 않고 정식으로 수입되는 영국 차를 마시게 될 테니까."

↑ **홍차** 찻잎을 발효시켜 붉은빛을 띠는 차를 홍차라고 해. 영국 사람들은 홍차를 너무나 좋아해서 하루에 몇 차례나 차 마시는 시간을 따로 정해 놓을 정도이지.

"그럼 결국 좋게 된 건데 왜 식민지 사람들이 화를 내죠?"

"네덜란드 차를 밀수하는 식민지 상인이 굉장히 많았거든. 영국 차에 붙던 관세가 면제되면 영국 동인도 회사만 이득을 보고 네덜란드 차를 밀수하는 식민지 상인들은 쫄딱 망할 수밖에 없지."

"아하, 그런 문제가 있었군요."

"그리고 더 큰 문제는 홍차법을 만들 때 식민지 사람들의 의견을 전혀 묻지 않았다는 거야. 영국 정부가 여전히 식민지의 자치권을 무시하고 있다는 증거였지. 성난 보스턴 사람들은 아메리카 원주민으로 변장한 채 한밤중에 몰래 보스턴 항에 정박한 영국 동인도 회사 배에 올라갔어. 그리고 배에 실려 있던 홍차 궤짝을 바다에 던져 버렸지. 이걸 '보스턴 차 사건'이라고 불러. 이 사건으로 영국 동인도 회사는 오늘 돈으로 15억 원에 가까운 손해를 봤어."

"헉, 이번에는 사태가 심각한 것 같네요."

"맞아. 처음에는 같은 식민지 사람들도 깜짝 놀랐고, 동인도 회사가 손해 본

↑ **보스턴 차 사건** 아메리카 원주민으로 변장한 사람들이 홍차 궤짝을 바다에 버리고 있어. 차를 어찌나 많이 버렸는지, 보스턴 앞바다는 한동안 갈색으로 변했다는구나.

▲ 제1차 대륙 회의
필라델피아에 모인 식민지 대표들의 회의 모습이야. 이 회의에는 아직 영국과 맞서기를 망설이는 조지아 식민지 대표를 제외한 북아메리카 식민지 대표 전원이 참석했어.

금액을 물어 줘야 한다는 사람도 있었어. 하지만 보스턴 차 사건에 영국 정부가 강경하게 반응하면서 차츰 생각이 바뀌었단다. 영국은 이 기회에 그동안 영국 정부와 사사건건 대립해 온 식민지에 본때를 보여줄 생각이었지. 그래서 보스턴 사람들이 차값을 보상할 때까지 보스턴 항을 폐쇄해 버렸어. 그리고 매사추세츠 총독의 권한을 대폭 강화해서 식민지의 자치권을 아예 빼앗으려고 했지. 가만히 있다가는 다른 주도 매사추세츠주와 똑같은 꼴을 당할 게 뻔했어."

"그럼 어떡해요?"

"그래서 1774년, 북아메리카 식민지 대표들이 대책을 논의하기 위해 필라델피아에 모여 회의를 열었어. 이걸 '대륙 회의'라고 불러."

"아하, 드디어 영국에서 독립하려고 하는구나."

"아직은 아냐. 대륙 회의에서도 자신들이 식민지인으로 계속 남을지, 아니면 영국과 전쟁을 벌여서라도 자유와 독립을 얻어 낼지 의견이 분분했거든. 그다음 이야기는 다음 시간에 하자꾸나. 오늘 수업은 여기까지."

 **용선생의 핵심 정리**

7년 전쟁 이후 영국 정부는 북아메리카 식민지에 막대한 세금을 부과해 식민지인의 반발을 삼. 1774년, 보스턴 차 사건을 계기로 영국이 식민지의 자치권을 빼앗아 가자 북아메리카 식민지 대표들은 대륙 회의를 열어 대책을 논의함.

나선애의 정리노트

1. ### 북아메리카에 건설된 유럽 식민지
   - 다양한 배경을 가진 유럽 사람들이 경제적·종교적 이유로 이주해 식민지를 건설함.
     - → 제임스타운: 버지니아 회사가 세운 북아메리카 최초의 식민 도시
     - → 플리머스: 종교 탄압을 피해 메이플라워호를 타고 이주한 청교도가 세운 도시
   - 1700년대 초 영국의 13개 식민지가 자리를 잡음.
     - → 영국 국왕이 임명한 총독 아래 식민지 의회가 자치권을 행사함.
   - 항해법과 당밀법 등 영국의 중상주의 정책 때문에 식민지와 본국의 사이가 나빠짐.

2. ### 북아메리카를 장악한 영국
   - 7년 전쟁: 영국과 프랑스가 세계 곳곳에서 동시다발적으로 전쟁을 벌임.
     - → 1763년, 전쟁에서 승리한 영국이 프랑스를 밀어내고 북아메리카 장악
   - 조지 워싱턴 등이 이끈 영국 식민지 민병대의 활약 → 훗날 독립 전쟁의 주역이 됨.

3. ### 영국과 식민지 사이에 커지는 갈등
   - 7년 전쟁 이후 영국 정부는 본국의 빚을 갚기 위해 인지세 등 막대한 세금 부과
     - → 식민지 대표들은 영국 상품 불매 등으로 저항
   - 보스턴 차 사건: 홍차 관세를 없애는 홍차법으로 큰 피해를 입은 식민지 밀수업자들이 보스턴 항에 정박된 동인도 회사 배의 홍차를 바다에 던져 버린 사건
     - → 영국의 강경한 반응에 식민지 대표들이 모여 대륙 회의를 열고 대책을 논의함.

세계사 퀴즈 달인을 찾아라!

1 북아메리카에 건설된 유럽 식민지에 대한 설명으로 옳은 것은? (   )

① 플리머스는 버지니아 회사가 세운 북아메리카 최초의 식민 도시이다.
② 영국은 교역을 위해 해안가가 아닌 대륙 내부에 식민지를 건설했다.
③ 다양한 배경을 가진 유럽 사람들이 경제적, 종교적 이유로 이주해 식민지를 건설했다.
④ 제임스타운은 종교 탄압을 피해 메이플라워호를 타고 이주한 청교도가 세운 도시이다.

2 북아메리카 영국 식민지의 통치 구조에 대한 설명으로 옳지 <u>않은</u> 것은? (   )

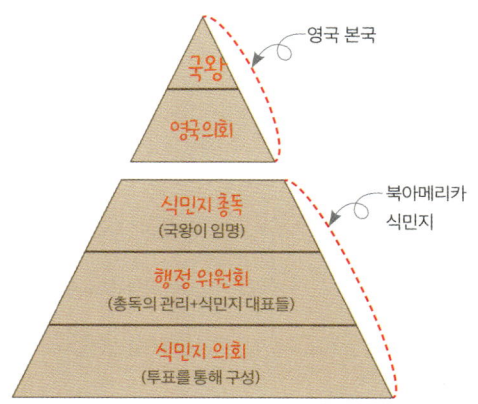

<북아메리카 영국 식민지 통치 구조>

① 식민지 의회는 영국 법의 지배를 받았다.
② 식민지 의회는 자치권을 행사할 수 없었다.
③ 식민지에는 국왕이 임명한 총독이 파견되었다.
④ 영국의 중상주의 정책은 식민지에도 적용되었다.

3 빈칸에 공통으로 들어갈 알맞은 말을 써 보자.

○○ 전쟁은 영국과 프랑스가 세계 곳곳에서 동시다발적으로 벌인 전쟁이다. 북아메리카에서는 오하이오강 유역을 차지하기 위해 싸움을 벌였다. ○○ 전쟁에서 승리한 영국은 프랑스를 밀어내고 북아메리카를 차지했다.

(   )

5 다음 중 원인과 결과가 바르게 연결되지 <u>않은</u> 것은? (   )

① 영국의 인지세 → 식민지에서 영국 상품 애용 운동이 벌어짐.
② 영국의 당밀법 → 북아메리카 무역 도시에서 밀무역이 성행함.
③ 영국의 청교도 탄압 → 메이플라워호를 탄 청교도들이 플리머스를 건설함.
④ 영국의 7년 전쟁 승리 → 영국이 프랑스를 몰아내고 서쪽으로 영토를 확장함.

4 영국과 북아메리카 영국 식민지의 관계에 대해 바르게 설명한 친구는? (   )

 ① 7년 전쟁 후 영국과 식민지의 갈등은 해결되었어.

 ② 영국의 항해법과 당밀법은 식민지에 이득이 되는 경제 정책이었어.

 ③ 프랑스와의 전쟁에서 생긴 빚을 갚기 위해 영국은 식민지에 인지세를 부과했어.

 ④ 막대한 세금 부과에 반발한 식민지인이 영국군을 쏴 죽인 보스턴 학살이 벌어졌어.

6 다음 설명이 나타내는 알맞은 사건의 이름을 써 보자.

영국이 홍차에 매기던 관세를 완전히 폐지하는 홍차법을 만들자, 네덜란드 홍차를 밀수하던 밀수업자들이 큰 피해를 보게 됐어. 이들은 아메리카 원주민으로 분장하여 한밤중에 보스턴 항에 정박되어 있던 동인도 회사 배에 올라가 배에 실려 있던 홍차를 바다에 던져 버렸지.

(   )

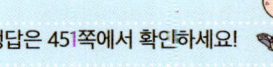

정답은 451쪽에서 확인하세요!

| 용선생 세계사 카페 |

아메리카 원주민들은 어떻게 살았을까?

↑ 다양한 아메리카 원주민 부족들

북아메리카 동부 해안에 유럽인의 식민지가 막 생기기 시작하던 1600년대 무렵, 북아메리카 전역에는 약 200만 명에 이르는 사람이 살고 있었어. 이들은 약 1만 5천 년 전부터 줄곧 북아메리카에서 살아온 원주민이었지. 예전엔 아메리카 원주민을 '인디언'이라고 불렀는데, 이것은 아메리카 대륙을 인도로 착각한 콜럼버스 때문에 잘못 붙은 이름이란다. 그래서 오늘날엔 '아메리카 원주민'이라고 부르기도 해.

아메리카 원주민은 북극에 가까운 추운 지방부터 북아메리카 내륙의 건조한 대평원 지대, 숲과 습지, 해안에 이르기까지 굉장히 다채로운 자연환경에 적응해 삶을 꾸려 왔어. 그래서 원주민 사이에도 먹고, 입고, 살아가는 모습이 서로 많이 달랐어. 아메리카 원주민이 사용한 언어도 170여 가지에 이른다는구나.

아메리카 원주민들은 통일된 나라를 만들지 않고 보통 씨족 단위로 마을을 이뤄서 살았어. 한 씨족에서 지혜가 많고 존경받는 사람이 추장이 되어 마을을 이끌었고, 씨족 회의를 통해 중요한 일을 결정했지. 또 자연에 정령이 깃들어 있다고 믿어서 인간과 자연을 연결하는 주술사가 부족의 앞일을 결정하고 아픈 사람을 치료하기도 했어.

▲ **부족 회의 모습** 씨족의 중요한 일은 이렇게 회의를 통해 결정했어.

북아메리카 원주민은 유럽인의 진출과 함께 큰 피해를 입었어. 총으로 무장한 유럽인들은 무력으로 원주민의 땅을 빼앗고 그곳에 자신들의 식민지를 건설했지. 또 천연두 같은 전염병이 돌아 많은 원주민이 목숨을 잃기도 했단다. 그래서 아메리카 원주민만의 역사와 문화는 오늘날까지 제대로 전해지지 못했고, 오늘날엔 극소수의 원주민만이 원주민 보호 구역에서 자신들의 문화를 보존하며 근근이 살아가고 있어.

그럼 북아메리카 곳곳에서 원주민들이 어떻게 살아왔는지 좀 더 자세히 살펴보자.

▶ **다양한 모습의 토템 기둥** 아메리카 원주민들은 자기 부족을 수호하는 동물이나 수호신의 모습을 기둥 모양으로 깎아서 이렇게 마을 어귀에 세우기도 했어.

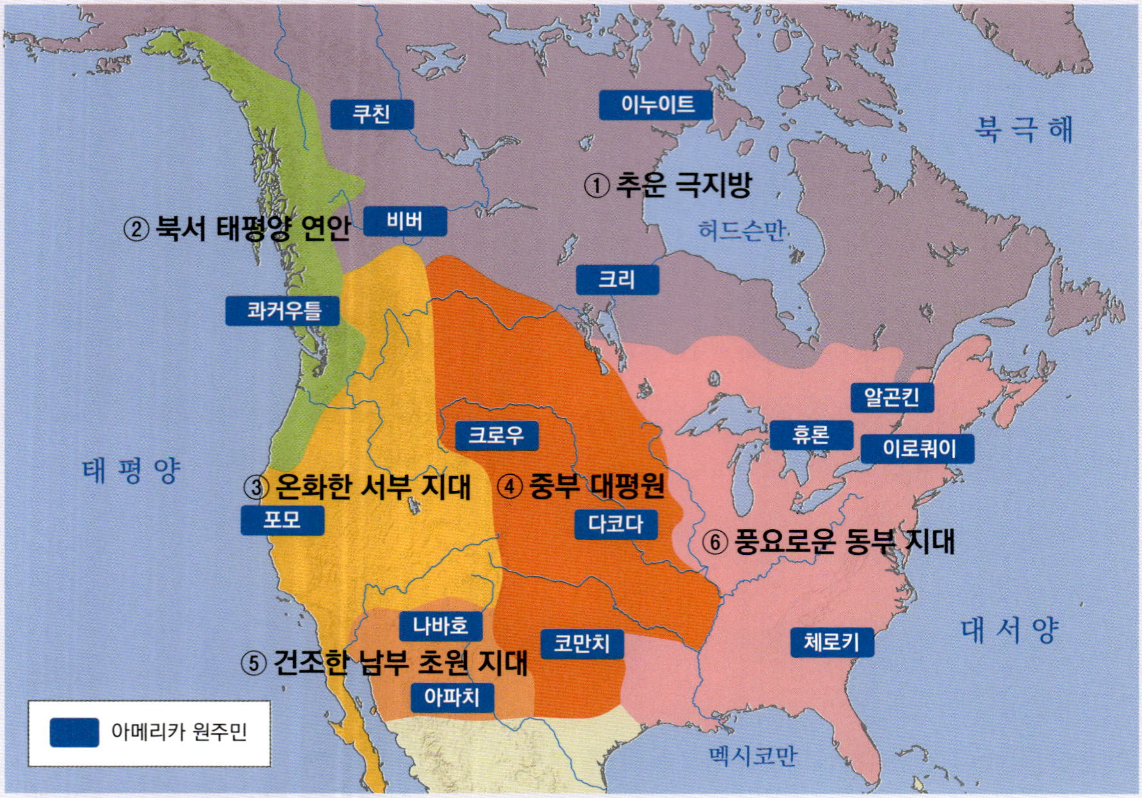

↑ 아메리카 주요 원주민 분포 지도 지금 이 부족 중 대부분이 유럽인의 진출과 함께 사라지고 말았어.

↑ 얼음집 '이글루' 내부 벽 안쪽으로 가죽을 덧대 바람을 막았어.

① 추운 극지방

북극에 가까워서 사람이 살기에는 너무 추운 지방이야. 이 지역에는 이누이트, 혹은 '에스키모'라고 하는 원주민이 살아. 농사를 제대로 지을 수 없는 곳이라 주로 숲에 사는 순록이나 곰 같은 짐승을 사냥해서 먹고살았지.

개가 끄는 썰매와 가죽으로 만든 배를 이용해 사냥감을 따라 이동했고, 여름에는 순록 가죽으로 만든 천막에서, 겨울에는 얼어붙은 눈덩어리로 지은 얼음집에서 생활했어.

↑ 썰매를 타는 이누이트

② 북서 태평양 연안

기후가 온화하고 강과 바다에서 풍부하게 식량을 얻을 수 있었기 때문에 원주민이 많이 모여 살았어. 이곳의 원주민은 삼나무로 집을 짓고 바다에 카누를 띄워 수달과 물개, 고래를 사냥했지. 그리고 봄철이면 알을 낳기 위해 강을 거슬러 올라오는 연어를 잡았어.

↓ 북서 태평양 연안 하이다 부족의 카누

← 왕연어 이곳에서 잡히는 연어는 몸길이가 1미터를 넘나들어서 '왕연어'라고 해.

③ 온화한 서부 지대

기후는 온화하지만 비교적 건조한 지역이야. 내륙의 원주민들은 도토리를 채집해 빻아 빵을 만들어 먹었더. 또 사슴이나 토끼 같은 짐승도 사냥했지. 대부분 사냥과 채집 생활을 했기 때문에 계절에 따라 먹거리가 풍부한 강가와 해변을 오가며 살았다는구나.

↑ 짚으로 엮어서 만든 추마시 부족의 집

→ 추마시 부족이 만든 바구니

↑ 아메리카 들소
아메리카 들소는 미국의 서부 개척과 함께 무자비하게 사냥당해서 오늘날엔 멸종 위기에 놓여 있어.

→ 들소 탈을 쓰고 춤을 추는 만단 부족의 축제 모습

④ 중부 대평원

로키산맥과 미시시피강 사이의 평원 지대는 건조한 초원 지역이라 농사를 짓기 힘들었어. 그 대신 이곳에는 수천만 마리에 이르는 아메리카 들소 떼가 살았지. 대평원의 원주민들은 들소를 사냥해 가죽과 고기로 생계를 이었어. 들소 가죽으로 천막을 짓고 들소 탈을 쓰고 춤을 추며 풍요를 기원했지.

⑤ 건조한 남부 초원 지대

로키산맥의 서쪽에는 건조한 기후가 나타나. 이곳 원주민들은 가까운 개천에서 물을 끌어다가 옥수수 농사를 지으며 살았지. 이들은 건조한 기후를 이용해 진흙 벽돌로 공동 주택을 지었는데, 그 모습이 오늘날의 아파트와 비슷하단다.

1200년대 후반에 접어들며 아메리카 서부 지역의 기후는 더욱 건조해졌어. 그러자 농사를 짓기 어려워

↑ 푸에블로 부족
오늘날 푸에블로인은 자신들의 지도자를 스스로 뽑고 법정과 경찰까지 스스로 운영하며 고유의 문화를 지키려고 노력해.

← 푸에블로 브족의 공동 주택

졌고, 이 지역의 원주민들은 더 남쪽의 리오그란데강 유역에 모여 살았지.

⑥ 풍요로운 동부 지대

미시시피강 동쪽은 북아메리카에서 가장 풍요로운 지역이야. 특히 미시시피강이 멕시코만으로 흘러드는 남부 지역은 땅이 기름지고 넓어서 농사짓기에 제격이었지. 이곳에서는 약 5,000년 전 북아메리카에서는 처음으로 농사가 시작됐고, 700년~1500년 사이에는 1만 명가량이 모여 사는 대도시가 만들어지는 등 미시시피 문화가 형성되기도 했단다.

↑ **긴 집** 이로쿼이 연맹 원주민들의 공동 주택이야. '긴 집' 중간중간에 구획을 나누어 여러 용도로 사용했더.

↑ **남아 있는 카호키아 유적**
1100년~1200년 무렵 미시시피강 주변에 살았던 원주민이 남긴 거대한 유적이야. 원주민들은 흙으로 높은 언덕을 쌓고 그 위에 사원이나 집을 지었어. 각자 계급에 따라 언덕 높이가 달랐다고 해.

↑ **카호키아 유적 상상도**

4교시

과학 혁명, 세상을 바라보는 눈이 바뀌다

1500년대 이후 유럽의 과학 기술은 급격하게 발전했어.
특히 천문학과 물리학을 선두로 화학과 의학, 수학 등
온갖 분야에서 새로운 발견이 쏟아졌지.
유럽 사람들은 예전과는 전혀 다른 시각으로
세상을 바라보기 시작했단다.
과연 과학 혁명은 어떻게 시작됐고,
세계사에 어떤 영향을 주었을까?

1543년	1609년	1660년	1687년	1748년	1751년	1776년
코페르니쿠스, 지동설 주장	갈릴레이, 망원경을 이용해 천체 연구 시작	영국 왕립 학회 설립	뉴턴, 《프린키피아》 출간	몽테스키외, 《법의 정신》 출간	프랑스에서 《백과전서》 1권 출간	애덤 스미스, 《국부론》 출간

역사의 현장 지금은?

한 지붕 네 가족
섬나라 영국

영국은 유럽 대륙 북서쪽에 있는 섬나라야. 정식 국명은 '그레이트브리튼과 북아일랜드 연합 왕국'으로 그레이트브리튼섬의 잉글랜드, 스코틀랜드, 웨일스와 아일랜드섬 북쪽의 북아일랜드로 이뤄진 연합국이야. 하지만 이들은 월드컵에 따로 출전할 정도로 독자적인 정체성과 문화를 가지고 있단다. 총면적은 한반도보다 약간 더 크고, 인구는 6700만 명 정도 돼. 우리나라보다 위도가 높지만 대서양 난류의 영향으로 겨울이 따뜻하고 여름에도 많이 덥지 않아. 산지가 많은 영국은 풍부한 석탄과 철광석을 바탕으로 산업 혁명을 이뤄 내기도 했어.

↑ 영국 국기 '유니언잭'

유니언잭은 잉글랜드, 스코틀랜드, 아일랜드의 국기를 합쳐 만든 연방 국기야.

옛것과 새것이 아름답게 조화를 이룬 나라

전통을 중시하는 영국은 여전히 왕과 귀족이 있는 나라야. 또 시내 중심부의 낡은 건물과 길거리를 보존하기 위해 2층 버스를 운행하고 세계 최초로 지하철을 만드는 등 남다른 구상을 해낸 나라이기도 하지. 영국의 수도 런던은 현대식 고층 건물과 고풍스러운 옛 거리가 멋지게 조화를 이룬 도시로 유명하단다.

◀ 템스강 주변의 국회 의사당과 빅벤
고풍스러운 국회 의사당은 1800년대에 지어졌어. 국회 의사당의 시계탑 빅벤은 런던의 상징이야.

▶ 가발을 쓴 영국 판사
상원 의원과 법관은 아직도 옛날처럼 가발을 쓴단다.

⬇ 세계 금융의 중심 시티 오브 런던
런던의 중심지 시티 오브 런던은 뉴욕의 월스트리트와 쌍벽을 이루는 세계적인 금융 지구야. 영국 중앙은행을 비롯해 600여 개의 국제 금융 기관이 밀집해 있어.

⬆ 국회 의사당 안에서 회의 중인 의원들

↑ **런던 지하철과 2층 버스** 옛 모습을 간직하기 위해 건물을 허물고 길을 넓히는 대신 세계 최초로 지하철을 만들었어. 2층 버스가 탄생하게 된 것도 좁은 길에서 한 번에 많은 사람을 태우기 위해서였지.

▶ **근위병 교대식**
오전마다 버킹엄궁 앞에서 열리는 영국군 근위대 교대식은 인기 관광 코스이지.

▼ **버킹엄 궁전**
런던에 있는 영국 왕실 궁전이야. 궁 앞에는 버킹엄궁의 첫 주인인 빅토리아 여왕의 동상이 세워져 있어.

빅토리아 여왕

세계적인 학문의 중심지

영국은 세계적으로 명성이 높은 학문의 중심지이기도 해. 특히 옥스퍼드 대학과 케임브리지 대학은 800년이 넘는 역사를 자랑하는 명문 대학으로 아이작 뉴턴, 마거릿 대처, 스티븐 호킹 등 수많은 저명 인사를 배출했어. 두 대학은 영국의 번영을 이끄는 견인차가 되었지.

◀ 옥스퍼드 대학
고풍스러운 옛 건물 안에서 지금도 많은 학자들이 연구에 매진하고 있단다.

◀ 케임브리지 대학
800년이 넘는 역사를 자랑하는 케임브리지 대학은 2024년까지 125명이나 되는 노벨상 수상자를 배출했어.

◀ 영국 박물관
세계 최초의 국립 공공 박물관이야. 세계 곳곳에서 가져온 1,300만 점의 유물이 전시되어 있지.

◀ 로제타석
이집트의 대표 유물인 로제타석도 이곳에 있어.

뮤지컬의 고향 영국

뮤지컬은 영국에서 탄생했어. 영국 귀족들이 보던 오페라를 누구나 편하게 즐길 수 있는 형태로 바꾼 게 바로 뮤지컬이야. 런던의 웨스트엔드에는 뮤지컬 전용 극장이 50여 개 이상 모여 있지.

➡ **웨스트엔드 극장가의 뮤지컬 전용 극장**
<레 미제라블>, <캣츠>, <오페라의 유령>과 같은 유명 뮤지컬이 웨스트엔드의 뮤지컬 전용 극장에서 처음 공연되었어.

⬇ **뮤지컬 <캣츠>의 한 장면**
고양이가 주인공인 뮤지컬 <캣츠>는 1981년 영국에서 처음 공연을 한 뒤 미국 브로드웨이로 진출했어. 세계에서 흥행에 가장 성공한 뮤지컬 중 하나야.

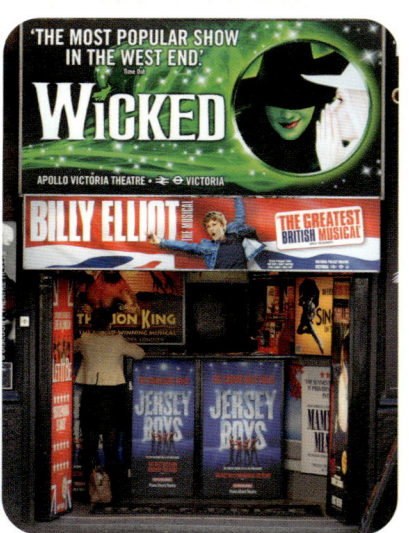

⬆ **웨스트엔드 극장가의 티켓 박스**
길거리에서는 다양한 뮤지컬 티켓을 판매하는 티켓 박스를 쉽게 찾을 수 있어.

또 하나의 영국 스코틀랜드

스코틀랜드는 영국을 이루는 네 나라 중 하나로 잉글랜드의 북쪽에 있어. 앵글로색슨족이 대부분인 잉글랜드와 달리 스코틀랜드 사람들은 대부분 켈트족이야. 1707년 잉글랜드와 합쳐져 하나의 나라가 되었지만 지금까지도 자치권을 행사하며 독자적인 전통을 강하게 유지해 가지.

← 스코틀랜드의 수도 에든버러
매년 여름 세계 초 대의 공연 축제인 에든버러 페스티벌이 열리는 것으로 유명해.

↓ 에든버러성 600년대에 지어진 성으로 스코틀랜드 왕국의 궁전으로 쓰였어.

← 에든버러 페스티벌에서 거리 공연을 펼치는 예술가

→ 킬트를 입고 백파이프를 부는 스코틀랜드인
스코틀랜드는 민속 악기인 백파이프와 치마처럼 생긴 전통 의상 킬트 등 자신들만의 전통을 지켜 나간단다.

↑ 에든버러의 세인트 자일스 대성당
1120년 무렵 스코틀랜드 왕실이 건립한 대성당이야. 스코틀랜드 칼뱅파인 장로교의 고향이지. 장로교는 우리나라 신교 중 가장 큰 종파야.

영국 켈트족의 고향 웨일스

웨일스는 그레이트브리튼섬 남서부의 반도 지역으로 1282년 잉글랜드에 정복당했고, 1500년대에 완전히 합병당했어. 지역 전체가 구릉지로 산업 혁명 시기부터 철강화학제지 공업이 발달한 곳이야. 지금은 서비스업과 관광 산업에 의존하고 있어.

↑ **웨일스의 중심지 카디프** 옛날 로마인이 켈트인의 공격을 막기 위해 지은 요새에서 시작된 도시야. 오늘날엔 웨일스 남부 지역의 석탄, 철강을 수출하는 항구 도시로 성장했어.

↓ **카디프성**

← **웨일스의 교통 표지판**
웨일스는 고유의 언어, 관습, 문화를 유지하고 있어. 그래서 웨일스의 표지판에는 영어와 웨일스어가 함께 쓰여 있지.

영국의 다양한 음식들

영국은 네 개의 나라가 연합을 이룬 국가이니만큼 음식 문화도 다양해. 게르만족의 영향으로 주로 육류 위주의 식단이 발달했는데, 1800년대 이후로는 인도와 중국 등 동양과의 교류가 활발해지면서 홍차와 카레 등 동양의 식문화가 들어오기도 했지.

➡ **홍차와 스콘**
영국의 기후는 일 년 내내 비가 내리고 안개가 자주 끼는 편이라 몸을 녹여 주는 따뜻한 홍차가 필수품이었어. 오후에 가벼운 간식을 곁들여 마시는 홍차는 영국인이 사랑하는 문화가 되었단다.

← **스코틀랜드의 해기스**
순대와 비슷한 스코틀랜드의 전통 음식이야. 양 또는 송아지의 내장을 다진 양파, 오트밀, 기름, 향신료, 소금 등과 섞은 뒤 송아지의 위장에 넣어서 삶은 요리지.

독립의 움직임이 꿈틀대는 북아일랜드

북아일랜드는 아일랜드와 합치길 원하는 가톨릭 세력과 영국에 남아 있길 원하는 신교 세력이 최근까지 갈등을 빚어 왔어. 갈등이 격렬했던 1970년대부터 도시 곳곳에 충돌을 막기 위한 임시 장벽인 '피스라인'이 세워졌단다. 오늘날 피스라인은 북아일랜드를 대표하는 볼거리가 되어 관광객의 발걸음을 끌고 있어.

◆ **라간강 하구에 위치한 벨파스트** 바다와 연결되는 강 하구에 위치해 조선업이 발달했어. 우리가 아는 타이태닉호가 벨파스트의 조선소에서 만들어졌지.

◆ **벨파스트의 피스라인** 처음에는 가톨릭과 신교 세력 충돌을 막기 위해 설치되었어. 지금은 장벽에 다양한 벽화가 그려져 있는데, 벨파스트의 주요 관광 코스 중 하나란다.

↑ **피시 앤 칩스** 피시 앤 칩스는 대서양에서 잘 잡히는 생선인 대구를 튀겨서 감자 튀김에 곁들여 먹는 음식이야.

↑ **로스트 비프** 고기를 덩어리째 구워 잘라 먹는 음식이야. 주로 일요일에 온가족이 둘러 앉아 먹어서 '선데이 로스트 비프'라는 별칭으로 부르기도 해.

◆ **웨일스의 카울** 양고기와 민트로 맛을 낸 소스로 끓든 수프. 웨일스의 전통 음식이야.

새로운 세상에 눈을 뜨게 한 코페르니쿠스의 전환

"1500년대 이후에 전쟁이 끊이지 않았다고 했지만, 같은 시기에 과학도 눈부시게 발전했단다."

"과학 기술이 갑자기 발전하게 된 이유라도 있나요?"

장하다가 고개를 갸웃거리며 물었다.

"모두 우리가 지금까지 배운 역사적 사건이 조금씩 쌓여서 일궈 낸 변화라고 할 수 있지. 가톨릭교회의 권위가 무너지고, 이슬람 세계의 학문이 유럽으로 전파되었고, 르네상스가 진행되면서 옛 지식이 다시금 연구되었던 거야. 이 모든 게 유럽인의 세계관을 크게 흔들고 자극했어.

"듣고 보니 모두 다 배웠던 거네요."

"그래. 또 신항로 개척 이후 하루가 다르게 변화하는 유럽 사회도 과학 발전을 재촉했어. 드넓은 바다를 오가며 돈을 벌어들이는 상인에게는 더 크고 빠른 배, 더 정확한 달력과 지도가 필요했지. 또 강력한 군대로 적을 무릎 꿇리려는 왕에게는 더 좋은 무기가 필요했어."

"그런 걸 만들려면 과학 발전이 꼭 필요했다는 말씀이시군요."

"응. 게다가 유럽 곳곳에 대학이 만들어지면서 학자들이 자유롭게 연구하고 토론할 수 있는 토대도 마련되었어. 이렇게 되자 차츰 고대에는 찾아볼 수 없었던 태도가 한 가지 생겨났단다. 바로 '의심하는 태도'야."

용선생의 말에 아이들은 서로를 바라보며 고개를 갸웃거렸다.

"그게 과학 발전에서 중요한 거예요?"

"물론이지. 이 시기의 유럽 학자들은 우리가 이미 알고 있는 사실들이 과연 옳은 것인지 끊임없이 의심하고, 실험과 관측을 통해 직접 검증하려고 했어. 이와 달리 고대 자연 철학자들은 상식적으로 생각했을 때 그럴싸한 설명을 그대로 받아들였고, 좀처럼 설명이 되지 않거나 이해하기 어려운 건 신의 뜻이라 여기면서 넘어갔지. 신이 그렇게 만드셨으니 그런 줄 알면 된다면서. 대표적인 게 바로 천동설이었어."

"천동설이 뭔데요?"

"태양과 별을 비롯한 하늘의 모든 천체가 지구를 중심으로 회전

↑ 《박물지》 총 37권으로 이루어진 로마 시대의 백과사전이야. 천문과 지리 정보뿐 아니라 각종 동물과 식물에 이르기까지 자연에 대한 온갖 지식이 담겨 있는 책으로 유럽 과학 발전의 밑거름이 되었어.

곽두기의 국어 사전

천체 하늘 천(天) 몸 체(體). 태양과 별을 비롯해 우주에 있는 모든 물체를 가리켜.

과학 혁명, 세상을 바라보는 눈이 바뀌다 **209**

▲ 프톨레마이오스
(85년?~165년?)
그리스의 학자인 프톨레마이오스는 천문학과 지리학, 수학 등 다양한 분야에서 많은 업적을 남겼어. 특히 천동설을 체계적으로 정리해 천문학에 큰 영향을 미쳤지.

한다는 이론이란다. 로마 시대 프톨레마이오스라는 천문학자가 천동설을 체계적으로 정리한 이후, 유럽인들은 거의 1,400년이 넘도록 천동설을 상식으로 받아들였어."

"풋, 태양이 지구를 중심으로 돈다고요? 거꾸로 지구가 태양을 중심으로 도는데."

왕수재가 헛웃음을 터뜨렸다.

"흐흐. 오늘날 우리야 그걸 알고 있지만 그땐 아니었단다. 더구나 눈으로 볼 때에는 매일 태양이 동쪽에서 뜨고 서쪽으로 지는 것처럼 보이니 천동설이 옳은 것처럼 느껴졌어. 여기에 종교적인 이유도 있었지. 신이 직접 창조하신 인간이 지구에 살고 있으니, 지구가 당연히 우주 만물의 중심에 있어야 한다는 거야. 또 모든 천체는 완벽한 원을 그리며 늘 같은 속도로 움직일 거라고 생각했지. 물론 이 생각에도 과학적인 근거는 없어. 당시까지는 원이야말로 가장 완벽하고 우아한 도형이라고 여겼기 때문이야."

➜ 니콜라우스 코페르니쿠스
(1473년~1543년)
왼손에 우주의 모습을 형상화한 천구 모형을 쥐고 있어. 코페르니쿠스의 생각은 그가 죽은 뒤에야 《천구의 회전에 관하여》란 책으로 알려졌지.

코페르니쿠스 동상

"으에, 그런 게 어디 있어요? 다들 그런 걸 믿었다니……."

"그땐 그게 상식이었고, 모두가 당연한 것처럼 여겼어. 세상 모든 사람이 철석같이 믿어 온 사실에 의심을 품기란 쉽지 않거든. 하지만 폴란드의 성직자이자 천문학자인 코페르니쿠스는 천동설에 본격적으로 문제를 제기했어."

"코페르니쿠스의 지동설! 들어본 적 있어요."

"응. 천문학은 달력 때문에 교회에도 중요한 관심거리였거든. 가톨릭에서는 부활절이라는 기념일이 있어. 부활절은 해마다 낮과 밤의 길이가 같아지는 춘분이 지나고 첫 보름달이 뜬 이후의 일요일로 정했지. 그런데 이 당시 달력의 춘분이 실제 춘분과 열흘 넘게 차이가 났어. 로마 시대에 만들어진 율리우스력을 오랜 세월 계속 쓰다 보니 생긴 문제였는데, 이걸 해결하는 게 교회의 큰 과제 중 하나였지. 그래서 천문학 연구를 하는 성직자도 많았어."

"흠. 성직자가 천문학 연구도 하다니 신기하네요."

"그래. 코페르니쿠스는 젊은 시절부터 대학에서 신학과 함께 천문

허영심의 상식 사전

부활절 십자가에 달려 죽은 예수가 사흘 후에 부활했음을 기념하는 날이야. 크리스트교에서는 가장 중요한 축일 중 하나란다. 보통 3월 22일에서 4월 25일 사이의 일요일로 정해져.

용선생의 세계사 돋보기

율리우스력은 기원전 45년 율리우스 카이사르가 이집트의 달력을 참고해 만든 달력이야. 1년의 길이가 평균 365.25일로 실제보다 11분 14초가 길지. 그래서 오랜 세월 이 달력을 사용하다 보니 꽤 많은 오차가 생겼어. 1582년, 이 오차를 수정한 그레고리력이 만들어져서 오늘날까지 사용된단다.

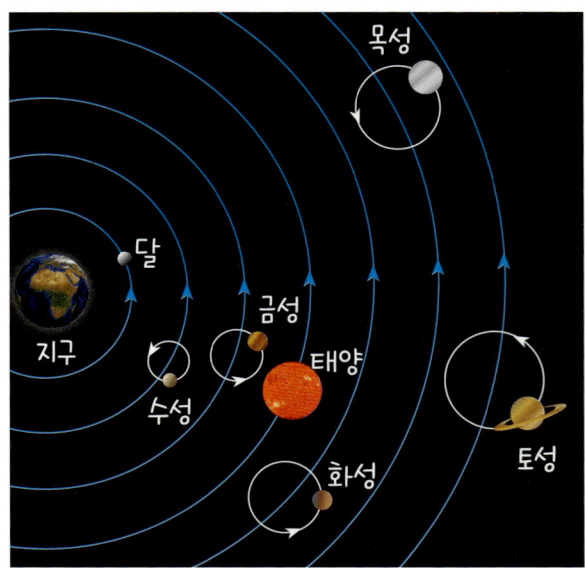

↑ 천동설에 따른 천체의 운동 프톨레마이오스는 우주의 여러 행성이 이렇게 복잡한 모습으로 움직일 거라고 생각했어. '모든 행성이 지구를 중심으로 원을 그리며 같은 속도로 움직인다.'는 가정에 실제 관측된 사실을 끼워 맞추려 했기 때문이지.

학과 수학 강의를 들었어. 또 르네상스가 꽃핀 이탈리아로 유학을 가서 고대 그리스와 로마의 여러 책을 접했다고 해. 그중에는 천동설을 과학적으로 설명한 프톨레마이오스의 책도 있었지."

"그 책을 직접 읽어 보니 내용이 영 이상했던 모양이죠?"

"그래. 천동설은 모든 천체가 같은 속도로 완벽한 원을 그리며 움직인다고 설명하는데, 천체 관측을 정밀하게 해 보면 밤하늘의 천체는 속도도 일정치 않을뿐더러 움직임도 불규칙하다는 게 밝혀져. 이런 문제 때문에 프톨레마이오스는 천동설에 여러 가지 설명을 덧붙였단다. 예컨대 천체들이 궤도 위에 또 다른 원을 그리며 돌고 있을 거라는 설명이었지. 이렇게 여러 가지 설명을 덧붙이면 천체 운동은 대부분 설명할 수 있어. 하지만 부수적인 설명이 너무 많아지다 보니 천동설이 너무 복잡하고 어수선해 보인 거야."

"당연하죠. 애초에 천동설이 틀려서 그런 거잖아요?"

"코페르니쿠스는 전지전능한 신이 만든 천체가 이렇게 복잡할 리가 없다고 생각했어. 아마도 더 쉽고 간단한 법칙이 있을 거라고 생각했지. 이때 그리스 시대의 또 다른 책을 통해 새로운 아이디어를 얻었어. 혹시 태양을 중심으로 지구와 다른 행성들이 돌고 있다면……? 바로 이 생각이 지동설의 출발이었지."

> **용선생의 세계사 돋보기**
>
> 지구가 태양 주위를 돈다는 생각은 이미 헬레니즘 시대의 과학자 아리스타르코스가 떠올린 적이 있어. 코페르니쿠스도 아리스타르코스의 책을 읽었다고 해.

"아하, 신이 우주를 그렇게 복잡하게 만들 리가 없다고 의문을 가져서 나온 게 지동설이었군요?"

"그런 셈이지. 코페르니쿠스의 지동설에는 허점이 꽤 많았단다. 예컨대 '지구가 움직이고 있다면, 지구 위에 있는 우리는 왜 그 속도를 느끼지 못하냐?'라고 물어보면 딱히 설명할 방법이 없었어. 그래서 당장은 지동설을 진지하게 받아들이는 학자가 드물었지."

"에이, 그럼 별 의미도 없잖아요."

"하지만 코페르니쿠스의 아이디어는 그 자체로 커다란 충격이었어. 그동안 당연하다고 믿어 왔던 상식에서 벗어나 모든 자연 현상을 새로운 방식으로 설명할 수 있다고 생각하게 된 거니까. 그래서 오늘날에는 이렇게 급격한 인식의 변화를 '코페르니쿠스의 전환'이라고 불러."

"그런 말을 따로 만들 만큼 엄청난 사건이었구나……."

"아무렴. 이제 유럽 사람들은 그동안 신의 섭리라고 여기고 넘어갔던 일들을 하나하나 의심하여 과학적으로 검증했어. 그래서 태양이 움직이는 게 아니라, 지구가 움직이고 있을 수도 있다는 코페르니쿠스의 아이디어는 점차 체계적으로 발전해 나갔어."

용선생은 스크린에 새로운 사진을 띄우며 설명을 이어 나갔다.

"이 두 사람은 덴마크의 천문학자인 티코 브라헤와 브라헤의 제자인 요하네스 케플러야. 티코 브라헤는 770개가 넘는 별을 정확하게 관측해서 아주 정교하고 방대한 천문 관측 자료를 만들었지. 이건 망원경이 발명되기 전까지 유럽에서 가장 훌륭한 천문 관측 자료였어."

 장하다의 인물 사전

티코 브라헤
(1546년~1601년) 덴마크의 천문학자로 덴마크 왕, 신성 로마 제국 황제의 지원을 받았어. 망원경이 없던 시대에 맨눈으로 수백 개의 별을 관측하고 정밀한 기록을 남겼지. 그래서 '별자리의 아버지'라고 불러.

요하네스 케플러
(1571년~1630년) 독일의 천문학자로 티코 브라헤의 제자였어. 스승이 남긴 자료를 연구하여 코페르니쿠스의 지동설을 수정, 발전시켰지. 케플러의 연구는 훗날 아이작 뉴턴이 만유인력의 법칙을 세우는 데 밑거름이 되었어.

과학 혁명, 세상을 바라보는 눈이 바뀌다

▼ **티코 브라헤**(왼쪽)와 **요하네스 케플러**(오른쪽) 케플러는 스승인 브라헤가 남긴 관측 자료를 연구하여 지동설을 완성했어.

▲ **우라니보르그 천문대** 티코 브라헤가 하늘을 관측하던 천문대의 모습이야. '하늘의 도시'란 뜻을 가지고 있는 당시 세계 최고 수준의 천문대였지. 덴마크 국왕 프레드리크 2세는 1576년 브라헤에게 이 천문대를 지어 주며 아무런 걱정 없이 천문학 연구에 몰두하도록 후원했어.

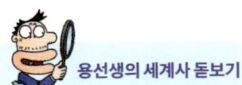

용선생의 세계사 돋보기

지구가 태양을 중심으로 공전한다고 가정한다면, 계절마다 관측하는 사람의 위치가 달라지기 때문에 별의 위치도 달라져야 돼. 1월에 봤을 때 별의 위치와 6월에 봤을 때 별의 위치가 차이가 나는 게 정상이지. 하지만 눈으로 관측해서는 이 미묘한 차이를 전혀 알 수 없단다. 차이를 처음 입증한 건 이보다 200년이 더 지나서였어.

"그럼 망원경도 쓰지 않고 맨눈으로 별을 그렇게나 많이 관측했다는 건가요? 우아!"

"브라헤가 지동설을 발전시켰나 보네요?"

"아니, 브라헤는 천동설을 지지했어. 눈으로 관측한 자료만으로는 코페르니쿠스의 주장을 완전히 입증할 수 없었거든. 반면에 브라헤의 제자인 케플러는 지동설이 옳다고 생각했지. 그래서 케플러는 스승 브라헤가 수십 년 동안 관측한 천문 자료를 검토해 보았지만, 지동설이 옳다고 주장하기에는 여전히 걸림돌이 있었어."

"뭐가 문제였는데요?"

"여전히 남아 있는 중세 시대의 고정 관념이 문제였지. 바로 천체가 완벽한 원을 그리며 움직일 거라는 가정이었어. 케플러는 화성의 움직임을 관찰한 끝에, 천체가 완전한 원이 아니라 타원을 그리며 움직인다는 가설을 세웠단다. 이 가설에 따라 천체의 궤도를 그려 보면 천동설보다 간단하면서도 실제 관측 결과와 잘 들어맞는 그림이 만들어졌지. 지동설이 설득력을 얻은 거야. 지동설은 이후에도 여러 학자에 의해 계속 보완되었고, 결국 완벽한 사실로 증명되었지."

"지동설도 한 번에 만들어진 게 아니란 말씀이시네요."

"맞아. 1500년대부터 진행된 유럽의 과학 발전은 어느 천재 과학자 한두 명이 등장해서 갑자기 이뤄낸 성과가 아니었어. 이렇게 여러 과학자가 숱한 실험을 통해 서로의 이론을 검증하고 새로운 사실을 발견해 차곡차곡 지식을 쌓으며 발전했어."

곽두기의 국어사전

타원 길쭉할 타(橢) 둥글 원(圓). 말 그대로 길쭉하게 생긴 원을 말해.

↑ **티코 브라헤의 천문 관측 모습** 우라니보르그 천문대에서 티코 브라헤는 사분의를 가지고 맨눈으로 화성을 포함한 수백 개의 별을 관측했어.

용선생의 핵심 정리

1500년대 들어 유럽에서는 지금까지 상식적으로 믿어 온 것을 의심하고 과학적인 규칙을 밝혀내려는 인식 변화가 일어남. 코페르니쿠스는 지동설을 주장했고, 지동설은 케플러의 연구를 통해 보완됨.

과학 혁명, 세상을 바라보는 눈이 바뀌다 **215**

케플러의 법칙은 어떻게 나왔을까?

코페르니쿠스의 아이디어였던 지동설은 케플러가 스승인 브라헤의 천문 관측 자료를 분석해 세 가지 법칙을 세우면서 비로소 체계화되었어. 케플러가 세운 세 가지 법칙을 한번 살펴볼까?

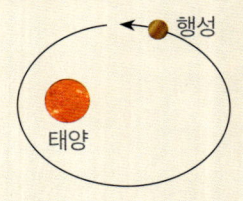

궤도의 법칙

브라헤의 관측 자료에 따르면 행성이 움직이는 속도는 위치에 따라 조금씩 차이가 났어. 행성이 완전한 원으로 돈다면 위치에 상관없이 속도가 일정해야 했거든. 그런데 만약 타원으로 돈다고 생각해 보면 브라헤의 관측 자료가 들어맞았어. 그래서 케플러는 행성들이 태양을 두고 타원을 그리며 운동한다는 법칙을 세웠어.

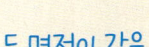
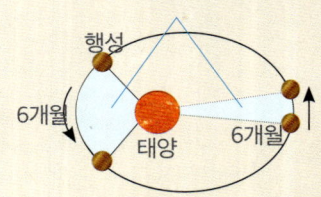

면적 속도 일정 법칙

케플러는 화성이 태양을 한가운데 두고 타원으로 움직이는 것이 아니라 약간 치우쳐서 타원을 그리며 운동한다는 것을 알아냈어. 화성의 속도를 비교해 보니 태양과 거리가 가까울 때는 화성이 더 빠르게 움직이고, 멀 때는 더 천천히 움직였지. 이 관측 결과에서 행성이 타원을 그리며 운동할 때, 태양과 행성 사이를 이은 선분이 같은 시간 동안 휩쓸고 지나가는 면적이 일정하다는 법칙이 나왔어.

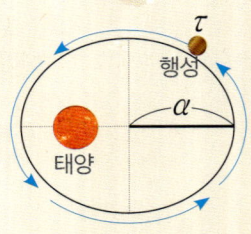

$$\tau^2 \propto a^3$$

τ=행성의 공전 주기
α=공전 궤도의 긴반지름

조화 법칙

케플러는 관측 자료를 근거로 행성이 태양을 한 바퀴 도는 시간인 공전 주기(τ)의 제곱은 행성의 궤도 중 긴반지름(a)의 세제곱에 비례한다는 규칙을 발견해냈어. 이 법칙을 이용하면 태양을 공전하는 행성의 현재 위치를 계산할 수 있었어.

훗날 영국의 과학자 아이작 뉴턴은 만유인력 법칙을 통해 케플러의 세 가지 법칙을 수학적으로 증명해 냈어. 행성이 태양을 공전하며 일정한 궤도를 그리는 이유를 만유인력 법칙을 통해 설명할 수 있었거든.

스타 과학자 갈릴레이가 이단 심판을 받은 이유

"자, 지동설 하면 빼먹고 지나갈 수 없는 사람이 하나 있지. 바로 이탈리아의 스타 과학자 갈릴레오 갈릴레이야."

"어! 저 위인전에서 본 적 있어요!"

곽두기가 손을 들고 말하자 용선생은 히죽 웃으며 고개를 끄덕였다.

"그래. 갈릴레오는 케플러와 같은 시기에 이탈리아에서 활동한 과학자야. 케플러가 스승 브라헤의 방대한 관측 자료를 분석해서 지동설이 옳다는 걸 증명했다면, 갈릴레이는 우주를 망원경으로 직접 관측해서 지동설이 옳다는 것을 증명했어."

"옛날에는 망원경이 없었나요? 그리고 망원경으로 우주를 본다고 그런 걸 알아낼 수가 있어요?"

장하다가 고개를 갸웃거리자 용선생은 히죽 웃음을 지었다.

"응. 망원경은 1608년에야 처음으로 발명됐거든. 그나마 우주 관측에 쓸만한 고성능 망원경은 아니었어. 하지만 갈릴레이는 스스로 20배율 망원경을 발명해서 우주를 관측해 보았지. 그런데 망원경을 통해서 밤하늘의 달 표면을 관찰해 보니까, 달에도 지구와 마찬가지로 산맥과 평원, 그리고 꼭 바다처럼 보이는 지형이 있었던 거야."

↑ **갈릴레오 갈릴레이**
(1564년~1642년) 이탈리아의 물리학자이자 천문학자야. 지동설을 널리 알리는 데에 큰 역할을 했고, 관성과 가속도 운동에 대한 여러 가지 실험을 거듭해 과학 발전에 많은 업적을 남겼지.

혜영심의 상식 사전

배율 렌즈를 사용해 물체를 볼 때 실제 크기와 보이는 이미지의 비율을 가리켜. 20배율이면 원래보다 20배 크게 보이는 거야.

← **갈릴레이 망원경**
갈릴레이는 1608년 네덜란드의 한 안경업자가 망원경을 발명했다는 소식을 듣고, 스스로 성능이 훨씬 더 좋은 이 망원경을 발명했어.

과학 혁명, 세상을 바라보는 눈이 바뀌다

↑ 이탈리아 피렌체의 갈릴레오 갈릴레이 박물관

← 피사 대성당의 '갈릴레오 램프' 갈릴레이는 다른 사람들이 그냥 보고 지나치던 성당 램프가 흔들리는 모습을 보고 진자 운동의 법칙을 알아낼 정도로 관찰력이 남달랐어.

"그게 뭐 이상한 건가요?"

"중세 유럽 사람들은 하늘이 지상과 달리 '완벽한 세계'라서 달 역시 표면이 울퉁불퉁한 굴곡 없이 매끈할 거라고 생각했는데, 갈릴레이의 발견은 그런 고정 관념을 뒤엎는 것이었지. 그리고 더 중요한 건 목성 주위를 도는 네 개의 위성을 발견한 거란다. 모든 행성이 지구를 중심으로 돌고 있다는 천동설대로라면 목성 주위를 돌고 있는 위성 같은 건 있을 수가 없는 건데 말야."

"흠. 둘 다 별로 결정적인 증거 같지는 않은걸요."

왕수재의 말에 용선생은 고개를 끄덕였다.

"하지만 당시 평범한 유럽 사람들에게는 코페르니쿠스나 케플러의 연구보다는 오히려 갈릴레이의 관측 결과가 더 설득력이 있었단다."

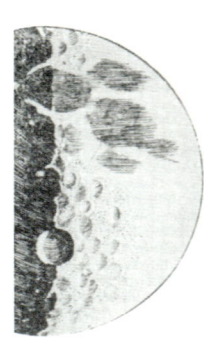 

↑ 갈릴레이의 달 스케치(왼쪽)와 실제 달 사진(오른쪽)

망원경으로 달을 관측하며 직접 그린 그림과 실제 달 모습이 꽤 비슷해. 다른 과학자는 고정 관념 때문에 망원경을 가지고도 갈릴레이처럼 달의 표면에 지구처럼 높고 낮은 지형이 있다는 걸 알아차리지 못했어.

"왜요?"

"갈릴레이의 설명이 훨씬 이해하기 쉬웠거든. 갈릴레이는 1610년에 자신의 연구 결과를 책으로 출간했는데, 이 책에서 평범한 독자들을 이해시키려고 많은 노력을 기울였어. 자신이 달의 표면과 분화구를 관측하며 직접 그린 그림도 실었고, 학자들이 쓰는 어려운 라틴어 대신 평범한 사람들이 쓰는 이탈리아어를 사용했지. 그래서 갈릴레이의 책은 곧 베스트셀러가 되었어. 갈릴레이는 당대 최고의 스타 과학자가 되어서 교황과 베네치아 총독을 만나고, 이탈리아 최고의 부자인 메디치 가문의 가정 교사 노릇을 하며 편안하게 여러 가지 연구를 진행할 수 있었단다."

↑ 베네치아 총독을 만난 갈릴레이
갈릴레이가 베네치아 총독을 만나 자신의 망원경을 선보이고 있어.

"그럼 갈릴레이 덕에 지동설은 더 널리 퍼져 나갔겠네요."

"하지만 그게 갈릴레이에게 시련을 가져다 주었어. 갈릴레이의 인기가 높아지자 점차 갈릴레이의 지동설이 성서 말씀에 어긋난다며 비판하는 사람들이 늘어났거든. 엄밀히 말하자면 성서에는 지동설이 옳다거나, 천동설이 옳다는 구절이 없어. 지동설이 성서 말씀에 어긋난다는 건 그냥 성서를 그렇게 해석한 사람들의 생각이었지. 그래서 갈릴레이도 지동설에는 아무 문제가 없다며 맞섰단다."

"그럼 괜찮은 거잖아요. 뭐가 문제인데요?"

"그렇게 그냥 넘어갈 수 있는 문제가 아니었어. 당시 유럽에서는 종교 갈등에 불이 붙으면서 성서를 해석하는 문제를 두고 서로 죽고 죽이는 살벌한 사건이 많이 벌어졌단 말이야. 일단 문제가 된 이

 용선생의 세계사 돋보기

이 무렵 유럽은 신교와 가톨릭이 서로 첨예하게 대립했어. 에스파냐의 펠리페 2세는 가톨릭의 수호자를 자처하며 네덜란드의 신교를 탄압했고, 네덜란드는 이에 맞서 독립 전쟁을 일으켰지. 한편 보헤미아 지방에서는 신성 로마 제국 황제와 신교도인 보헤미아 귀족 사이의 갈등이 심화되더 30년 전쟁의 불씨가 타올랐단다.

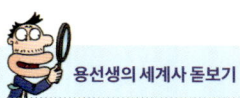

용선생의 세계사 돋보기

새 교황 우르바누스 8세는 갈릴레오의 고향인 피렌체의 추기경이었어. 교황이 되기 전 지동설 관련 토론회에서 갈릴레이의 입장을 변호하며 후원하던 친구 사이였지. 당시 가톨릭교회에서는 합리적 근거가 있다면 지동설을 받아들이자는 목소리가 있었지만, 종교 갈등 때문에 파묻히고 말았어.

상 교황청에서 어떻게든 판결을 내려 줘야 했지. 결국 갈릴레이는 1616년에 교황청으로부터 한 차례 경고를 받았어. 지동설을 다루는 코페르니쿠스의 책은 성서에 어긋난다는 판정을 받아 금서가 되었고, 갈릴레이는 한동안 숨죽이며 교황청 눈치를 살펴야 했지."

"저런, 종교 갈등 때문에 과학 연구가 피해를 본 거네요."

"그런데 7년 후에 기회가 찾아왔어. 갈릴레이의 친구이자 추기경으로 평소 연구를 후원해 주던 사람이 새 교황으로 선출된 거야. 갈릴레이는 이 분위기를 틈타 새로운 책을 출간하면서 또다시 지동설을 주장하고 나섰어. 하지만 갈릴레이는 이 일로 1633년 종교 재판소에서 이단 심판을 받았단다."

"헉, 교황이 친구인데도요?"

"시기가 좋지 않았어. 때마침 30년 전쟁이 터지면서 온 유럽에서 종

▲ **이단 심판을 받는 갈릴레이의 모습** 갈릴레이는 목숨을 건졌지만 평생 집에 갇혀서 바깥 활동을 할 수 없는 신세가 되고 말았거든. 교황청은 1992년 이 재판이 잘못됐음을 공식적으로 인정했단다.

교 갈등이 극에 달해 있었거든. 교황은 가톨릭 세력을 하나로 모으기 위해 안간힘을 썼어. 지동설이 맞느냐 틀리느냐가 중요한 게 아니라, 지동설 때문에 가톨릭 세력이 다시 둘로 나뉘어 흔들릴까 봐 염려했지. 그러니 제아무리 교황의 친구라고 해도, 교황청의 경고를 무시하고 교리에 어긋나는 주장을 계속하는 건 봐주기가 힘들었던 거야."

"그럼 갈릴레이는 어떻게 되는데요?"

"종교 재판소에서 갈릴레이는 목숨을 건지기 위해 자신의 신념을 접고 '천동설이 옳다. 지동설은 틀렸다.'라고 인정할 수밖에 없었어. 이때 혼잣말로 '그래도 지구는 돈다.'라고 조용히 중얼거렸다는 얘기도 있어."

"어휴, 결국 종교 갈등 때문에 과학 연구가 힘들었군요."

나선애가 팔짱을 낀 채로 고개를 절레절레 저었다.

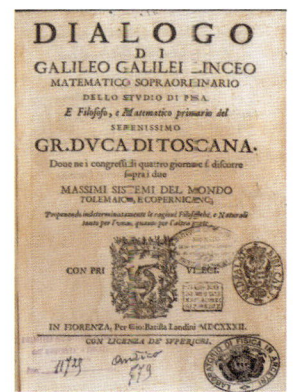

▲ **《두 우주 체계에 대한 대화》** 갈릴레이가 쓴 이 책은 세 사람이 천동설과 지동설을 나흘간 토론하는 형식으로 되어 있어. 1632년 교황청의 허가를 받고 출판되었지만, 신학자들의 격렬한 항의가 뒤따랐어. 그래서 갈릴레이는 이단 심판까지 받게 됐지.

"맞아. 1600년대 유럽에서는 종교 갈등이 무엇보다 큰 문제였어. 과학자들도 그 영향에서 벗어날 수는 없었지. 그런데 이렇게 신교와 가톨릭 간의 갈등이 심해질수록 교회와 성서 말씀이 중심이었던 중세의 세계관은 더욱 흔들릴 수밖에 없었단다. 그 대신 과학자와 철학자들이 중심이 되어 세상을 달리 해석하는 새로운 세계관을 만들어 가기 시작했지."

"새로운 세계관이라고요?"

용선생의 핵심 정리

이탈리아의 과학자 갈릴레오 갈릴레이는 망원경을 이용해 우주 관측을 하고, 지동설을 주장함. 갈릴레이는 많은 인기를 모았지만 종교 갈등에 휘말려 이단 심판을 받고 연구를 진행할 수 없게 됨.

유럽인의 새로운 세계관 합리주의와 경험주의

↑ 르네 데카르트
(1596년~1650년) 근대 철학의 문을 연 인물로 평가받아. 원래 수학자였던 데카르트는 철학에도 수학처럼 엄밀한 증명이 필요하다고 생각했어.

"응. 이때 유럽 사람들은 혼란에 빠져 있었어. 이전까지는 성서 말씀과 성서를 해석한 성직자들의 말이 곧 진리라고 여겼지. 그런데 이제는 같은 성서를 두고 신교와 가톨릭에서 서로 다르게 해석하고 있으니, 어떤 게 진짜인지 도통 알 수가 없게 된 거야. 게다가 천동설처럼 지금까지 상식으로 여겼던 사실도 거짓이라고 밝혀졌으니, 뭘 믿어야 할지 알 수가 없었지. 이때 프랑스의 르네 데카르트라는 철학자는 이런 말을 했단다."

용선생은 칠판 위에 커다랗게 한마디를 썼다.

나는 생각한다. 그러므로 나는 존재한다.

"나는 생각한다, 존재한다……? 이게 무슨 말이어요?"
"흐흐. 들어 보렴. 데카르트는 예전에 무조건 진실이라고 믿었던 성서도 믿을 수 없으니, 분명한 진리를 찾기 위해서는 일단 지금 내가 알고 있는 모든 사실을 의심해야 한다고 했어. 심지어 내 눈에 보이고 손에 만져지는 것이라고 해도 그게 정말 존재하는 것인지 의심해야 한다고 했지. 혹시나 지금 내가 너무나도 생생한 꿈을 꾸는 것일 수도 있으니까 말이야."
"그런 식이면 세상에 믿을 수 있는 게 아무것도 없을 텐데요?"
"맞아. 그런데 이런 식으로 세상 모든 것을 의심하더라도 단 한 가지만은 의심할 수 없이 분명하다고 했어. 그건 바로 지금 이 순간 내가 이런저런 의심거리들을 '생각하고 있다'는 사실이야. 내가 생각하고 있다면, 당연히 생각하는 내가 '존재한다'는 것도 의심할 수가

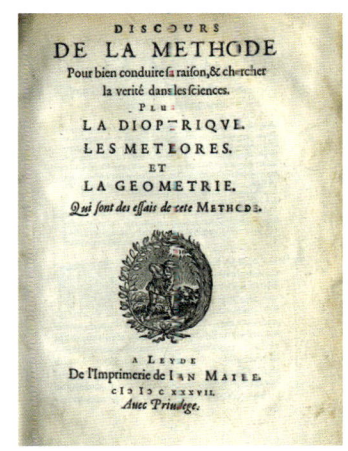

▲ 《방법서설》
데카르트가 지은 이 책은 이성을 올바르게 이용해 학문에서 진리를 구하는 방법을 설명했어. 데카르트는 진리를 추구하는 방법으로 세상 모든 것을 의심하는 '방법적 회의(懷疑)'를 제시했지.

◀ 파리 5대학
데카르트 대학이라고도 불러. 프랑스에서 가장 규모가 큰 의과 대학이 있지. 수학 등 자연 과학을 공부할 수 있는 곳이야.

과학 혁명, 세상을 바라보는 눈이 바뀌다

↑ 바뤼흐 스피노자

(1632년~1677년) 데카르트의 뒤를 이어 합리주의를 더욱 발전시킨 네덜란드의 철학자야. 스피노자는 세상 모든 것이 하나의 본질을 가지고 있으며, 그것이 곧 신이라고 말했어.

 곽두기의 국어 사전

이성 구별할 이(理) 성품 성(性). 옳고 그름을 구별하고 올바른 판단을 내릴 수 있는 인간의 생각하는 능력을 가리켜.

↑ 프랜시스 베이컨

(1561년~1626년) 영국의 철학자 프랜시스 베이컨은 경험과 관찰, 실험을 통해 지식을 얻는 걸 중요하게 여겼어.

없겠지? 따라서 내가 존재한다는 것도 확실해지는 거야. '나는 생각한다. 그러므로 나는 존재한다.'는 말에는 이런 뜻이 담겨 있단다."

"알쏭달쏭하네요. 너무 당연한 말 아니에요?"

"바로 그거야. 도저히 의심할 수 없을 만큼 너무 당연하잖아? 데카르트는 이렇게 확실한 사실을 찾아낸 뒤, 그 사실을 근거로 삼아 또 다른 분명한 사실을 찾아가는 식으로 차근차근 지식을 쌓아 나가면 결국 의심할 수 없는 진리에 이르게 된다고 생각했어. 즉 신의 섭리에 의지하지 않아도 인간의 이성과 합리적 사고를 통해 진리를 찾을 수 있다고 생각했지. 이렇게 인간의 이성을 이용해 진리를 찾으려고 하는 사상을 '합리주의'라고 해."

"그러니까 성서 말씀이 없어도 올바른 판단과 생각을 하면 진리를 알 수 있다, 이거죠? 흠."

"그래. 합리주의는 프랑스와 네덜란드를 비롯해 유럽 대륙에 널리 퍼져 나갔어. 네덜란드의 스피노자 같은 철학자는 데카르트의 뒤를 이어 합리주의를 발전시켰지. 그런데 비슷한 시기에 바다 건너 영국에서는 조금 다른 생각이 뿌리를 내리고 있었단다. 이번엔 이 말을 한번 읽어 보렴."

용선생은 칠판을 지우고 다시 커다랗게 한마디를 썼다.

아는 것이 힘이다.

"아는 것이 힘이다? 저 말은 수재가 자주 하는 건데."

"뭐 어때서? 틀린 말은 아니잖아?"

장하다의 말에 왕수재가 뒷머리를 긁으며 맞받았다. 용선생은 히죽 웃으며 말을 이어 나갔다.

"흐흐. 이 말을 한 사람은 영국의 철학자 프랜시스 베이컨이야. '나는 생각한다. 그러므로 나는 존재한다.'와 함께 유럽인의 변화된 세계관을 대표하는 명언이라 할 수 있지."

"저 말에 그렇게 중요한 뜻이 있어요? 그냥 공부 많이 하라는 뜻 아닌가요?"

"천만에. 그렇게 단순한 말이 아니야. 베이컨은 관찰과 조사, 실험을 통해 수집된 지식이야말로 제대로 된 '아는 것'이고 나머지는 모두 다 거짓된 지식이라고 했거든."

"그럼 관찰과 조사를 많이 해서 얻은 지식이 곧 힘이라는 뜻이네요."

"맞아. 하지만 관찰과 조사를 할 때에는 내가 가진 선입견이나 편견은 물론이고, 권위 있는 사람들의 이야기도 모두 잊은 채 오직 눈앞에 나타나는 현상만을 관찰해서 기록하는 것이 중요해. 그러다가 뭔가 특별한 규칙을 발견하면, 그걸 법칙으로 만들어 보는 거지. 이걸 '가설'이라고 한단다. 예컨대 케플러는 브라헤의 방대한 관측 내

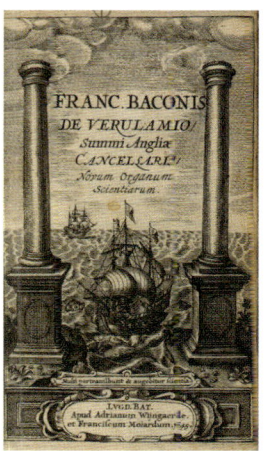

← 베이컨의 《신기관》 이 책에서 베이컨은 관찰과 조사, 실험을 통해 지식을 찾는 귀납법을 소개했어. 표지의 그림은 지브롤터 해협을 지나 지중해에서 대서양으로 탐험을 떠나는 배이지. 이 배처럼 중세의 옛 사고방식에서 벗어나 세상을 더 올바르게 이해하자는 의미야.

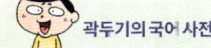
곽두기의 국어사전

편견 치우칠 편(偏) 볼 견(見). 공정하지 못하고 한쪽으로 치우친 생각을 의미하는 말이야.

↓ **트리니티 칼리지** 케임브리지 대학에 속한 단과 대학이야. 베이컨은 13세 때 이곳에서 의학과 법학 공부를 시작했어. 베이컨은 아무런 비판 없이 그저 외우도록 시키는 주입식 교육에 넌더리를 냈대.

용을 조사해 천체는 원 운동이 아니라 타원 운동을 한다는 가설을 만들었지. 만일 천동설이 권위 있는 성직자들의 뜻이라 해서 무조건 믿고 실제로 관측한 내용을 무시했다면, 결코 이런 가설을 세울 수 없었겠지?"

"흠, 무슨 말씀인지 좀 이해가 가네요."

"그런데 아직 끝이 아니야. 베이컨은 모든 가설은 반드시 실험을 통해 증명되어야 한다고 말했어."

"만약 실험을 통해 가설이 증명되지 못하면요?"

"그럼 다시 관찰 단계로 돌아가서 새로운 가설을 세워야 하는 거지. 이렇게 '관찰 - 가설 세우기 - 실험과 증명' 단계를 거쳐서 새로운 지식을 쌓아 가는 방식을 '과학적 방법'이라고 해. 베이컨은 반드시 과학적 방법으로 검증을 거쳐야 진리에 도달할 수 있다고 생각했어. 오늘날에도 새로운 이론을 주장하려면 베이컨이 주장한 것처럼 반드시 과학적 방법에 따른 실험으로 검증을 거친단다."

"우아, 그만큼 베이컨의 사상이 지금까지 영향을 크게 미친다는 거네요."

장하다의 말에 용선생은 고개를 끄덕였다.

"직접적인 경험과 관찰을 무엇보다 중시하는 사상이라고 해서 베이컨의 사상을 '경험주의'라고 한단다. 영국에서 시작된 경험주의는 합리주의와 마찬가지로 유럽에 널리 퍼져 나갔어."

"선생님, 그럼 이제 유럽 사람들은 신을 믿을 수 없겠네요? 신은 눈에도 안 보이고, 증명할 수도 없을 것 같은데."

곽두기가 고개를 갸웃거리며 묻자 용선생은 고개를 가로저었다.

"그건 아니야. 베이컨이나 데카르트 같은 철학자들은 오히려 신을 굳게 믿었단다. 밤하늘의 별을 비롯한 우주 만물을 조화롭고 완벽하게 움직이는 자연 법칙을 만들어 낼 수 있는 것은 전지전능한 신밖에 없다고 생각했거든. 그래서 과학자들은 이 세상이 신이 창조한 자연 법칙에 따라 스스로 조화롭게 움직이는 기계와 같다고 생각했어. 마치 아무도 손을 대지 않아도 스스로 잘 돌아가는 시계처럼 말이야."

"그럼 신이 그 기계, 그러니까 세상을 만들어 냈다는 뜻인가요?"

"응. 사실 지금까지 이야기한 과학자들도 신이 창조한 자연 법칙을 찾아내려고 노력했던 거야. 오히려 종교적인 이유로 과학 연구에 몰두했던 셈이지."

"그렇구나……. 신기하네요."

↑ **정교하게 움직이는 시계**
오차 없이 정확히 움직이는 시계는 저절로 만들어질 수 없어. 반드시 제작자가 있기 마련이지. 1600년대 과학자들은 시계처럼 정교한 자연 법칙이 있는 이유는 신이 존재하기 때문이라고 여겼단다.

🔸 **용선생의 핵심 정리**

종교를 대신해 데카르트의 합리주의, 베이컨의 경험주의와 같은 새로운 세계관이 유럽에 널리 퍼져 나감. 이와 함께 세상을 정교한 기계로 보는 세계관도 함께 퍼져 나감.

과학 혁명, 세상을 바라보는 눈이 바뀌다 **227**

과학이 눈부신 발전을 거듭하다

"그럼 이제 과학이 크게 발전하겠네요?"

"응, 과학 기술은 합리주의와 경험주의를 바탕으로 1600년대 유럽에서 눈부신 발전을 거듭하게 된단다. 이 시대 과학자 중에서도 가장 유명한 사람이 바로 영국의 아이작 뉴턴이야. 너희도 한 번쯤 이름을 들어 봤을걸?"

"아! 사과가 떨어지는 걸 보고 중력을 알아낸 과학자 맞죠?"

곽두기가 반가운 듯 손뼉을 쳤다.

"흐흐. 그래. 뉴턴은 어느 날 사과나무에서 사과가 떨어지는 걸 보고는 연구를 거듭한 끝에, 지구가 지구 위에 있는 모든 물체를 끌어당긴다는 결론을 내렸다고 해. 이걸 중력이라고 불러."

"듣고 보니 저도 과학 시간에 배운 것 같아요."

장하다가 뒷머리를 긁적이며 말했다.

"흐흐. 그런데 뉴턴의 연구는 여기서 끝나지 않았어. 뉴턴은 지구와 지구 위의 물체뿐 아니라 세상 모든 물체 사이에 서로 잡아당기는 힘이 있다는 걸 밝혀냈거든. 이걸 만유인력 법칙이라고 부르지. 다만 사과가 지구에 비해 훨씬 작고 가볍기 때문에 일방적으로 끌려가는 거야."

"그냥 사과가 떨어지는 걸 보고 그런 생각까지 하다니 참 대단한 사람이네요."

"그렇지? 그런데 뉴턴은 만유인력 법칙 말고도 물체의 운동에 관한 기본 법칙 세 가지를 정리해 냈단다. 바로 관성 법칙, 가속도 법

↑ **아이작 뉴턴**
(1642년~1727년) 영국의 과학자 뉴턴은 인류 역사상 최고의 과학자로 손꼽히는 인물이야. 물리학과 천문학, 수학 등 여러 분야에서 숱한 업적을 남겼어.

허영심의 상식 사전
중력 흔히 만유인력과 같은 뜻으로 쓰여. 지구 위의 물체가 지구로부터 받는 힘을 가리켜.

곽두기의 국어 사전
만유인력 일만 만(萬) 있을 유(有) 끌 인(引) 힘 력(力). '세상 만물이 서로를 끌어당기는 힘'이란 뜻이야.

◀ 케임브리지 대학

케임브리지 대학이 있는 케임브리지는 영국 중부의 중소 도시로, 1700년대부터 많은 대학이 세워졌지. 아이작 뉴턴은 이곳에서 교수로 일하며 과학 연구를 했단다. 케임브리지 대학은 오늘날도 세계 제일의 대학 중 하나로 명성을 날리고 있어.

유럽의 대학과 과학 혁명의 주역들

칙, 작용과 반작용 법칙이지. 이 세 가지 법칙 덕택에 역학도 말끔하게 정리가 되었단다. 이 법칙만 있으면 세상 어떤 물체의 운동도 설명할 수 있었거든."

"진짜요? 엄청난 발견을 한 거네요."

"그럼! 하지만 뉴턴의 업적은 이게 전부가 아니야. 뉴턴은 우주를 관측할 수 있는 새로운 망원경을 발명했고, 갈릴레이와 케플러의 연구 결과를 수학적으로 완벽하게 계산해 냈지. 그리고 프리즘을 이용해서 빛이 여러 가지 색깔로 나누어진다는 걸 알아냈고, 미분과 적분이라는 새로운 수학 계산법도 발명했어. 그리고……."

"와! 뭐가 그렇게 많아요?"

장하다의 눈알이 뱅글뱅글 돌았다.

"흐흐. 그럼 마지막으로 하나만 더 짚어 두자. 뉴턴은 유럽의

곽두기의 국어사전

역학 힘 력(力) 배울 학(學). 물체의 운동 법칙을 연구하는 학문이야.

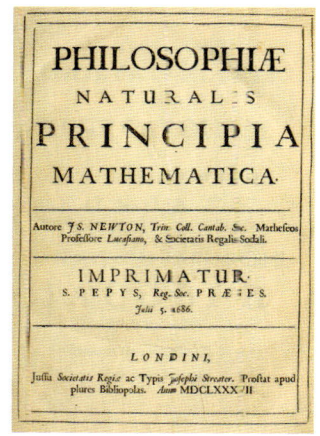

▲ 《프린키피아》 뉴턴이 만유인력 법칙과 물체의 운동에 관한 세 가지 법칙을 정리한 책이야.

과학 혁명, 세상을 바라보는 눈이 바뀌다

뉴턴의 세 가지 운동 법칙

뉴턴의 세 가지 운동 법칙과 관련된 현상은 우리 주변에서도 흔히 관찰할 수 있어. 사실 그 내용을 알고 보면 너무나 상식적이라서 허무할지도 몰라!

관성 법칙

관성은 물체가 원래의 운동 상태를 계속 유지하려는 성질을 말해. 관성 법칙에 따르면 움직이는 물체는 계속 움직이려 하고, 서 있는 물체는 계속 서 있으려고 하지. 예컨대 달리기를 하던 사람이 쉽게 멈추지 못하는 건 관성 때문이야.

가속도 법칙

물체에 더 큰 힘이 가해질수록 물체의 속도가 더 빠르게 변한다는 법칙이야. 이때 시간에 따라 물체의 속도가 변하는 정도를 가속도라고 하는데, 가속도는 물체에 가해진 힘의 크기에는 비례하고 물체의 질량에는 반비례한단다.

이걸 수학 공식으로 정리하면 다음과 같아.

물체에 가해진 힘(F) = 물체의 질량(m) × 물체의 가속도(a)

작용 반작용 법칙

모든 힘에는 반대 방향으로 똑같은 크기의 힘이 존재한다는 법칙이야. 예컨대 내가 벽을 밀면 벽도 나를 똑같은 힘으로 민다는 거지.

과학 혁명을 완성한 인물로 평가받아. 뉴턴 덕택에 그동안 제각기 발전을 이루던 여러 과학 분야가 하나로 합쳐질 수 있었거든."

"하나로 합쳐진다고요?"

"응. 크게 보면 세 가지야. 천문학과 역학, 수학이지. 말하자면 뉴턴은 사과나무에서 떨어지는 사과의 움직임부터 하늘의 별과 달, 태양의 움직임까지 세상 만물이 동일한 법칙에 따라 움직인다는 것을 증명했어. 그 이전까지는 별이 움직이는 법칙과 사과가 움직이는 법칙은 당연히 전혀 다를 거라고 생각했거든."

"와, 듣고 보니 신기해요. 별과 사과가 같은 법칙에 따라 움직이다니……."

"뉴턴은 정말 어마어마한 발견을 해낸 사람이었네요."

곽두기와 나선애가 번갈아 가며 말하자 용선생은 씩 웃었다.

"물론 뉴턴이 대단한 인물이긴 하지만, 그보다는 당시 과학자들이 활발하게 교류하고 경쟁하며 발전을 이뤘다는 점이 더 중요해. 뉴턴 혼자 모든 업적을 이룬 건 아니란 뜻이지. 이 당시 유럽의 과학자들은 서로 의견을 활발하게 나누면서 서로의 이론을 비판하고 검증해서 발전시켜 나가는 걸 한시도 게을리하지 않았거든. 그 중심이 되었던 게 바로 학회야. 1660년에는 영국의 학자들이 한데 모여 '왕립 학회'라는 학술 단체를 만들었단다."

"오호라, 그럼 영국과 라이벌인 프랑스도 가만있지 않았겠죠?"

↑ **왕립 학회의 모습** 왕립 학회의 정식 명칭은 '자연 지식의 향상을 위한 런던 왕립 학회'야. 영국의 내로라하는 지식인들이 이곳에 모여 서로 의견을 나누고 연구를 했지. 뉴턴은 왕립 학회 회장을 지내기도 했어.

← 로버트 훅의 현미경
1660년대 영국에서 개량된 현미경이야. 현미경을 통해 작은 세상을 들여다본 사람들은 평범해 보이는 세상에도 숨겨진 모습이 너무나 많다는 걸 깨달았대.

현미경으로 관찰해서 그린 벼룩

↑ 프랑스 과학 아카데미를 방문한 루이 14세
프랑스 과학 아카데미는 영국의 왕립 학회와 함께 1600~1700년대 유럽 과학 발전을 이끈 쌍두마차였어.

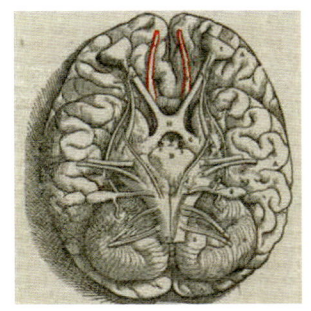

↑ 뇌의 해부도 벨기에의 의학자 안드레아스 베살리우스가 인체를 직접 해부해 보고 자신의 책에 실은 그림이야.

"응. 프랑스에서는 루이 14세와 재무 장관 콜베르의 주도로 1666년 '프랑스 과학 아카데미'가 탄생했어. 프랑스 과학자들은 이곳에서 왕실의 지원을 받으며 연구를 했단다. 그 후로 독일과 러시아, 스웨덴에도 영국의 왕립 학회와 프랑스의 과학 아카데미를 본뜬 학술 단체가 세워졌어. 이렇게 만들어진 학술 단체들은 서로 국경을 넘어 의견을 주고받으면서 활발하게 교류했단다."

"과학 연구가 대유행이었던 거네요."

"맞아. 자연스레 거의 모든 과학 분야에서 새로운 연구 성과가 쏟아졌어. 인체 해부가 이루어지며 의학 지식이 급격히 늘었고, 현미경이 발명돼서 생물이 '세포'라는 작은 단위로 이루어져 있다는 사실도 알려졌단다. 또 물질 자체의 성질을 연구하는 화학도 크게 발전했어. 화학자들은 산소와 수소, 이산화 탄소 등 여러 기체를 발견하고 각각의 성질을 연구했지. 바야흐로 새로운 과학 발전의 밑거름이 된 과학 혁명이 일어난 거야."

허영심의 상식 사전

세포 생물의 몸을 이루는 기본 단위야. 현미경으로 봐야 볼 수 있을 만큼 작아. 우리 몸은 60조에서 100조 개에 이르는 세포로 이루어져 있어.

용선생의 핵심 정리

영국의 과학자 뉴턴은 만유인력 법칙과 세 가지 운동 법칙을 알아낸 것을 비롯해 숱한 연구 업적을 남김. 유럽 각국에서 학술 단체가 만들어지고 서로 교류가 이뤄지며 과학 연구가 활발하게 진행됨.

계몽사상이 꽃피다

용선생은 책을 한 장 넘기며 수업을 이어 나갔다.

"그럼 과학 혁명이 유럽을 어떻게 바꿔 놓았는지 알아볼까? 과학 혁명으로 가장 크게 바뀐 건 유럽인들의 생각이었어."

"생각이 어떻게 바뀌었는데요?"

아이들이 고개를 갸웃거렸다.

"과학의 발전이 너무나 눈부시다 보니, 이제 곧 과학을 통해 우주의 모든 비밀을 낱낱이 알아낼 수 있을 것만 같았거든. 나아가 이렇게 우주의 비밀을 밝혀내는 인간의 이성에 대해 무한한 믿음도 가졌어. 이제 인간이라면 누구나 교육을 통해 세상의 진리를 깨닫고 훌륭한 인물로 성장할 수 있다고 생각하게 되었지."

➡️ **카페 프로코프**
1686년 파리에 문을 연 프랑스 최초의 카페야. 볼테르와 디드로 등 당시 계몽사상가들이 즐겨 찾고 모임도 갖는 장소였지.

⬆️ **계몽사상가들의 모임**
계몽사상가들은 카페나 살롱에 모여 토론하고 서로 의견을 주고받으며 계몽사상을 전파하는 데 앞장섰어.

곽두기의 국어사전

계몽 일깨울 계(啓) 어두울 몽(蒙). 지식 수준이 낮거나 잘못된 지식에 젖은 사람을 가르쳐서 깨치게 만드는 것을 말해.

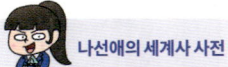

나선애의 세계사 사전

살롱 귀족 부인들의 응접실을 가리켜. 카페와 더불어 계몽사상의 중심지 역할을 했지.

"와, 엄청 희망찬 생각이네요."

"하지만 유럽 지식인들의 눈에는 유럽은 여전히 낡은 관습과 잘못된 지식에 사로잡혀 있는 것으로 보였어. 실제로 절대 다수의 농민들은 여전히 수백 년 동안 그래 온 것처럼 왕과 귀족, 성직자의 말을 진실로 여기며 하루하루 살아갔지. 그래서 많은 지식인이 하루 빨리 유럽 사회를 일깨워야 한다는 생각을 가지고 활발하게 활동했단다. 이런 생각을 계몽사상 또는 계몽주의라고 불러. 계몽사상은 특히 1700년대 프랑스에서 화려하게 꽃을 피웠지."

"어떻게 해야 사람들을 일깨울 수 있는데요?"

"그야 가르치고 배우고 토론하는 거지. 프랑스의 계몽사상가들은 주로 작가나 교사, 언론인이었어. 대개 당장 먹고살 걱정은 없고, 글재주와 말재주가 뛰어난 사람들이었지. 이들은 저마다 여러 분야에서 활동하며 사회를 비판하는 글을 썼고, 카페나 살롱에 모여 토론

했어. 우리 어떤 계몽사상가들이 있었는지 간단히 살펴볼까?"

용선생은 아이들을 한번 쭉 둘러보며 말을 이어 나갔다.

"먼저 위대한 계몽사상가로 꼽히는 볼테르! 볼테르는 750편이 넘는 작품을 남긴 유명한 작가야. 평생 동안 소설, 희곡, 수필 가릴 것 없이 다양한 글을 썼지."

"우아, 무슨 책을 그렇게나 많이 썼어요?"

"대표작인 《관용론》처럼 의견이 다르다는 이유만으로 수많은 사람을 탄압하고 박해하는 가톨릭교회를 비판한 글을 많이 썼어. 또 프랑스를 좌지우지하던 귀족들을 비판하고 풍자한 글도 많이 썼기 때문에 귀족들은 볼테르를 싫어했지. 젊은 시절에는 귀족을 모독했다는 죄명으로 감옥에 갇히기도 하고, 심지어 영국으로 추방당하기까지 했어."

"고생을 많이 했네요."

"하지만 볼테르는 추방지인 영국에서 많은 경험을 했단다. 이 당시 영국은 과학과 정치 사상 분야에서 유럽 제일의 선진국이었거든. 천재 과학자 뉴턴을 선두로 엄청나게 많은 과학적 발견이 이뤄졌고, 정치적으로는 왕권을 법으로 제한하는 입헌 군주제가 자리를 잡아 가

↑ 볼테르 (1694년~1778년)
볼테르는 필명이고, 본명은 프랑수아 마리 아루에야. 볼테르는 비합리적인 관습에 사로잡혀 있는 유럽 사회를 강하게 비판했어.

← 1715년 무렵의
바스티유 감옥 풍경
바스티유 감옥은 프랑스 파리 시내에 있는 감옥이야. 볼테르는 귀족을 풍자하고 모독했다는 죄목으로 두 번이나 이 감옥에 갇혔어.

는 중이었지. 프랑스로 돌아온 볼테르는 프랑스 사회를 더욱 강하게 비판했고, 한편으로는 프랑스의 동료들과 함께 백과사전을 만드는 작업에 매달렸어."

"백과사전이라고요?"

"응. 영국에서는 이 당시 학문적인 발전을 체계적으로 정리한 백과사전이 편찬되었거든. 이때 프랑스의 계몽사상가였던 드니 디드로가 자신의 동료들과 함께 이 백과사전을 번역하고 개정해 프랑스판 백과사전을 만드는 작업을 시작한 거야. 이 책을 《백과전서》라고 부른단다."

"백과사전이 그렇게 중요한 건가요?"

"새로운 지식을 전달하는 데에는 백과사전만 한 게 없으니까! 디드로를 포함한 프랑스의 계몽사상가들도 프랑스인들이 《백과전서》를 읽고 하루빨리 중세의 낡은 세계관에서 깨어나기를 바란 거야. 그래야 더 나은 세상을 만들 수 있다고 생각했거든. 《백과전서》는 나중에 전체 35권, 7만 항목이 넘는 어마어마한 분량이 되었지. 총 140여 명의 저자가 참여했고 완성에는 꼬박 20년이 걸렸대."

"우아, 대단한 의지네요."

두기가 감탄한 듯 고개를 끄덕였다.

"그럼 선생님, 그동안 영국에서는 계몽주의자들이 활동을 하지 않았나요?"

"그럴 리가 있나! 영국이 앞서가는 나라이기는 했지만 사회적으로는 여전히 불합리한 부분이 많았어. 예컨대 그동안 사회적으로 무시당했던 여성에게 정치에 참여

↑ 드니 디드로 (1713년~1784년)
《백과전서》의 책임 편집자야. 철학, 문학, 미술 등 다방면에서 많은 글을 남긴 작가이기도 하지.

← 《백과전서》 표지

하고 교육을 받을 권리가 있다고 주장하는 사람도 있었단다. 또 애덤 스미스라는 경제학자는 다들 철석같이 따르던 '중상주의'를 비판하고 나섰지. 너희들 중상주의가 뭐였는지는 기억하지?"

"네. 무역을 중시하는 정책이에요. 해외 수출은 늘리고 국내 수입은 줄여서 왕의 금고를 가득 채우는 정책이잖아요. 맞죠?"

"흐흐. 맞아. 그런데 이 당시 영국의 중상주의 정책은 여러 면에서 비판을 받았어. 특히 아메리카의 영국 식민지 사람들은 영국 정부가 관세를 왕창 올리고 다른 나라와의 무역을 막는 통에 불만이 폭발하기 직전이었어. 또 동인도 회사에게만 인도 무역 독점권을 주었기 때문에 아시아 무역에 뛰어들려고 하는 다른 영국 상인들의 불만도 컸지. 애덤 스미스는 이렇게 정부가 나서서 시민의 경제생활을 간섭하는 건 불필요한 일이라고 생각했단다."

"그럼 정부가 아무것도 하지 말아요?"

♠ 메리 울스턴크래프트
(1759~1797년) 《여성의 권리 옹호》에서 남녀가 동등하게 이성을 가지고 있으며 여성도 남성처럼 정치에 참여할 권리, 교육을 받을 권리가 있다고 주장했어. 현대 여성 운동의 선구자로 꼽혀.

↑ **애덤 스미스**
(1723년~1790년)
중상주의를 비판하며 자유 무역을 주장했어. 오늘날 경제학의 시조로 여기지.

↑ **애덤 스미스가 공부하고 강의한 글래스고 대학교** 글래스고는 1700년대 대서양 삼각 무역으로 발달한 무역항이었고, 훗날 산업 혁명의 주요 도시이기도 해. 애덤 스미스가 새로운 경제학 이론을 만들어 낸 것도 우연이 아니었지.

"바로 그거야. 애덤 스미스는 상인들이 자유롭게 경쟁을 하며 장사하도록 그냥 놔두라고 했어. 그러면 상인들은 자연스럽게 저마다 더 큰 이득을 볼 수 있는 선택을 해서 더 많은 돈을 벌고, 그렇게 되면 국가는 물론 사회 전체에 더 큰 이득이 될 거라고 이야기했단다. 예컨대 아메리카 식민지에 높은 관세를 매겨서 세금을 뜯어내는 것도 어리석은 짓이라고 했어. 그냥 놔두면 식민지가 더 부유해져서 사회가 안정되고, 영국 정부에 세금도 더 많이 낼 테니까 말이지."

"흠, 듣고 보니 일리가 있네요."

"애덤 스미스의 사상은 훗날 국가 간의 자유로운 무역을 보장하는 사상으

로 발전해서 현대 경제학의 뿌리가 되었단다. 알고 보면 우리의 일상생활에 정말 큰 영향을 미친 사상가라고 할 수 있지."

"우아, 200년 전 사람의 사상이 지금 우리 생활에 영향을 미치다니 대단한데요."

"대단하지? 그런데 지금부터는 오늘날 우리 사회에 정말 큰 영향을 미친 계몽사상에 대해 이야기할 거야. 계몽사상가 중에는 국가가 어떻게 만들어진 건지 생각한 사람들도 있었거든."

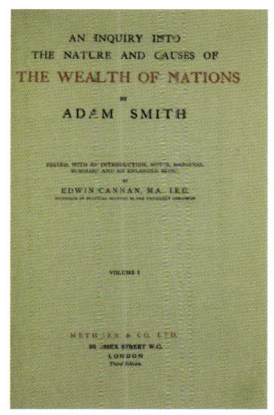

▲ 《국부론》 국가를 부유하게 만드는 방법을 설명한 애덤 스미스의 대표작이야.

용선생의 핵심 정리

과학의 발전과 함께 낡은 사고방식을 가진 유럽 사람들을 일깨우려는 사상이 생겨남. 이를 계몽사상이라고 하며, 프랑스에서 활동한 볼테르와 디드로 등의 계몽사상가들은 백과사전을 만들기도 함. 한편 영국에서는 애덤 스미스가 중상주의를 비판함.

사회 계약론이 발전하다

"국가요? 그게 계몽사상이랑 무슨 상관인데요?"

"당연히 상관이 있지. 지금까지 유럽 사람들은 신의 명령에 따라 왕이 국가를 다스리게 되었고, 그러니 왕의 명령에 복종하는 게 당연하다고 생각해 왔거든. 그런데 이제는 이게 신의 뜻이 아닐 수도 있고, 맞는 말이 아닐 수도 있다고 생각하게 된 거야. 그러니 국가가 어떻게 만들어졌으며, 무슨 일을 해

수많은 사람의 머리와 어깨로 이루어진 왕의 몸

▲ 토머스 홉스의 《리바이어던》 표지
토머스 홉스의 대표적인 책이야. '리바이어던'은 성서에 등장하는 바다 괴물인데, 절대적인 권력을 가진 왕과 국가를 비유하는 말이지. 표지에 그려진 왕의 몸은 왕이 이렇게 수많은 사람의 복종을 받아 강력한 권력을 갖게 되었다는 걸 의미해.

장하다의 인물 사전

토머스 홉스
(1588년~1679년) 영국의 철학자이자 정치사상가야. 《리바이어던》, 《철학 원리》 등의 책을 썼지.

토머스 홉스는 영국에서 찰스 1세와 의회 사이에 내전이 벌어졌을 때 왕의 편에 서서 싸웠어. 그리고 찰스 1세가 처형되고 크롬웰이 영국을 다스릴 때 이를 매우 못마땅하게 여겼고, 영국에 왕이 있어야 한다고 생각했지. 홉스의 사상에는 이런 정치적 배경이 깔려 있어.

야 하는지 합리적으로 따져 보려는 사상가들이 등장한 거야. 우리도 함께 생각해 볼까? 국가가 신의 뜻에 따라 만들어진 게 아니라면, 과연 국가는 왜, 어떻게 만들어진 걸까?"

"으음, 어려워요. 유럽 사람들은 뭐라고 생각했는데요?"

장하다가 머리를 긁적였다.

"영국의 정치 사상가인 토머스 홉스는 이렇게 생각했어."

인간은 원래 이기적이고 폭력적이기 때문에, 그냥 내버려 둔다면 서로 끝없이 싸우고 죽이려고만 든다. 그래서 질서를 유지하려면 모두가 자신의 권리를 포기하고 한 사람의 뜻에 따를 것을 약속해야 한다.

"한 사람? 그럼 그게 왕 아니에요?"

"맞아. 왕이지. 홉스는 이렇게 모든 시민이 자신의 권리를 포기하고 왕의 명령에 복종하기로 약속하면서 만들어진 것이 국가라고 생각했어. 이 약속을 '사회 계약'이라고 한단다. 그러니까 왕에게는 사회 계약을 통해 절대적인 권력이 주어지는 게 당연하고, 모든 시민은 질서를 지키기 위해 왕의 명령을 따라야 한다는 거야."

"그런 게 국가라니 좀 이상해요. 맞는 말 같기도 한데……."

"하하. 오늘날 우리가 보기엔 뭔가 좀 이상하지? 하지만 홉스는 왕이 신의 명령을 받아 국가를 다스린다는 생각에서 벗어나 국가의 권력이 어떻게 생겨났는지 최초로 설명한 사람이었어. 그것만으로도 큰 의미가 있지. 그런데 국가에 절대 권력을 지닌 왕이 필요하다고

생각한 홉스와 달리, 홉스의 뒤를 이어 사회 계약론을 발전시킨 사상가들은 전혀 다른 이야기를 했지."

용선생은 스크린에 새로운 사람의 얼굴을 띄웠다.

"이 사람은 홉스보다 약 50년 정도 뒤에 태어난 영국의 사상가인 존 로크야. 존 로크는 인간이 이기적이고 폭력적이라 서로 끝없이 싸우려고만 하는 게 아니라, 서로 그럭저럭 평화롭게 공존할 수 있다고 생각했지. 다만 살다 보면 크고 작은 갈등이 생겨서 재산이나 생명권을 위협받을 수 있는데, 그럴 때마다 중간에서 판결을 내려 줄 사람이 필요하다고 여겼어."

"그게 왕인가요?"

"그래. 그래서 존 로크가 생각한 왕은 절대적인 권력을 가진 권력자가 아니야. 그리고 시민이 왕에게 복종하는 것보다는 왕이 시민의 권리를 잘 보장해 주는 것이 우선이라고 생각했지."

"그런데 무슨 권리를 보장해 줘요?"

"그야 태어날 때부터 가지고 있는 권리지. 생명을 지킬 권리, 자유롭게 살아갈 권리, 자기 재산을 지킬 권리 등등……. 그러니까 로크는 왕이라고 해도 함부로 침해해서는 안 되는 시민의 권리가 있다고 주장한 거야. 로크의 사상은 나중에 '모든 인간에게는 침해해서는 안 되는 권리, 즉 인권이 있다'는 사상으로 발전한단다."

"이번에는 아까보다 좀 말이 되는 것 같네요."

허영심이 고개를 천천히 끄덕였다.

↑ **존 로크** (1632년~1704년) 영국의 철학자이자 정치 사상가. 유럽 각국의 계몽주의 사상과 미국 독립 혁명에 큰 영향을 미쳤어.

용선생의 세계사 돋보기

존 로크는 영국에서 명예혁명이 일어나고 의회의 권리가 크게 성장할 때 활동한 사상가였어. 그래서 왕에게서 시민들의 자유로운 권리를 보장하는 쪽으로 사상을 발전시켰다고 볼 수 있지.

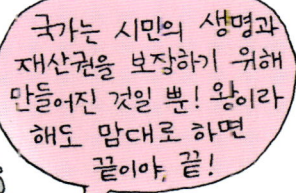

국가는 시민의 생명과 재산권을 보장하기 위해 만들어진 것일 뿐! 왕이라 해도 맘대로 하면 끝이야, 끝!

과학 혁명, 세상을 바라보는 눈이 바뀌다

"그렇지? 이번에는 로크보다 약 80년 뒤에 활동한 사상가의 이야기를 들어 보자. 바로 프랑스의 장 자크 루소라는 사람이야. 루소는 모든 인간들이 원래 매우 평화롭고 행복하게 살았다고 생각했어. 그런데 일부 힘센 사람들이 등장해 힘없는 사람들을 괴롭히고 노예로 삼으며 계급과 국가가 생겨났고, 그때부터 불평등과 불행이 시작됐다고 주장했지."

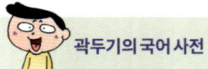

곽두기의 국어사전

급진 급할 급(急) 나아갈 진(進). 어떤 목적이나 이상을 급히 실현하려는 모습을 가리키는 말이야.

"홉스, 로크랑은 또 다르네요. 이것도 그럴싸한데……."

"그렇지? 그런데 루소의 사회 계약론은 세 명 중 가장 급진적이야. 루소는 국가가 사회 계약을 통해서 사회의 모든 사람들이 바라는 것을 실천해야 한다고 주장했어. 즉, 국민의 뜻에 따라 정치가 이루어져야 한다는 거지. 그러지 않으면 사회가 아무리 발전해도 불평등은 더욱 심해지고 사람들은 불행해진다고 여겼거든."

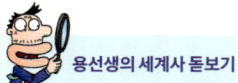

용선생의 세계사 돋보기

사람들이 가지고 있는 보편적인 생각을 일반 의지라고 해. 루소는 일반 의지에 따라 정치를 해야 한다고 주장했는데, 여기서 국민에게 주권이 있다는 오늘날 민주 정치의 원리가 나왔어.

"그럼 왕 맘대로 나라를 다스리는 게 아닌 거네요?"

"물론이지. 이제 사회 계약론이 어떻게 발전했는지 느껴지니? 처음 홉스의 사회 계약론은 왕과 국가의 절대 권력을 옹호하는 이론이었지만, 로크 같은 경우는 국가보다 시민의 권리를 중요시하고 루소의

↑ **장 자크 루소**
(1712년~1778년) 프랑스의 철학자로 훗날 프랑스 대혁명에 큰 영향을 끼쳤어. 《백과전서》 작업에도 참여하여 정치, 경제, 음악 관련 글을 썼지.

← **루소의 《인간 불평등 기원론》**
루소는 이 책에서 인간이 불평등하게 된 건, 부자가 가난한 자를 속여 잘못된 계약을 맺었기 때문이라고 지적했어. 그래서 다시 제대로 된 사회 계약을 맺어야 불평등이 사라진다고 했지.

국가는 사회 계약을 통해 만들어져 모든 사람이 보편적으로 원하는 것을 실천해야 해!

루소

경우에는 급기야 국가가 시민 전체의 뜻에 따라 움직여야 한다고 주장하는 데까지 이르렀지. 프랑스의 계몽사상가 몽테스키외는 아예 국가 권력을 셋으로 나누어서 서로를 견제하게 해야 시민의 권리를 보장할 수 있다고 생각했단다."

"국가의 권력을 나눈다고요?"

아이들이 고개를 갸웃거렸다.

"응. 법을 만드는 기관, 법에 따라 나라를 다스리는 기관, 법에 따라 재판을 하는 기관을 따로 두면 국가의 권력이 지나치게 강해지는 걸 막을 수 있다고 생각했어. 이걸 삼권 분립의 원리라고 하는데, 오늘날 대부분의 국가에서는 삼권 분립을 실천하지. 우리나라도 마찬가지야."

"그럼 유럽에서는 계몽사상가들의 생각에 따라서 나라를 고쳐 나간 모양이죠?"

곽두기의 물음에 용선생은 고개를 가로저었다.

"아니야. 나라의 권력을 쥐고 있는 왕과 귀족, 성직자들은 당연히 계몽사상과 사회 계약 이론을 좋아하지 않았거든. 그래서 사회 계약 이론에 충실한 국가가 탄생하기까지는 숱한 갈등과 혼란을 거쳐야 했어. 때로는 시행착오를 겪기도 했지만 1600년대와 1700년대 유럽의 계몽사상가들은 오늘날의 민주 사회에 이르는 길을 열었다고 볼 수 있단다."

↑ 몽테스키외
(1689년~1755년) 프랑스의 정치 사상가. 시민의 권리를 보호하기 위해 국가의 권력을 나누는 삼권 분립을 제시했어.

용선생의 세계사 돋보기

사실 이 생각 자체가 특별한 건 아니었어. 영국에서는 이미 의회에서 법을 만들면 그 법에 따라 수상이 나라를 다스리고, 법원이 재판을 맡고 있었거든. 몽테스키외는 그 이론을 체계화해서 제시한 것이지.

과학 혁명, 세상을 바라보는 눈이 바뀌다 **243**

"그렇구나……."

"계몽사상은 차츰 많은 사람의 공감을 얻으며 서유럽을 벗어나 동유럽과 러시아로 번져 나갔어. 그래서 프로이센과 러시아에는 '계몽 군주'로 불리며 사람들의 지지를 얻는 왕이 등장하기도 했지."

"왕들이 계몽사상을 좋아했어요?"

"흐흐. 그건 나중에 더 상세하게 배울 거야. 오늘은 여기까지 하자. 오늘 수업은 좀 어려웠지? 모두들 수업 듣느라 고생 많았어!"

용선생의 핵심 정리

국가의 탄생 과정과 원리를 합리적으로 설명하기 위해 사회 계약론이 등장함. 사회 계약론은 점점 시민의 권리를 중시하고 국가의 권력을 줄이는 방향으로 발전해 나감.

나선애의 **정리노트**

1. ### 코페르니쿠스의 전환
   - 그동안 상식적으로 믿어 온 것을 의심하려는 변화가 일어남.
     - → 천동설에 의문을 제기한 코페르니쿠스의 지동설
     - → 지동설은 브라헤와 케플러 등의 연구를 거치며 계속 보완됨.
   - 코페르니쿠스의 전환: 신의 섭리에서 벗어나 세상을 설명하려는 인식 변화
     - → 갈릴레오 갈릴레이: 지동설을 주장하다 종교 재판을 받음.

2. ### 합리주의와 경험주의
   - 합리주의: 이성과 합리적 사고를 통해 진리를 찾는 사상. 데카르트와 스피노자 등
   - 경험주의: 직접적인 경험과 관찰로 진리를 찾는 사상. 프랜시스 베이컨 등
     - → 관찰을 통한 가설 수립과 검증을 거치는 과학적 방법 제시

3. ### 과학 혁명과 과학의 눈부신 발전
   - 과학 혁명을 완성한 영국의 과학자 아이작 뉴턴
     - → 만유인력 법칙과 세 가지 운동 법칙 등 많은 업적을 남김.
   - 유럽 각국에서 학회가 설립되고 활발히 교류가 이루어지며 과학이 눈부시게 발전함.

4. ### 계몽사상과 사회 계약론
   - 과학 발전으로 인해 인간 이성에 대한 깊은 믿음이 형성됨.
     - → 교육을 통해 중세의 낡은 관습에서 벗어나려는 계몽사상 등장
     - → 귀족과 성직자들을 비판한 볼테르와 《백과전서》를 편집한 디드로 등
   - 사회 계약론: 사회 구성원의 사회 계약에 따라 국가가 성립된다는 사상
     - → 토머스 홉스, 존 로크, 장 자크 루소 등의 사상가를 통해 점차 발전함.
   - 몽테스키외: 국가 권력을 견제하는 삼권 분립 주장

세계사 퀴즈 달인을 찾아라!

1 과학자들의 업적에 대한 설명으로 알맞은 것에 ○표, 알맞지 <u>않은</u> 것에 X표 해 보자.

○ 프톨레마이오스의 천동설은 유럽에 오랫동안 영향을 미쳤다. (　　)

○ 코페르니쿠스는 천동설에 의문을 품고 지동설을 제시한 사람이다. (　　)

○ 케플러의 법칙을 만든 케플러는 연구를 통해 천동설을 과학적으로 증명했다. (　　)

3 다음 설명이 나타내는 인물의 이름을 써 보자.

○ 지동설을 주장하다 종교 재판을 받았다.
○ 목성 주위를 도는 네 개의 위성을 발견했다.
○ 자신이 개발한 망원경으로 직접 우주를 관측했다.
○ 쉬운 이탈리아어로 과학책을 써서 스타 과학자가 되었다.

(　　　　　　　　)

2 다음 설명에 해당하는 용어로 알맞은 것은? (　　)

천동설을 뒤엎은 코페르니쿠스의 지동설처럼 사고방식과 견해가 기존과 크게 달라지는 것을 가리키는 말. 신의 섭리로 자연 현상을 설명하려는 사고에서 벗어나 세상을 설명하려는 시도를 하게 되었지.

① 보이지 않는 손
② 기계론적 우주관
③ 인간 불평등 기원론
④ 코페르니쿠스의 전환

4 빈칸에 들어갈 알맞은 말을 순서대로 써 보자.

"나는 생각한다. 그러므로 나는 존재한다."라고 말한 근대 철학의 아버지 ① ___는 의심과 합리적 사고를 통해 진리에 이르는 합리주의 사상의 시조가 되었어. "아는 것이 힘이다."라는 명언을 남긴 베이컨은 관찰과 직접적인 경험을 통한 지식을 중시하는 ② ___ 사상을 대표하는 사상가야.

(① _____ , ② _____)

6 다음 중 서로 관련 있는 것들을 바르게 연결해 보자.

① 볼테르 • • ㉠ 프랑스 계몽 사상가. 《관용론》 저술

② 몽테스키외 • • ㉡ 최초로 사회 계약설 제시. 《리바이어던》 저술

③ 애덤 스미스 • • ㉢ 중상주의를 비판하고 자유 무역 주장

④ 토머스 홉스 • • ㉣ 국가의 권력을 나누는 삼권 분립 제시

5 뉴턴에 대해 잘못 설명한 친구는?
( )

 ① 만유인력 법칙을 밝혀냈어.

 ② 유럽의 과학 혁명을 완성한 인물로 평가받아.

③ 물체의 운동에 관한 세 가지 법칙도 발견했지.

④ 자신만의 연구를 중시해서 학회 등의 교류는 멀리했어.

정답은 451쪽에서 확인하세요!

달인 트로피

용선생 세계사 카페

라이벌 관계였던 천재 과학자 뉴턴과 라이프니츠

1600년대~1700년대 유럽에서는 숱한 천재 과학자들이 활동했어. 그 중에는 오늘날까지 널리 알려진 라이벌 대결을 펼친 두 사람이 있지. 바로 영국의 뉴턴과 독일의 라이프니츠야. 두 사람 모두 과학뿐 아니라 철학과 신학 같은 인문학 분야에서도 많은 업적을 남긴 천재 과학자란다.

평범한 지주의 아들로 태어난 과학자

↑ 아이작 뉴턴
(1642년~1727년)

영국의 아이작 뉴턴은 1642년 크리스마스에 영국 동부의 작은 농가에서 태어났어. 아버지는 뉴턴이 태어나기 전 세상을 떠났고, 어머니가 재혼하는 바람에 뉴턴은 외가에 남겨져 외할머니 품에서 자랐지. 뉴턴은 호기심이 많아서 매사에 뭐든지 왜 그렇게 되는지 이유를 알려고 했어. 어렸을 적부터 혼자 책을 찾아 보며 공부하는 것을 좋아했고, 물건 만들기도 좋아해서 나무로 만든 해시계 등 여러 가지 물건을 직접 만들어 봤다고 해.

뉴턴은 18세가 됐을 때 외삼촌의 권유로 케임브리지 대학에 입학해서 본격적으로 공부를 시작했단다. 그러다가 1665년에 흑사병이 유행하는 바람에 대학이 휴교를 하자 고향으로 돌아갔지.

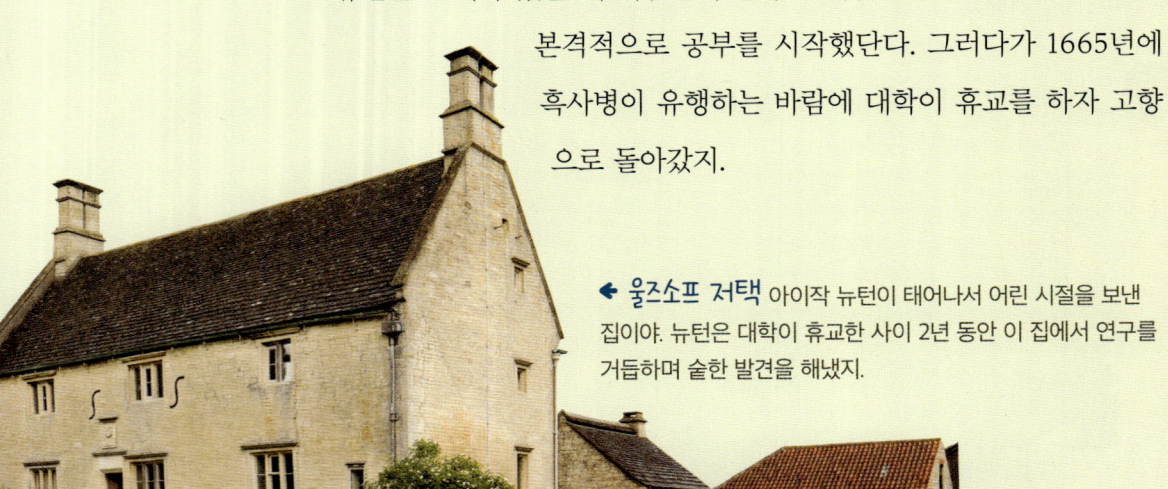

← 울즈소프 저택 아이작 뉴턴이 태어나서 어린 시절을 보낸 집이야. 뉴턴은 대학이 휴교한 사이 2년 동안 이 집에서 연구를 거듭하며 숱한 발견을 해냈지.

발견 또 발견

뉴턴은 2년간 고향에 머물며 자신의 이름을 역사에 영원히 남길 발견을 했어. 대표적인 것이 바로 만유인력 법칙이지.

어느 날, 뉴턴이 사과나무에 기대 쉬고 있을 때 사과가 머리 위에 떨어졌대. 뉴턴은 사과가 왜 떨어졌는지 궁리하다가 땅이 사과를 잡아당길 거라고 생각했지. 그렇지 않다면 사과는 공중에 그대로 있어야 하니까. 그러다가 지구가 사과를 비롯한 지구 위의 모든 물체를 끌어당긴다는 생각을 한 거야.

↑ 프리즘을 통해 빛의 스펙트럼을 연구하는 뉴턴

뉴턴이 정말 사과를 보고 만유인력 법칙을 떠올린 건지는 확실하지 않아. 확실한 건 뉴턴이 생각을 여기에서 멈추지 않고 확장해 나갔다는 거지. 지구는 지구 위의 물체만 끌어당길까? 혹시 달을 끌어당기는 것은 아닐까? 그렇다면 다른 별들도 지구와 마찬가지로 다른 물체를 끌어당길까? 이렇게 생각을 거듭한 끝에 마침내 '세상 모든 물체 사이에는 서로 끌어당기는 힘이 있다.'라는 만유인력 법칙을 발견해 냈어.

2년 후 뉴턴은 케임브리지 대학으로 돌아와 석사 학위를 받았고, 2년이 더 지난 27세 때에는 수학과 교수가 되었지. 케임브리지 대학에서 뉴턴은 눈이 부실 만큼 많은 업적을 남겼어. 반사 망원경을 발명하고 빛의 성질을 연구했으며, 물체의 운동에 대한 세

➔ 트리니티 칼리지의 사과나무
뉴턴이 만유인력 법칙을 발견한 것을 기념해 심었대.

가지 법칙을 정리했지. 과학과 수학 분야에서 사실상 뉴턴이 손대지 않은 연구 분야는 거의 없었단다.

만물박사 뉴턴

그런데 뉴턴은 과학과 수학, 천문학에만 몰두한 게 아니야. 신학과 종교학, 심지어 금을 만들어 낸다는 연금술에도 깊이 빠져 있었지. 1699년부터는 영국의 화폐를 만드는 조폐국 국장을 맡아 3년 동안 영국의 화폐 개혁에 앞장섰단다. 이 당시 영국은 위조 화폐를 만드는 범죄자들 때문에 골머리를 앓았는데, 뉴턴은 화폐 위조범을 직접 추적해서 체포하는 한편 위조가 어려운 새 화폐를 만들기도 했지.

뉴턴은 평생 많은 상을 받으며 영예를 누렸고, 1705년 과학자로서는 처음으로 기사 작위를 받기도 했단다. 말년에 "선생님께서는 많은 업적을 쌓으셨습니다."라는 말을 듣고 뉴턴은 웃으면서 이렇게 말했대.

> "나는 고작해야 진리의 해변에서 예쁜 조개껍데기 몇 개를 가지고 노는 어린아이에 지나지 않아. 우리 앞의 저 넓은 바다에는 아직도 밝혀지지 않은 비밀이 숱하게 놓여 있다네."

너무 똑똑해서 문제인 청년

고트프리트 빌헬름 라이프니츠는 1646년 독일 하노버에서 태어났어. 어렸을 때부터 특히 언어에 재능을 보여 이미 여덟 살 때 혼자 힘으로 라틴어를 읽기 시작했고, 나이가 들어서도 프랑스어, 독일어, 그리스어에 능숙했대. 열다섯 살에 철학을 공부하기 시작한 라이프니츠는 곧 수학, 물리학, 천문학에도 관심을 가졌어. 게다가 대학에서는 법학을 전공했지. 고작 스무 살에 대학을 졸업하고 법학 박사 학위를 받으려고 했지만 너무 어리다는 이유로 교수들이 라이프니츠에게 학위를

↑ 고트프리트
빌헬름 라이프니츠
(1646년~1716년)

↑ 하노버의 라이프니츠 하우스 하노버 제후의 궁정 도서관이야. 1693년부터 1719년까지 라이프니츠가 숙소로 썼어.

주지 않았단다. 하지만 라이프니츠는 실망하지 않고 수학, 물리학, 천문학, 기계학과 같은 자연 과학으로 관심을 돌려 숱한 업적을 남겼지. 1676년에는 하노버 제후의 후원을 받으며 궁정에서 연구를 계속했어.

시대를 앞서간 발명가

라이프니츠 역시 뉴턴처럼 여러 분야에서 많은 업적을 남겼어. 특히 컴퓨터의 아버지로 평가받기도 해. 라이프니츠가 2진법을 개발하고 2진법을 이용한 계산기도 만들었기 때문이야. 2진법은 0과 1, 오직 두 숫자만 사용해서 계산을 하는 방식인데, 현대의 컴퓨터는 라이프니츠가 생각해 낸 2진법의 원리에 따라 움직인단다. 라이프니츠는 단순한 계산뿐 아니라 인간의 모든 언어를 수학 공식으로 바꾸어 계산기로 계산하려는 야심찬 계획

↑ 라이프니츠상을 받은 역사학자 베네딕트 사보이
라이프니츠상은 자연 과학뿐만 가니라 정치, 외교, 역사, 신학 등에서 훌륭한 업적을 쌓은 학자에게 주는 상이야.

↑ **뮌헨 독일 박물관** 세계 최대의 과학과 기술 박물관으로 꼽히는 뮌헨의 독일 박물관이야. 라이프니츠 협회에 속해 있지. 라이프니츠 과학 협회는 과학, 공학뿐만 아니라 경제학, 인문 사회 과학을 망라한 91개 연구 기관으로 구성되어 있어.

을 세우기도 했대. 이런 아이디어는 훗날 컴퓨터 언어와 논리학 발전의 시초로 평가받기도 해.

라이프니츠의 활약은 여기서 그치지 않는단다. 라이프니츠는 잠수함의 설계도를 만들었고, 바람의 속도를 측정하는 풍속기를 발명했지. 또 철학에서도 많은 성과를 남겨서, 데카르트와 스피노자를 잇는 합리주의 철학의 거장으로 평가받는단다.

뉴턴과의 표절 논란

라이프니츠는 특히 뉴턴과 벌인 표절 논란으로도 유명해. 라이프니츠는 1684년 '미분'이라는 새로운 수학 계산법을 개발해 발표했어. 미분은 잘게 나눈다는 뜻인데, 곡선을 아주 작게 나누어 직선으로 다루어 계산하는 방식이야. 미분을 이용하면 어떤 물체가 움직일 때 시간에 따라 그 위치가 변하는 정도를 알 수 있어. 예를 들면 대포의 포탄이 날아가는 속도와 위치를 정확히 계산해 낼 수 있기 때문에, 전쟁이 잦은 당시 상황에서 매우 유용한 계산법이었지.

그런데 라이프니츠의 발표에 뉴턴은 자신이 이미 오래전에 미분을 개발했지만 세상에 발표하지 않았을 뿐이라고 말했어. 평소 편지를 주고받으며 친분이 있던 두 천재는 처음에는 서로의 연구 성과를 인정하고 넘어갔어.

문제는 엉뚱한 곳에서 터졌어. 뉴턴의 추종자였던 영국 수학자들이 라이프니츠를 표절범으로 몰아갔거든. 화가 난 라이프니츠는 뉴턴이 자신의 연구를 베꼈다며 대응에 나섰고, 여기에 발끈한 뉴턴 역시 라이프니츠를 표절범으로 몰아붙이면서 두 천재의 자존심 대결이 시작됐지. 라이프니츠는 영국의 왕립 학회에 심판을 요청했어. 하지만 이 당시 왕립 학회의 회장이 다름 아닌 뉴턴이었던 탓에 공정한 심판을 기대할 수가 없었단다. 표절 논쟁은 결국 영국과 독일 사이의 감정 싸움으로 번져 나갔고, 왕립 학회는 독일과의 학술 교류를 100여 년 동안 끊어 버렸지.

오늘날 학자들은 대부분 두 천재가 비슷한 시기에 각자 미분법을 개발했을 것이라고 보고 있어. 다만 오늘날 널리 사용하는 미분법은 라이프니츠가 개발한 미분법이야. 뉴턴이 개발한 미분법은 좀 더 복잡하고 이해하기도 어렵거든.

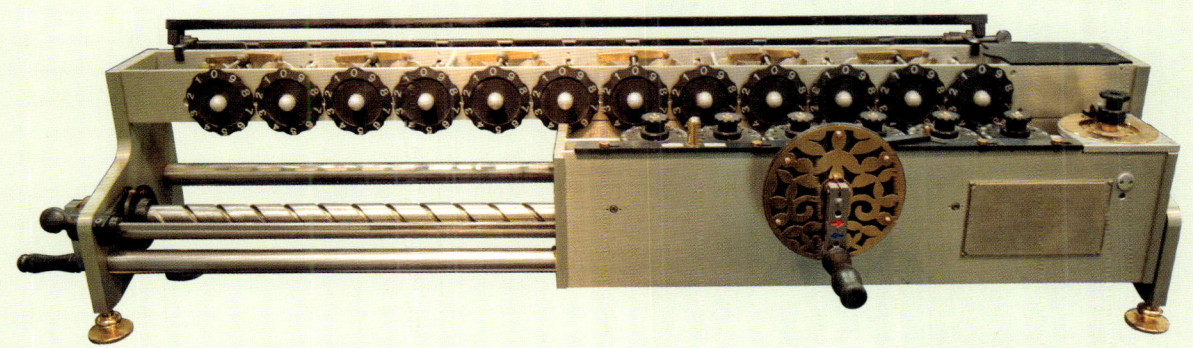

↑ **라이프니츠가 발명한 계산기** 세계 최초로 덧셈, 뺄셈, 곱셈, 나눗셈이 모두 가능한 기계였어.

용선생 세계사 카페

계몽사상가들의 신념이 담긴 책 《백과전서》 들여다보기

1700년대 유럽의 계몽사상가들은 굳은 신념을 가지고 있었어. 바로 당대에 새롭게 발견된 지식을 널리 퍼뜨려 세상 사람들을 깨우쳐야 한다는 믿음이었지. 이런 신념이 잘 드러나 있는 책이 바로 프랑스에서 출간된 《백과전서》야. 처음에는 영국의 백과사전을 프랑스어로 번역하는 작업으로 출발했지만, 담당 편집자인 드니 디드로의 주도 아래 전체 35권, 총 7만 항목이 넘는 내용에 140여 명에 이르는 필진이 참여하는 거대 프로젝트로 확장됐지. 《백과전서》는 훗날 다른 백과사전의 출간에도 큰 영향을 미쳤어. 그리고 이후 유럽 사회의 급격한 변화에도 많은 영향을 준 책으로 평가받아.

그런데 총 35권의 《백과전서》 중 11권은 글이 아니라 삽화와 함께 간략한 설명이 담겨 있는 화보집으로 구성되어 있어. 이 화보집에는 과학과 기술, 건축, 풍속에 대한 삽화가 2,500장 넘게 담겨 있지. 당시 평범한 농촌의 풍경부터 도축장, 인쇄소, 광산 풍경은 물론이고 군인들의 훈련법, 각종 동식물의 세밀화와 현미경으로 들여다

← 《백과전서》의 첫머리 그림
이 그림은 당시 계몽사상가들의 신념을 상징적으로 드러내고 있어. 그림 맨 상단 중앙에 위치한 여인은 '진리'를 상징하고, 그 오른쪽에 서서 진리에게서 베일을 벗겨 내는 여인은 '이성'과 '과학'을 상징하지. 진리 아래쪽에서 눈이 부신 듯 주저앉아 있는 여인은 '신학'을 상징한단다. 즉, 이 그림에는 진리를 밝혀내는 것이 더 이상 신학이 아니라 이성과 과학의 역할이라는 의미가 담겨 있어.

본 세상의 모습, 악보 적는 방법과 옷감 짜는 방법에 이르기까지 그야말로 '백과사전'이라는 말이 어울리는 방대한 내용이란다. 그중 일부분을 살짝 들여다볼까?

↑ 밭을 갈고 씨를 뿌리는 농부와 쟁기의 모습
평범한 농촌 풍경과 농부들이 쓰는 도구를 자세히 소개하는 그림이야.

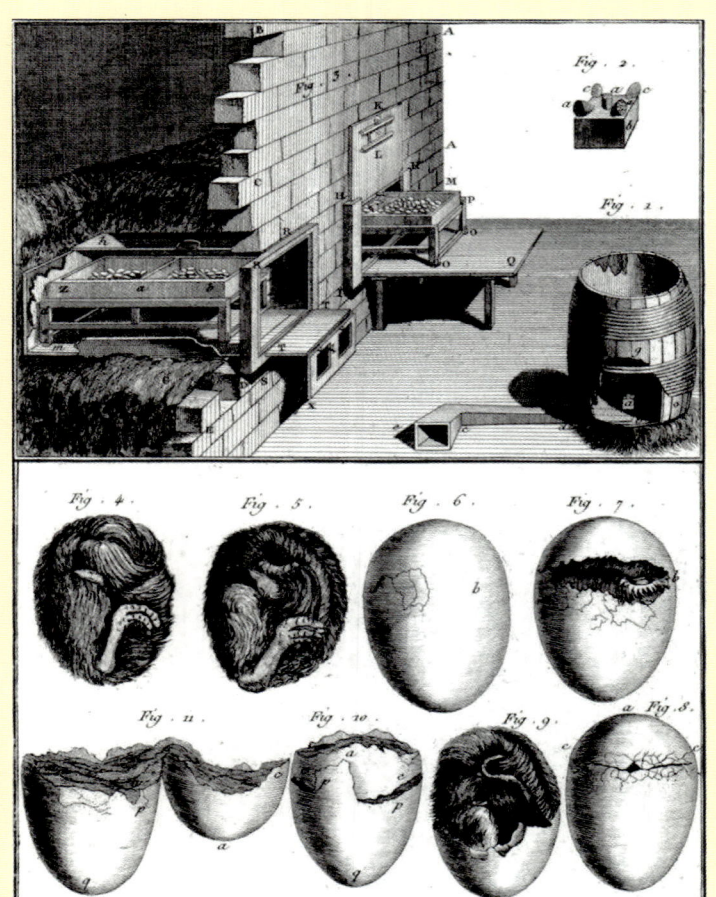

↑ 두개골과 태아의 골격

↑ 병아리 부화장과 부화 과정

양계장에 설치된 병아리 부화장을 소개한 그림이야. 병아리가 부화하는 과정도 단계별로 섬세하게 묘사했어.

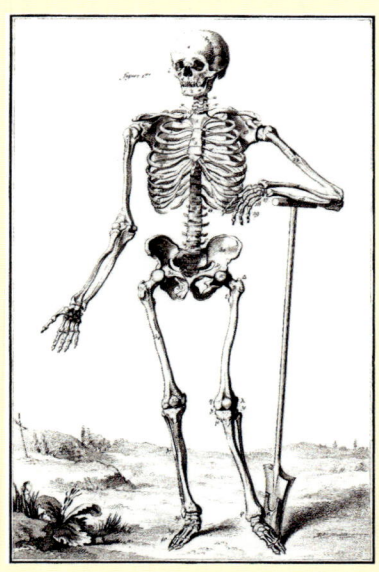

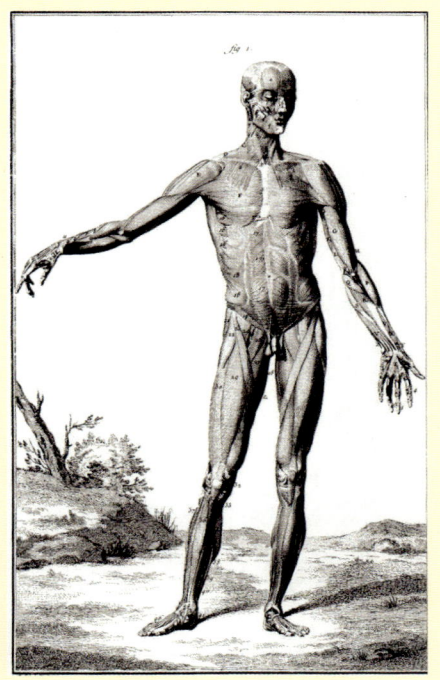

→ 인체 해부도

전면에서 바라본 인체의 골격과 근육을 소개한 그림이야.

← **구령에 따라 동작을 취하는 보병** 당시 유럽에서 매우 잦았던 전쟁에 대한 정보도 이렇게 자세히 정리했어.

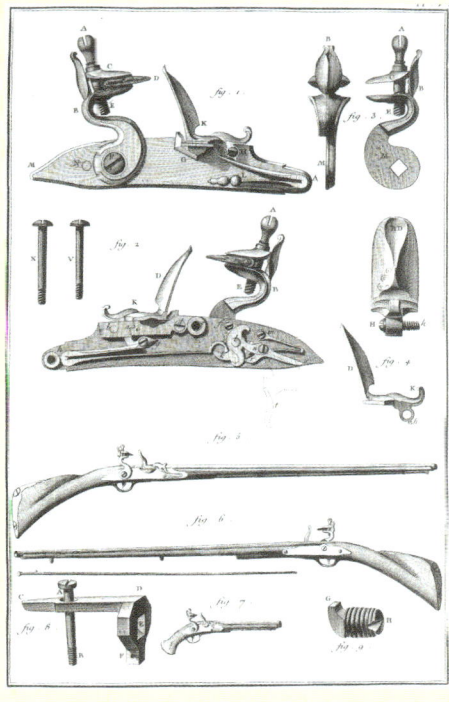

← **소총과 권총 설계도**

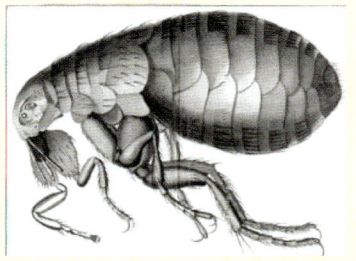

↑ **현미경으로 본 벼룩**

← **각종 희귀 조류들**
당시 오스트레일리아 등 해외에서 새로이 발견된 희귀 조류들이야.

↑ **코뿔소와 코끼리**
아프리카에 있는 이 동물들은 둘 다 유럽에서는 보기 어려웠어.

5교시

중부 유럽의 국가들이 강자로 떠오르다

영국과 프랑스를 비롯한 서유럽 국가들이
세계를 누비며 눈부신 성장을 거듭하던 1700년대.
중부 유럽에서는 합스부르크 가문의 본거지 오스트리아와
독일 지역 신흥 강국 프로이센이
30년 전쟁의 충격을 딛고 강자로 떠올랐어.
그리고 멀리 동유럽에서는 러시아가
본격적으로 팽창하기 시작했단다.
오늘은 오스트리아와 프로이센, 러시아의 성장을 살펴보자.

1683년	1699년	1701년	1703년	1740년	1756년	1773년	1773년
제2차 빈 포위	카를로비츠 조약 체결	에스파냐 왕위 계승 전쟁 시작	상트페테르부르크 건설	오스트리아 왕위 계승 전쟁 시작	7년 전쟁 시작	푸가초프의 난	오스트리아, 프로이센, 러시아가 폴란드를 분할함

역사의 현장 지금은?

유라시아 대륙의 거대한 나라 러시아

유라시아 대륙 북부에 위치한 러시아는 총 85개 연방관구로 이루어진 연방제 국가야. 그중 22개 연방관구는 고유의 언어를 쓰고 독자적인 헌법과 의회를 갖춘 자치 공화국이지. 인구는 약 1억 4,500만 명으로, 그중 20퍼센트가 150여 개 소수 민족인 다민족 국가이기도 해. 러시아의 크기는 한반도의 78배로 세계에서 가장 커. 동쪽 끝과 서쪽 끝의 시차가 무려 11시간이나 날 정도로 동서로 긴 나라야. 국토 대부분이 겨울이 길고 매우 추운 냉대 기후라 농사가 가능한 지역은 전체 면적의 12퍼센트에 지나지 않지만, 면적은 매우 넓어서 세계에서 다섯 손가락 안에 드는 농산물 생산국이란다.

↑ 모스크바강 주변에 위치한 크렘린 궁전
옛 러시아 제국 시절 궁전이야. 지금은 대통령 관저와 정부 기관이 자리 잡고 있어.

국제 비지니스 센터

↑ **모스크바 전경** 모스크바 한가운데에는 모스크바강이 흘러. 강 오른쪽에 초고층 건물이 즐비한 국제 비지니스 센터가 있지.

러시아 최대 도시 모스크바

러시아의 수도 모스크바는 러시아의 정치·경제 중심 도시이자 유럽에서 인구가 가장 많은 도시야. 주변에 큰 하천이 많아서 일찍부터 강을 이용한 교통이 발달했어.

➜ **러시아의 세계 최대 천연가스 기업 가스프롬**
러시아의 북극해 인근과 시베리아 평원에는 천연가스와 원유가 어마어마하게 매장돼 있어. 대부분이 유럽으로 수출되지.

러시아 제국의 수도였던 상트페테르부르크

러시아 제2의 도시로, 한때 러시아 혁명 지도자 레닌의 이름을 따서 레닌그라드라고 불렀어. 정밀 기계 공업이 발달했고, 미술관, 박물관, 학술 연구 기관이 많아 학술 문화의 중심지이기도 하지. 상트페테르부르크에는 옛 러시아 제국의 문화유산이 많이 남아 있어서 도시 전체가 유네스코 세계유산으로 지정되었단다.

◀ **예르미타시 미술관**
전 세계 예술품을 약 300만 점 소장한 세계적인 미술관이야. 러시아 황제가 살던 겨울 궁전과 네 개의 건물로 구성되어 있지.

◀ **페트로파블롭스크 요새**
스웨덴 해군의 공격을 막기 위해 1703년부터 지은 요새야. 이 요새가 건설된 이후 상트페테르부르크 도시 건설이 시작됐지.

◀ 네바강이 흐르는 상트페테르부르크 전경

▲ 바이칼호를 지나는 시베리아 횡단 열차

유럽과 아시아를 이어 주는 시베리아 횡단 철도

겨울이 춥고 긴 러시아는 도로가 자주 얼어붙어. 그래서 철도 교통이 발달했지. 대표적인 철도가 바로 우랄산맥 동쪽의 시베리아 평원을 동서로 가로지르며 유럽과 아시아를 잇는 시베리아 횡단 철도야. 총 길이가 9,288킬로미터로 자그마치 지구 둘레의 4분의 1에 해당하는 거리를 달리는 세계에서 가장 긴 철도지. 시베리아 횡단 철도 공사는 1891년에 시작해 1916년에야 전 구간을 개통했어. 시베리아 횡단 철도 개통을 시작으로 시베리아 자원 개발이 본격적으로 진행되었고, 기차역을 중심으로 대도시가 잇따라 생겨났단다.

▲ 시베리아 횡단 열차 구간과 주요 도시

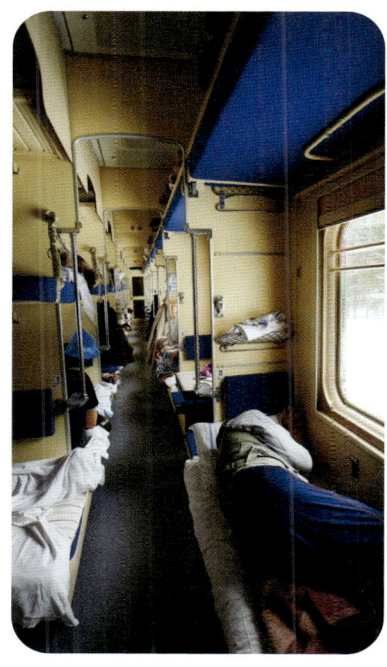

▲ 기차 안에서 휴식을 취하는 승객들
서쪽 끝 모스크바에서 동쪽 끝 블라디보스토크까지는 일주일이나 걸려. 도착할 때까지 기차 안에서 먹고 자야 하지.

척박한 시베리아의 진주 같은 도시들

러시아 영토의 대부분을 차지하는 시베리아 평원은 1년의 절반 이상이 추운 겨울일 정도로 척박한 땅이지만, 이곳에도 마치 진주처럼 아름다운 도시가 여럿 있어.

◀ 예카테린부르크의 아시아-유럽 경계 탑

◀ 유럽과 아시아 경계에 위치한 예카테린부르크
우랄산맥에 풍부한 석탄, 철광석 등을 바탕으로 성장한 공업 도시야. 우랄산맥은 유럽과 아시아의 경계가 되는 지형이야.

▲ 노보시비르스크의 발레 극장

▶ 시베리아 제1 도시 노보시비르스크
시베리아 횡단 철도를 통해 동서를 연결하는 교통 중심지로 급속히 성장했어. 러시아에서 가장 큰 도서관과 발레 극장이 있지.

◀ 태평양의 전진 기지 블라디보스토크
러시아 동쪽 끝에 위치한 도시. 겨울에도 얼지 않는 부동항이자 태평양에 접한 항구여서 전략적으로 중요한 도시야.

◀ 일제 강점기 한인 거주지였던 신한촌 기념비
일제 강점기에 블라디보스토크에 있던 한인 마을을 기리는 비석이야.

추위 속에서 피어난 러시아의 문화

러시아는 발레의 본고장이야. 발레극 '백조의 호수'와 볼쇼이 발레단의 명성은 세계적으로 유명하지. 또 작곡가 차이콥스키와 라흐마니노프, 작가 도스토옙스키와 톨스토이, 화가 샤갈과 칸딘스키 등 뛰어난 예술인을 무수히 배출한 나라이기도 해.

▲ 샤갈의 〈내 약혼녀에게 바침〉

➜ 볼쇼이 발레단의 프리마 발레리나

➜ **전통 사우나 바냐** 1년 중 반 이상이 매우 추운 겨울인 러시아에서는 사우나 문화가 발달했어. 러시아 전통 사우나 '바냐'는 뜨겁게 달군 돌에 물을 부어 증기를 만들어. 사우나를 하면서 자작나무 가지로 몸을 두드린단다.

➜ **봄맞이 축제 마슬레니차** 러시아를 비롯한 동유럽 지역의 봄맞이 전통 축제야. 축제 마지막 날에 지푸라기로 만든 인형 마슬레니차를 불태운단다.

오스트리아가 30년 전쟁의 폐허를 딛고 일어서다

▼ 레오폴트 1세
(1640년~1705년) 50년 가까이 오스트리아를 다스리며 합스부르크 가문 부흥의 기반을 쌓았어.

"오늘은 프랑스보다 동쪽에 있는 중부 유럽의 나라들에 대해 알아보자."

"중부 유럽이면 합스부르크 가문이 있지 않나요?"

왕수재가 지난 기억을 떠올리며 물었다.

"합스부르크 가문이 황제 자리를 지키기는 했지만, 30년 전쟁이 끝난 이후로 신성 로마 제국을 되살리는 건 불가능했어. 300개가 넘는 제후국이 제각기 주권을 얻었는데 그걸 순순히 포기하려고 하겠니? 그래서 합스부르크 가문은 불가능한 꿈을 버리고 현실적인 방법을 택했단다. 가문의 근거지인 오스트리아를 중심으로 이웃한 보헤미아와 헝가리부터 확실히 정복해 자기 세력을 넓히기로 한 거야."

"그럼 보헤미아나 헝가리도 앉아서 당하고만 있지 않을 텐데요?"

"보헤미아는 치열했던 30년 전쟁 과정에서 큰 피해를 입고 이미 거의 힘을 잃은 상태였어. 그래서 합스부르크 가문은 보헤미아를 손쉽게 장악했단다."

"그럼 헝가리는요?"

"헝가리도 이미 나라의 대부분이 오스만 제국에 점령당해서 적극적으로 저항할 수가 없었지. 다만 문제가 된 건 오스만 제국이었어. 오스트리아가 헝가리를 장악하려 들자 평소 서유럽을 넘보던 오스만 제국이 헝가리를 돕겠다는 구실로 대군을 이끌고 쳐들어왔거든."

"헉, 그 무시무시한 오스만 제국이 오스트리아를 공격했다고요?"

곽두기가 눈을 동그랗게 뜨며 말했지만 용선생은 씩 미소를 지었다.

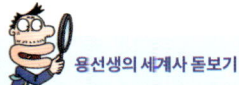

> 용선생의 세계사 돋보기
>
> 보헤미아는 30년 전쟁이 시작된 지역이라, 전쟁 초반부터 전쟁이 끝날 때까지 숱한 전투에 시달리며 나라 전체가 막대한 피해를 입었어.

↓ 얀 3세 소비에스키 (1629년~1696년) 폴란드의 국왕. 오스만 제국에 맞서 가톨릭 연합군을 지휘하며 빈 전투를 승리로 이끌었어.

↑ 제2차 빈 포위 폴란드의 기사들이 오스만 제국군을 몰아붙이고 있어. 이 전투에는 교황과 황제의 구원 요청에 따라 폴란드와 바이에른 등 여러 나라가 가톨릭 연합군으로 참여했어.

중부 유럽의 국가들이 강자로 떠오르다

◆ 젠타 전투

1697년, 오늘날 세르비아 일대에서 오스만 제국과 오스트리아 사이에 벌어진 전투야. 이 전투에서 오스만 제국은 주력군을 완전히 잃고 오스트리아에 무릎을 꿇게 돼. 이후 카를로비츠 조약을 통해 오스트리아는 헝가리와 트란실바니아를 얻었지.

"1683년, 오스만 제국의 대군은 오스트리아의 수도 빈을 포위하고 공세를 펼쳤어. 1529년 술레이만 대제의 군대가 빈을 포위한 이후 두 번째였지. 오스트리아는 마치 바람 앞의 촛불처럼 위태로워 보였단다. 그런데 여기서 놀라운 반전이 일어났지. 오스트리아를 돕기 위해 달려온 폴란드의 기사들이 오스만 제국의 대군을 보기 좋게 무찔러 버린 거야."

"우아, 정말요?"

"그래. 게다가 오스트리아는 이 전투 이후 오스만 제국을 파죽지세로 몰아붙였어. 오스트리아는 16년에 걸친 전쟁을 통해 오스만 제국을 궁지로 몰아넣고 카를로비츠라는 도시에서 평화 조약을 맺어 승리를 거머쥐었지. 이 조약을 통해 오스트리아는 헝가리 전체와 트란실바니아 일대의 영토를 차지하고 부흥의 발판을 마련했단다."

"오스트리아가 오스만 제국을 물리치고 강국으로 거듭났네요."

"하지만 안심하긴 일러. 합스부르크 가문의 오스트리아에는 또 다른

곽두기의 국어 사전

파죽지세 깨트릴 파(破) 대나무 죽(竹) 어조사 지(之) 기세 세(勢). 대나무가 쪼개지듯이 거침없는 기세를 가리키는 말이야.

왕수재의 지리 사전

트란실바니아 헝가리 평원의 동부, 오늘날 루마니아 북서부 지역을 부르는 말.

◀ 세르비아의
스렘스키카-를로브치

1699년 1월 카를로비츠 조약이 체결된 곳이야. 이후 이곳은 오스트리아의 통치를 받으며 세르비아인의 문화 중심지로 부상했어.

라이벌인 유럽 최강국 프랑스가 있었거든. 이때 프랑스는 루이 14세의 지배 아래에서 발전하고 있었지. 오스트리아는 영국, 네덜란드 등 유럽 여러 나라와 동맹을 맺고 프랑스의 세력 확장을 적극적으로 방해했단다."

"프랑스가 가만히 있진 않았을 것 같은데요."

"맞아. 오스트리아와 프랑스 사이에 결국 큰 전쟁이 벌어졌어. 바로 에스파냐 왕위 계승 전쟁이야. 프랑스의 루이 14세는 에스파냐 왕위를 물려받은 손자가 프랑스 황위도 물려받을 자격이 있다고 주장했고, 이에 반대하는 나라들과 13년 동안이나 전쟁을 이어 갔어. 하지만 끝끝내 뜻을 이루지는 못했지. 기억하지?"

"네, 루이 14세의 손자가 에스파냐 왕위는 계승하지만, 프랑스 왕위를 포기하도록 했다고 하셨어요."

나선애가 노트를 펼치며 말하자 용선생은 고개를 끄덕였다.

▲ 오스트리아의 영토 확장

오스트리아는 오스만 제국, 프랑스와 전쟁을 벌이며 계속 영토를 넓혀 나갔어.

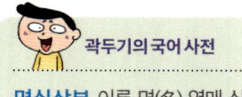

명실상부 이름 명(名) 열매 실(實) 서로 상(相) 부호 부(符). 알려진 것과 실제의 상황이 차이 없이 똑같은 것을 가리켜.

"잘 기억하고 있구나. 프랑스는 이 전쟁에서 별 소득이 없었던 반면, 오스트리아는 이득을 짭짤하게 챙겼어. 그동안 에스파냐가 지배해 온 이탈리아 일대의 영토에 더해 오늘날 벨기에 지역까지 차지할 수 있었거든. 이제 합스부르크 가문의 오스트리아는 30년 전쟁의 폐허를 딛고 일어나 명실상부한 중부 유럽의 강자로 다시 떠올랐어."

용선생의 핵심 정리

30년 전쟁 이후 오스트리아는 보헤미아를 장악하고 오스만 제국을 물리치며 헝가리까지 장악함. 뒤이어 에스파냐 왕위 계승 전쟁에서 프랑스를 견제하는 데 성공하며 중부 유럽의 강자로 부상함.

오스트리아 왕위 계승 전쟁이 벌어지다

"합스부르크 가문도 대단하네요."

장하다가 중얼거리자 용선생은 웃으며 고개를 끄덕였다.

"그럼~. 역사와 전통을 자랑하는 합스부르크 가문이 저력을 제대로 발휘한 거지. 에스파냐 왕위 계승 전쟁 이후 오스트리아의 카를 6세는 여러 가지 중상주의 정책을 펼치며 나라를 한층 더 발전시키려 했단다."

"오스트리아는 어떤 중상주의 정책을 펼쳤는데요?"

"카를 6세는 우선 수도 빈에 상업 학교를 설립하여 상인을 키웠어. 또 수도 빈에서 사방으로 뻗은 산악 도로를 정비하고, 합스부르크 가문이 통치하는 지역끼리 관세를 철폐해 이탈리아 북부 및 헝가리와의 교역을 장려했지. 오스트리아가 지중해로 본격적으로 진출한 것도 바로 이때야."

장하다의 인물 사전

카를 6세 (1685년~1740년) 레오폴트 1세의 둘째 아들이야. 형이 후계자 없이 죽는 바람에 오스트리아 대공 자리를 물려받아 신성 로마 제국 황제가 되었지.

← **알프스 젬머링 고개**

빈에서 알프스를 넘어 지중해로 가는 고갯길이야. 카를 6세는 지중해로 쉽게 진출할 수 있도록 젬머링 고개에 새로운 산악 도로를 건설했어.

중부 유럽의 국가들이 강자로 떠오르다

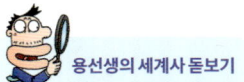

용선생의 세계사 돋보기

트리에스테와 피우메는 둘 다 베네치아와 경쟁을 벌이던 아드리아해의 항구 도시야. 베네치아의 세력이 커지자 각각 1382년, 1466년에 오스트리아의 지배를 받아들였어.

"어, 오스트리아는 내륙 국가 아니었던가요?"

왕수재가 고개를 갸웃댔다.

"아냐, 이때 오스트리아는 아드리아해의 항구 도시인 트리에스테와 피우메를 갖고 있었어. 카를 6세는 두 항구를 자유항으로 지정하고 오스만 제국과 통상 조약을 맺어 아드리아해 무역을 장악한 베네치아와 본격적으로 경쟁을 벌였지. 게다가 오스트리아의 지배를 받게 된 벨기에 지역 상인들을 이용해 동인도 회사를 설립했어. 인도양 무역을 두고 영국, 네덜란드와 경쟁을 벌이려고 한 거야."

"다른 나라들과 제대로 경쟁해 보겠단 거군요."

"흐흐. 그런데 모든 일이 계획대로 되지는 않았어. 카를 6세의 심

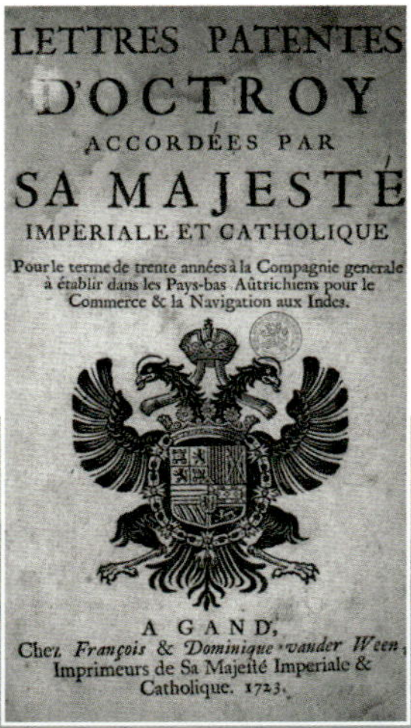

▶ **오스텐더 회사 창립 헌장** 오스트리아는 오늘날 벨기에의 도시 오스텐더에 회사를 창립하고 동인도 무역 독점권을 주었어.

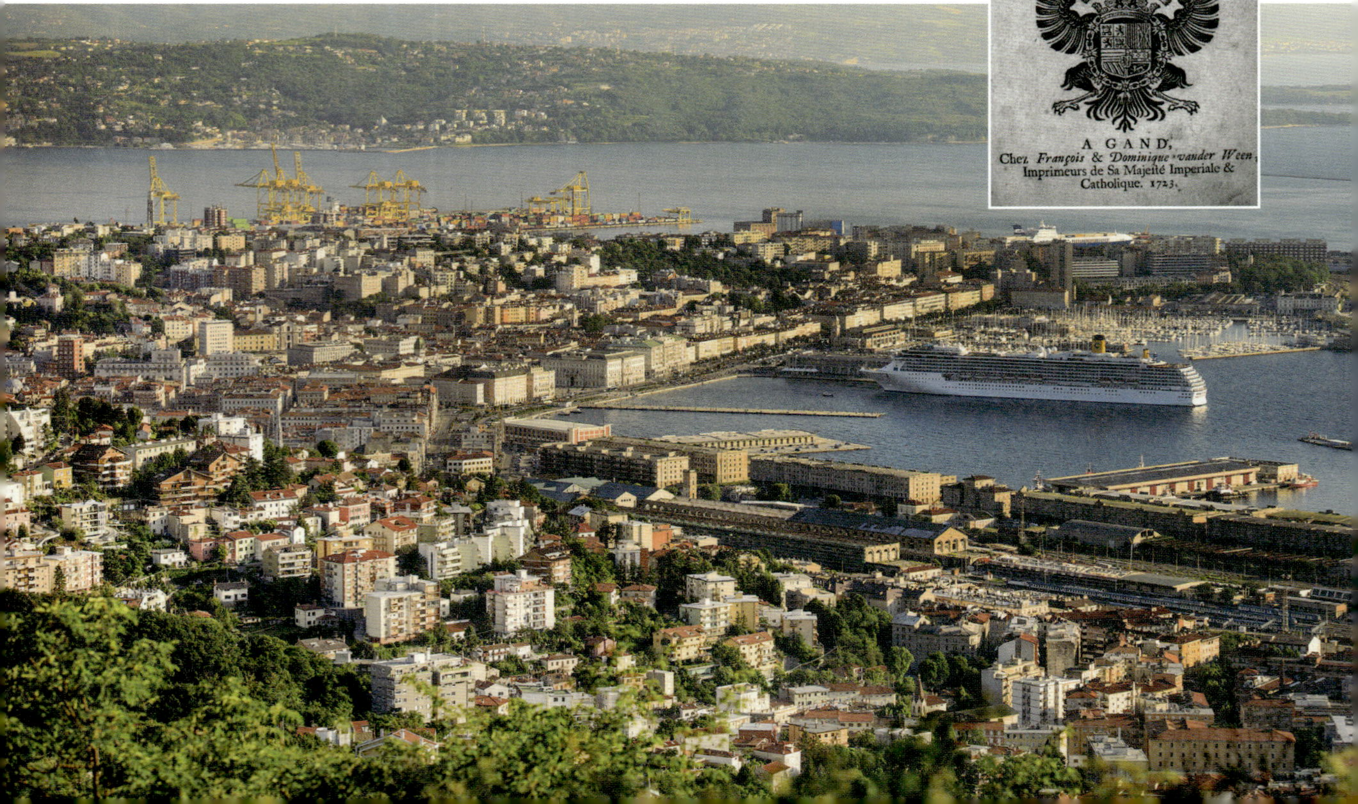

▶ **이탈리아 트리에스테** 오스트리아와 지중해를 연결하는 항구 도시 중 하나였어. 오스트리아는 이곳을 중심으로 베네치아와 경쟁을 벌였지.

복이었던 에스파냐 출신 귀족과 오스트리아 귀족 사이의 갈등이 심했던 탓에 중상주의 정책을 제대로 펼쳐 보지도 못하고 실패했거든. 동인도 회사마저 영국의 압력에 떠밀려 10년도 못 돼서 문을 닫아야 했어. 게다가 말년에는 에스파냐, 오스만 제국과의 전쟁에서 연거푸 패배하는 바람에 기껏 차지했던 이탈리아와 헝가리 일대의 영토를 도로 내놓아야 했지."

"에구, 이래저래 불안했군요."

"그런데 카를 6세가 정말 불안하게 여긴 건 따로 있었어. 바로 후계자 문제였지. 카를 6세에게는 왕위를 물려줄 아들이나 가까운 남자 친척이 없었거든."

"그게 무슨 문제죠? 그냥 영국처럼 여자가 물려받아서 왕위에 오르면 되잖아요."

선애가 의아한 표정을 지었다.

"오스트리아가 지켜 온 왕위 계승법에 따르면 그럴 수가 없었어. 오직 남자만 왕위 계승을 할 수 있었거든. 자칫하면 왕위를 두고 분쟁이 벌어지게 생긴 거야. 치열한 에스파냐 왕위 계승 전쟁을 경험했던 카를 6세는 법을 고쳐서 합스부르크 가문의 여성이 왕위를 물려받을 수 있도록 했어. 이걸 국사조칙이라고 부르는데, 행여 나중에 딴소리가 나올까 봐 주변 모든 나라로부터 인정을 받았단다."

"그럼 이제 문제가 해결된 거죠?"

"아냐, 오스트리아가 계속 승승장구할 때는 별소리

카를 6세는 에스파냐 왕위 계승 전쟁에서 오스트리아가 내세운 에스파냐 국왕 후보였어. 한때는 에스파냐 국왕을 자처하며 마드리드에 입성하기도 했지. 이때부터 에스파냐 귀족들이 카를 6세를 따르기 시작했단다.

이 왕위 계승법을 살리카 법이라고 불러. 먼 옛날 프랑크 왕국을 세운 게르만족이 가지고 있던 원칙인데, 프랑크 왕국을 계승한 독일이나 프랑스에서는 살리카 법에 따라 원칙상 여왕을 두지 않았단다.

▼ 국사조칙 오스트리아를 비롯한 합스부르크 가문의 영지를 상속받을 남자가 없을 경우 여자에게도 상속권을 인정하는 법이야. 1713년에 발표되어 유럽 각국의 지도자들에게 인정받았지.

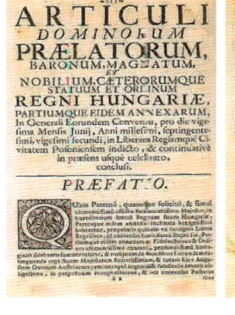

없었지만, 정작 카를 6세가 세상을 떠나고 큰딸인 마리아 테레지아가 왕위를 계승하려고 하니 주변 나라들의 태도가 180도 바뀌었어. 다들 갖은 핑계를 대며 벌 떼처럼 들고일어나 딴지를 놓은 거야. 모두들 이번 기회에 오스트리아로부터 한몫 두둑이 챙길 속셈이었지."

"다들 너무하네! 이제 와서 딴소리를 할 게 뭐람."

"이렇게 해서 오스트리아 왕위 계승 전쟁이 시작됐단다. 오스트리아의 최대 라이벌 프랑스가 오스트리아를 공격하자, 프랑스의 또 다른 라이벌 영국은 오스트리아 편을 들면서 프랑스를 공격했지. 이런 식으로 유럽의 여러 나라가 전쟁에 끼어들면서 전쟁은 금세 유럽 전역으로 퍼져 나갔어."

"그럼 오스트리아는 또 프랑스랑 싸우는 건가요? 어휴, 지겨워."

허영심이 고개를 절레절레 젓자 용선생은 히죽 미소를 지어 보였다.

"그런데 이번에 오스트리아의 발목을 붙잡은 건 프랑스가 아니었어. 의외로 새롭게 등장한 프로이센 왕국이었지."

용선생의 핵심 정리

오스트리아의 카를 6세는 중상주의 정책을 펼쳤으나 대부분 실패했고, 말년에는 전쟁에서 연거푸 패배하며 영토를 잃음. 카를 6세가 죽은 후 큰딸 마리아테레지아의 왕위 계승을 두고 오스트리아 왕위 계승 전쟁이 벌어짐.

변방의 브란덴부르크가 강력한 프로이센 왕국으로 성장하다

"프로이센 왕국? 프로이센은 어디 있는 나라예요?"

곽두기가 고개를 갸웃거리자 용선생은 지도를 펼쳐 보였다.

"여기 지도에서 베를린을 수도로 삼고 있는 나라가 보이지? 바로

↑ 프로이센의 영토 확장

브란덴부르크는 프로이센 공국을 상속받으며 점점 세력을 키워 나갔어.

나선애의 세계사 사전

변경백 귀족 중에서 특별히 국경 지대를 다스리는 백작을 가리키는 말이야. 변경백은 보통 백작보다 군사력이 강했고, 그만큼 세력도 강했어.

이 나라가 프로이센 왕국이야. 프로이센 왕국의 뿌리는 독일 동부의 '브란덴부르크'라는 나라란다. 브란덴부르크 변경백은 신성 로마 제국의 황제 선출권을 가진 선제후 중 한 명이었지."

"그럼 원래 힘이 제법 강한 제후였다는 뜻이네요?"

"뭐, 그래 봐야 전 유럽을 호령하며 프랑스와 맞서는 오스트리아에 비하면 그저 변방의 골목대장일 뿐이었어. 인구도 적었고, 영토도 훨씬 작았지. 하지만 브란덴부르크는 1600년대 중반부터 급속도로 힘을 키우기 시작해서 100년 만에 오스트리아에 맞설 만한 강국으로 성장했단다."

"와, 무슨 비결이라도 있었던 모양이죠?"

"물론이지. 첫째는 뭐니 뭐니 해도 강력한 군사력이야. 브란덴부르크는 30년 전쟁으로 완전히 폐허가 되어 버린 독일을 보면서, 이 처절한 경쟁에서 살아남으려면 강력한 상비군을 키워야 한다는 것을 절실히 깨달았어. 하지만 문제는 군대를 키우려면 돈이 엄청 든다는 거였지. 그래서 브란덴부르크 선제후는 귀족들과 타협을 했단다."

↓ **독일 남부의 호엔촐레른성**
프로이센의 왕가인 호엔촐레른 가문의 본거지야. 호엔촐레른 가문은 1415년부터 브란덴부르크 제후 자리를 차지했지.

↑ **프리드리히 빌헬름**
(1620년~1688년) 브란덴부르크의 선제후. 융커와의 타협을 통해 브란덴부르크 발전의 발판을 놓은 인물이야.

"어떤 타협이에요?"

"응. 대충 이런 거야. '내가 강력한 군대를 키우려고 한다. 그러려면 세금을 거둘 관리도 필요하고 군대에서 복무할 장교들도 필요하니 귀족들이 관리와 장교로 일해라. 그 대신 귀족들이 자기 영지 안에서 농민을 농노로 부려 먹더라도 아무 소리 하지 않겠다.'"

곽두기의 국어사전

복무 좇을 복(服) 일 무(務). 주로 군대에서 맡겨진 직무나 일에 힘쓰는 것을 말해.

"영국, 프랑스에서는 농노가 사라진 거 아니에요?"

이야기를 가만히 듣고 있던 허영심이 인상을 팍 찌푸렸다.

"맞아. 브란덴부르크가 차지한 엘베강 동쪽은 이미 농노제가 사라진 영국이나 프랑스보다 도시 발달이 느리고 산업도 뒤떨어진 지역이었어. 이곳의 귀족들은 큰 농장을 운영하며 수확한 농산물을 팔아 부를 누렸단다. 근데 넓은 땅에서 농사를 지으려면 농민들의 노동력이 필수였기 때문에, 농노제가 여전히 남아 있었던 거야. 이 지역의 농노제는 브란덴부르크 선제후의 제안으로 더욱 공고해졌지. 그 덕분에 세력이 커진 토지 귀족을 '융커'라고 불러."

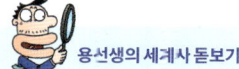

용선생의 세계사 돋보기

융커는 독일 북부와 네덜란드 지역에서 작위가 없는 지방 귀족 젊은이들을 가리키는 단어였어. 중세를 거치며 주로 독일 동부로 이주해 많은 농민을 부리며 개간을 통해 대토지를 소유한 지주들을 가리키는 말이 되었지.

"농노제가 아직도 남아 있는 지역이 있었다니……."

"흐흐, 선제후의 제안은 융커의 구미에 딱 들어맞았어. 융커들은 선제후에게 적극적으로 협조했고, 그 덕택에 브란덴부르크는 강력한 군대를 만들 수 있었지. 브란덴부르크는 강력한 군사력을 앞세워 스웨덴이나 폴란드 같은 이웃 나라들과의 전쟁에서 연거푸 승리를 거두며 세력을 점점 키워 나갔단다."

↑ **독일 브란덴부르크 지방의 농촌** 지평선이 보일 정도로 넓은 토지가 끝없이 펼쳐져 있어. 이렇게 넓은 토지를 경작하려면 수많은 농민의 노동력이 필요했지.

"결국 나라를 강력하게 만들기 위해 농민들을 강제로 부려 먹은 거네요."

"그런데 브란덴부르크가 이렇게 강압적인 방법만 동원해서 국력을 키운 건 아니야. 한편으로는 부족한 인구를 늘리기 위해 해외에서 이민자를 적극적으로 모집했거든. 주된 대상은 프랑스나 오스트리아, 에스파냐 같은 나라에서 탄압받는 칼뱅파 신교도와 유대인들이었어."

"왜 신교도와 유대인들을 데려오려고 했어요?"

"칼뱅파 신교도는 대부분 부지런하고 부유한 상공업자였거든. 유대인은 주로 금융업자였고. 브란덴부르크는 이들의 능력과 막대한 돈을 이용해 낙후된 산업을 일으켜 보려고 한 거야."

"근데 그냥 이민 오라고 하면 알아서 와요?"

"물론 당근이 있었지. 바로 종교의 자유! 브란덴부르크는 1685년

'포츠담 칙령'을 발표해 모든 신교도에게 종교의 자유를 주겠다고 약속했어. 이후 수만 명이나 되는 신교도가 브란덴부르크로 찾아와 정착했단다. 브란덴부르크의 수도 베를린은 불과 수년 사이에 인구가 6,000명에서 2만 명으로 불어났어."

"이민 정책으로 도시가 급격히 발전했군요."

"그렇지. 이민자들은 브란덴부르크의 산업 발전을 주도했어. 특히 무역 강국인 네덜란드에서 설탕, 담배 원료를 들여와 다시 가공해 수출하는 산업이 크게 발달했지. 그 덕분에 브란덴부르크는 경제적으로도 탄탄한 나라가 되었고, 1701년에는 '프로이센 왕국'으로 거듭나게 된단다."

"그런데 왜 프로이센 왕국이 된 거예요? 브란덴부르크 왕국이 아니고?"

곽두기가 갑자기 궁금한 듯 물었다.

"프로이센은 원래 투턴 기사단이 다스리는 발트해의 남동쪽 연안

▲ **마이센 도자기**
도자기는 원래 중국어서만 생산되는 사치품이었어. 하지만 1710년 독일 작센 지방의 마이센에서 도자기 제조법이 개발되었어. 이후 마이센은 유럽 도자기 생산의 중심지가 되었지.

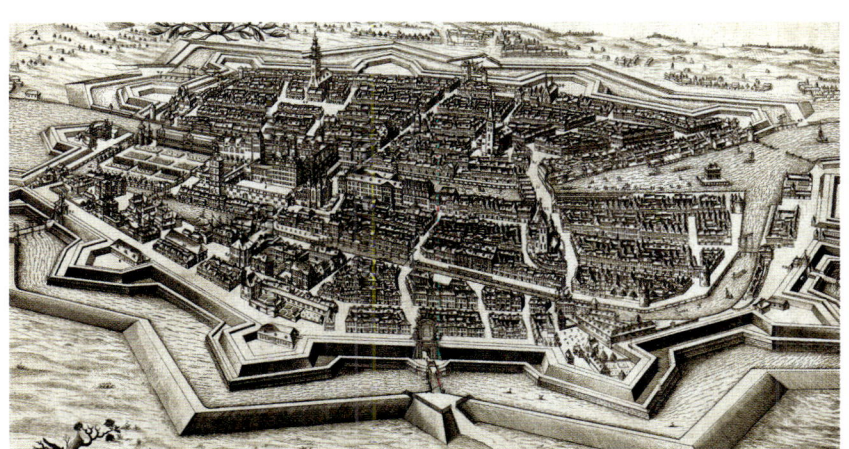

◀ **1688년 베를린의 모습**
1400년대부터 브란덴부르크의 수도였던 베를린은 이민 정책에 힘입어 인구 2만 명의 대도시가 되었어

중부 유럽의 국가들이 강자로 떠오르다

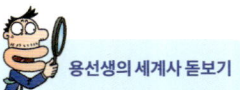

용선생의 세계사 돋보기

신성 로마 제국의 제후 중에 '왕'이라고 불린 건 '독일 왕'과 '보헤미아 왕'뿐이었어. 독일 왕은 합스부르크 가문이 정한 황제의 후계자를 의미했고, 보헤미아 왕은 합스부르크 가문의 황제가 겸했지. 그래서 제국 내에 또 다른 왕이 등장하는 것은 합스부르크 가문과 황제에 대한 도전으로 보일 수 있었어.

지역을 가리키는 말이야. 이곳은 지배자끼리 정략 결혼을 거친 끝에 1618년부터 브란덴부르크의 지배를 받았지. 그런데 브란덴부르크는 신성 로마 제국의 제후국이라서 법적으로 왕국이 될 수가 없었어. 그래서 신성 로마 제국의 영토 밖에 있는 프로이센과 합쳐 왕국이 되는 일종의 편법을 쓴 거야."

"그것참, 엄청 복잡하네요. 그렇게 해서라도 왕위에 올라야 해요?"

용선생은 어깨를 으쓱해 보였다.

"물론이지. 왕국이 된 프로이센은 이제 그간 유럽 역사의 주인공을 도맡아 온 프랑스나 영국 같은 왕국과 어깨를 나란히 할 수 있게 됐어. 겉으로 보기엔 바뀐 게 아무것도 없을지 몰라도, 변방의 나라였던 프로이센 사람들에겐 의미가 컸지. 프로이센 사람들의 자부심은 하늘까지 치솟았고, 나라 발전에는 더욱 가속도가 붙었어. 프로이센의 국왕은 '강력한 군대가 강력한 나라를 만든다.'라는 신념을 가지고 계속해서 군대를 키웠단다."

"철저히 군사력을 중시한 나라였네요."

"특히 프로이센의 제2대 국왕인 프리드리히 빌헬름 1세는 국가의

장하다의 인물 사전

프리드리히 빌헬름 1세
(1688년~1740년)
프로이센의 제2대 국왕. 특히 군대 규모를 키우는 데에 열을 올렸기 때문에 '군인 왕'이라고도 불러.

➡ **프리드리히 빌헬름 1세의 거인 부대**
거인 부대는 키 188센티미터 이상의 병사로 구성된 특수 부대로 프로이센 왕의 근위대였어.

▲ **프로이센 공국의 수도였던 칼리닌그라드** 예전 이름은 '쾨니히스베르크'였지만, 제2차 세계 대전 이후 러시아의 지배를 받으며 오늘날은 칼리닌그라드라고 불러.

거의 모든 예산을 군사비에 쏟아부어 강력한 군대를 만드는 데에 열을 올렸어. 그리하여 1740년 제3대 국왕 프리드리히 2세가 왕위에 올랐을 때, 프로이센은 8만 명의 잘 훈련된 병사를 거느린 군사 강국이 되어 있었지. 프리드리히 빌헬름 1세는 키가 큰 군인만 따로 모아 '거인 부대'라고 하는 특수 부대를 조직하기도 했어."

"그런데 8만 명이면 많은 거예요?"

장하다가 갑작스레 묻자 용선생은 씩 웃음을 지었다.

"비슷한 시기 유럽 최강국 프랑스의 루이 14세가 거느린 상비군이 20만 명을 넘나들었으니 그보다는 적지. 하지만 프로이센의 인구 규모나 경제력을 고려하면 어마어마한 수였고, 다른 나라와 비교해도 결코 적다고 할 수 없어. 거기다 융커 출신 장교들의 지휘 능력도 뛰

▲ **프로이센의 검은 독수리 문장** 튜턴 기사단이 1229년부터 사용한 상징이야. 프로이센 왕국은 이 상징을 그대로 자신들의 문장으로 사용했지. 오늘날 독일도 검은 독수리를 나라의 상징으로 쓴단다.

중부 유럽의 국가들이 강자로 떠오르다 **283**

▲ 프리드리히 2세
(1712년~1786년) 아버지와 할아버지 때부터 꾸준히 쌓아 온 국력을 이용해 프로이센을 중부 유럽의 강국으로 성장시켰어. '프리드리히 대왕'이라고도 불러.

 용선생의 세계사 돋보기

프리드리히 2세는 국가가 기계와 같다고 생각했어. 기계가 잘 돌아가려면 개개의 부품이 제 기능을 다해야 하듯이, 국가에 속한 개인들도 그렇게 자기 역할을 다해야 한다고 생각했지. 그리고 왕이 할 일은 국민이 자신의 역할을 다할 수 있도록 뒷받침하는 것이라고 말했단다.

어났을 뿐 아니라 병사들도 혹독한 훈련으로 단련되어 있어 결코 얕볼 수가 없었지."

"그러니까 프랑스보다 규모는 작지만 강력한 군대였다, 그거네요."

"맞아. 게다가 프리드리히 2세가 왕위에 오른 이후 프로이센은 다방면으로 발전을 거듭한단다. 프리드리히 2세는 아버지와는 달리 문학과 철학, 예술에도 관심이 깊은 왕이었지."

"오, 정말이에요?"

허영심의 눈빛이 초롱초롱해졌다.

"프리드리히 2세는 왕국의 수도 베를린에 유럽의 철학자와 작가를 초대해 학문을 부흥시키려고 했어. 이 당시 영국과 프랑스는 과학 혁명이 진행되고 계몽사상이 빠르게 번지면서 눈부신 발전을 거듭했지. 프리드리히 2세는 계몽사상에 충실한 왕이었어. 그래서 사회의 잘못된 관습을 없애고 문화와 산업을 육성해 국민을 행복하게 만드는 것이 자신의 사명이라고 생각했지. 심지어 '국왕은 국가에서 첫째

언제부터 모든 아이가 학교에 갔을까?

오늘날 세계 대부분의 국가에서는 모든 국민을 대상으로 의무 교육을 실시하지. 하지만 300년 전만 해도 대부분 나라에 의무 교육 같은 게 없었단다. 부유한 집안의 아이만 배움의 기회가 있었지. 그래서 대부분의 사람들이 읽고 쓰는 법도 배우지 못한 채 평생을 살았어.

그런데 강력한 군대를 만드는 데에 열심이었던 프로이센의 프리드리히 빌헬름 1세는 모든 국민이 기본적인 읽기와 쓰기, 산수 정도는 배워야 쓸모 있는 군인이 될 수 있을 거라고 생각했단다. 그래서 프로이센은 세계 최초로 의무 교육을 실시했어.

하지만 의무 교육의 길은 험난했어. 성직자들은 아이들이 학교에서 교육을 받으면 교회에서 멀어져 쉽게 타락한다는 이유로 의무 교육을 반대했고, 귀족들은 학교를 세우는 비용을 부담해야 했기 때문에 불만이었지. 심지어 아이들의 부모도 반대하고 나섰어. 일을 해야 하는 아이들이 학교에 다니면 일손이 부족해진다는 것이 주요 이유였지.

문제는 또 있었어. 프로이센에는 제대로 된 교과서도 없었고 정식으로 교육받은 선생님도 없었거든. 그래서 전직 군인을 선생님으로 임명해 아이를 가르치도록 했어. 군인 출신 선생님들은 조그만 실수에도 엄격한 규율을 내세우며 아이들을 감독했기 때문에, 학교는 흡사 작은 군대처럼 운영됐어. 아이들이 매를 맞고 벌을 받는 일도 흔했지.

계몽사상에 충실한 프리드리히 2세는 의무 교육을 전국으로 확대하려 했지만 결국 실패했어. 의무 교육은 훗날 프로이센이 나폴레옹 전쟁에서 크게 패배한 이후에야 프로이센 전역으로 확대되어 만 5세부터 12세까지 모든 아이가 학교에 가게 되었지. 이후 오스트리아와 같은 이웃 나라에서도 프로이센을 따라 의무 교육을 실시했단다.

◀ **프로이센의 수업 모습**
아이들은 하루에 3시간씩 읽기와 쓰기를 배웠어. 나이 구분 없이 한 반에 80~90명이 모여 수업을 들었단다.

▲ 브란덴부르크 문 프로이센의 수도 베를린을 상징하는 개선문이야. 강국으로 성장한 프로이센의 국력을 과시하고 평화를 상징하기 위해 1788년에 세웠어.

브란덴부르크 문의 말 장식에 얽힌 독일의 역사

가는 머슴이다.'라는 말을 남기기도 했단다. 프리드리히 2세는 국민으로부터 크게 사랑받았고, 프로이센 왕국은 바야흐로 전성기를 맞이했어."

"이야, 이제 보니 대단한 분이었네요."

"그렇지? 이 프리드리히 2세가 앞서 이야기한 오스트리아 왕위 계승 전쟁을 시작한 인물이란다."

"어머, 계몽사상에 충실한 왕이 여자가 왕위에 오르는 걸 왜 반대했죠?"

나선애가 불만스러운 목소리로 말했다.

"흐흐, 여자라서 반대한 게 아냐. 오스트리아의 상황을 이용해 프로이센이 이득을 보려고 한 거지. 프리드리히 2세가 왕위에 오른 지 막 5개월이 지났을 때였어. 아까 이야기한 것처럼 오스트리아의 카를 6세가 세상을 떠나고 큰딸 마리아 테레지아가 그 자리를 이으며 온 유럽이 들썩였지. 프리드리히 2세는 오스트리아 북부의 슐레지엔 지역을 프로이센에 넘겨준다면 마리아 테레지아가 왕위에 오르는 걸 인정하겠다고 제안했단다."

"슐레지엔? 그게 어딘데요?"

곽두기의 말에 용선생은 지도를 펼쳐 보였다.

> **용선생의 핵심 정리**
>
> 브란덴부르크는 융커와의 타협을 통해 강력한 군대를 만들고, 신교도 이민자를 적극적으로 받아들이며 국력을 키워 프로이센 왕국으로 성장함. 프로이센 왕국은 프리드리히 2세 때 전성기를 맞이했으며, 오스트리아 왕위 계승 전쟁을 벌임.

프로이센과 오스트리아가 슐레지엔을 놓고 치열하게 싸우다

"슐레지엔은 프로이센과 오스트리아 사이에 있는 지역이야. 원래는 보헤미아 왕국의 땅이었지만, 30년 전쟁 이후 오스트리아의 지배를 받았지."

"그 땅을 왜 달라고 한 거예요?"

"슐레지엔은 중부 유럽의 대표적인 곡창 지대였어. 거의 100만 명 넘는 사람이 먹고살 만큼 많은 밀이 자라는 곳이었지. 더구나 은이나 납 같은 지하자원도 풍부했어. 오스트리아 세금의 5분의 1이 슐레지엔에서 걷힐 정도로 부유한 땅이었지."

"어머, 그렇게 알토란 같은 땅을 내놓으라고 했나요?"

"그래. 아무리 왕위 계승이 중요하다고 해도 오스트리아로서는 도저히 받아들일 수 없는 요구였지. 오스트리아가 이 요구를 거부하자 프로이센은 전쟁을 일으켜 한 달 만에 슐레지엔을 무력으로 점령해

▲ 1740년 무렵의 프로이센과 오스트리아

▼ 슐레지엔 보헤미아 북부, 오데르강 유역의 평야 지역. 지하자원이 풍부하고 땅이 비옥해 오스트리아와 프로이센이 치열하게 쟁탈전을 벌였어.

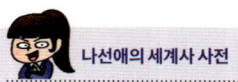

나선애의 세계사 사전

바이에른 오스트리아와 맞닿은, 오늘날 독일의 남동부 지역이야. 신성 로마 제국 내부에서는 오스트리아와 프로이센 다음으로 강력한 제후국이었어. 오늘날 독일의 여러 주 가운데에서도 가장 지역적 특색이 강한 곳이란다.

버렸어. 그러자 이번에는 또 다른 제후국인 바이에른도 마리아 테레지아의 왕위 계승을 문제 삼으며 오스트리아를 공격했단다. 뒤이어 스웨덴과 에스파냐도 오스트리아를 공격했고, 오스트리아의 라이벌 프랑스도 전쟁에 뛰어들었지."

"저런, 오스트리아가 완전히 사면초가였네요."

"오스트리아 편이 아주 없는 건 아니었어. 멀리 동유럽의 러시아와 바다 건너 영국, 네덜란드가 오스트리아 편을 들었거든. 실제로 스웨덴은 러시아에 가로막혔고, 프랑스는 영국군의 대활약 덕택에 기세가 한풀 꺾였지. 근데 프로이센이 오스트리아의 발목을 잡은 거야. 프리드리히 2세는 직접 군대를 지휘해 오스트리아군과 싸우는 족족 승리를 거두었지. 결국 오스트리아는 프로이센에 슐레지엔을 넘겨주고 전쟁을 끝낼 수밖에 없었단다."

"그럼 오스트리아는 어떻게 되나요?"

"이익을 챙긴 프로이센이 손을 털고 나가자 영국과 프랑스도 곧 전쟁을 멈추었어. 이렇게 해서 오스트리아 왕위를 둘러싼 전쟁은 일단 막을 내렸고, 마리아 테레지아는 무사히 오스트리아 왕위에 오를 수 있었단다."

"휴, 이제 유럽이 좀 조용해지겠네요."

허영심이 안도의 한숨을 내쉬었다.

"하지만 전쟁의 불씨는 여전히 남아 있었어. 마리아 테레지아는 유럽에서 든든한 동맹을 찾아 허무하게 빼앗긴 슐레지엔을 되찾으려고 했거든. 때마침 프랑스는 북아메리카와 인도에서 영국을 몰아내기 위해 안간힘을 썼어. 영국만 물리칠 수 있다면 무슨 방법이라도

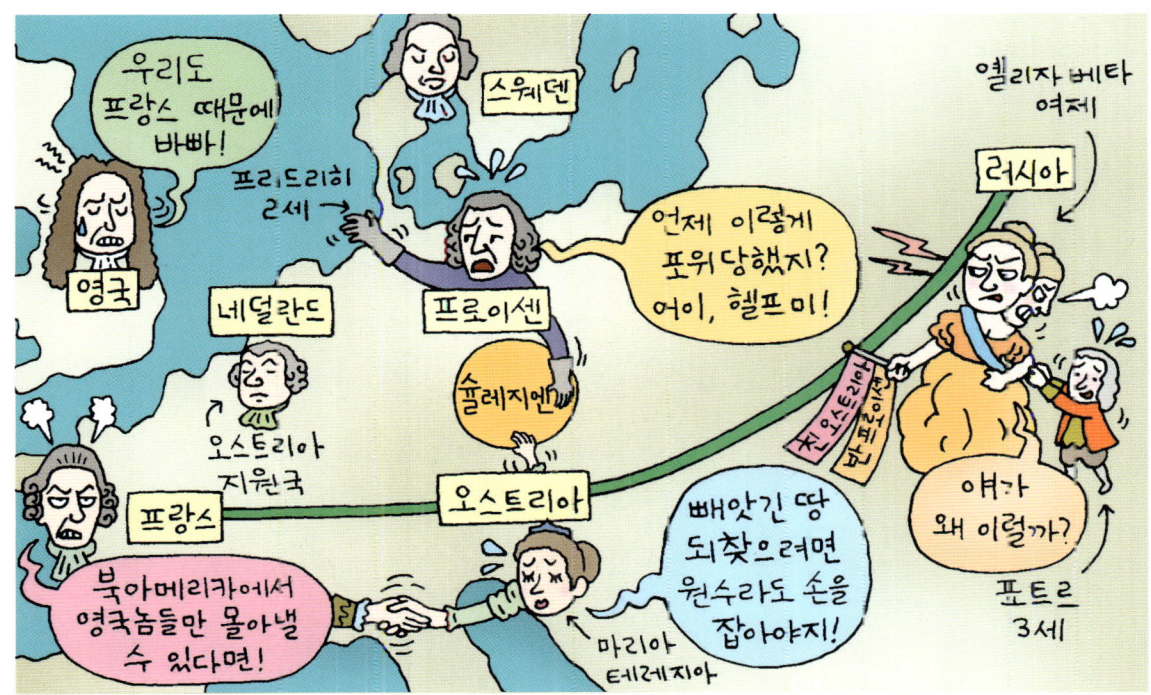

쓸 태세였지. 프랑스의 상황을 잘 살펴본 마리아 테레지아는 획기적인 결단을 내렸어. 바로 영원한 라이벌 프랑스와 손을 잡고 프로이센을 공격하기로 한 거야."

"와, 그렇게 죽어라 싸우더니 이젠 손을 잡는다고요?"

"그래. 마리아 테레지아는 군사 강국 프로이센을 상대하려면 그 방법밖에 없다고 생각했어. 여기에 러시아와 네덜란드, 그리고 이번엔 스웨덴도 오스트리아와 손을 잡았지. 프로이센은 삽시간에 포위당한 처지가 되었단다. 프로이센은 바다 건너 영국과 동맹을 맺었지만 아무래도 역부족이었어. 이렇게 프로이센이 고립된 상황에서 다시 전쟁이 시작되었단다. 이 전쟁을 7년 전쟁이라고 불러."

"와, 이번에는 프로이센이 궁지에 몰린 거네요."

▲ 쿠너스도르프 승전 기념 우표 1759년 쿠너스도르프 전투에서 오스트리아와 러시아 연합군은 프로이센에 대승을 거뒀어. 프리드리히 2세는 이 전투에서 1만여 명의 병사를 잃으며 절체절명의 위기에 빠졌지.

"마리아 테레지아의 수완이 대단했던 거지. 7년 전쟁 초기에는 프랑스-오스트리아-러시아 동맹군이 우세했어. 프로이센은 수도 베를린까지 함락당하며 멸망 직전까지 몰렸고, 유일한 동맹이던 영국군마저 바다 건너 북아메리카에서 프랑스군에 밀려 패배를 눈앞에 두고 있었지. 전쟁 막바지에 프로이센의 프리드리히 2세는 독약을 챙겨 가지고 다니며 여차하면 목숨을 끊을 생각까지 했대. 프로이센은 바람 앞의 등불 신세나 다를 게 없었지."

"헉, 어마어마한 위기에 처했군요."

"그런데 여기서 반전이 일어났어. 1761년에 새로 차르 자리에 오른 러시아의 표트르 3세가 아무런 조건 없이 프로이센과의 전쟁을 끝내기로 한 거야. 심지어 스웨덴까지 설득해서 함께 전쟁에서 빠져 버렸지."

"아니, 갑자기 러시아가 오스트리아를 왜 배신한 거죠?"

장하다가 어리둥절한 듯 눈을 깜빡였다.

"그게…… 표트르 3세의 개인적 결단 때문이었어. 당시 프리드리히 2세는 계몽 군주라고 불리며 많은 유럽인에게 존경받았거든. 평소 프리드리히 2세의 인품을 깊이 존경하던 표트르 3세는 그런 국왕과는 싸울 수 없다고 결단을 내렸지. 그 덕분에 위기에 처했던 프로이센은 기적처럼 부활했어. 곧이어 북아메리카에서 연거푸 패배하고 영국과의 전쟁에 지친 프랑스마저 휴전을 선언하자 7년 전쟁은 막을 내렸지. 결과적으로 프로이센은 슐레지엔을 지켜 냈고, 영국은 북아메리카에서 프랑스를 완전히 몰아냈어. 영국과 프로이센이 승리한 거야."

곽두기의 국어사전

인품 사람 인(人) 품 품(品). 사람이 사람으로서 가지는 품격이나 됨됨이를 가리켜.

"거대한 전쟁치고는 정말 어처구니없는 이유로 끝나 버렸네요."

왕수재가 팔짱을 낀 채 중얼거렸다.

"프로이센은 7년 전쟁 이후로도 승승장구하며 중부 유럽의 강자로 우뚝 섰단다. 프리드리히 2세는 전쟁의 피해를 빠르게 복구하고 국민들을 잘 보살펴서 죽는 날까지 국민들로부터 큰 사랑을 받았어."

"그럼, 오스트리아는 복수를 포기한 거예요?"

"마리아 테레지아도 만만치 않았어. 자식 다섯을 모두 프랑스 왕실과 결혼시켜 프랑스와의 동맹을 더욱 단단하게 다지며 프로이센에게 복수할 기회를 엿봤단다. 또

↑ **농민들을 만나는 프리드리히 2세** 프리드리히 2세는 전쟁으로 황폐화된 농촌을 복구하는 데 많은 노력을 기울였어. 특히 구황 작물로 감자를 키울 것을 적극적으로 지시했지. 백성을 보살피는 프리드리히 2세는 프로이센 국내뿐만 아니라 외국에서도 인기 있는 국왕이었단다.

중부 유럽의 국가들이 강자로 떠오르다

오스트리아의 음악 천재 모차르트

"반짝반짝 작은 별, 아름답게 비치네."

이 노래를 다들 한 번씩은 불러 봤을 거야. 마리아 테레지아가 다스리던 시절 오스트리아의 음악 천재 볼프강 아마데우스 모차르트가 작곡한 노래지.

모차르트는 1756년 1월 27일 오스트리아의 잘츠부르크에서 태어났어. 원래는 형제가 많았지만, 어렸을 때 병으로 다 죽고 누나 한 명만 살아남았대. 누나도 모차르트처럼 음악적 재능이 뛰어났지만 당시 여성은 학교도 가지 못하고 제대로 교육도 받지 못하던 시기라 모차르트만큼 빛을 발할 수 없었어.

모차르트는 세 살에 피아노를 배우기 시작했고, 네 살에 바이올린을 연주했어. 그리고 아홉 살에 처음으로 곡을 썼지. 열한 살에는 오페라를 쓰기도 했으니까 정말 음악 천재라고 할 만 했어. 기억력이 엄청나서 한 번 들은 곡은 그대로 연주할 정도였다고 해. 아버지를 따라 어린 모차르트와 누나는 각 도시를 돌며 왕과 제후들 앞에서 연주 솜씨를 뽐냈어. 물론 마리아 테레지아의 초대를 받아 빈의 쇤부른궁에서도 연주를 했지.

모차르트는 오스트리아는 물론, 그 시대 유럽 최고의 음악가였어. 600편이 넘는 곡을 작곡했지. 그중에는 <피가로의 결혼>, <마술 피리>, <여자들은 다 그래> 같은 유명한 오페라 곡도 있어. 그 덕분에 모차르트의 고향인 잘츠부르크는 음악의 도시로 유명해. 그래서 매년 여름이면 수십만 명이 찾아오는 음악 축제인 '잘츠부르크 페스티벌'이 열린단다.

↓ 잘츠부르크 페스티벌

↑ 모차르트 가족
왼쪽부터 순서대로 큰누나, 모차르트, 아버지의 모습이야.

수도 빈에 베르사유 궁전 못지않게 웅장한 궁전을 지어서 강력한 왕권을 과시했지. 오래도록 전쟁에 시달렸던 오스트리아는 마리아 테레지아 시절에 비로소 안정을 찾았어."

"근데 선생님, 러시아가 빠졌다고 7년 전쟁이 끝난 걸 보면 러시아도 꽤 중요한 나라였던 모양이죠?"

왕수재의 말에 용선생은 고개를 끄덕였다.

"물론이지. 러시아는 1700년대 이후로 강대국으로 떠오르며 프랑스나 영국 같은 나라와 어깨를 나란히 하기 시작했단다. 그럼 이번에는 러시아가 어떻게 발전하게 됐는지 알아볼까?"

▲ 빈의 쇤부른 궁전
마리아 테레지아가 오스트리아의 위엄을 과시하기 위해 프랑스의 베르사유 궁전을 본떠 만들었어. 7년 전쟁의 여파로 원래 계획보다는 훨씬 작게 지었대.

오스트리아의 쇤부른 궁전 둘러보기!

용선생의 핵심 정리

프로이센은 오스트리아 왕위 계승 전쟁에서 승리해 슐레지엔을 얻었고, 오스트리아는 복수를 위해 라이벌 프랑스와 동맹을 맺으며 7년 전쟁을 벌였으나 러시아의 배신으로 실패함.

중부 유럽의 국가들이 강자로 떠오르다

표트르 1세가 낙후된 러시아를 개혁하다

용선생은 책을 한 장 넘기며 설명을 이어 나갔다.

"러시아는 1600년대까지만 해도 유럽 국가라고 부르기가 어려웠어. 그만큼 여러 면에서 프랑스와 영국 같은 서유럽 국가들에 뒤처져 있었지."

"어라, 왜 그랬어요?"

"그럴 수밖에 없었던 게 일단 러시아는 정교회를 믿는 나라라서 가톨릭이나 신교를 믿는 서유럽과 교류가 적었어. 게다가 지리적으로도 멀리 동유럽 평원 깊숙한 곳에 위치해 있다 보니 교통이 불편해서 교류할 일이 별로 없었지. 그래서 유럽에서 르네상스나 종교 개혁, 신항로 개척 같은 굵직한 사건들이 터지고 사회가 급변하는 동안에도 러시아는 거의 아무런 영향을 받지 않았어."

"에이, 그래도 상인은 오갔을 것 같은데요? 저 머나먼 인도나 아메

▶ 아르한겔스크 풍경
겨울이면 이렇게 눈이 내리고 바다가 얼어붙어서 배가 들어올 수가 없었어. 그래서 외국과의 교류가 쉽지 않았지.

리카까지 가면서 가까운 러시아에는 가지 않았다고요?"

왕수재가 미심쩍은 듯 말했다.

"물론 러시아에 찾아오는 서유럽 상인이 있었지. 하지만 대부분 모스크바의 외국인 구역에 격리된 채 머물러야 했어. 정교회를 믿는 러시아 사람들은 가톨릭이나 신교를 믿는 이교도와 만나는 것을 피했거든. 그리고 무엇보다 큰 문제는 항구였어. 1700년대 초까지 서유럽과 러시아의 유일한 연결 통로는 러시아 북쪽 백해에 있는 아르한겔스크 항구였어. 이 항구는 북극과 너무나 가깝다 보니 대부분 바닷물이 꽁꽁 얼어붙어 있어서 배가 자유로이 오가기가 힘들었단다."

왕수재의 지리 사전

백해 러시아 북서쪽의 바다로, 북극해와 곧장 연결되어 있어. 매서운 추위 때문에 바다가 꽁꽁 얼어붙는 일이 많았지. 그래서 '하얀 바다'라는 이름이 붙었어.

"그렇구나……. 그럼 러시아 사람들은 어떻게 살았는데요?"

"러시아도 프로이센처럼 거대한 땅을 가진 '보야르'라는 귀족들이 나라를 이끌어 나갔어. 보야르는 농민을 중세 농노처럼 제멋대로 부렸지. 농민을 재산처럼 다루어 땅을 팔면 그곳에서 농사를 짓는 농민도 한 덩어리로 묶어 팔았어. 또 말을 안 들으면 매질도 하고, 심지어 다른 지역으로 도망가지 못하도록 노예처럼 사슬로 묶어 두기도 했지. 이런 식으로 보야르의 땅에서 일하는 농민들이 전체 인구의 절반이나 됐단다."

"확실히 서유럽과는 차이가 있군요."

"응, 농민들이 새로운 일자리를 찾아 도시로 나갈 수가 없으니 도시를 중심으로 새로운 산업이 발달하기도 힘들었지. 이런 현실을 깨달

↑ 러시아 전통 복장을 입은 보야르 보야르는 넓은 토지를 가진 귀족으로, '두마'라는 의회를 통해 나랏일을 결정하며 큰 세력을 유지했어.

중부 유럽의 국가들이 강자로 떠오르다

고 러시아를 개혁하기 위해 앞장선 사람이 바로 표트르 1세였어. 표트르 1세는 당시 눈부신 발전을 거듭하던 서유럽의 문물을 받아들여 러시아를 발전시키려고 했단다."

"표트르 1세는 어떻게 서유럽의 문물을 받아들일 결심을 하게 되었나요?"

선애가 필기를 하다가 멈추며 물었다.

"표트르 1세는 어렸을 때 권력 싸움에 떠밀려 궁전 바깥의 외국인 구역에서 산 적이 있었어. 그 덕분에 서유럽 상인과 기술자를 만날 기회가 많았지. 이때 외국 상점에 있던 기구나 기계를 보고 무척 신기해하며 직접 조작해 보기도 했단다. 표트르 1세는 특히 이곳에서 보고 들은 서유럽의 선박 제조 기술과 대포 같은 신무기, 최신 군대 전술에 관심이 많았대. 이때의 경험이 훗날 러시아를 바꾸는 밑거름이 된 거야."

"어려서부터 보고 배운 게 많았단 말씀이시군요."

"응. 표트르 1세는 러시아의 다른 젊은이들도 자신처럼 서유럽의 문물을 보고 배우기를 바랐어. 차르가 된 뒤 맨 먼저 젊은 귀족들을 모아 사절단을 조직했지. 그리고 네덜란드와 영국, 프로이센 같은 나라를 방문해 서유럽의 앞선 기술을 보고 익히도록 했단다. 이때 표트르 1세도 가명을 쓰고 신분을 감춘 채 사절단과 함께 서유럽을 방문했지."

 표트르 1세
(1672년~1725년) 1689년부터 40년 넘게 러시아를 다스리며 낙후된 러시아를 개혁하는 데 앞장섰어. 존경의 의미를 담아 '표트르 대제'라고도 하지.

"왕이 외국까지 나가 직접 앞선 기술을 익히려 한 거네요."

"맞아. 표트르 1세는 프로이센에서는 자신을 포병이라고 소개하고 대포 쏘는 법을 직접 배웠고, 네덜란드에서는 목수 신분으로 선박을 만드는 기술을 배웠대. 표트르 1세는 이렇게 서유럽을 다니며 견문을 쌓고 러시아로 돌아온 뒤 서유럽을 따라잡기 위해 강력한 개혁 정책을 펼쳤단다."

"러시아를 어떻게 개혁했는데요?"

"우선 러시아 전역에 수학, 과학, 기술을 가르치는 학교를 세우고, 농노를 비롯해 모든 국민이 교육을 받을 수 있도록 했어. 그리고 젊은 귀족들은 서유럽으로 계속 유학을 보내 선진 문물을 익혀 오도록 했단다."

"하긴 백 번 듣는 것보다 한 번 가서 보는 게 낫죠."

왕수재가 고개를 주억거렸다.

"무엇보다도 표트르 1세는 토지 귀족 보야르가 모든 권력을 쥐고

← 네덜란드 조선소를 방문한 표트르 1세
외국 문물을 보고 배우기 위해 직접 서유럽을 방문했어. 표트르 1세는 자신의 신분을 밝히지 않았지만, 2미터가 넘는 큰 키 때문에 모두들 그 정체를 짐작했대.

▲ 러시아의 새로운 관등표 표트르 1세가 직접 만든 관등표야. 러시아의 모든 관료와 군인의 등급이 정해져 있었지.

있어서 러시아가 낙후되었다고 생각했어. 그래서 차르의 권력을 대폭 강화할 수 있는 새로운 관료 제도를 도입해 러시아의 낡은 신분 사회를 완전히 뒤집어 버렸단다."

"어떤 제도인데요?"

"표트르 1세는 왕궁의 관료와 군인의 계급을 14단계로 나누고 가장 높은 자리에 차르가 임명한 관리와 군인을 배치했어. 이제 제아무리 뼈대 있는 귀족이라고 해도 높은 지위에 오르려면 차르의 관료가 되거나 차르가 지휘하는 군대에 들어가야 했기 때문에 자연스레 왕권이 세졌지. 실제로 차르의 요리사였다가 높은 신분의 귀족이 된 사람도 생겨났어."

"귀족들이 자존심 좀 상했겠네요."

"그뿐만이 아니야. 표트르 1세는 귀족의 의회도 해산해 버리고 9명의 관리로 구성된 의회를 새롭게 설치했어. 그리고 교회 일만 맡아보는 관리도 따로 임명해서 성직자도 모두 차르의 통제 아래에 두려고 했지."

"우아, 귀족뿐만 아니라 성직자까지도요?"

"표트르 1세는 서유럽처럼 신문도 만들었어. 또 서유럽 달력도 쓰게 했지. 그리고 귀족들이 서유럽의 풍습을 익히도록 했단다. 소매가 길어 불편한 전통 러시아 옷 대신에 활동이 편한 서유럽 옷을 반드시 입도록 했어. 심지어 귀족들이 수염을 길게 기르는 것도 금지했단다."

"선생님, 그렇게 전부 자기 맘대로 하려고 하면 귀족들이 반란을 일으키지 않을까요?"

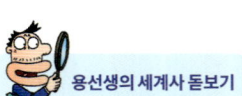

용선생의 세계사 돋보기

당시 러시아가 쓰던 비잔티움 달력은 세상을 창조한 해로 생각한 기원전 5509년을 기점으로 삼았기 때문에 서유럽과 교류할 때 많은 혼동을 가져왔어. 결국 1699년 표트르 1세는 당시까지 쓰던 비잔티움 달력을 폐지하고 서유럽 국가들이 쓰던 율리우스력을 도입했단다.

▲ **러시아 최초의 신문**
표트르 1세가 1702년에 창간한 러시아 최초의 신문이야.

◀ **귀족의 수염을 자르는 표트르 1세**
표트르 1세는 귀족이 길게 기르던 수염을 자르도록 했어. 그래도 수염을 기르겠다고 고집하는 귀족에게는 '수염세'를 거뒀단다. 귀족의 권력을 꺾기 위한 표트르 1세의 개혁 중 하나였지.

허영심이 묻자 용선생은 고개를 끄덕였다.

"물론이지. 하지만 표트르 1세가 아무 대책도 없이 이런 개혁을 추진한 건 아니었어. 표트르 1세는 무엇보다 군사력을 중요하게 생각해서 군대를 꾸준히 키웠거든. 서유럽에서 수많은 군사 전문가를 데려와 병사들을 훈련시키고, 신무기로 무장시켰지. 또 병력을 키우기 위해 러시아 전역에서 인구 조사를 실시해 군인으로 동원할 수 있는 남성 500만 명의 명부를 만들었어. 표트르 1세는 이 명부를 바탕으로 차르의 근위대를 비롯해 언제든지 차르의 명령에 따라 싸울 수 있는 병사를 수십만 명이나 키웠단다. 당시 서유럽의 군사 강국인 프랑스와 오스트리아에 버금가는 규모였지."

▲ **차르 근위대 깃발**
표트르 1세는 서유럽 무기로 두장한 차르 근위대를 창설했어. 오늘날 러시아군의 뿌리지.

중부 유럽의 국가들이 강자로 떠오르다

"어쩐지. 다들 꼼짝 못 할 만했네요."

"잠깐만요, 선생님. 그렇게 군대를 키우려면 돈이 필요하다고 하셨잖아요?"

나선애의 날카로운 질문에 용선생은 싱긋 웃음을 지었다.

"역시 선애답구나. 맞아. 표트르 1세가 인구 조사를 한 데는 또 다른 이유가 있었어. 그동안 농민들이 보야르의 지배 아래 있어서 인구 파악이 어려워 세금을 제대로 거둘 수 없었어. 그래서 인구 조사를 해 농민 개개인에게 전부 세금을 거두려 했던 거야. 그 덕분에 이전보다 다섯 배나 많은 세금을 거둘 수 있었어."

"그럼 농민은 이제 귀족에게는 세금을 안 내도 되나요?"

"그건 아니야. 차르에게 세금을 낸다고 해도 보야르에게 내던 세금이 면제된 건 아니니까, 농민은 이중으로 세금을 내게 된 셈이지."

"역시 농민만 더 힘들어진 거네요."

허영심이 그럴 줄 알았다는 듯 혀를 쯧쯧 찼다.

"물론 여러 한계가 있긴 했지만 표트르 1세는 낙후된 러시아를 짧은 시간에 개혁하기 위해 최선을 다한 인물이었어. 무엇보다도 러시아의 개혁이 계속될 수 있도록 서유럽으로 나가는 바닷길을 확보하려고 많은 노력을 기울였단다. 지도를 한번 볼까?"

"우아, 러시아가 이렇게 커요?"

지도를 본 아이들의 눈이 커졌다.

"흐흐. 놀랐지? 러시아는 이미 1500년대 말부터 불모지로 여기던 우랄산맥 동쪽의 시베리아 지역을 꾸준히 개척했어. 그래서 표트르 1세가 차르가 되었을 때에는 멀리 중국과 국경을 맞대는 거대한 나라였지. 1689년에는 청나라와 네르친스크 조약을 맺어서 국경을 확정 지었어."

"지도를 잘 보면 땅은 굉장히 넓지만 실제로 러시아에서 바다로 나

왕수재의 지리 사전

시베리아 우랄산맥 동쪽 지역을 가리키는 말로 러시아 영토의 3분의 2 이상을 차지하는 광대한 땅이야. 하지만 사람이 살기 어려운 환경이라 인구는 매우 적어.

↑ 표트르 대제 시절의 러시아

가는 길이 굉장히 한정돼 있다는 걸 알 수 있지. 우선 북극해는 겨울이면 꽁꽁 얼어 버려서 배가 오갈 수가 없으니, 항구가 있어도 별 소용이 없어. 게다가 북극과 가까운 북쪽 지방은 사람이 살기 힘들고, 우랄산맥 동쪽의 시베리아에도 러시아 사람은 많이 살지 않았어. 그래서 실제로 항구가 필요한 곳은 인구가 집중된 모스크바와 그 인근 지역이었어. 모스크바와 그 인근 지역만 놓고 볼 때 현실적으로 러시아가 확보할 수 있는 바닷길은 두 가지였지. 남쪽으로는 흑해, 서쪽으로는 발트해로 가는 길이야."

"그럼 거기에 항구를 만들면 되잖아요?"

"그게 쉽지 않아. 흑해는 오스만 제국이, 발트해는 스웨덴이 딱 지키고 있었거든. 표트르 1세는 차르가 되기 전부터 흑해의 항구를 마

▲ 스웨덴 해군을 공격하는 러시아군 러시아는 스웨덴과의 전투에서 승리해 발트해로 나가는 바닷길을 확보했어. 이후 발트해의 주도권은 러시아가 차지했지.

◀ 모스크바의 표트르 1세 동상 표트르 1세가 커다란 함선을 조종하고 있어. 바닷길을 확보하려는 표트르 1세의 북방 정책을 상징하는 동상이야.

련하려고 했지만 오스만 제국에 가로막혀 별다른 성과를 거두지 못했어. 하지만 발트해에서는 성공했단다. 스웨덴과 21년 동안 포기하지 않고 싸운 끝에 바닷길을 완전히 확보했거든. 이로써 러시아와 서유럽이 안정적으로 소통할 수 있는 길이 열린 거야."

"21년 동안이나 전쟁을 벌였다고요? 와, 어마어마하네요."

"두 나라만 싸운 건 아니고. 유럽 각국이 스웨덴과 러시아의 동맹으로 뛰어든 탓에 전쟁이 크고 길어졌지. 표트르 1세는 발트해로 나가는 길을 확보한 김에 발트해 연안에 파리나 런던처럼 크고 웅장한 서유럽식 수도를 세우기로 마음을 먹었어. 그래서 네바강 하구의 늪지대에 새로운 수도인 상트페테르부르크를 건설했단다. 상트페테르부르크를 건설하는 데에는 꼬박 15년이 걸렸지."

"도시 하나를 세우는 데 15년이나 걸렸어요?"

"상트페테르부르크가 세워진 곳은 원래 늪지대여서 도시를 세우기에 적합한 환경이 아니었어. 건물을 지으려면 먼저 늪지대에 커다란

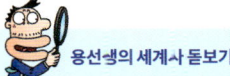

용선생의 세계사 돋보기

이 전쟁을 대북방 전쟁이라고 해. 발트해의 주도권을 두고 러시아와 스웨덴 사이에 벌어진 전쟁에 영국, 네덜란드, 폴란드, 오스만 제국이 참전했어.

왕수재의 지리 사전

네바강 라도가호에서 발트해로 흘러드는 740킬로미터 길이의 강이야. 러시아 평원 내륙과 발트해를 이어 주는 중요한 수상 교통로 중 하나이지.

용선생의 세계사 돋보기

상트페테르부르크는 영어로 Saint Petersburg, 즉 '성 베드로의 도시'라는 뜻이야. 그런데 '표트르'라는 이름을 영어로 쓰면 'Peter'거든. 그러니까 이 이름은 '표트르의 도시'라는 뜻을 가지고 있기도 해.

← **상트페테르부르크**
표트르 1세가 발트해로 나가는 전초 기지로 삼기 위해 파리와 런던 등 서유럽의 대도시를 모델로 만든 계획도시였어.

▲ 상트페테르부르크 건설을 감독하는 표트르 1세
표트르 1세는 유럽에서 내로라하는 건축가를 초대해 도시를 설계하고 건축 상황을 일일이 감독했어.

돌을 퍼부어서 건물을 세울 기반부터 만들어야 했지. 게다가 기껏 건물 좀 세우려고 하면 해마다 홍수가 터져서 큰 피해를 입었고, 전염병이 돌아서 많은 사람이 죽어 나가기도 했어. 하지만 표트르 1세는 수많은 농민을 동원해 악착같이 도시를 건설했단다. 그리고 도시가 완성되자 모스크바에 살던 귀족들을 강제로 이곳에 와서 살도록 했어. 그 덕택에 상트페테르부르크는 명실상부한 제국의 수도로 발돋움할 수 있었지."

"표트르 1세는 농민들한테나 귀족한테나 무지막지한 사람이었네요."

아이들이 혀를 내둘렀다.

"흐흐. 그래도 상트페테르부르크가 완성된 이후 러시아와 서유럽의 교류는 폭발적으로 늘어났고, 러시아 개혁도 계속 될 수 있었지. 오늘날에도 상트페테르부르크는 러시아 제2의 도시이자, 러시아 제1의 무역항으로 번영을 누린단다."

"이제 러시아가 어떻게 강대국이 됐는지 좀 알 것 같아요."

나선애가 고개를 끄덕였다.

용선생의 핵심 정리

서유럽에 비해 낙후돼 있던 러시아는 표트르 1세의 개혁을 통해 서유럽을 따라 배우며 강국으로 성장함. 표트르 1세는 스웨덴을 공격해 발트해로 나가는 길을 확보하고 발트해 연안에 새로운 수도 상트페테르부르크를 건설함.

러시아가 제2의 전성기를 맞다

"그런데 표트르 1세가 세상을 떠난 뒤 또 문제가 생겼어. 다시 귀족들의 세력이 강해지고 자기들끼리 권력 투쟁을 격렬하게 벌이면서 개혁은 점차 뒷걸음질 쳤지. 게다가 표트르 1세의 뒤를 이은 차르들은 무능하기 짝이 없었어. 대표적인 사람이 앞의 7년 전쟁에서 잠깐 이야기한 표트르 3세야."

"아, 다 이긴 전쟁을 어처구니없는 이유로 포기한 차르 말이죠?"

"그래. 표트르 3세는 그 밖에도 상식적으로 이해가 안 가는 행동을 많이 했어. 어린 시절 귀족들의 권력 다툼 때문에 이곳저곳을 떠돌다 프로이센에서 오랫동안 지냈는데, 그 탓인지 러시아 사람이 아니라 꼭 프로이센 사람처럼 굴었지. 프로이센 외교관에게 국가 기밀을 떠벌리는가 하면, 러시아군의 제복도 프로이센과 비슷하게 바꾸었어. 게다가 러시아 정교회의 재산을 모두 몰수하고 성직자에게는 프로이센의 루터파 교회 목사처럼 옷을 입으라고 요구했지. 결국 반란이 일어나 표트르 3세는 쫓겨나고 말았어."

"어휴, 그럼 러시아는 다시 혼란에 빠진 거예요?"

"그건 아니야. 반란의 주역인 표트르 3세의 황후가 차르 근위대와

▲ 예카테리나 2세
(1729년~1796년) 예카테리나는 원래 프로이센 출신 왕비였어. 하지만 러시아의 군주로서 표트르 1세의 업적을 이어받아 러시아를 강대국으로 발전시켰지.

예르미타시 미술관으로 간다!

▼ 예르미타시 미술관
예카테리나 2세가 휴식을 취하던 별장으로 예술에 관심이 많았던 예카테리나 2세가 유럽 전역에서 수집한 예술품 등을 이곳에 전시해 손님들에게만 공개했대.

↑ 예카테리나 2세의 영토 확장

군대의 지지를 받아 다음 차르 자리에 오르면서 금세 안정을 찾았거든. 이 사람이 예카테리나 2세야."

"어떻게 황후가 반란을 일으킨 거죠?"

"사실 표트르 3세가 워낙 제정신이 아니라서, 러시아는 그 전부터 사실상 예카테리나 2세가 다스렸어. 그래서 예카테리나 2세가 표트르를 내쫓고 차르가 돼도 큰 문제가 없었지. 예카테리나 2세는 남편과 달리 문학과 예술을 사랑하고, 역사에도 남다른 안목을 가진 뛰어난 지도자였어. 또 프랑스어에도 능숙해서 볼테르 같은 프랑스의 계몽사상가와도 자주 편지를 주고받았단다."

"볼테르요? 그럼 예카테리나 2세도 계몽사상에 관심이 많았나 봐요?"

"그래, 예카테리나 2세는 계몽사상가들이 주장한 것처럼 국민의 대

 용선생의 세계사 돋보기

예카테리나 2세는 성직자와 노예를 제외한 모든 계층의 대표자로 의회를 구성해 나라를 다스리려고 했어. 하지만 차르의 권력을 흔들 수 있는 개혁은 절대 허용하지 않았고, 귀족들도 농노제를 그대로 유지하려고 저항하는 바람에 개혁 시도는 유명무실해지고 말았지.

표자들을 모아서 새로운 법을 만들어 나라를 다스리려고 했지. 그리고 군사 활동도 게을리하지 않았어. 예카테리나 2세가 다스리던 시기에 러시아는 서쪽으로 영토를 확장해 오스트리아, 프로이센과 국경을 바로 맞대며 제2의 전성기를 누렸지."

"프로이센과 러시아 사이에 다른 나라는 없었나요?"

지도를 보던 장하다가 고개를 갸우뚱하며 물었다.

"폴란드가 있었어. 폴란드는 원래 동유럽을 호령하던 강국이었는데, 1700년대 들어 이웃 나라인 프로이센과 오스트리아, 러시아의 세력이 강해지자 하루가 다르게 세력이 약해졌지. 그런데 러시아가 폴란드를 공격하려면 프로이센, 오스트리아의 눈치를 봐야 했단다. 비슷한 시기에 이 두 나라도 폴란드 영토에 군침을 흘렸거든."

"그러다가 또 꽝! 전쟁이 났겠죠?"

"아니야. 세 나라는 괜한 싸움을 벌여 힘을 허비하기보다는 폴란드를 사이좋게 나눠 갖기로 했단다. 그런데 이 결정을 방해할 나라가 아무도 없었어. 그만큼 동유럽에서는 세 나라의 힘이 막강했지. 러시아와 프로이센, 오스트리아는 1772년부터 세 차례에 걸쳐서 폴란드 땅을 나누어 가졌어. 결국 1795년 폴란드는 지도상에서 완전히 사라졌단다."

"힘이 없으니 강한 이웃 나라한테 다 잡아먹혔군요."

↑ **폴란드 분할** 러시아, 오스트리아, 프로이센, 이 세 나라가 폴란드를 분할하는 상황을 풍자한 그림이야. 왼쪽부터 예카테리나 2세, 폴란드 국왕, 오스트리아의 요제프 2세, 프로이센의 프리드리히 2세야.

중부 유럽의 국가들이 강자로 떠오르다

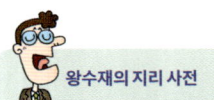

왕수재의 지리 사전

크림반도 흑해의 북쪽, 우크라이나의 남쪽으로 흑해를 향하여 튀어나온 반도야.

허영심이 안타까운 듯 한숨을 내쉬었다.

"폴란드에는 비극이었지만, 러시아 입장에서는 전쟁 없이 막대한 땅을 얻은 셈이었지. 예카테리나 2세는 오스만 제국과 전쟁을 벌여 흑해로 가는 길을 열기도 했어. 1774년의 승리로 크림반도를 확보했

동유럽의 강국이었던 폴란드

↑ 폴란드 왕국의 전성기 영토

오늘날 폴란드는 동유럽의 중소 국가이지만, 옛날 폴란드 왕국은 오늘날의 폴란드, 우크라이나, 벨라루스 일대를 지배하던 동유럽의 강자였어. 러시아도 폴란드의 공격 때문에 여러 번 위기에 처한 역사가 있고, 프로이센도 한때는 폴란드의 신하를 자처했지. 1683년 오스만 제국의 공격으로 포위된 오스트리아의 수도 빈을 구해준 것 역시 폴란드의 기사였단다.

폴란드 왕국은 드넓은 평원에 자리 잡고 있어서 특히 기병이 활약하기 좋았어. 폴란드의 기병을 '훗사르'라고 부르는데, 긴 창을 든 채 등 뒤에 날개 모양의 장식을 단 독특한 모습으로 유명했지. 훗사르는 특히 오스트리아, 스웨덴, 러시아 등 여러 적을 상대하며 큰 활약을 했단다. 그러나 폴란드는 1650년대에 스웨덴과의 전쟁을 겪은 이후 반란에 휘말려 국력이 크게 약화됐어. 이때부터 러시아와 프로이센 등 이웃 국가들의 침략에 시달리며 쇠퇴하기 시작했지. 1795년에는 러시아, 오스트리아, 프로이센에게 분할 점령돼 완전히 멸망했어. 이후 거의 150년 동안이나 강대국들의 입맛에 따라 독립했다가 다시 점령당하기를 수차례나 반복하는 비극을 겪었지.

↑ 폴란드의 훗사르

고, 이스탄불을 가로질러 보스포루스 해협을 통행할 권리를 얻어 냈거든."

"이야, 오스만 제국도 물리치다니 대단한걸요?"

"흐흐. 하지만 러시아는 아직도 갈 길이 먼 나라였어. 러시아인 대다수는 여전히 귀족의 손아귀에 잡혀 꼼짝달싹 못 하는 농노 신세였거든. 농노들은 국가와 귀족에게 내는 세금으로 이중고를 겪었어. 결국 1773년에는 푸가초프라는 사람이 반란을 일으켰단다. 푸가초프는 농노제 폐지, 세금 폐지를 외치며 추종자를 모았어. 삽시간에 3만 명이나 되는 농민들이 푸가초프를 따랐단다."

"그만큼 농민의 불만이 컸던 거네요."

"맞아. 푸가초프는 볼가강 유역의 카잔이라는 도시를 점령하고 기세를 올렸어. 반란은 곧 진압됐지만, 충격을 받은 예카테리나는 이 사건 이후로 귀족 편을 들면서 농민을 더욱 심하게 감시하고 억압했지."

"농민들이 왜 먹고살기 힘든지는 생각지 못하고!"

"그보다는 반란에 대한 두려움이 앞섰지. 때마침 1789년 프랑스에서 혁명이 일어나서 나라를 다스리던 왕과 귀족들이 쫓겨나고 공화국이 세워졌어. 심지어 이 혁명에는 예카테리나가 사랑하던 계몽사상가들이 큰 영향을 미쳤다는 것이 밝혀졌지. 이 소식을 들은 예카테리나는 크게 분노하며 그동안 애지중지했던 계몽사상가들의 책을 전부 불태워 버렸다고 해."

"그럼 농민을 더 심하게 억압했겠네요?"

"응. 러시아가 이렇게 낡은 사회 제도에서 벗어나려면 앞으로도 백

이 당시 러시아의 농민 사이에는 자신들을 구원해 줄 '좋은 차르'가 나타나길 바라는 사람들이 늘어났단다. 이때 자신이 차르라고 주장하며 등장한 푸가초프는 농민들에게 새로운 희망처럼 보였지.

↑ 푸가초프 푸가초프는 전쟁 경험이 많은 탈옥수였어. 자신이 예카테리나 황제에게 쫓겨난 표트르 3세라고 주장하며 추종자를 모았단다.

년은 더 기다려야 한단다. 그동안 러시아는 더욱 강력한 국가로 성장하며 세계 곳곳에 영향력을 끼쳤지만, 농민들의 고통은 점점 더 커져 갔지. 그 얘기는 나중에 하고, 오늘 수업은 여기까지 하자. 다들 수고 많았어!"

용선생의 핵심 정리

예카테리나 2세가 러시아 제2의 전성기를 이끎. 러시아는 오스트리아, 프로이센과 함께 폴란드를 분할 점령하고, 오스만 제국을 공격해 흑해로 가는 길을 열었음. 그러나 농민들은 더 큰 고통을 받으며 반란을 일으키기도 했음.

나선애의 정리노트

1. ### 오스트리아의 부활
   - 영토 확장: 이웃한 보헤미아를 정복하고 오스만 제국을 무찌름.
     → 카를로비츠 조약을 통해 헝가리 일대의 영토 확보
     → 에스파냐 왕위 계승 전쟁에서 라이벌 프랑스를 누르며 영토 확장
   - 카를 6세의 후계자 문제: 국사조칙을 통해 여성의 왕위 계승을 인정받으려 함.

2. ### 프로이센 왕국의 탄생
   - 변방의 브란덴부르크가 성장하여 1701년 프로이센 왕국 탄생
     → 융커의 협력으로 강력한 군사력 확보
     → 종교의 자유를 보장한 포츠담 칙령: 신교도와 유대인 이민자 덕에 경제 발달
   - 프로이센의 전성기를 이끈 프리드리히 2세: 학문과 예술, 산업 발전

3. ### 오스트리아와 프로이센의 대립
   - 오스트리아 왕위 계승 전쟁: 마리아 테레지아의 오스트리아 왕위 계승을 둔 갈등
     → 프로이센이 슐레지엔 차지, 마리아 테레지아가 왕위 계승
   - 7년 전쟁: 오스트리아가 라이벌 프랑스와 동맹을 맺고 슐레지엔을 되찾으려 함.
     → 러시아의 배신으로 실패. 이후 오스트리아는 프랑스와의 동맹을 더욱 단단히 다짐.

4. ### 러시아의 성장
   - 낙후된 러시아: 부족한 무역항, 보야르의 농노제, 서유럽과의 단절
   - 표트르 1세의 개혁: 서유럽 문물 도입에 앞장섬.
     → 군대 강화, 인구 조사, 새로운 관료제 도입 등으로 보야르 세력 약화
     → 스웨덴과의 전쟁에서 승리하여 발트해 확보: 새로운 수도 상트페테르부르크 건설
   - 예카테리나 2세의 영토 확장 → 프로이센, 오스트리아와 함께 폴란드 분할 점령(1795년)
     → 흑해로 나가는 길 확보: 크림반도 점령, 보스포루스 해협 통행권 획득
   - 과중한 세금과 농노제 폐지를 주장한 푸가초프의 반란

세계사 퀴즈 달인을 찾아라!

1. 다음 중 전쟁과 그 결과를 연결한 것으로 옳지 <u>않은</u> 것은? (　　)

① 에스파냐 왕위 계승 전쟁 → 오스트리아 발전
② 7년 전쟁 → 오스트리아와 프랑스의 동맹 강화
③ 대북방 전쟁 → 프로이센의 슐레지엔 영토 획득
④ 오스트리아 왕위 계승 전쟁 → 마리아 테레지아가 왕위 계승

2. 프리드리히 2세에 대해 <u>잘못</u> 설명한 친구는? (　　)

 ① 프로이센에 의무 교육을 도입하려고 했어.

 ② 포츠담 칙령을 발표해 수많은 신교 이민자를 받아들였어.

 ③ 오스트리아 왕위 계승 전쟁에 참가해 슐레지엔을 차지했어.

 ④ '국왕은 국가에서 첫째가는 머슴이다.'라는 말을 남기기도 했어.

3~4 다음 인물에 대한 설명을 읽고 물음에 답해 보자.

이 인물은 어렸을 적 궁전 밖에 살면서 서유럽의 상인과 기술자를 만날 기회가 많았어. 이때 외국 상점을 구경하며 쌓았던 경험이 훗날 개혁 정책을 펴는 데 밑거름이 되었지. 차르가 된 이후에는 신분을 숨기고 직접 서유럽을 방문하기도 했단다.

3 위의 설명에 알맞은 왕의 이름을 써 보자. (   )

4 이 왕에 대한 설명으로 옳지 <u>않은</u> 것은? (   )

① 새로운 관료제를 도입해 왕권을 강화했어.
② 인구 조사를 벌여 많은 세금을 거둬들였어.
③ 오스만 제국을 공격해 크림반도를 확보했어.
④ 젊은 귀족 사절단을 서유럽에 보내 앞선 기술을 배워 오도록 했어.

5 다음 설명이 나타내는 알맞은 도시의 이름을 지도에서 찾아 써 보자.

표트르 1세가 강 하구의 늪지대를 개척하여 건설한 계획 도시야. 현재는 러시아 제2의 도시이자, 러시아 제1의 무역항인 곳이지.

(   )

6 다음 인물에 대한 설명으로 옳은 것은? (   )

<러시아의 예카테리나 2세>

① 흑해 연안까지 영토를 확장했다.
② 계몽 사상의 영향으로 농노제를 폐지했다.
③ 7년 전쟁 때 오스트리아를 배신하고 후퇴했다.
④ 프로이센, 오스트리아를 물리치고 폴란드를 점령했다.

정답은 451쪽에서 확인 하세요!

용선생 세계사 카페

시베리아 개척에 나선 러시아

시베리아는 오늘날 러시아 영토의 3분의 2를 차지하는 넓은 지역으로 유목민의 터전인 유라시아 대초원보다 더 추운 북쪽에 자리 잡고 있지. 이곳에는 야생 동물이 많아 모피 상인들의 관심을 끌었지만, 날씨가 너무나 춥고 얼어붙은 땅이 많아 접근하기가 어려웠어. 시베리아의 대부분은 불과 100여 년 전까지도 사람이 살지 않는 불모지였단다. 러시아에서도 주로 죄를 지은 사람들이 귀양을 가는 땅으로 취급했지.

▼ 하늘에서 본 겨울의 시베리아
시베리아는 몹시 추운 지역이야. 이렇게 눈이 오는 겨울이면 최저 기온이 영하 30~40도에 이르는 일이 흔하지.

↑ 멸종 위기의 시베리아 호랑이
시베리아는 호랑이, 사슴, 담비 등 다양한 동물의 서식지 란다.

↑ 트로이카
시베리아는 얼어붙은 땅이 많아서 육로로 이동할 때는 말이 끄는 썰매를 주로 이용해. 사진처럼 말 세 마리가 끄는 마차나 썰매를 트로이카라고 불러.

러시아는 1500년대 무렵부터 시베리아 개척을 시작했어. '카자크'라고 하는 집단이 시베리아 개척에 앞장섰지. 러시아가 시베리아 곳곳에 세운 요새들은 모피 상인들이 모여드는 도시로 발전했고, 표트르 1세가 등장하는 1600년대 말에는 러시아가 시베리아 전역에 요새를 세워 시베리아를 정복했어. 그럼 지도를 통해서 러시아의 시베리아 개척을 따라가 볼까?

시베리아 개척에 앞장선 카자크는 누구일까?

카자크는 튀르크어로 '얽매이지 않은 자'란 뜻을 가지고 있어. 몽골 제국의 확장 이후 흑해와 카스피해 인근에 흩어져 살며 반유목 생활을 하던 사람들을 부르는 이름이지. 기원은 매우 다양한데, 대체로 폴란드나 러시아, 혹은 유라시아 대초원에서 살던 사람들이 여러 가지 이유로 살던 곳에서 떨어져 나와 카자크가 된 것으로 추정하지. 카자크들은 1400년대 무렵부터 독자적으로 군사 집단을 이루고 활약했어. 특히 폴란드 왕국이나 러시아에서 용병으로 활약하며 명성을 떨쳤지. 러시아는 카자크 기병대를 만들어 시베리아 개척이 적극적으로 활용했고, 전쟁에도 이용했어. 카자크의 활약은 제1차 세계 대전이 터진 1900년대까지 계속됐어.

← 카자크 기병대의 모습

1582년
예르마크 티모페예비치가 이끄는 카자크 기병대가 불모지로 여겨지던 우랄산맥 동쪽의 시베리아에 발을 디뎠어.

1607년
카자크가 육지에서 우랄산맥을 넘는 동안 러시아 상인들은 북극 쪽에서 배를 타고 강을 거슬러 올라갔어. 1607년에는 전초 기지 투루한스크를 건설했어.

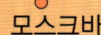
상트페테르부르크

모스크바

우랄산맥

1582년 10월
예르마크의 카자크 부대가 시비리 칸국의 수도 카실리크를 점령했어.

튜멘 카실리크

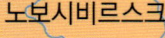
노보시비르스크

1586년
튜멘 요새를 시작으로 시베리아에 러시아의 요새들이 건설되기 시작했어.

러시아는 주로 내륙의 여러 강줄기를 따라서 시베리아를 개척해 나갔어.

용선생 세계사 카페

30년 전쟁에서 폴란드 분할까지, 격변하는 유럽을 한 번에 정리하자!

30년 전쟁, 네덜란드 독립 전쟁, 에스파냐 왕위 계승 전쟁, 오스트리아 왕위 계승 전쟁, 7년 전쟁……. 지금까지 너무 많은 전쟁 때문에 눈이 팽글 팽글 돌았지? 게다가 전쟁에 끼어든 나라는 왜 이렇게 많고 이유는 왜 이렇게 다양한지, 정신이 하나도 없었을 거야. 이번엔 30년 전쟁 이후부터 1795년의 폴란드 분할에 이르기까지 유럽의 여러 전쟁과, 주요 국가들의 국경 변화를 순서대로 한 번에 정리하는 시간을 가져 보자.

그간 자세히 다루지 못했던 전쟁들도 꼼꼼히 설명해 줄게!

① 30년 전쟁

기간	1618년~1648년
전쟁의 원인	신교와 가톨릭 사이의 갈등. 합스부르크 가문의 보헤미아 신교도 탄압
주요 참전국	프랑스, 덴마크, 스웨덴, 영국, 네덜란드 vs. 오스트리아, 에스파냐
전쟁의 결과	사실상 프랑스의 승리. 전쟁 이후 프랑스가 유럽 최강국으로 떠올랐어. 베스트팔렌 조약에 따라 네덜란드 독립이 인정되고 칼뱅파를 포함한 모든 신교도의 지위가 합법적으로 인정됐어. 신성 로마 제국의 300여 개 제후국이 제각기 주권을 인정받고 사실상 독립 상태에 놓였으며, 전쟁의 주 무대였던 독일은 폐허가 됐어.

② 신성 동맹 전쟁(제2차 빈 포위)

기간	1683년~1699년
전쟁의 원인	오스만 제국의 오스트리아 공격과 빈 포위
주요 참전국	오스트리아, 에스파냐, 폴란드, 러시아, 베네치아 vs. 오스만 제국
전쟁의 결과	오스트리아의 대승. 카를로비츠 조약에 따라 오스트리아는 헝가리와 트란실바니아 일대를 차지했어. 오스만 제국의 쇠퇴가 시작되고 오스트리아는 중부 유럽의 강자로 다시 일어섰지.

③ 에스파냐 왕위 계승 전쟁

기간	1701년~1714년
전쟁의 원인	프랑스 루이 14세의 손자 필리프의 에스파냐 왕위 계승 시도
주요 참전국	오스트리아, 영국, 네덜란드 vs. 프랑스, 에스파냐
전쟁의 결과	무승부이지만 오스트리아와 영국의 판정승. 프랑스의 전성기가 저물고 오스트리아와 영국이 떠오르는 계기가 됐어. 오스트리아는 에스파냐가 지배하던 이탈리아 일대의 영토와 네덜란드 일부를 얻어 냈지. 또 영국은 카리브해의 노예 무역에 뛰어들어 대서양 삼각 무역으로 큰 이득을 보았단다.

④ 대북방 전쟁

기간	1700년~1721년
전쟁의 원인	러시아의 발트해 진출 시도
주요 참전국	러시아 vs. 스웨덴 (영국, 프로이센, 폴란드 등이 동맹국을 바꿔 가며 참전)
전쟁의 결과	러시아의 승리. 북유럽의 강자 스웨덴이 몰락하고 러시아가 강대국으로 떠오르는 기회가 됐지. 러시아는 발트해를 확보하고 새로운 수도 상트페테르부르크를 건설했어.

↑ 스웨덴을 공격하는 러시아 해군

⑤ 폴란드 왕위 계승 전쟁

기간	1733년~1738년
전쟁의 원인	폴란드에서 오스트리아가 지원하는 아우구스트 3세의 즉위 문제
주요 참전국	프랑스, 에스파냐 vs. 오스트리아, 러시아
전쟁의 결과	프랑스의 판정승. 오스트리아는 아우구스트 3세의 폴란드 국왕 즉위를 인정받는 대신, 에스파냐 왕위 계승 전쟁으로 얻어 낸 나폴리 왕국을 포기해야 했어. 이 전쟁 이후 강대국의 간섭이 심해진 폴란드는 급격히 몰락했고, 오스트리아는 잠시 주춤하는 모습을 보였지.

← 아우구스트 3세
오스트리아의 지원으로 폴란드 왕위에 올랐어.

⑥ 오스트리아 왕위 계승 전쟁

기간	1740년~1748년
전쟁의 원인	마리아 테레지아의 합스부르크 가문 계승 문제, 프로이센의 슐레지엔 요구
주요 참전국	오스트리아, 영국, 네덜란드, 러시아 vs. 프랑스, 에스파냐, 프로이센, 스웨덴
전쟁의 결과	무승부. 마리아 테레지아의 왕위 계승이 인정됐고, 프로이센은 슐레지엔을 차지했어. 영국과 프로이센이 급성장했으며 오스트리아와 프랑스가 오랜 적대 관계에서 벗어나 동맹을 맺는 계기가 됐어. 동맹의 대가로 오스트리아는 프랑스에 오스트리아령 네덜란드를 넘겨주었지.

⑦ 7년 전쟁

- **기간** 1756년~1763년
- **전쟁의 원인** 오스트리아 왕위 계승 전쟁의 연장전. 오스트리아의 슐레지엔 재정복 시도
- **주요 참전국** 영국, 프로이센 vs. 프랑스, 오스트리아, 러시아, 스웨덴, 에스파냐
- **전쟁의 결과** 프로이센은 슐레지엔을 지켜 내며 중부 유럽의 강자 자리를 유지했어. 오스트리아는 슐레지엔을 되찾지는 못했지만 프랑스와의 동맹을 다지며 안정을 되찾았지. 유럽 내부에서는 큰 세력 변화가 없었지만, 북아메리카와 인도에서는 영국이 막강한 경쟁자 프랑스를 몰아내며 세계 식민지 경쟁의 주도권을 잡았어.

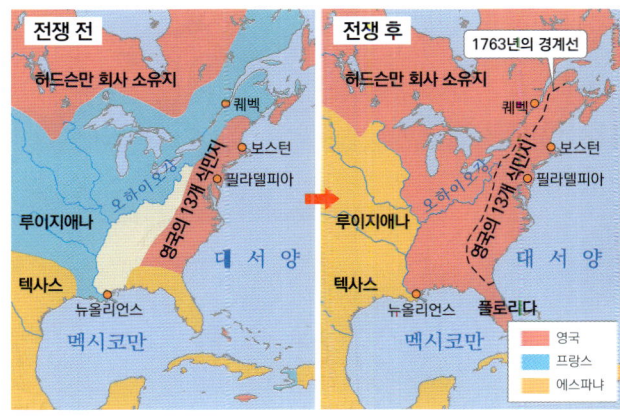

← 7년 전쟁 이후 북아메리카의 식민지 변화

↑ 영국의 인도 지배 계기가 된 플라시 전투

⑧ 폴란드 분할

- **기간** 1772년~1795년 (3차례)
- **참여한 나라** 러시아, 프로이센, 오스트리아
- **전쟁의 결과** 러시아, 프로이센, 오스트리아가 동유럽의 3대 강국 자리를 굳히게 된 사건이야. 23년 동안 3차례에 걸친 분할로 폴란드는 완전히 사라졌고, 오랫동안 독립을 이루지 못했어. 폴란드 분할이 진행되는 동안 러시아는 한편으로 오스만 제국을 공격해 크림반도를 빼앗았지.

6교시

에도 막부,
일본에 평화가 찾아오다

혼란했던 일본의 전국 시대는
에도 막부의 탄생과 함께 막을 내렸어.
극심한 혼란 끝에 찾아온 평화는
어느 때보다 달콤했지.
이제 일본 사회는 250년이 넘는 안정과 평화 속에
번영을 일궈 나가게 돼.
오늘은 에도 막부가 어떤 방법으로
오래도록 평화를 유지했는지,
또 급변하는 세계 정세 속에서 일본 사회는
어떤 영향을 받았는지 함께 알아보자.

1603년	1635년	1639년	1732년	1827년	1838년
에도 막부 성립	산킨코타이 제도 실시	쇄국 정책 실시	교호 대기근	사쓰마 번의 번정 개혁	조슈 번의 번정 개혁

쓰시마

한반도에서 가장 가까운 섬으로 에도 시대에 조선과의 외교와 통상을 전담했어.

나가사키(데지마)

에도 막부가 허용한 유럽과의 유일한 통상 관문이었어. 네덜란드 상인들이 이곳을 통해 일본과 교역했어.

○ 한양

조 선

○ 부산

동 해

○ 쓰시마

조슈 번

후쿠오카 ○

시마바라

나가사키

규 슈

사쓰마 번

○ 교토

오사카 ○ 나고○

가고시마

남쪽으로 류큐 왕국과 이어지는 바닷길의 관문. 번정 개혁에 성공한 사쓰마 번의 중심지였어.

○ 가고시마

역사의 현장 지금은?

일본의 수도 도쿄를 돌아보다

일본에서 가장 넓은 간토평야의 남단에 자리 잡은 도쿄는 에도 시대 이후 일본의 중심지로 떠올랐어. 원래는 갈대가 무성한 황무지였는데, 도쿠가와 이에야스가 농민을 이주시켜 황무지와 습지를 개간해 거대한 도시로 탈바꿈시켰대. 오늘날 도쿄는 세계적인 기업들의 본사가 모여 있고 국제 금융업이 최고 수준으로 발달한 도시라 뉴욕, 런던과 함께 '세계 3대 도시'로 꼽히기도 해.

▶ 도쿄 도청사
도쿄 도 전체를 관할하는 행정 관청이야. 지상 48층, 243미터의 거대한 규모를 자랑하지.

↑ 후지산이 보이는 도쿄 전경

인구 천만의 대도시 도쿄

오늘날 도쿄 도의 인구는 약 1,400만 명, 도쿄 도를 중심으로 한 수도권 전체의 인구는 무려 4,500만 명이나 돼. 일본 전체 인구의 약 3분의 1이 도쿄 주변에 와글와글 몰려 살고 있지. 서울보다 위도가 낮고 바다가 가까워 여름엔 매우 무더운 대신 겨울엔 그리 춥지 않은 편이야.

↑ 세계 금융의 중심 도쿄 증권 거래소
도쿄 증권 거래소는 뉴욕 증권 거래소, 런던 증권 거래소와 함께 세계 3대 증권 거래소 가운데 하나야.

캐릭터 산업의 중심지

도쿄는 일본의 발달한 캐릭터 산업의 힘을 느낄 수 있는 도시야. '토토로', '호빵맨', '건담', '헬로키티' 등 세계에 널리 알려진 캐릭터로 꾸며진 다양한 전시관이 마련되어 있지.

▲ **산리오 퓨로랜드** 헬로키티와 관련된 다양한 문화 콘텐츠를 즐길 수 있는 테마파크야.

▶ **헬로키티 매장**

▲ **지브리 미술관** <이웃집 토토로>, <센과 치히로의 행방불명> 등 유명 애니메이션을 주제로 설계된 애니메이션 미술관이야.

▲ **유명 장난감 회사 반다이 본사 앞** 세계적으로 널리 알려진 '호빵맨', '도라에몽' 등 인기 캐릭터들이 전시돼 있어.

최대 쇼핑 왕국

도쿄는 세계에서 손꼽히는 쇼핑 도시야. 도쿄 최대 쇼핑 명소인 신주쿠, 도쿄의 명동이라 불리는 시부야, 젊은이의 쇼핑 거리 하라주쿠, 대형 쇼핑몰이 있는 오다이바 등 쇼핑을 즐길 수 있는 번화가가 매우 많아. 오로지 쇼핑을 즐기기 위해 도쿄를 방문하는 관광객도 있을 정도란다.

▲ **도쿄 최대 쇼핑 명소 신주쿠** 신주쿠 일대의 쇼핑가는 도쿄에서도 가장 큰 쇼핑 거리야. 백화점과 쇼핑몰, 전자 제품 판매점, 중고 명품점 등 없는 게 없지

▲ **도쿄의 패션 1번지 하라주쿠** 젊은이들의 패션과 유행을 한눈에 살펴볼 수 있는 곳이지.

▲ **고급 상점이 즐비한 긴자** - 긴자는 일본 최초로 근대화가 시작된 고풍스러운 거리야. 고급 명품 상점과 대형 백화점들이 거리를 메우고 있단다.

천황의 도시

오늘날 일본 천황은 도쿄의 중심부에 위치한 궁궐인 '고쿄'에 살아. 교토에 머물던 천황이 1868년 에도성을 고쿄로 삼아 이곳으로 거처를 옮긴 뒤 에도는 동쪽의 수도라는 뜻의 도쿄(東京)로 이름을 바꿨지. 고쿄는 대부분 출입이 제한되어 있지만, 주변의 녹지대는 시민들의 산책로로 인기가 많아.

↑ 도쿄 중심부에 자리한 고쿄

↑ 천황 나루히토 부부와 아이코 공주
천황 가족들은 일본의 상징으로 일본 정부의 철저한 관리를 받아.

↓ 가쿠슈인 대학교
일본 왕족 자녀들이 주로 다니는 대학교야.

미식가의 천국, 스시의 고향

도쿄는 세계에서 맛집이 가장 많은 도시야. 세계적 권위의 레스트랑 평가지 미슐랭의 별점을 1개 이상 받은 식당이 무려 226곳이나 되거든. 특히 도쿄는 일본을 대표하는 음식인 '스시'가 탄생한 곳이란다. 에도 시대에 도쿄 앞바다에서 잡힌 생선을 적당히 썰어 한입 크기의 주먹밥 위에 올려 먹은 것이 스시의 유래라고 해.

↑ 스시 가게를 방문한 일본 아베 총리와 미국의 오바마 대통령

↑ 에도의 향토 요리였던 스시

조리 시간이 짧고 빠르게 먹을 수 있어 지금의 패스트푸드처럼 인기가 좋았대.

↑ 도쿄 장어구이

장어구이는 지역마다 요리법이 다른데, 도쿄는 장어 배가 아니라 등을 갈라서 구워 먹어.

쇼군이 중앙 집권을 강화하다

"전국 시대가 끝나고 일본이 평화를 누렸다는 게 믿기지 않아요. 그렇게 싸워대더니……. 비결이 뭐죠?"

나선애가 노트를 펼치며 용선생에게 말했다.

"바로 막부에 모든 권력을 집중시켜서 지방 영주들을 휘어잡은 것이지. 에도 막부를 연 도쿠가와 이에야스는 막부가 지방 영주들의 힘을 제대로 통제하지 못한 탓에 전국 시대의 혼란이 찾아왔다고 생각했거든."

"어떤 방법으로 막부에 권력을 집중시켰는데요?"

"먼저 이에야스는 자신에게 맞섰던 반대편 영주

↑ 도쿠가와 이에야스 (1543년~1616년)
에도 막부의 첫 쇼군으로, 혼란했던 전국 시대를 끝내고 일본에 평화를 가져왔어.

들의 땅을 몽땅 빼앗았어. 그러고 나서 전국을 잘게 쪼개어 각 땅마다 영주를 직접 임명했단다."

"그럼 자기 말을 잘 듣는 사람들만 영주로 임명했겠군요."

"응. 이에야스는 영주들이 땅을 어떻게 다스리건 일일이 간섭하지 않았어. 그 대신 영주들을 충성도에 따라 크게 세 등급으로 나누었지. 충성도가 높은 영주에게는 막부가 있는 에도 주변의 교통이 발달한 곳이나 쌀 생산량이 많은 땅을 주었고, 충성도가 낮은 영주에게는 에도에서 멀리 떨어진 변두리 지역의 땅을 주었어. 이렇게 잘게 쪼개진 에도 시대의 행정 구역을 번이라고 해. 막부에서는 영주들의 행동을 감시하다가, 어떤 영주가 충성심이 떨어진다 싶으면 번을 빼앗거나 멀찌감치 떨어진 번으로 내쫓는 식으로 계속해서 영주들을 견제해 나갔지."

"좋은 영지를 계속 다스리려면 쇼군에게 충성을 다하라 이거네요."

> **용선생의 세계사 돋보기**
>
> 가장 높은 등급은 도쿠가와 가문의 친족들이, 그다음은 세키가하라 전투가 일어나기 전부터 이에야스를 따르던 가신들이 차지했어. 가장 낮은 등급은 세키가하라 전투 이후 새롭게 충성을 맹세한 영주들이었지

▼ **히타치 번이 있었던 이바라키현의 모습** 이곳은 간토평야 북동부에 위치한 비옥한 평원으로 쌀 생산량이 많았어. 이처럼 좋은 땅은 도쿠가와 가문이 직접 차지했지.

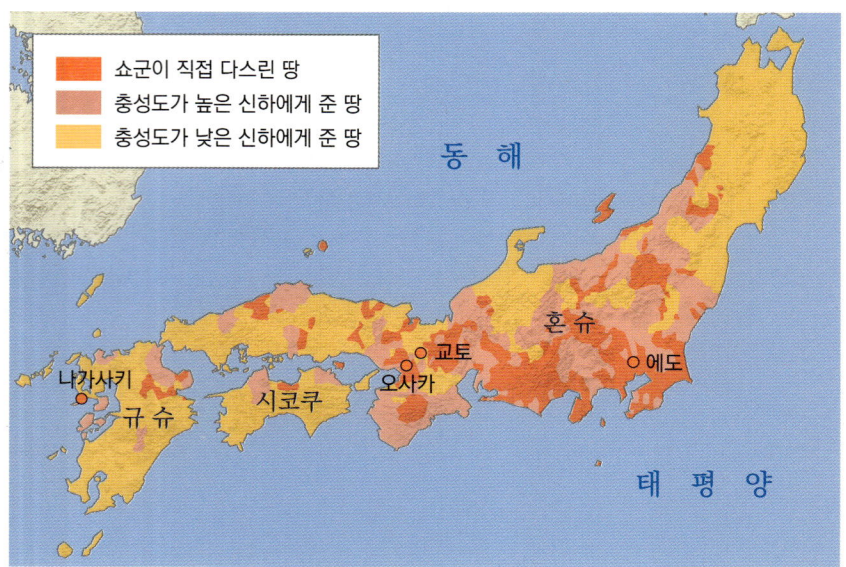

쇼군은 일본 땅을 잘게 쪼개 제일 좋은 땅은 자신이 차지하고 나머지를 충성도에 따라 부하에게 나눠 줬어.

↑ 충성도에 따른 에도 시대의 번 분포

"응. 그리고 쇼군은 전국에서 제일 기름진 땅을 독차지했단다. 그래서 한때는 전국 쌀의 4분의 1이 쇼군의 땅에서 수확될 정도였어. 그뿐만 아니라 교토, 나가사키 등 일본의 주요 도시와 항구, 은이 생산되는 은광까지도 직접 다스렸지."

"우아, 알짜배기 땅을 쇼군 혼자 다 차지했군요. 그럼 막부에 돈이 넘쳐 났겠는데요?"

"그렇지. 쇼군은 이 돈으로 그 어떤 영주보다도 크고 강력한 군대를 만들었어. 그러니 혹시나 영주들이 반란을 일으켜도 손쉽게 제압할 수 있었지. 이러다 보니 영주들은 감히 반란을 일으킬 생각조차 할 수 없었단다."

"역시 힘으로 누르는 게 중요하군요."

장하다가 주먹으로 손바닥을 탁 치며 말했다.

▲ **마쓰모토성의 천수각** 번의 영주가 머물며 일을 보던 성이야. 막부의 명령으로 이렇게 영주가 사는 성만 남고 나머지 갖고 있던 성과 요새를 전부 파괴했어.

"여기서 끝이 아니야. 1616년에 막부는 각 번에 명령을 내려 영주가 사는 성 하나를 제외한 나머지 성을 모두 파괴하고, 새로 성을 쌓는 일을 엄격하게 금지했단다. 또 성을 수리할 때에는 반드시 막부의 허락을 받도록 했어. 성이 반란의 근거지가 되는 것을 막기 위해서였지. 만약 영주가 명령을 어기고 성을 지으면 즉시 영지를 빼앗고 자리에서 내쫓았어."

"허어, 살벌하네요."

"막부의 권력은 이에야스의 손자 이에미쓰가 쇼군에 올랐을 때 절정에 이르렀단다. 이에미쓰는 1635년, '산킨코타이'라는 제도를 실시해 이전보다 훨씬 강하게 영주들을 옭아맸거든."

"산킨코타이요? 그게 뭔데요?"

▲ **도쿠가와 이에미쓰** (1604년~1651년) 에도 막부의 제3대 쇼군이야. 산킨코타이 제도를 실시하고 쇼군의 허락 없이 영주들끼리의 혼인을 금지하는 등의 정책으로 에도 막부의 힘을 가장 높이 끌어 올린 인물이야.

에도 막부, 일본에 평화가 찾아오다

용선생의 세계사 돋보기

원칙상 영주들은 2년에 한 번 꼴로 에도로 와서 쇼군에게 충성 맹세를 하고 1년 가까이 에도에 머물러야 했어. 하지만 실제로는 에도에 가까운 간토 지역의 영주는 6개월 정도 머물렀고, 먼 지역의 영주는 3~5년에 한 번 에도에 와서 약 석 달 정도 머물렀지. 한자 그대로 읽어 '참근교대'라고도 해.

"산킨코타이 제도는 영주의 부인과 후계자가 될 아들을 에도에 살도록 하고, 영주들은 정기적으로 에도로 와서 쇼군에게 충성을 맹세하도록 한 제도야. 다시 말해 막부가 영주의 가족들을 볼모로 삼은 거지. 막부는 영주들이 차례로 돌아가며 쇼군이 있는 에도를 지켜야 한다는 명분을 내세웠단다. 그래서 영주들은 이 제도를 울며 겨자 먹기로 받아들였지."

"어휴, 가족이 붙잡혔으니 영주들이 꼼짝 못 했겠군요."

"게다가 영주들은 산킨코타이 때문에 많은 돈을 썼어. 일단 에도에서 생활하는 가족의 생활비를 대야 했지. 게다가 영주들은 에도를 오갈 때마다 자신의 부하들과 호위병, 시종들까지 포함해 수십 명에서 수백 명이나 되는 행렬을 꾸렸거든."

"도대체 왜 그렇게 많은 사람이 가요?"

"그래도 영주님 행차인데 남들 눈에 초라하게 보일 수는 없잖아.

또한 행렬을 화려하게 꾸밀수록 서열 높은 영주로 인정해 주는 분위기가 만들어져 영주들 사이에 경쟁이 붙는 바람에 저마다 막대한 돈을 들여 행렬을 화려하게 꾸렸지. 돈이 없는 영주는 해마다 에도에만 가려고 해도 살림이 휘청거릴 지경이었단다. 영주들의 세력을 약화시키고 싶었던 막부로서는 기대하지 않은 효과를 보게 된 거야."

"헤헤. 별일이 다 있네요."

"산킨코타이 제도가 일본 사회에 가져온 뜻밖의 변화가 하나 더 있어. 산킨코타이 제도 때문에 일본에서는 상업이 빠르게 발달했거든."

"산킨코타이 제도 때문에 상업이 발달했다고요? 왜요?"

용선생의 설명에 아이들 얼굴에 호기심이 피어올랐다.

"일단 에도로 향하는 주요 길목마다 영주의 행렬이 머물 수 있는 숙소와 음식점이 생겨났어. 수백 명이나 되는 사람들이 해마다 비슷한 길로 움직이니까, 매우 자연스러운 일이었지. 그리고 사람들이 좀 더 편하게 이동할 수 있도록 전국을 연결하는 도로도 크게 발달했어.

▲ 에도로 향하는 산킨코타이 행렬 매년 이렇게 어마어마한 인원이 움직이다 보니 에도로 가는 주요 길목마다 상업과 도시가 발달했어.

도로가 발달하자 에도나 오사카 같은 도시에는 많은 사람이 몰리며 더 큰 번영을 누리게 됐단다. 이들 도시가 어떻게 발전했는지는 조금 이따가 자세히 이야기해 줄게."

"선생님, 근데 막부가 이렇게 일방적으로 영주들을 짓눌러도 괜찮았어요?"

"맞아요. 속으로 칼을 갈다가 갑자기 반란을 일으키는 건 아닐까요?"

허영심과 나선애가 고개를 갸웃대며 용선생에게 질문했다.

"맞아. 막부 입장에서도 그게 걱정이었지. 실제로 1651년에는 막부에 불만을 품은 무사들이 힘을 모아 반란을 일으키려고 하다가 발각된 일도 있었어. 막부는 영주들을 힘으로만 찍어 누르는 게 아니라 정신 교육을 제대로 시켜 상하 관계를 분명히 하려고 했단다. 그래야 영주와 무사들이 감히 반란을 일으킬 꿈도 꾸지 못할 테니까 말이야.

그래서 막부는 영주와 무사들에게 유학을 가르쳤지."

"유학? 다른 나라로 유학을 보냈다는 말씀이세요?"

"호호. 그 유학 말고, 공자님 말씀을 배우는 유학 말이야. 유학에서는 무엇보다 '나라와 왕에 충성하는 것'을 중요하게 여기잖니. 그리고 어지러운 세상을 바로잡으려던 세상 사람들이 각자의 신분에 걸맞게 최선을 다해야 한다고 이야기하지. 막부는 유학의 가르침을 무사들의 머릿속에 확실하게 각인시켜 반란을 일으킬 생각을 애초에 갖지 못하게 만들 작정이었어. 일본의 유학은 조선에서 전해 주었단다."

"조선이라고요?"

"응. 임진왜란 때 일본에 포로로 끌려온 조선의 성리학자가 처음 일본에 유학을 전한 이후로 유학이 널리 퍼졌거든. 막부는 성리학자들이 무사들에게 유학의 핵심 내용인 윗사람에 대한 공경과 예의를 가르치도록 아낌없이 지원했단다. 유학 교육을 받은 무사들은 막부

각인 새길 각(刻) 찍을 인(印). 어떤 사실이나 내용을 머릿속에 깊이 새겨 기억하게끔 하는 것을 가리켜.

← 미토 번의 번교
무사들은 번에서 세은 학교인 '번교'에 다니며 무예와 유교 경전을 배웠어. 막부는 무사들이 유학을 익혀 막부에 충성하길 기대했지.

유학에 자리를 내준 일본의 불교

전국 시대까지 일본에서는 불교가 아주 큰 영향력을 갖고 있었어. 특히 엄격한 규율을 통해 몸과 마음을 닦고 참선을 하는 선종이 무사들에게 큰 인기였지. 큰 사찰은 승병을 키워 정치적, 군사적인 힘도 가지고 있었어. 그 힘을 통해 전국 시대 다이묘들과 어깨를 나란히 할 정도였단다.

하지만 에도 시대가 되자 쇼군은 자신에게 위협이 될지도 모를 불교 세력을 억눌렀어. 그 대신 무사들에게 유학을 널리 보급했지. 그래서 에도 시대부터는 불교보다 유학을 중요하게 여겼단다.

◀ 참선 중인 일본 승려

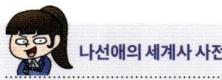

나선애의 세계사 사전

사농공상 선비, 농민, 장인, 상인의 네 가지 신분을 아울러 이르는 말이야. 보통 유학을 공부해 관직에 나가는 선비(士)가 제일 높은 신분인데, 일본에서는 무사가 제일 높은 신분이었어.

에 충성을 다했고, 막부의 명령에 따라 무예 수련은 물론 글공부에도 힘썼어. 마치 조선의 선비들처럼 말이야."

"흐흐, 칼 휘두르는 무사들이 유학 공부라…… 머리 꽤나 아팠겠는걸요."

장하다가 머리를 쥐어뜯는 흉내를 내자 모두들 웃었다.

"자, 이렇게 유학이 퍼져 나가자 일본에도 중국이나 조선처럼 엄격한 '사농공상'의 신분 질서가 자리를 잡아 갔단다. 즉 무예를 수련하면서 유학도 공부하는 무사, 농사를 짓는 농민, 물건을 만드는 장인과 그 물건을 파는 상인들이 서로 다른 신분으로 완전히 구분되어 각자가 분수에 맞게 제 도리를 다해야 한다는 엄격한 원리가 자리를 잡은 거지. 에도 막부는 이렇게 엄격한 신분 질서가 잘 자리 잡은 덕분에 오랜 기간 평화와 발전을 이룰 수 있었어."

용선생의 핵심 정리

에도 막부는 일본 땅을 번으로 쪼개어 충성도에 따라 각 번의 영주를 임명하고, 산킨코타이 제도를 실시하여 영주를 견제함. 무사에게 유학을 가르쳐 사농공상의 신분질서가 뿌리내림.

에도 막부, 나라의 문을 걸어 잠그다

"이제 나라가 평화로워졌으니 외국과도 교역이 더 늘어났겠네요."
"그건 아냐. 에도 막부는 외국과의 무역을 엄격히 통제하며 쇄국 정책을 펼쳤단다."
"엥? 왜 쇄국 정책을 펼쳤어요?"
"막부는 전국 시대에 각지의 영주들이 해외 무역을 통해서 조총과 화약을 구해 세력을 키웠다는 걸 잘 알고 있었어. 나라의 문을 활짝 열었다가는 자칫 막부에 불만을 가진 지방 영주가 무역으로 힘을 키우거나 외국 세력과 손잡고 반란을 일으키지 않을까 걱정했지. 그래서 무역을 통제했어."
"그게 걱정돼서 아예 무역을 안 한다고요?"
"아예 하지 않은 건 아니고, 막부의 허가를 받으면 가능했단다. 막부는 중국, 조선, 류큐, 네덜란드, 그리고 아직 완전히 일본 땅이 되지 않은 홋카이도와 교역했어. 그리고 교역 장소를 딱 네 군데로 제한했

나선애의 세계사 사전

쇄국 정책 다른 나라와 외교 관계를 맺지 않고 나라의 문을 닫아 서로 교역하지 않는 정책. 같은 시기 조선도 서양 세력과 교류를 막는 정책을 펼쳤어.

나선애의 세계사 사전

류큐 오늘날 오키나와섬과 그 주변 지역을 다스리던 왕국이야. 중국, 한반도, 일본, 동남아시아를 연결하는 중계 무역으로 번영했어.

▲ 일본의 4개 무역항과 주변 나라와의 관계

단다. 만일 영주가 막부의 허가 없이 딴 곳에서 몰래 외국 상인과 교역할 경우 사형에 처하기도 했지."

"어디서 교역을 할 수 있었는데요?"

"나가사키, 쓰시마, 사쓰마, 마쓰마에, 이렇게 네 곳이야."

용선생이 손가락으로 지도 위를 한 군데씩 짚었다.

"먼저 한반도와 가장 가까운 쓰시마부터 살펴보자. 조선과 일본의 교류는 임진왜란 이후로 끊겼어. 하지만 에도 막부는 조선과의 관계를 회복하고 싶었지. 도쿠가와 가문이 일본에 평화를 가져왔다는 걸

♠ **에도로 향하는 통신사 행렬** 통신사는 조선이 일본의 사신 파견 요청을 받아들여 일본 막부 쇼군에게 보낸 정식 외교 사절단이야. 규모는 무려 300~500명에 달할 만큼 컸지.

일본 전국에 선전해 쇼군의 권위를 높이려 했거든. 1609년, 조선은 에도 막부의 요청을 받아들여 무역 조약을 맺고 한동안 단절됐던 교역을 다시 시작했어. 이때 조선에서 보낸 외교 사절을 통신사라고 불러. 조선과의 무역이 재개된 이후로 통신사와의 교류를 비롯한 조선과의 교역은 모두 쓰시마에서 담당했지."

"앗, 조선이 보낸 통신사 이야긴 한국사 수업 때 들었어요! 일본에서 엄청 대접을 잘 받았대요."

♠ **쓰시마섬의 이즈하라 항** 이즈하라는 쓰시마번의 중심지야. 조선의 통신사가 이곳을 거쳐 일본으로 갔어. 지금도 부산과 이즈하라 사이에는 매일 그속 여객선이 다닌단다.

에도 막부, 일본에 평화가 찾아오다

↑ **네덜란드의 무역 기지 데지마(왼쪽)와 상관 내부 복원 모습(오른쪽)** 데지마는 외국 상인이 거주하도록 만든 인공 섬이지만, 생필품을 충분히 공급받아 그 안에서 생활하는 데 큰 불편함이 없었대.

곽두기가 퍼뜩 기억이 났다는 듯 소리를 질렀다.

"흐흐, 그래. 잘 기억하고 있구나. 쓰시마와 마찬가지로 규슈 남부의 사쓰마에서는 남쪽의 류큐 왕국과 교역이 이뤄졌고, 규슈 서부의 항구 도시 나가사키에서는 중국, 네덜란드 상인과 거래가 이루어졌어. 또 유럽과의 교역을 독점한 네덜란드 상인들은 나가사키의 데지마란 인공섬에 무역 기지를 두고 일본과 교역을 벌였단다."

"잠깐만요, 선생님. 전국 시대만 하더라도 일본의 주된 무역 상대는 포르투갈 상인이었잖아요? 근데 교역 상대가 왜 갑자기 네덜란드 상인으로 바뀐 건가요?"

왕수재의 날카로운 질문에 용선생은 고개를 끄덕였다.

"바로 종교 문제 때문이야. 포르투갈은 무역 못지않게 가톨릭 선교에도 관심이 많았어. 그래서 상인과 선교사가 함께 일본에 찾아왔지. 선교사들은 주로 학식이 풍부한 예수회 출신이었는데, 전국 시대 일

↑ **나가사키의 순교자 모습** 나가사키에서 크리스트교 신자 55명이 처형 당하는 모습을 그렸어. 이후에도 에도 막부의 탄압은 계속 되었지.

→ **크리스트교도 색출에 쓰인 동판** 에도 막부는 크리스트교 신자를 골라내기 위해 이렇게 예수님이 새겨진 동판이나 성화를 사람들에게 밟고 지나가도록 했어.

↓ **1500년대 말 일본의 성모상** 박해를 피하기 위해 성모상을 이렇게 불상과 흡사하게 만들고 검은색으로 칠했어.

본의 영주들은 이들과 가까이 지내며 서양 문물을 받아들이고 세력도 키우려고 했지. 그래서 전국 시대에 일본에서는 가톨릭 신자가 많이 늘어났단다. 하지만 막부 입장에서는 가톨릭 신자가 늘어나는 게 영 맘에 들지 않았어."

"왜요? 가톨릭 신자들이 무슨 잘못이라도 했나요?"

"가톨릭 선교사들은 '신 앞에 모든 사람은 평등하다.'라고 가르쳤어. 이건 신분 질서를 확실히 하려고 유학을 보급했던 에도 막부의 의도와는 완전히 어긋나는 가르침이었지. 막부는 막부에 불만을 가진 영주들이 가톨릭 교리를 앞세워 백성을 선동하거나 유럽의 가톨릭 국가와 손을 잡고 반란을 일으키진 않을까 걱정했어. 그래서 일본에서 선교 활동을 하던 선교사들을 모두 쫓아내고 가톨릭 신자들을

용선생의 세계사 돋보기

이때 쫓겨난 선교사들은 대부분 프란치스코회 선교사들이었어. 막부와 영주들을 상대로 선교하던 예수회와 달리 가난한 사람들을 대상으로 평등사상을 전파했기 때문에 박해 대상이 되었던 거야.

에도 막부, 일본에 평화가 찾아오다   **345**

▲ **시마바라의 난을 이끈 아마쿠사 시로**
아마쿠사 시로는 열여섯 살의 어린 나이에 시마바라의 난을 주도했다고 전해져.

찾아내 박해했지. 이때 나가사키에서만 수십 명에 이르는 선교사와 신자가 목숨을 잃었단다."

"에이, 가톨릭이 퍼져서 반란이 일어나다니 괜한 걱정 아닐까요?"

"아니야. 에도 막부의 걱정은 머지않아 사실로 드러났어. 1637년, 규슈 서부의 시마바라에서 무사와 농민들이 대규모로 반란을 일으켰거든. 반란의 빌미가 된 건 막부와 번의 가혹한 세금 정책이었지만, 반란을 주도한 이들이 다름 아닌 가톨릭 신자들이었지. 이 사건 이후로 막부는 포르투갈과의 교류를 철저히 막고 그 대신 네덜란드하고만 계속 교역할 수 있도록 허락했단다. 같은 유럽 국가이지만 신교 국가인 네덜란드는 선교에는 별 관심이 없고 장사에만 관심이 많았거든."

"으흠. 그런 이유가 있었군요."

"이제 일본은 네덜란드 상인을 통해서 유럽의 문물을 받아들였어. 일본의 지식인들은 네덜란드어를 배워 데지마를 오가는 상인에게 바깥세상이 어떻게 돌아가는지 듣고 유럽인이 쓴 책을 구해 서양의 최신 학문을 연구했지. 이때 네덜란드를 통해 들어온 서양의 학문을 '난학'이라고 하는데, 이 부분은 조금 있다가 자세히 알아보자꾸나."

> 용선생의 세계사 돋보기
>
> 이때 네덜란드는 '홀란드'란 이름으로 알려져 있었어. 한자로는 '화란(和蘭)'이라고 썼지. 그래서 네덜란드를 통해 들어온 서양 학문을 화란의 '난'을 따서 난학이라고 부른 거란다.

> 용선생의 핵심 정리
>
> 에도 막부는 교역 장소외·교역 상대를 제한하는 엄격한 쇄국 정책을 실시함. 막부가 허가한 교역 상대는 중국, 조선, 류큐, 네덜란드 등. 이들은 쓰시마, 나가사키 등을 중심으로 일본과 무역을 벌였음.

상업의 발달로 번영을 누리는 에도 시대

"에도 시대에 일본 경제는 놀랍게 발전했어. 무엇보다 농업 생산량이 급격히 늘어났단다. 농기구가 새롭게 발명된 덕분에 더 적은 힘을 들이고도 더 많은 쌀을 수확할 수 있었지. 또 농지 개간도 엄청 활발히 이루어져서 대략 100여 년 간에 농지가 두 배나 늘었단다."

"그럼 사람들이 예전보다 훨씬 배불리 먹었겠어요."

곽두기가 코를 찡긋거리며 말했다.

"맞아. 이전보다 먹고사는 형편이 좋아지자 일본의 인구는 1600년대에만 약 두 배로 늘어났어. 비슷한 시기 유럽에서 인구가 가장 많

▶ **에도 시대의 새로운 농기구**
에도 시대에 개량되고 발명된 농기구 덕분에 농업 생산량이 엄청나게 증가했어.

모내기

풍구를 이용해 바람으로 쭉정이를 걸러 내고 있어.

도리깨로 껍데기와 알갱이를 분리해.

나락훑기로 벼와 낟알을 분리하고 있어.

았던 프랑스가 약 2천만 명, 수도 파리의 인구는 약 50만 명 정도였는데, 일본 인구는 점점 늘어나 3천만 명에 달했고 쇼군이 사는 에도의 인구는 100만 명이 넘었지."

"그러니까 그만큼 쌀 생산량이 많았다, 그거죠?"

나선애가 간결하게 정리했다.

"그렇지. 쌀 생산량이 늘어나자 일본에 또 다른 큰 변화가 일어났어. 바로 상업이 발달하고 일본 곳곳에 수많은 도시가 들어섰다는 거야."

"쌀 생산량과 도시가 발전하는 게 어떤 관련이 있는데요?"

↑ **오사카의 도지마 쌀 시장** 1730년 오사카는 쌀을 거래하는 도지마 쌀 시장과 많은 창고가 들어서며 쌀 유통의 중심지가 되었어.

"쌀 생산량이 늘어나니 시장에 내다 팔 쌀도 많아졌어. 쌀 거래가 늘어나자 자연스럽게 전국 곳곳에 크고 작은 시장이 생겨났고, 앞서 말한 산킨코타이 제도 덕분에 전국을 연결하는 도로가 놓이며 상업 발달에 가속도가 붙었지. 그러자 이제는 농민들까지 화폐를 널리 사용했단다."

"어, 그 전에는 화폐를 쓰지 않았어요?"

"화폐보다는 대개 쌀로 물건값을 치렀지. 쌀이 화폐 역할을 한 거야. 하지만 상업이 발달하고 시장 거래가 활발해지면서 부피도 크고 보관도 어려운 쌀보다는 화폐가 널리 쓰였어. 일상생활에서 물건을 살 때는 동전을 쓰고, 큰돈이 오가는 거래나 외국과의 무역에서는 금화나 은화를 사용했지. 이렇게 화폐 사용이 늘어나자 금화와 은화를

▲ 에도 시대에 쓰인 화폐들
왼쪽 위는 금화, 오른쪽은 은화, 왼쪽 아래는 동전이야.

↓ 일본 쌀 최대 생산지인 에치고平야 예전에는 주변 강의 범람으로 진흙땅이었지만, 에도 시대에 개간되 일본 최대의 쌀 생산지로 변신했어.

↑ **잇꽃** 에도 시대 농민들이 키웠던 상품 작물 중 하나야. 붉은색 염료의 주성분으로 쓰였지.

↑ **쪽** 푸른색 염료의 원료가 되는 식물이야. 잇꽃과 더불어 상품 작물로 많이 재배됐지.

> **용선생의 세계사 돋보기**
>
> 전국 시대 때 오다 노부나가는 자기 영지에 조카마치(城下町)를 만들어 상인과 수공업자들이 한데 모여 살도록 했어. 그 뒤 다른 영주들도 자기가 사는 성 주변에 조카마치를 만들었지. 에도 시대의 도시는 조카마치를 중심으로 형성되었단다. 조카마치에 사는 상인과 수공업자를 조닌이라고 부르는데, 조닌의 조(町)는 '도시' 또는 '도회지'를 뜻하지.

서로 바꿔 주는 환전업, 막부나 영주에게 돈을 빌려주거나 관리해 주는 은행업도 덩달아 발달했단다."

"쌀 생산량이 늘면서 사회가 완전히 바뀌었네요."

"그뿐만이 아니야. 인구가 늘고 생활 수준이 높아지면서 다양한 물건의 수요도 함께 늘어났어. 예를 들어 옷감 수요가 늘자 옷감을 만드는 직물업, 옷감에 색을 입히는 염색업이 덩달아 발달했지. 농민들은 더 많은 돈을 벌기 위해 옷감의 원료인 뽕나무와 마, 염료 원료인 쪽과 잇꽃 같은 상품 작물을 재배했단다. 농민들은 쌀과 상품 작물을 잔뜩 수확해 조카마치에 가서 상인에게 팔고, 그 돈으로 옷이나 생필품을 샀지."

"조카마치가 뭐예요?"

"조카마치는 영주가 사는 성 주변에 계획적으로 만든 마을이야. 주로 영주의 성에 필요한 물건을 공급하던

← **미쓰이 그룹 본사** 1,000여 개의 회사를 거느린 일본 최대 재벌 중 하나야. 에도 시대 조카마치에서 장사하던 비단 상인으로 시작해 대기업이 되었지.

조닌, 즉 상인과 수공업자가 사는 마을이지. 조카마치는 상업이 발달하면서 점점 덩치가 커졌고, 도시의 경제 중심지로 발전했단다."

"그럼 조카마치가 큰 곳이면 도시도 컸겠네요?"

"맞아. 말 나온 김에 거대한 조카마치가 있었던 대도시를 찬찬히 살펴볼까? 에도 시대 일본에는 흔히 '삼도(三都)'라 불리는 대도시가 세 곳이 있었어. 바로 에도와 오사카 그리고 교토야."

용선생은 몸을 돌려 새 그림을 스크린에 띄웠다.

"이 그림은 당시 에도의 중심지였던 '니혼바시'를 그린 거야. 니혼바시는 에도와 전국 각지를 잇는 도로의 시작점으로, 사람과 물건이 집중되는 곳이어서 언제나 사람들로 북적였어. 농한기에 일자리를 찾아 도시로 나온 농민들까지 몰려들면 에도 거리는 인산인해였지. 게다가 에도에는 쇼군은 물론 막부에서 일하는 관료와 산킨코타이 때문에 지방에서 올라온 영주 가족과 부하 무사, 물자를 조달하는 수

곽두기의 국어 사전

인산인해 사람 인(人) 뫼 산(山) 사람 인(人) 바다 해(海). 사람이 산과 바다를 이루었다는 뜻으로 많은 사람이 모인 상태를 가르켜.

↑ 에도의 중심지 니혼바시

↑ 에도 시대
오사카 항구의 모습

많은 조닌이 살았어. 삼도 가운데서도 가장 크고 중요한 도시였지."

"아, 그래서 아까 에도 인구가 100만 명이나 된다고 하신 거군요?"

왕수재의 맞장구에 용선생이 고개를 끄덕이며 스크린에 새 그림을 띄웠다.

"수많은 창고와 배가 그려져 있네요. 여긴 어딘가요?"

"오사카야. 오사카는 에도 시대 일본의 경제 중심지였어. 전국 각지에서 생산된 쌀과 상품들이 배에 실려와 오사카의 창고에 그득하게 쌓였지. 그러고 나면 각지에서 몰려든 상인들이 창고에 쌓인 물건들을 사서 배에 싣고 전국의 시장으로 흩어져 물건을 팔았어. 온갖 곳에서 배들이 쉴 새 없이 드나들었기 때문에 오사카에서는 크고 작은 운하를 정비하는 게 중요한 일이었단다. 그래서 오사카에는 '물의 도시', '상인의 도시' 같은 별명이 붙었지. 특히 오사카에는 일본에서 가장 큰 쌀 시장이 있었어. 일본의 모든 사람이 오사카의 쌀을 먹고 살았다고 해도 지나친 말이 아니었대."

↑ 에도 시대 교토의 모습

용선생이 스크린에 띄운 그림을 바꾸자 아이들이 감탄사를 내뱉었다.

"우아, 길가에 사람이 많네요. 여기는

어디예요?"

"이곳은 천황이 살았던 교토야. 교토는 오랜 세월 일본의 수도여서 천황이 사는 궁궐과 오래된 신사와 절이 끊았어. 그래서 많은 일본인이 관광하러 왔지. 관광객들은 교토에서 기념품을 사서 고향 사람들에게 전해 주며 직접 본 교토의 풍경을 자랑하곤 했단다. 그뿐만 아니라 교토는 비단 주머니나 장식품 같은 특산품으로도 유명했어."

▲ 교토의 특산품 가게 교토는 우리나라의 경주나 부여 같은 역사 도시로 에도 시대뿐만 아니라 지금도 일본 최고의 관광지야.

용선생이 스크린을 잠시 끄고 설명을 마저 이어 갔다.

"에도, 오사카, 교토, 세 도시를 중심으로 상공업이 크게 발달하면서 조닌들의 주머니가 두둑해졌어. 도매상끼리 이익을 독점하기 위해 길드와 비슷한 동업자 조합을 만들었고, 돈이 급한 사람에게 돈을 빌려주는 은행업으로 큰돈을 벌었지. 또 생활에 어느 정도 여유가 생기자 자녀를 오늘날 학원 같은 곳에 보냈어. 이를 '데라코야'라고 부른단다. 데라코야에서는 《논어》나 《맹자》 같은 유학 경전을 가르쳤고, 글쓰기와 간단한 산수도 가르쳤어. 우리로 치면 서당쯤 되는 곳인데, 좀 더 실용적인 지식을 가르친 셈이지."

"이야, 조닌들이 여러 가지 활동을 했군요."

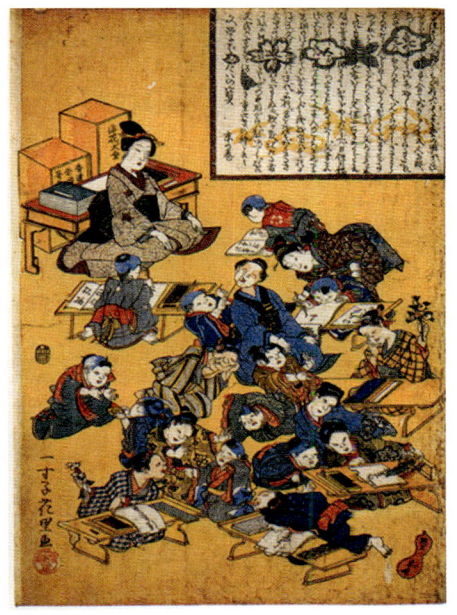

▲ 데라코야에서 공부하는 아이들
데라코야는 '사원에 딸린 작은 집'이란 뜻이야. 원래 데라코야는 유럽의 수도원 학교처럼 불교 사원에 딸린 작은 학원이었거든.

에도 막부, 일본에 평화가 찾아오다

"그뿐만이 아니야. 조닌들은 그림이나 연극 같은 즐길 거리를 찾았어. 대표적인 즐길 거리가 바로 가부키야. 가부키는 화려하게 분장한 배우가 무대에서 춤을 추고 노래를 부르며 연기하는 공연인데, 오늘날 일본을 대표하는 전통 예술이지. 가부키 공연이 있는 날이면 공연을 보려고 사람들이 구름처럼 몰려들 만큼 인기가 대단했어. 유명 가부키 배우가 입고 나온 화려한 옷과 머리 장식은 사람들 사이에서 순식간에 유행했지."

"우아, 가부키 배우는 에도 시대의 아이돌이었군요."

"맞아, 막부는 가부키가 사치를 부추긴다며 탐탁지 않게 여겼어. 하지만 돈 많은 조닌들은 화려한 옷차림을 하고 자신들의 부를 드러내곤 했단다."

"그럼 그림은요? 아까 조닌들이 그림에도 관심을 가졌다고 하셨잖

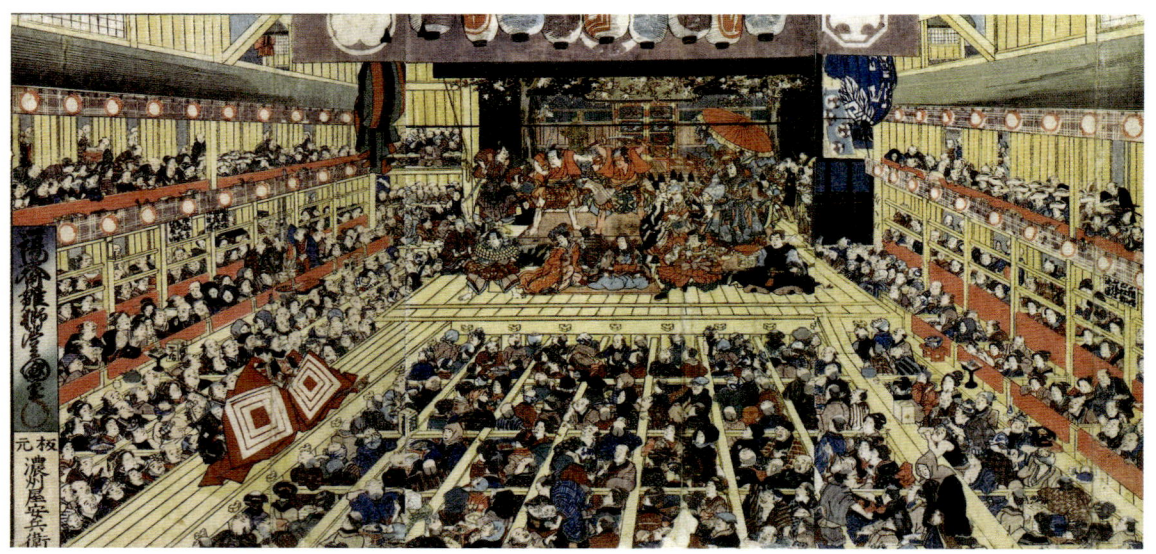

↑ 에도 시대 말기 화려한 가부키 공연 모습 유명 가부키 배우가 공연하는 날이면 공연장은 인산인해를 이뤘어.

아요."

허영심이 눈을 빛나며 물었다.

"응. 조닌들이 특히 좋아한 그림은 '우키요에'였어. 우키요에는 밑그림을 새긴 목판에 물감을 발라 찍어 낸 판화야. 판화는 한 번 판을 제작하면 여러 장을 찍어 낼 수 있어 보통 그림보다 값이 저렴했지. 그래서 조닌뿐 아니라 돈이 없는 서민도 싼값에 그림을 즐길 수 있었단다. 조닌은 그림을 사들이는 것뿐만 아니라 뛰어난 우키요에 화가를 후원해 자신이 원하는 작품을 만들어 내도록 했지. 가장 인기 있는 건 유명 가부키 배우의 초상화나 자연, 아름다운 여인을 그린

▲ 우키요에를 제작하는 장인

에도 막부, 일본에 평화가 찾아오다

우키요에였어. 또 조닌들 사이에서는 귀족을 흉내 내 하이쿠라는 짧은 시를 짓는 것도 유행했지."

"조닌들이 귀족처럼 자신들만의 문화를 만들었다니 신기하네요."

"그렇지? 이렇게 조닌이 중심이 되어 만들어진 문화를 '조닌 문화'라고 해. 조닌 문화 중에는 가부키나 하이쿠처럼 오늘날까지도 일본을 대표하는 문화로 자리 잡은 것이 많지."

"이렇게 얘길 듣고 보니 진짜 에도 시대는 엄청 평화로웠던 거 같아요."

곽두기와 나선애가 고개를 끄덕이며 말했다.

"그래. 에도 막부는 그 어느 때보다 평화가 오래 지속된 시기였어. 하지만 영원한 평화는 없는 법. 막부는 어느새부턴가 다시 혼란에 빠져들었단다. 오랜 세월 일본 사회의 기둥이었던 무사 계층이 흔들린 것이 혼란의 원인이었지."

> **용선생의 핵심 정리**
>
> 농업 생산량의 증가와 상공업의 발달로 화폐 사용이 늘어나고 에도, 오사카, 교토 등 대도시가 크게 발전함. 경제 발전을 이끈 주인공은 상인과 수공업자인 조닌으로, 이들은 가부키, 우키요에, 하이쿠 등 자신들만의 문화를 만들어 냄.

빈곤 문제와 대기근이 에도 시대를 뒤흔들다

"무사 계층이 흔들리다뇨? 대체 어떻게 된 거죠?"

"아까 에도 시대 때 일본의 인구가 급격히 늘어났다고 했지? 특히

도시 인구가 엄청나게 늘어나는 바람에 각종 상품의 수요 역시 이전에 비해 훨씬 커졌어. 그러다 보니 자연스럽게 물가가 올라갔지. 문제는 쌀은 생산량이 워낙 많았기 때문에 가격이 그다지 많이 오르지 않았다는 거야. 다른 물건의 가격이 워낙 많이 오르다 보니 쌀값은 떨어진 거나 마찬가지였지."

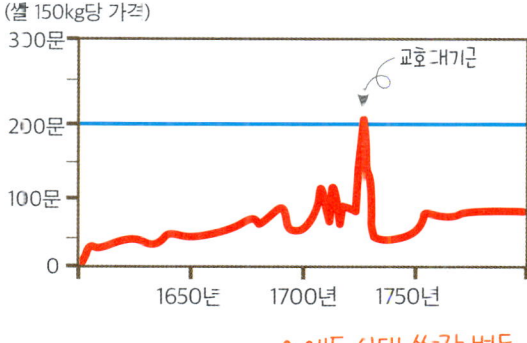

▲ 에도 시대 쌀값 변동

쌀값은 대기근 때 폭등한 걸 제외하면 다른 물건에 비해 거의 변동이 없었어.

"그럼 좋은 거 아니에요? 굶는 사람은 없을 테니까."

"그야 그렇지만, 쌀이 주된 수입원인 사람들은 곤란할 수밖에 없었단다."

"흠, 그럼 농민들 말씀인가요?"

"농민들이야 쌀 대신 쏠쏠하게 돈이 되는 상품 작물을 키울 수 있으니 괜찮았어. 문제는 영주와 무사였지. 영주와 무사들의 주수입은 농민들이 세금으로 바치는 쌀이었거든."

"그럼 농민들처럼 상품 작물이라도 키워서 팔면 되잖아요!"

"그럴 수가 없었어. 에도 막부가 일본의 신분 질서를 확고히 세우면서 각 신분마다 할 수 있는 일과 할 수 없는 일이 분명했거든. 무사 계층은 농사는 물론 장사도 할 수 없도록 법으로 정해져 있었지. 그 대신 막부의 관료가 되거나 영주의 부하가 되어 각자 직위에 따라 쌀을 월급처럼 받았는데, 쌀값이 떨어지니 계속 손해를 볼 수밖에 없었어."

"그럼 영주들은요?"

"영주들도 손해를 보기는 매한가지였어. 영주에게는 산킨코타이

제도 역시 큰 부담이었지. 해마다 산킨코타이 때문에 수십, 수백 명의 부하를 거느리고 에도를 오가는 와중에 주수입인 쌀값까지 떨어지니 영주들의 살림살이 역시 팍팍해질 수밖에 없었단다."

"끙, 엎친 데 덮친 격이네요."

"가난에 허덕이던 무사들은 부유한 조닌에게 돈을 빌려서 살림을 꾸려 나갔어. 하지만 돈을 빌린다고 문제가 해결될 리 없지. 쌀값이 계속 떨어지는 한 빌린 돈을 갚을 방법이 없었으니까. 결국 많은 무사가 빚쟁이 신세가 되었단다. 쇼군도 별수 없었어. 쇼군도 세금으로 걷는 쌀이 주된 수입이었거든."

"그럼 어떡해요?"

"결국 쇼군이 팔을 걷어붙이고 나서서 여러 차례 개혁을 시도했어. 쌀값이 너무 떨어지지 않도록 시장에 넘쳐 나는 쌀을 거둬들이기도

↓ **아사마산** 일본 혼슈 중앙에 있는 화산이야. 1783년 폭발하여 일본에 대기근이 찾아왔지. 특히 혼슈 북부 지방은 굶어 죽은 사람만 십만 명이 훨씬 넘었대. 이 시기에는 전 세계적으로 기상 이변으로 인한 기근과 흉작이 잦았어.

하고, 상인들에게 너무 싼값이 쌀을 팔지 못하게 했지. 또 토지를 개간하고 광산을 개발해 막부의 구멍 난 재정을 메우려고 했단다."

"그래서 성공했어요?"

"쌀값이 크게 떨어지는 일은 막았으니 절반의 성공은 거둔 셈이지. 막부의 재정은 숨통이 트였고 가난한 무사도 전보다 줄어들긴 했어. 하지만 전혀 예상치 못했던 문제가 생겼어. 1700년대부터 일본 곳곳에서 화산이 폭발하고 전 세계적으로 추위가 계속돼 몇 년 간 흉년이 이어진 거야. 결국 대기근이 발생해 수십만 명이 굶어 죽었지."

"저런……. 그럼 쌀값이 엄청 오르겠네요?"

"얘는, 사람이 굶어 죽는데 지금 쌀값이 문제야?"

왕수재의 말에 허영심이 눈을 흘겼다.

"당연히 올랐지. 하지만 막부는 계속해서 쌀을 세금으로 거두어 갔단다. 그리고 일부 상인들은 쌀을 사재기해서 가격을 더 올렸어. 그래서 쌀가게엔 쌀이 가득한데도 백성들은 굶어 죽어 갔지."

"어머, 그게 무슨 꼴이래요?"

"백성들의 원망은 끝내 폭발하고 말았어. 백성들은 무기를 들고 전국에서 반란을 일으켜 대도시의 상점들을 습격했단다. 특히 쌀이 그득히 쌓

↑ **도쿠가와 요시무네** (1634년~1751년) 막부의 제8대 쇼군이야. 1700년대 교호 개혁을 통해 쌀값 안정을 이뤄 냈지. 교호 개혁은 막부 재정을 튼실하게 만들었지만 1732년 대기근 때문에 결국 백성들의 반발을 불러왔지.

곽두기의 국어사전

기근 굶주릴 기(飢) 흉년 들 근(饉). 흉년으로 먹을 게 부족해 굶주린다는 뜻이야.

↑ **오시오 헤이하치로의 난** 막부 관리 출신인 오시오 헤이하치로는 가난한 백성을 구제하겠다며 제자들과 함께 오사카에서 반란을 일으켰어. 하지만 결국 실패하고 스스로 목숨을 끊었단다.

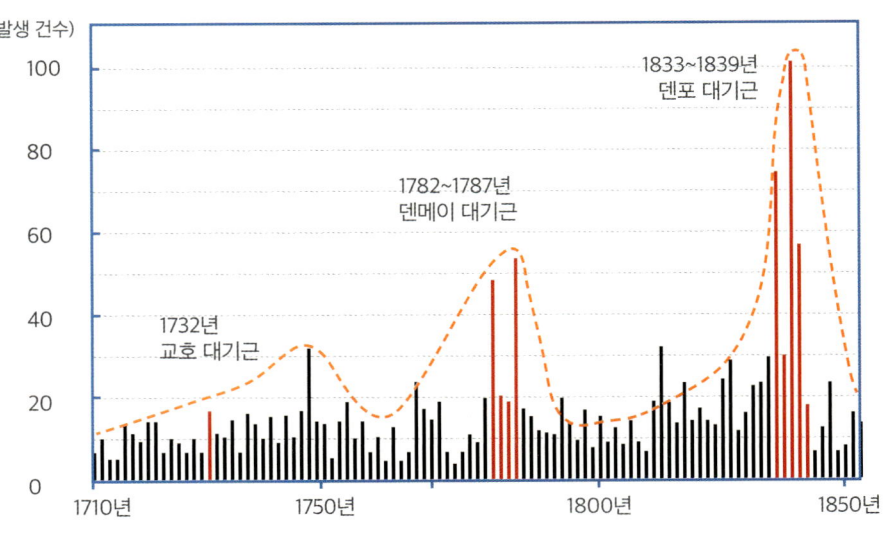

▲ 에도 시대 반란 발생

▲ 일본 농민들의 저항
특히 자연재해가 집중됐던 동북부 지역에서 반란이 잦았어.

여 있는 쌀가게가 주요 타깃이었지. 1837년에는 막부 관료 출신 무사인 오시오 헤이하치로가 오사카에서 반란을 일으켰어. 백성들을 보호해야 할 막부가 기근으로 고통받는 백성들을 나 몰라라 하는 모습에 크게 분노했거든."

"그럼 막부의 무사 중에도 제정신을 가진 사람이 있었던 거군요."

"그래. 헤이하치로의 반란은 하루 만에 진압당했지만, 전직 막부 관료가 반란을 일으켰다는 소식은 금세 전국으로 퍼져 나갔어. 이후 사방팔방에서 헤이하치로의 이름을 내세운 반란이 연이어 일어났단다."

"휴, 막부의 권위가 땅에 떨어졌겠네요."

"오랜 시간 막부에 눌려 있던 번들이 막부의 손아귀에서 벗어나려

꿈틀대기 시작했어. 드디어 여러 번의 영주들이 저마다 혼란에서 벗어나 살아남을 방법을 찾아 나서기 시작한 거야."

용선생의 핵심 정리

쌀값이 떨어져서 무사 계층이 빈곤에 처함. 막부에서 쌀값을 통제하는 등 여러 차례 개혁을 시도함. 1700년대 후기은 기근 때문에 개혁은 실패로 돌아가고 각지에서 반란이 일어나면서 막부의 권위가 크게 떨어짐.

지방 번들이 살길을 모색하며 번정 개혁에 나서다

"막부를 믿지 못하겠으니 알아서 살아남자, 이건가요?"
"그래. 특히 에도에서 멀리 떨어져 있던 지방의 번들은 막부의 개혁과는 별개로 독자적으로 개혁을 실시했어. 이걸 번에서 이뤄진 개혁이라고 해서 '번정 개혁'이라고 부른단다."
"그래서 번들은 개혁에 성공했나요?"
"전국의 여러 번이 개혁에 나서긴 했지만 성공한 곳은 일본 남서부의 몇몇 번들뿐이었어. 규슈 남서부에 있던 사쓰마 번과 혼슈 서부에 있던 조슈 번이 대표적이었지."
"와, 어떻게 성공했나요?"
"일단 이 번들은 에도에서 멀리 떨어져 있기 때문에 막부의 영향력이 약했어. 그래서 현지 상황에 알맞은 개혁 정책을 펼칠 수 있었지."
"현지에 맞는 정책이라고요?"

↓ 조쇼 히로사토
(1776년~1849년) 하급 무사 출신으로, 사쓰마 번의 번정 개혁을 이끌었어.

▲ **사쓰마 번청이 있던 가고시마** 사쓰마 번은 지금의 가고시마현과 미야자키현 일부에 해당돼. 이곳은 일본 서남부 끄트머리라서 일본 남쪽에 있는 류큐 왕국 등 다른 나라와의 밀무역이 활발히 이루어졌지.

> **용선생의 세계사 돋보기**
>
> 류큐 왕국은 1609년 사쓰마 번의 침략으로 일본의 속국 신세가 되었고, 1879년에는 일본에 병합되어 멸망했어.

"먼저 사쓰마 번은 류큐 왕국과의 무역을 맡은 곳이었어. 기억하지? 아까 네 곳에서만 외국과의 무역을 허용했다고 했잖니. 사쓰마 번은 1609년에 류큐 왕국을 침략해서 속국으로 삼고, 류큐의 특산물인 흑설탕을 헐값에 사들인 뒤 다른 번에 팔아 큰돈을 챙겼지."

"그럼 조슈 번은요?"

"조슈 번도 지리적 이점을 최대한 활용했어. 세토 내해 입구에 있었던 조슈 번은 세토 내해를 드나드는 배들로부터 통행세를 받거나 창고에 짐을 보관해 주고 돈을 받아 수입을 올렸단다. 그 밖에 다른 번에서도 종이를 직접 생산해 외국 상인에게 팔거나, 번 소속 상인의 돈을 모아 농민에게 빌려주고 이자를 받아 내는 등 돈을 벌기 위해 악착같이 노력했지."

"요컨대 장사를 하며 번의 재정을 튼튼히 했다는

↓ **번정 개혁에 나선 사쓰마 번과 조슈 번**

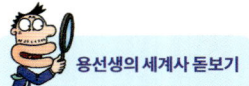

거군요?"

"그뿐만이 아니야. 지방 번들은 하급 무사라도 능력만 있으면 관리로 등용했어. 그 덕분에 신분의 벽에 가로막혀 크게 승진하지 못했던 유능한 중하급 무사들이 번정 개혁에 참여하며 얼마든지 자기 능력을 뽐낼 수 있었지. 그 결과 이 번들은 상인에게 진 빚을 다 갚았을 뿐만 아니라 해외에서 서양식 무기와 배를 수입할 정도로 부강해졌어."

"오호, 막부보다 힘이 더 세진 셈이군요."

"그렇지. 그리고 번에서는 새로운 기술을 습득하고자 난학을 열심히 연구했어. 난학은 네덜란드에서 건너온 서양 학문이라고

↑ **모리 다카치카** (1819년~1871년)
조슈 번의 영주로 유능한 젊은이를 등용하고 번정 개혁을 이끌어 조슈 번을 일본에서 가장 강력한 세력 중 하나로 키웠어.

↓ **혼슈의 관문 간몬 해협** 간몬 해협은 동해에서 세토 내해로 들어가는 입구야. 조슈 번은 이 해협을 통과하는 배들로부터 받은 짭짤한 통행세 덕분에 번의 재정을 튼실히 할 수 있었어.

했던 거 기억하지?"

"그쯤이야. 아까 하셨던 말씀이잖아요."

장하다가 히죽 웃으며 대답했다.

"그래. 난학자들은 네덜란드 상인과의 교류를 통해 서양의 발달된 의학과 과학, 수학 같은 학문을 받아들였어. 특히 의학은 많은 이들의 목숨을 구하는 데 도움이 됐기 때문에 막부에서도 지원을 아끼지 않았지. 그 덕분에 난학자들은 네덜란드 의학서를 번역하고, 막부가 세운 병원에 네덜란드 의사를 모셔와 서양 의술을 배우기도 했단다. 그런데 이렇게 난학이 발달하는 한편, '국학'이 유행하기도 했어."

"국학이 뭔데요?"

"국학은 유교나 불교, 크리스트교 같은 외국의 학문이나 종교를 멀리하고 일본 고유의 것을 연구하는 학문이야. 국학자들은 일본의 고전이나 고대사를 연구하면서 '일본은 신의 나라', '천황은 신의 자손'이라는 걸 증명하려고 애썼지."

"신의 나라? 신의 자손? 한가롭게 그런 거나 연구했다고요?"

"응. 1800년대에 들어 유럽 세력의 아시아 진출이 더욱 활발해졌거든. 동남아시아 곳곳에 유럽의 식민지가 만들어졌고, 심지어 1842년에는 청나라가 영국과의 전쟁에서 대패하는 충격적인 사건도 벌어졌지."

이 사건을 아편 전쟁이라고 해. 영국을 중심으로 프랑스와 독일 등 유럽 열강이 청나라를 공격했지.

"헉, 정말요?"

"응. 국학자들은 유럽의 침략이 거세질수록 일본 고유의 것을 보존해야 한다고 주장했어. 반면 네덜란드를 통해 세계가 어떻게 돌아가는지 들어 온 난학자들은 막부에 '쇄국 정책을 포기하고 서양의 문물

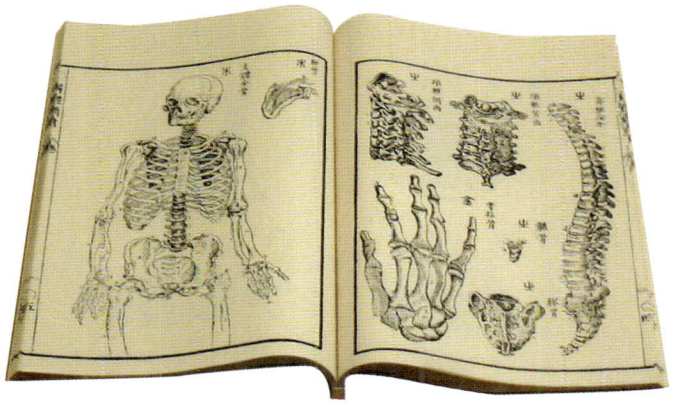

↑ 네덜란드 의학서를 일본어로 번역한 《해체신서》

← 만년자명종 1851년 일본에서 만들어진 서양식 자명종이야. 이 자명종을 만든 다나카 히사시게는 난학을 공부한 인물로, 오늘날 일본의 대표적 전자 제품 기업인 도시바의 창업자이지.

에도 막부, 일본에 평화가 찾아오다

을 적극적으로 받아들여야 합니다.'라고 건의했지. 하지만 막부는 국학자와 난학자들 사이에서 결정을 내리지 못한 채 우물쭈물 시간만 보냈어. 번정 개혁에 성공해서 강한 힘을 갖춘 번들은 이미 막부를 우습게 보고 있었는데 말이야."

"어휴! 이러다 막부에 큰일 나는 건 아닌지 몰라."

"흐흐, 200년 넘게 평화를 유지해 온 에도 막부는 이제 변화의 갈림길에 놓이게 됐어. 에도 막부가 어떤 선택을 하는지는 다음 시간에 계속 알아보자. 그럼 안녕!"

용선생의 핵심 정리

막부의 통제력이 약해지자 여러 번은 독자적으로 번정 개혁을 실시함. 한편으로 일본 고유의 것을 연구하는 국학과 네덜란드를 통해 들어온 서양 학문인 난학이 유행함.

나선애의 **정리노트**

1. ### 쇼군의 강력한 권력이 만든 에도 막부의 평화
   - **도쿠가와 이에야스**: 국토를 잘게 쪼개진 행정구역(**번**)으로 나누고, 충성도에 따라 각 번의 영주를 임명하여 지방 통제
   - **산킨코타이 제도**: 영주의 가족을 에도에 볼모로 잡아 두고 영주가 매년 에도로 와서 쇼군에게 충성을 맹세하도록 한 제도
     → 전국에 도로가 놓이고, 영주의 행렬이 지나는 길목에 상업이 발달하게 됨.
   - 무사에게 유학을 가르쳐 **사농공상**의 신분 질서를 뿌리내림.

2. ### 에도 막부와 외국의 교류
   - **쇄국 정책** 실시: 영주가 외국 세력과 손잡고 반란을 일으키는 것을 막기 위함.
     → 4개 항만 개방하여 **중국**, **조선**, **류큐**, **네덜란드**와의 교역만 허가.
   - **크리스트교 탄압**: 가톨릭 포교에 앞장선 포르투갈 상인과의 교역은 금지하고 네덜란드 상인과만 교류 → **네덜란드**에서 들어온 서양 학문인 **난학** 유행

3. ### 상업이 발달하며 번영을 누린 에도 막부
   - 쌀 생산량이 증가하며 상공업이 발달하고 화폐 사용이 확대됨. → **금융업** 발달
   - 생활 수준이 높아지며 직물업, 염색업 발달 → **상품 작물** 재배가 활발해짐.
   - **조닌**이 사는 **조카마치**가 행정, 경제 중심지로 발전
     → 조카마치를 중심으로 성장한 3대 도시: **에도**, **오사카**, **교토**

4. ### 흔들리는 에도 막부와 개혁에 나선 번들
   - 에도 막부의 위기: **쌀값 하락**으로 가난해진 무사 계층의 불만, 1700년대부터 시작된 **대기근과 막부 개혁 실패**로 각지에서 반란 발생
   - **지방의 번들이 독자적으로 번정 개혁** 실시
     → 사쓰마 번과 조슈 번 등은 현지 특성에 맞는 개혁을 실시해 성공을 거둠.

세계사 퀴즈 달인을 찾아라!

1 다음 인물에 대한 설명으로 옳은 것은? ( )

<도쿠가와 이에야스>

① 막부의 권력을 지방 영주들과 공평하게 나누었다.
② 충성도가 아닌 가문과 재산에 따라 영토를 배분했다.
③ 혼란했던 전국 시대를 끝내고 에도 막부의 첫 쇼군이 되었다.
④ 지방 영주들이 자율적으로 권력을 세습할 수 있도록 만들었다.

2 빈칸에 들어갈 알맞은 말을 써 보자.

○○○○○ 제도는 에도 막부의 3대 쇼군 도쿠가와 이에미쓰가 만든 제도로, 영주의 가족을 에도에 인질로 잡아 두고 영주들이 정기적으로 에도에 와서 쇼군에게 충성을 맹세하게 한 제도이다. ○○○○○ 제도 덕에 전국 도로가 정비되고 에도로 향하는 길목마다 숙소와 상점이 들어서며 상업이 발달했다.

( )

3 에도 막부의 중앙 집권 강화에 대한 설명으로 알맞은 것에 ○표, 알맞지 <u>않은</u> 것에 X표 해 보자.

○ 쇼군은 땅을 번으로 쪼개어 충성도에 따라 각 번의 영주를 임명했다. ( )

○ 에도 막부는 무사에게 불교를 권장하여 사농공상의 신분 질서를 폐지했다. ( )

○ 쇼군은 기름진 땅을 독차지하고 세금으로 걷은 공물로 강한 군대를 만들었다. ( )

4 다음 중 에도 막부에 대한 설명으로 옳지 <u>않은</u> 것은?　(　　)

① 불교가 융성하고 유학이 쇠퇴했다.
② 네덜란드에서 들어온 서양 학문인 난학이 유행했다.
③ 가톨릭 포교를 막기 위해 포르투갈 상인의 교역을 금지했다.
④ 교역 장소와 교역 상대를 제한하는 엄격한 쇄국 정책을 실시했다.

5 에도 막부 때의 경제와 생활에 대한 설명으로 옳지 <u>않은</u> 것은?　(　　)

① 농업 생산량이 늘며 화폐 경제가 발달했어.
② 농민들은 마, 뽕나무 등 상품 작물을 재배했어.
③ 무사 계급이 아닌 조닌의 자녀들은 학교 교육을 받을 수 없었어.
④ 조닌들이 사는 조카마치가 도시의 정치, 경제 중심지로 성장했어.

6 다음 중 서로 관련 있는 것들을 바르게 연결해 보자.

① 〈가부키〉　　　② 〈우키요에〉　　　③ 〈하이쿠〉
　　　　　　　　　　　　　　　　　　여행자라고 이름 불리고
　　　　　　　　　　　　　　　　　　싶어라 초겨울 비
　　　　　　　　　　　　　　　　　旅人と我名よばれん初しぐれ

㉠ 조닌들이 즐겨 지은 일본 고유의 짧은 시
㉡ 밑그림을 새긴 목판에 물감을 발라 찍은 목판화
㉢ 화려하게 분장한 배우가 무대에 서 춤을 추고 노래를 부르며 연기하는 연극

정답은 451쪽에서 확인하세요!

 용선생 세계사 카페

조닌의 대중문화 살펴보기

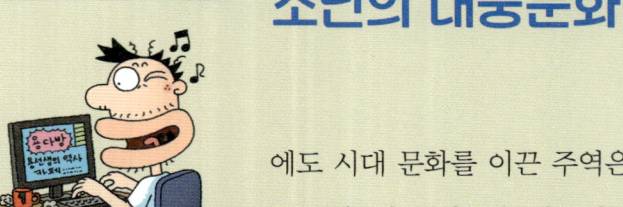

에도 시대 문화를 이끈 주역은 뭐니 뭐니 해도 조닌이었어. 장사로 많은 돈을 번 조닌들은 귀족이나 무사 못지않게 예술에 관심을 쏟았지. 조닌의 대중문화 중에는 가부키, 스모 등 오늘날 일본을 대표하는 것은 물론 사람들에게 많은 사랑을 받는 것이 많아. 조닌들이 남긴 문화가 오늘날 어떤 식으로 전해 오는지 같이 살펴볼까?

일본을 대표하는 종합 예술, 가부키

가부키(歌舞伎)는 이름 그대로 노래(歌), 춤(舞), 연기(伎)가 합쳐진 공연이야. 가부키는 원래 돈 많은 조닌들이 즐기는 공연이었어. 그래서 시간이 갈수록 무대는 화려해지고 배우들의 인기도 하늘을 찔렀지. 가부키 공연이 있는 날이면 공연장 주변이 인산인해를 이룰 정도였어. 가부키의 인기는 지금까지도 이어진단다. 오늘날 일본 대도시에는 커다란 가부키 공연장이 하나씩은 있을 정도야.

↑ 공연 중인 가부키 배우

↓ 도쿄의 가부키 전용 극장

화려한 색채가 돋보이는 우키요에

우키요에는 나무 판에 밑그림을 조각하고 다양한 색의 물감을 판에 묻혀 종이에 찍어 낸 판화야. 원래는 종이나 비단에 화가가 직접 그림을 그리기 때문에 그림 가격은 엄청나게 비쌌어. 하지만 우키요에처럼 목판만 있으면 얼마든지 찍어 낼 수 있는 그림은 부담 없는 가격에 살 수 있었지. 조닌들이 좋아했던 우키요에는 역사적 인물이나 사건, 아름다운 풍경, 일상생활 등 소재가 매우 다양했단다.

▶ **기생을 그린 우키요에(위)와 그 우키요에를 흉내 낸 고흐의 그림 (아래)**
우키요에는 유럽의 미술에도 영향을 끼쳤어. 특히 네덜란드의 화가 고흐는 우키요에를 좋아해서 우키요에를 흉내 낸 작품을 많이 그렸지.

▼ **〈가나가와의 파도〉** 에도 시대 최고의 우키요에 작가 중 한 명인 가쓰시카 호쿠사이의 작품이야.

세계에서 가장 짧은 시 하이쿠

하이쿠는 세계에서 가장 짧은 시야. 보통 5글자/7글자/5글자로 된 형식을 지키며 일본의 자연을 노래한단다. 예를 들면 이런 식이야.

여행자라고 이름 불리고 싶어라 초겨울 비

旅人と我名よばれん初しぐれ

에도 시대 가장 유명한 하이쿠 작가로 마쓰오 바쇼라는 사람이 있어. 바쇼는 평생 전국을 여행하며 수백 편의 시를 남겼지. 그리고 바쇼 같은 전문 하이쿠 작가는 물론 평범한 조닌들도 하이쿠 짓기를 취미로 삼았단다.

▲ **마쓰오 바쇼**
(1644년~1694년) 본명은 주고에몬 무네후사로 일본에서 시성(詩聖)이라고 존경받는 하이쿠의 명인이야.

▲ 경기 중인 스모 선수들 스모 선수들은 경기를 할 때 반드시 상투를 틀고 '마와시'라는 경기복을 입어야 한단다.

일본 최고 인기 스포츠 스모

일본에는 우리나라의 씨름 같은 전통 스포츠가 있어. 바로 '스모'라는 경기지. 스모는 둥근 모래판 위에서 두 명의 선수가 서로의 힘과 기술을 겨루는 운동 경기야. 규칙은 아주 간단해. 발바닥이 아닌 신체 부위가 바닥에 닿거나 모래판 밖으로 나가는 사람이 지는 거지.

에도 시대 초기, 막부의 지방 세력 억제 정책 때문에 일자리를 잃은 무사들은 전국을 돌며 스모 선수로 활약하기도 했어. 막부는 스모가 너무 격렬한 탓에 부상자가 많아진다고 스모 금지령을 내리기도 했지. 하지만 조닌들의 후원과 지지가 계속된 덕분에 지금까지 명맥을 이어 올 수 있었어. 에도 시대 말기에는 스모 선수를 훈련시키는 전문 도장도 건설되었는데, 지금까지 이어져 온단다.

오랜 역사를 가진 스모는 야구, 축구와 함께 일본인들이 좋아하는 스포츠 중 하나야. 1년에 6번 있는 정규 시합 때마다 경기장을 가득 메운 관중들을 볼 수 있지. 천하장사 격인 '요코즈나'는 국민적인 스타로 대접받는대.

➡ 경기 전 의식을 치르는 선수들
제사 의식에서 출발한 스모는 지금까지도 매우 엄격한 격식을 유지하고 있지.

조닌이 열광한 인형극 닌교조루리

에도 시대 조닌들은 '닌교조루리'라는 인형극도 즐겼어. 닌교조루리는 일본 전통 악기인 샤미센 연주에 맞춰 '다유'라는 사람이 이야기를 읊으면 인형사가 인형을 조종하는 인형극이지.

일본의 인형극은 나라 시대부터 있었지만 에도 시대에 와서야 인형극과 음악이 합쳐져 지금의 닌교조루리가 됐지. 당시 닌교조루리의 인기는 에도 시대 최고 인기 공연인 가부키를 능가할 정도였대. 남녀의 비극적인 사랑 이야기부터 일본 역사 속의 영웅들이 등장하는 사극까지 다양한 주제의 닌교조루리가 있었지.

▲ **일본 전통 악기 샤미센** 중국의 전통 악기인 싼시엔이 류큐를 거쳐 일본에 전해져 토착화된 악기야. 손가락으로 뜯지 않고, 발목이라는 일종의 채를 이용하여 연주해.

한때 흥행가도를 달렸던 닌교조루리는 에도 막부 말기에 차츰 인기가 사그라졌다가 에도 시대가 끝난 뒤 '분라쿠'라는 닌교조루리 전용 극장이 세워지면서 다시 인기를 회복해 갔어. 이후 분라쿠가 곧 닌교조루리라는 인식이 생겨 요즘엔 닌교조루리라는 말보다 분라쿠로 더 많이 알려졌대. 오랜 역사를 가진 닌교조루리는 2009년에 유네스코 무형문화유산에 등록되었단다.

◀ **닌교조루리를 준비하는 연기자들**
인형을 조종하는 인형사는 관객의 눈에 띄지 않으려고 검은 옷을 입었어.

만주족이 세운 중국 마지막 왕조 청나라

1600년대 초, 이자성의 난으로 명나라가 멸망하며
중국 땅은 다시 한 번 요동쳤어.
명나라가 없어진 중국 땅을 차지한 주인공은 바로
북동쪽 만주에서 살아가던 만주족이었지.
오늘은 만주족이 어떻게 중국 사상 최대의 대제국을
건설하게 되었는지 함께 알아보자.

1616년	1636년	1673년	1683년	1689년	1796년
누르하치, 후금을 세움	홍타이지-국호를 청으로 바꿈	삼번의 난	타이완 평정	네르친스크 조약 체결	백련교도의 반란

산해관

랴오둥에서 베이징으로 넘어갈 때 거쳐야 하는 주요 관문. 청나라는 오삼계의 협조로 이곳을 통과해 베이징을 점령했어.

○우루무치

베이징

현재 중국의 수도이자 명·청 시대의 수도. 청나라 군대는 이자성을 몰아내고 이곳을 청나라의 수도로 삼았어.

타림 분지

토번(티베트)

윈난(쿤밍)

오삼계가 청나라로부터 받은 땅으로, 삼번의 난이 일어난 곳이야.

벵골만

역사의 현장 지금은?

고유 문화를 지키며 살아가는 중국의 시짱 자치구 티베트

티베트의 공식 명칭은 시짱 자치구야. 중국 서부 시짱고원(티베트고원)에 있어서 붙은 이름이지. 티베트의 크기는 한반도 면적의 약 6배로 신장웨이우얼 자치구에 이어 중국에서 두 번째로 큰 소수 민족 자치구란다. 인구는 약 360만 명으로 그중 93%는 티베트인이야. 티베트는 히말라야 산맥과 쿤룬산맥 등으로 둘러싸여 지리적으로 고립된 덕분에 고유 언어와 문화를 유지해 왔어. 주민들은 주로 라마교라고 하는 티베트 불교를 믿는단다.

순례자의 신성한 도시 라싸

티베트의 종교·정치·경제·문화의 중심지인 라싸는 티베트어로 '신의 땅'이란 뜻이야. 일조량이 풍부해 '햇볕 도시'라고도 부르지. 제주도보다 위도가 낮지만 해발 고도 3,650미터에 자리한 고산 도시라 한여름에도 선선하고 겨울은 꽤 추워. 라싸는 중국에서 환경 오염이 가장 적은 도시로, 깨끗한 자연과 티베트 불교 유산 덕분에 1년 내내 전 세계에서 순례자와 관광객들이 찾아온단다.

↑ 달라이 라마의 겨울 궁전 포탈라궁
티베트 지역을 통일한 송첸캄포가 당나라에서 시집온 문성공주를 위해 지은 궁이야. 총 1,000여 개의 방에는 역대 달라이 라마의 유물이 보관돼 있단다.

↑ 티베트 불교의 최대 축제인 쇼둔제
쇼둔제 기간에는 티베트 전통 요구르트를 먹으며 티베트 불교를 소재로 삼은 오페라 비슷한 공연을 감상한대.

↓ 높은 산으로 둘러싸인 라싸

▲ 노벨 평화상을 수상한 14대 달라이 라마

달라이 라마는 티베트의 영적 지도자야. 티베트인은 달라이 라마가 계속 환생한다고 믿어. 14대 달라이 라마는 중국에 맞서 싸운 티베트인의 인권을 위해 노력한 공으로 노벨 평화상을 수상했어.

▲ 티베트 불교의 성지 조캉 사원

문성공주가 당나라에서 가져온 불상을 모시기 위해 지은 티베트 불교 사원이야.

지하자원과 에너지의 보고 시짱고원

아주 먼 옛날 시짱고원은 바다였어. 지각 운동으로 땅이 올라와 지금은 평균 해발 고도 4,500미터의 고원이 됐지. 시짱고원은 광물자원이 풍부할 뿐 아니라 고산 지대라 햇빛이 풍부하고 바람이 세서 태양열 에너지와 풍력 에너지의 이용 가치가 무궁무진해.

한편 시짱 지역을 지나는 칭짱 철도는 시짱고원의 풍부한 지하자원을 중국 동부로 운반하기 위해 건설됐어. 철도 구간 중 가장 높은 지역은 해발 고도가 5,072미터에 달해서 '하늘을 달리는 철도'라고도 하지. 높은 고원을 지나면서 승객들이 고산병을 겪지 않도록 열차 안에는 산소 공급 장치가 마련되어 있고 의사가 같이 탑승한대.

➡ 시짱고원의 태양열 발전 시설

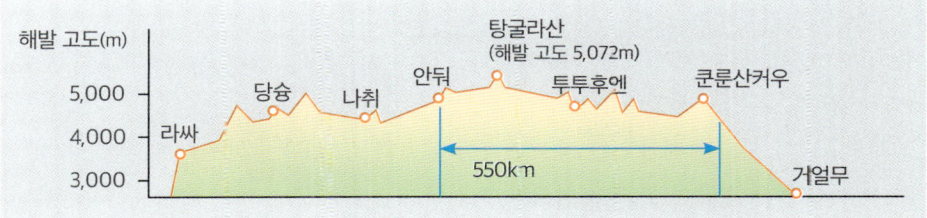

▲ 칭짱 철도 노선 일부

특히 안둬에서 쿤룬산커우에 이르는 구간은 평균 해발 고도가 5,000미터를 넘어.

▲ 드높은 산 사이를 지나는 칭짱 철도

◀ 칭짱 철도 기차 내부

열차 내부에는 식당 칸도 마련되어 있어.

▼ 기차의 해발 고도를 알려 주는 전광판

고원의 배 야크

티베트에 사는 고산 동물 야크는 추위에 강하고 산소가 적은 곳에서도 잘 버텨. 야크 중에서도 큰 것은 몸길이가 3미터가 넘고 몸무게도 1,000킬로그램이나 되지. 야크는 헤엄도 잘 치고 가파른 절벽도 오를 수 있어서 운송 수단으로 쓰여. 그래서 야크를 '고원의 배'라고 부른단다. 티베트인은 야크의 젖과 고기를 먹고 털로는 옷을 짓지.

↑ 야크 젖으로 만든 버터

↑ 등에 짐을 잔뜩 싣고 산을 오르는 야크

↓ 티베트인의 주식인 짠바와 쑤유차

볶은 보릿가루를 반죽해서 만든 짠바는 티베트인들의 주식이야. 여기에 소나 양, 야크 젖의 지방으로 만든 쑤유차를 곁들여 먹지.

↑ 짠바 반죽을 만드는 모습

자신들만의 문화를 이어 가는 티베트 사람들

비록 지금은 중국 땅이지만, 시짱 자치구에서 사는 티베트 사람들은 아직도 자신들만의 고유한 문화를 지키며 살아가. 지금도 티베트어를 사용하는 것은 물론, 옛 방식 그대로 소금을 채취해 팔고, 양모로 만든 전통 의상을 즐겨 입지. 그리고 결혼식 때 '탕카'라는 종교화를 선물하는 풍습도 여전하단다.

➜ **전통 의상을 입은 티베트 여인**
티베트는 높은 산지라 일교차가 심하고 햇빛이 강해. 그래서 양모로 만든 전통 의상 추바푸르와 모피 모자로 강추위와 뜨거운 햇볕을 이겨 낸단다. 또한 티베트 사람들은 휘황한 보석으로 자신의 몸을 지킨다는 의미에서 아름다운 옷과 화려한 장신구를 걸치지.

⬆ **천 년 역사를 간직한 차마고도의 마을 옌징**
옌징은 차와 말을 교역하던 중국의 옛 교역로 차마고도에 자리한 마을이야. 옌징 사람들은 수천 년간 란찬강의 물을 이용해 붉은 소금을 만들어 왔어. 하지만 최근 값싼 바다 소금에 밀려 점차 쇠퇴의 길을 걷는단다.

➜ **탕카를 그리는 모습**
탕카는 족자 형식의 종교화야. 종교화지만 티베트의 역사, 정치, 천문 등 다양한 소재를 다루어 '티베트의 백과사전'이라고도 해.

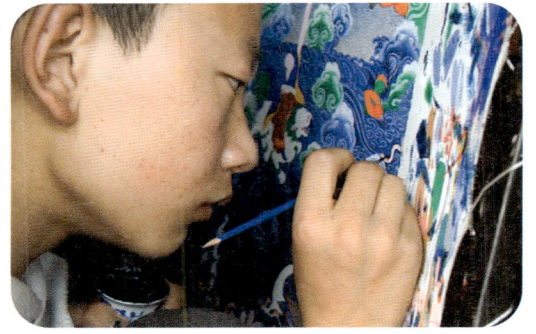

만주족이 만리장성을 넘어 청나라를 세우다

"오늘은 중국의 새로운 주인공이 된 만주족 이야기부터 시작하자."
"만주족? 만주족은 어떤 부족이에요?"
"만주족은 압록강과 두만강 북쪽 지역에서 유목과 농경을 하며 살던 부족이란다. 아마 너희에게는 여진이란 이름이 더 익숙할 거야. 여진은 우리나라와는 서로 잘 지낸 적도, 싸운 적도 많은 이웃사촌이었지."

← 중국 헤이룽장성 하이린 시
옛 만주 지역이었던 곳이야. 만주 벌판에 살던 부족들은 2천 년 넘게 중국, 우리나라와 교류하며 살아왔어.

"앗, 여진이 만주족이었구나. 근데 여진이라면 금나라를 세운 부족이잖아요?"

나선애가 노트를 들춰 보며 용선생에게 질문했다.

"맞아. 여진은 1115년에 금나라를 세우고 중국 북부를 지배하며 송나라를 위협했어. 몽골이 금나라를 멸망시킨 이후 여진은 원나라와 명나라의 지배를 차례로 받았지."

용선생이 스크린에 지도를 하나 띄웠다.

"여진이 명나라의 지배를 받았군요."

"응. 명나라는 여진을 이렇게 여러 부족으로 쪼개어 관리했어. 과거 금나라에 호되게 당한 경험 대문에 중국인들은 여진이 강력한 세력으로 성장하는 것을 몹시 두려워했거든. 그래서 명나라에 협력하는 여진의 부족장에게는 명나라 관직을 주어 이웃한 부족을 견제하게

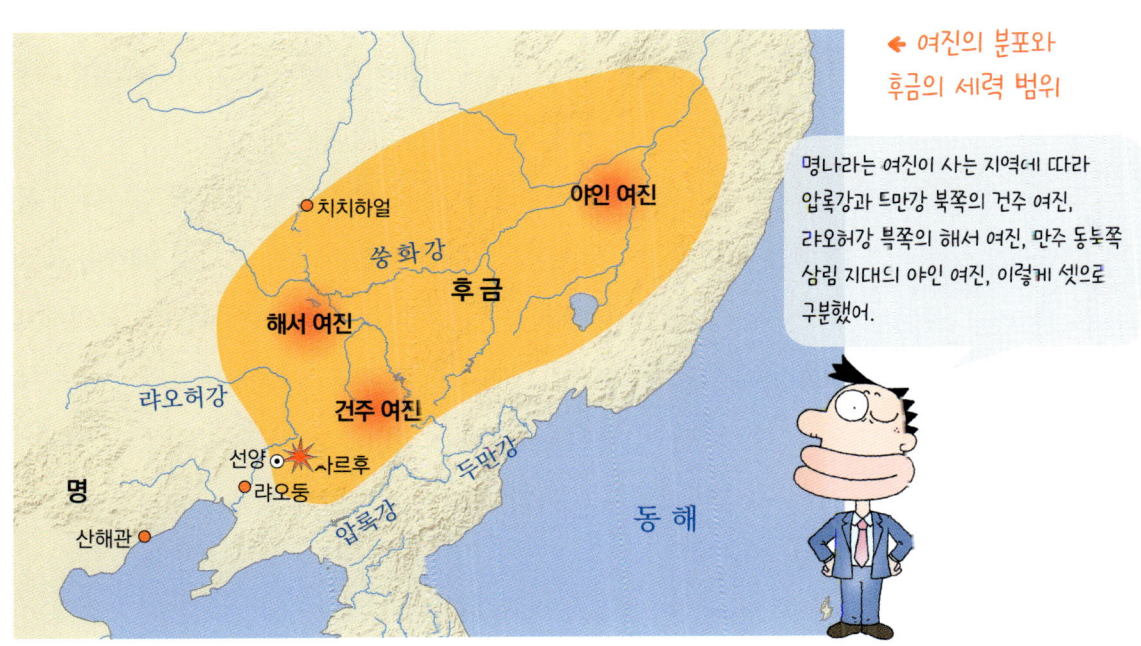

← 여진의 분포와 후금의 세력 범위

명나라는 여진이 사는 지역에 따라 압록강과 두만강 북쪽의 건주 여진, 랴오허강 북쪽의 해서 여진, 만주 동북쪽 삼림 지대의 야인 여진, 이렇게 셋으로 구분했어.

만주족이 세운 중국 마지막 왕조 청나라

↑ 여진을 통일하고 후금을 세운 누르하치

장하다의 인물 사전

누르하치 (1599년~1626년)
건주 여진 출신으로, 여진을 통합하고 후금을 세웠어. 사르후 전투에서 명나라를 격파하며 승승장구했지만 영원성 전투에서 큰 부상을 입고 목숨을 잃었지.

했지. 또 끊임없이 부족 사이를 이간질해서 자기들끼리 싸우도록 부추겼단다. 그런데 1600년대에 접어들며 상황이 크게 변했어."

"상황이 어떻게 변했는데요?"

"명나라 말 무능력한 황제들이 잇따라 즉위하고 환관이 권력을 휘둘러 나라가 엉망이 되었어. 게다가 임진왜란 때 조선에 구원군을 보내느라 여진을 감시하는 데 소홀해졌지. 근데 이 틈을 타 여진의 한 부족장이 무섭게 세력을 불렸단다. 머지않아 이 부족장은 모든 여진 부족을 자신의 발밑에 두고 스스로 칸의 자리에 올랐어."

"그 사람이 누군데요?"

"바로 누르하치야. 누르하치는 명나라에 협력하던 할아버지와 아버지를 명나라 군사에게 잃고 명나라에 복수할 날만 기다리던 사람이었지. 누르하치는 복수를 하기 전 힘을 기르기 위해 명나라에 복종하는 척했어. 하지만 뒤로는 주변 여진 부족을 통합해 나가며 조금씩 세력을 키웠단다. 마침내 누르하치는 모든 여진 부족을 통일하고 1616년에 나라를 세워 스스로 칸의 자리에 올랐어. 나라의 이름은 예전의 찬란했던 금나라를 잇겠다는 의미에서 '금'으로 정했지. 역사에서는 옛 금나라와 구별하기 위해 누르하치가 세운 금나라를 후금이라고 불러."

"오, 여진이 다시 한 번 부활했군요."

장하다가 고개를 끄덕였다.

"그렇지. 누르하치는 부족 이름을 여진에서 만주로 새롭게 고치고, 자신들만의 문자도 만들었단다."

"아하, 이때부터 여진을 만주족이라고 부른 거네요."

"그뿐만 아니라 누르하치는 만주족을 여덟 개의 집단으로 나눠 군사력을 강화했어. 이들은 평소에는 농사나 사냥 등 생업에 종사하다 전쟁이 나면 바로 군사로 동원됐지. 여덟 개의 집단마다 제각각 깃발이 달랐기 때문에 이 제도를 팔기 제도라고 한단다."

용선생은 잠시 물로 목을 축이고 설명을 이어 나갔다.

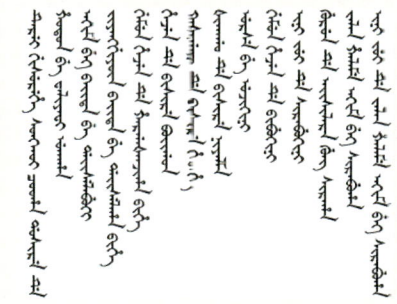

◀ 만주 문자

만주 문자는 만주어를 제대로 표기하기 위해 몽골 문자를 변형해 만든 문자야. 현재 만주인들은 대부분 중국어와 한자를 쓰기 때문에 만주어와 만주 문자는 사라질 위기에 처해 있지.

 용선생의 세계사 돋보기

만주라는 명칭은 문수보살의 문수에서 나왔다고 해. 문수보살을 산스크리트어로 읽으면 '단주슈리'거든. 아마도 누르하치는 만주족이 문수보살처럼 훌륭한 덕과 지혜를 갖춘 부족임을 드러내고 싶었을 거야.

만주족이 세운 중국 마지막 왕조 청나라

왕수재의 지리 사전
랴오둥 중국 랴오허강의 동쪽 지방으로, 지금의 랴오닝성 남동부 지역을 가리켜.

용선생의 세계사 돋보기
광해군은 명나라의 압력과 조정 대신들의 성화에 못 이겨 어쩔 수 없이 지원군을 보냈어. 한편으로는 지원군을 이끄는 장군에게 조선군의 피해를 최소화하라고 했지. 또 후금에 은밀히 사람을 보내 지원군을 보낼 수밖에 없는 사정을 설명하고 이해를 구했단다.

왕수재의 지리 사전
푸순 오늘날 랴오닝성에 위치한 도시로, 후금을 세운 누르하치의 근거지였어.

↓ 랴오둥의
군사 요충지 영원성
누르하치의 영원성 공격은 홍이포 때문에 실패로 돌아갔어. 하지만 후금의 명나라 공격은 계속되었지.

"여진을 하나로 모은 누르하치는 본격적으로 명나라를 노렸어. 누르하치는 할아버지와 아버지의 복수를 하겠다며 6만 명의 군사를 이끌고 남쪽의 랴오둥으로 진격했지. 명나라는 최정예 부대를 출동시키는 한편, 조선에도 지원군을 요청했어. 또 누르하치를 반대하는 일부 만주족을 자신의 편으로 만들어 총 10만 명의 군사로 후금에 맞섰단다. 명나라와 후금은 오늘날 푸순 근처의 사르후에서 격돌했어."

"명나라 군사가 훨씬 많으니 명나라가 유리했겠네요."

"하지만 승리는 누르하치에게로 돌아갔어. 누르하치는 기세를 몰아 랴오둥에 있는 명나라 땅을 속속 빼앗았지. 하지만 영원성 전투에서 신형 대포인 홍이포를 앞세운 명나라 군대에 대패하고 말았단다. 이때 입은 부상 때문에 누르하치는 얼마 뒤 목숨을 잃었지."

"너무 신이 나서 서두르다가 큰코다쳤군요."

"누르하치의 뒤는 여덟 번째 아들 홍타이지가 이었어. 홍타이지는 랴오둥 지역을 확실하게 만주족의 땅으로 만들고, 내분으로 쪼개진 몽골 초원을 차지했지. 홍타이지는 몽골인도 만주족처럼 팔기로 조직했어. 몽골 특유의 빠른 기동력은 후금 군대의 든든한 버팀목

→ **청의 제2대 황제 홍타이지**
(재위 1626년~1643년)

만주족의 독특한 팔기(八旗) 제도

팔기 제도는 만주족 고유의 행정 체계이자 군사 제도야. 누르하치가 만주족을 통일하면서 부족원을 하나의 단위로 묶어 관리하기 시작한 게 출발점이었지. 팔기의 기본 단위는 화살이란 뜻을 가진 '니루'였는데, 하나의 니루에 10명의 부족원이 배치됐어. 시간이 흐르며 점차 세력이 커지자, 니루는 부족원 300명을 단위로 하는 조직으로 바뀌었단다. 이때 5개의 니루는 1개의 잘란(1,500명)으로 묶고, 5개의 잘란을 1개의 기(7500명)로 묶어 군대를 조직했지.

각 기는 붉은색, 노란색, 남색, 흰색 등 다른 색깔의 깃발을 사용했단다. 갑옷과 깃발에 테두리가 있는 4기가 먼저 생겼고, 뒤이어 테두리가 없는 4기가 더 생겨 총 8기로 구성된 팔기군이 됐어.

팔기에 소속된 사람들은 평소에는 농사를 짓거나 사냥을 하는 등 생업에 종사하다 전쟁이 나면 군사로 동원되었어. 이후 누르하치의 뒤를 이은 홍타이지는 몽골인과 한족도 각각 팔기로 조직해 총 24개의 기를 만들었지. 24개의 팔기군은 이후 나라를 이끄는 지배 계층이 되었단다.

▼ **팔기군의 복장과 깃발** 각 부족마다 서로 다른 깃발을 사용하고, 깃발과 맞춘 옷을 입었어.

나선애의 세계사 사전

국새 군주의 상징으로 나라의 중요한 문서에 사용하는 도장이야. 중국 황제들은 금으로 된 도장을 사용했다고 해.

용선생의 세계사 돋보기

원나라의 국새는 중국 지배자의 상징이었어. 또 몽골 제국을 세운 칭기즈 칸을 이어받은 유일한 후계자임을 증명하는 물건이라 유목민에게도 의미가 깊었지. 그래서 홍타이지는 자신이 중국뿐 아니라 초원의 정통 지배자임을 내세울 수 있었어. 이후로 모든 청나라 황제들은 중국의 통치자인 동시에 몽골의 칸으로 인정받았어.

이 되어 주었단다."

"몽골까지…… 군대가 엄청 강력해졌겠는데요?"

"근데 몽골 원정에서 홍타이지가 얻은 게 하나 더 있었어. 바로 원나라 국새를 손에 넣은 거야. 이때부터 홍타이지는 자신이 중국과 몽골 초원을 다스린 원나라의 계승자라고 했어. 또 나라 이름을 후금에서 '청'으로 바꾸었고, 자신을 황제로 부르도록 했단다. 이 홍타이지가 바로 병자호란을 일으킨 청 태종이야."

"어? 인조가 남한산성에서 항복한 상대가 청 태종 아닌가요?"

왕수재가 고개를 끄덕이며 아는 척했다.

"근데 청 태종은 왜 명나라와 싸우다 말고 조선에 쳐들어온 거죠?"

"청 태종은 명나라와 끈끈한 사이인 조선이 눈엣가시였어. 조선이 언제 명나라와 손을 잡고 자신들의 뒤를 칠지 모른다며 불안해했거든. 실제로 명나라와 청나라의 전쟁이 터진 이후 조선은 청나라와의 무역을 꺼렸어. 그래서 청나라는 경제적으로도 큰 곤란을 겪었단다. 청 태종은 이 위기를 돌파하기 위해 조선을 공격한 거야. 1627년, 첫 번째 원정에서는 조선과 형제 관계를 맺는 것으로 만족했어. 하지만 조선이 계속해서 명나라 편을 들자 1636년 겨울에 12만 대군을 끌고 얼어붙은 압록강을 건너 또다시 조선에 쳐들어왔지.

➔ **삼전도의 굴욕** 청 태종은 삼전도에 9층 계단 높이의 단을 쌓고 그 위에 앉아 인조의 항복을 받았어. 이 부조에는 인조가 항복하는 모습이 묘사되어 있지.

이게 병자호란인데, 너희도 알다시피 병자호란은 남한산성에서 버티던 인조가 삼전도에서 항복하고 막대한 배상금과 조공을 바치는 것으로 끝났단다."

"그리고 왕족과 수많은 사람을 인질로 잡아갔고요."

용선생의 설명이 끝나자 나선애가 씁쓸한 표정으로 덧붙였다.

"만주로 돌아간 청 태종은 통치 조직을 정비하는 데에도 신경을 기울였어. 정복한 땅의 한족을 팔기로 조직하고 한족 출신을 우대했지. 그리고 중국의 행정 조직을 본떠 나라를 다스렸단다. 하지만 청 태종은 명나라와 전장을 벌이던 도중 갑자기 세상을 떠났어. 청 태종의 후계자는 다섯 살밖에 되지 않은 어린아이였지. 그래서 잠시 혼란이 있었지만 곧 태종의 동생인 도르곤이 섭정을 맡아 명나라 정복을 계속 이어 나갔단다."

> **왕수재의 자료 사전**
>
> **삼전도** 한강 상류에 있던 나루로 서울에서 광주, 이천, 여주로 나가는 지름길로 중요한 교통로였어.

↑ **선양 고궁의 대정전** 선양은 청나라가 산해관을 통과해 이자성을 몰아내고 베이징으로 수도를 옮기기 전까지 청나라의 수도였지

장하다의 인물 사전

오삼계 (1612년 ~ 1678년)
명나라 출신 장군으로 베이징으로 가는 관문인 산해관을 지켰어. 하지만 곧 청나라에 항복해 수도 베이징을 넘겨주었지.

"맞다, 명나라와의 전쟁은 어떻게 진행됐어요?"

"한동안 지지부진했어. 명나라의 명장 오삼계가 산해관에서 버티며 청나라 군대를 막았거든. 산해관만 넘으면 명나라 수도 베이징이 코앞인데, 오삼계가 좀처럼 무너질 기미가 안 보이니 청나라는 매우 초조했지. 그런데 이때 청나라가 박수를 치며 좋아할 일이 벌어졌어. 오삼계가 스스로 성문을 열고 청나라에 항복한 거야."

"엥, 갑자기 왜요?"

장하다가 깜짝 놀란 표정을 지었다.

"이때 명나라는 이자성이 일으킨 반란으로 멸망하기 직전이었어. 1644년에는 이자성의 반란군이 베이징을 점령했고, 황제는 베이징이 무너졌단 소식에 목을 매달아 스스로 목숨을 끊었지. 이자성의 반란군은 베이징을 닥치는 대로 약탈하고 사람들을 죽였어.

↑ **산해관** 산해관은 만리장성의 동쪽 끝에 있는 제1관문이야. 중국 본토와 만주의 경계로, 여기만 통과하면 명나라 수도인 베이징까지는 일사천리였지.

오삼계의 집안도 이들에게 풍비박산이 났지. 오삼계는 이 소식을 듣고 어차피 나라가 멸망해 오갈 곳도 없는데 무뢰한이나 다름없는 이자성 일당의 밑으로 들어가느니 청나라에 항복하는 게 낫겠다고 생각했어."

"아이고, 그런 일이 있었군요."

"오삼계가 합류한 청나라 군대는 산해관을 넘어 단숨에 이자성이 있는 베이징으로 향했어. 청나라 군대가 물밀듯이 쳐들어온다는 소식에 이자성은 서둘러 도망쳤지. 베이징을 손에 넣은 청나라 군대는 이자성을 뒤쫓으며 나머지 중국 땅도 손에 넣었단다."

"그럼 청나라가 명나라 땅을 다 집어삼킨 거예요? 남은 한족들은 순순히 항복했고요?"

"아니, 청나라에 대한 한족의 반감은 어마어마했어. 일부는 강남에서 청나라 오랑캐 대신 우리가 명나라의 뒤를 잇겠다며 필사적으로 저항했단다. 하지만 이걸 청나라가 가만두고 보진 않았겠지? 청나라는 바로 강남으로 밀고 들어가 한족 저항 세력을 싹 밀어 버렸어. 이때 수십만 명의 한족이 목숨을 잃었지. 청나라 군대가 저항하는 사람은 남녀노소 가리지 않고 마구 죽인다는 소문이 퍼져 나가자, 공포에 질린 한족들은 저항을 포기했어. 1645년, 마침내 대륙 변방의 만주족은 중국의 새로운 주인이 됐단다."

무뢰한 없을 무(無) 의지할 뢰(賴) 사나이 한(漢). 일정하게 머무르는 곳 없이 이리저리 돌아다니며 불량한 짓을 하는 사람을 가리켜.

↑ **명나라를 멸망시킨 이자성**
농민 출신이었던 이자성은 잦은 전쟁과 무거운 세금으로 고생하던 농민을 모아 반란을 일으켰어. 명나라를 멸망시키고 황제 자리에 올랐지만, 40일 만에 청나라 군대에 쫓겨났지.

용선생의 핵심 정리

명나라의 힘이 약해진 틈을 타 누르하치가 여진을 통일하고 후금(청)을 건국함. 1644년 명나라가 이자성의 난으로 멸망하자, 청나라가 중국 땅의 새로운 주인이 됨.

만주족이 세운 중국 마지막 왕조 청나라

당근과 채찍으로 중국을 다스리다

"흠, 그래 봤자 원나라처럼 금방 내쫓길 거 같은데요."
왕수재가 대수롭지 않다는 듯 툭 내뱉었다.
"그렇지 않아. 청나라는 내쫓기기는커녕 당근과 채찍을 적절하게 사용해 300년 동안이나 중국을 지배했는걸!"
"당근과 채찍이라니, 그게 도대체 뭐죠?"
"먼저 청나라가 한족에게 준 당근이 뭐였는지부터 볼까? 청나라는 각 지방의 지배 세력이던 신사 계층을 잘 대우하며 자기편으로 끌어들였어. 한족을 관대하게 포용하는 정책을 펼친 거지."
"근데 선생님, 굳이 신사 계층에게 잘해 줄 필요가 있나요?"
"당연하지. 청나라가 세워질 무렵 중국의 인구는 1억 3천만 명 정도였어. 그에 반해 만주족은 기껏 30만 명 정도밖에 안 됐지. 명나라 때부터 지방을 다스려 온 신사 계층의 협조 없이는 청나라가 드넓은 중국 땅을 다스린다는 건 불가능했어. 그래서 청나라 조정은 신사 계층이 가진 토지와 특권을 모두 인정해 주고 과거제를 비롯한 명나라

↑ 자금성 안의 건청문 현판
왼편에는 한자, 오른편에는 만주어가 쓰여 있어. 만주어는 청나라의 공식 언어로 조정의 모든 문서는 만주어로 기록됐지. 만주어 옆에 한자를 덧붙였단다.

↓ 자금성과 베이징 청나라는 1406년 명나라 영락제 때 건설한 자금성을 계속 황궁으로 이용했어. 명나라, 청나라의 황제 총 24명이 이곳에 살았지.

의 제도를 그대로 받아들였지. 청나라가 이렇게 자세를 낮추자, 신사 계층은 별다른 반발 없이 새 왕조의 지배를 받아들였단다."

"에이, 잘해 준다고 다들 고분고분 청나라를 따른 거예요?"

"아니, 청나라의 지배에 반대하는 움직임도 만만찮았어. 하지만 대섭게 날아드는 채찍 때문에 한족은 쉬이 반항할 수 없었지."

"대체 청나라가 어떻게 채찍을 휘두른 거예요?"

"먼저 청나라는 한족에게 자기네처럼 변발을 하라고 변발령을 내렸어. 변발은 정수리까지 앞 머리카락을 밀고, 남은 뒤 머리카락을 땋는 건데, 만주족이 즐겨 하던 헤어스타일이지."

"엇, 중국 영화에서 본 거 같은데요?"

"하하, 한족은 만주족의 헤어스타일을 '오랑캐 머리'라고 깔보았어. 한족은 '부모님이 물려주신 신체를 훼손하지 않는 것이 효도의 기본'이라는 유교의 가르침을 떠받들었거든. 그래서 머리카락을 자르라는 청나라의 강요에 차라리 내 목을 치라며 거세게 반발했어. 하지만 압박이 점점 강해지자 결국 변발령을 받아들였지."

"근데 선생님, 청나라는 왜 그렇게 변발을 강요했어요?"

"한족이 그동안 오랑캐라며 얕잡아 본 자신들의 문화를 받아들이게 해 한족의 자존심을 확실히 꺾어 놓을 생각이었어. 그래서 변발 외에도 만주족의 언어인 만주어 사용을 강요하고 소매가 좁은 만주식 옷을 입도록 했지. 또 청나라 조정은 자신들의 고향인 만주를 신성한 땅이라고 하여 한족의 출입을 막고, 만주족과 한족이 서로 같은 공간에 거주하지 못하게 했단다. 물론 한족과 만주족의 결혼도 금지했지."

↑ **만주족의 변발**
청나라는 한족에게 변발을 하지 않으면 목을 베겠다고 윽박지르며 강요했어.

▲ **한족 복장과 만주족 복장** 한족은 원래 소매가 넓고 품이 넉넉한 옷을 입었어. 하지만 만주족은 소매가 좁고 몸에 착 붙는 옷을 주로 입었지.

용선생은 잠시 말을 멈추었다 다시 설명을 이어 갔다.

"그뿐만 아니라 청나라는 사방에 감시망을 깔아 놓고 자신들에게 반대하는 낌새가 조금이라도 보이면 가혹하게 처벌했어. 여기에 잘못 걸려들면 온 가족의 목숨이 날아가는 건 시간문제였지. 조선의 실학자 박지원이 쓴 《열하일기》에 한족 출신 학자들이 박지원과 필담을 나누고 나서 서둘러 글을 쓴 종이를 태우거나 씹어 삼켜서 대화의 흔적을 없애는 장면이 나오는데, 이게 결코 과장이 아니었단다."

"어휴, 정말 철저하게 감시했군요."

"청나라 조정의 감시와 통제는 사람들의 말과 행동을 지켜보는 것만으로 끝나지 않았어. 한족이 쓴 글과 책도 청나라 조정의 통제 대상이었지. 그래서 청나라 시기에는 그동안 쓰인 모든 책을 꼼꼼히 검토하고, 틀린 부분을 바로잡아 다시 책을 펴내는 사업을 자주 벌였단다."

"틀린 부분을 고쳐서 책을 만드는 게 통제예요?"

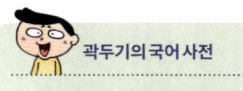

곽두기의 국어 사전

필담 붓 필(筆) 말씀 담(談). 말을 할 수 없는 상황에서 서로 글을 주고받으며 대화한다는 뜻이야.

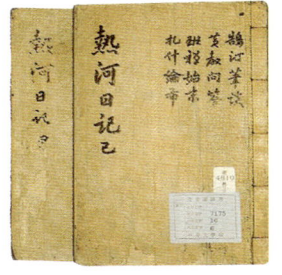

▲ **박지원의 《열하일기》** 조선 정조 때 박지원이 청나라를 방문하고 지은 책이야. 철저하게 감시당하던 한족 지식인의 모습도 잘 기록되어 있지.

장하다가 고개를 갸웃거리며 물었다.

"흐흐, 알고 보면 아주 교묘한 통제 방법이야. 청나라 조정은 대규모로 책을 펴낼 때 한족 지식인을 대거 참여시켰거든. 이렇게 하면 겉으로는 책을 펴내는 사업을 통해 한족의 문화를 존중하고 한족 지식인들을 잘 대우해 주는 것처럼 보였기 때문에 한족 지식인들의 환심을 살 수 있었지. 게다가 책을 펴내는 일이 워낙 방대한 사업이었기 때문에 작업에 참여한 한족 지식인들은 여기에 온통 신경을 기울이느라 현실 정치에 관심을 둘 틈이 없었어."

"헉, 그러면 청나라 조정이 어떤 정책을 펴든 그걸 비판할 사람이 없었겠네요."

"그렇지. 청나라 조정은 대규모 편찬 사업으로 교묘하게 지식인들의 눈을 가리고 입을 막은 거야. 물론 책을 펴내는 과정에서 조금이라도 자신들에게 반대하는 사상이 눈에

곽두기의 국어사전

환심 기쁠 환(歡) 마음 심(心). 어떤 일이나 사물에 대해 기쁘고 즐거워하는 마음을 뜻하는 말이야.

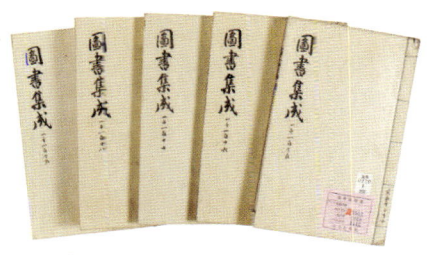

▲ 청나라 전성기 때 펴낸 《고금도서집성》
전체 1만 권에 달하는 백과사전이야. 한족 지식인의 환심을 사기 위한 편찬사업으로 만들어졌지.

띄면 아예 내용을 바꿔 버리거나 책을 없애 버리곤 했어."

"어휴, 청나라가 진짜 교묘한 방법으로 사람들을 통제했군요."

"하지만 청나라는 원나라처럼 마냥 한족을 차별하지는 않았어. 관리를 선발할 때 만주족과 한족을 같은 수로 뽑고, 지방은 한족 출신 관료와 신사 계층이 다스릴 수 있도록 배려했지. 한편으론 세금을 줄여 백성들이 무거운 세금에 시달리지 않도록 해 주었단다. 그리고 베이징으로 수도를 옮긴 뒤로 잇따라 훌륭한 황제가 줄줄이 즉위해 약 130년간 유례 없는 태평성대를 누렸어. 결국 청나라는 안으로는 대도시를 중심으로 교역이 늘어나 경제가 발달하고, 밖으로는 중국 역사상 제일 넓은 영토를 가진 나라가 되었지."

> **용선생의 핵심 정리**
>
> 청나라 조정은 절대 다수인 한족을 통제하기 위해 당근과 채찍을 적절하게 사용. 한편으로 신사 계급의 특권을 인정해 주고 과거제 등 한족의 제도를 고스란히 받아들였으나, 다른 한편으로 한족에게 변발과 만주식 복장, 만주어 사용을 강요하고 한족들의 사상과 글을 통제함.

↓ **강남을 순행하는 청나라 황제** 청나라 황제는 강남의 한족 지식층에게 황제의 위엄을 과시하고 청나라에 대한 불만을 무마하기 위해 여러 차례 순행에 나섰어.

청나라의 전성기를 이끈 세 명의 황제

"어떤 황제가 있었는데요?"

"청나라의 태평성대는 세 명의 황제가 이끌었어. 그 첫 번째 주인공은 중국 역대 황제 중에서 최고의 명군으로 꼽히는 강희제야. 강희제는 황제 자리에 올라 무려 60년 동안 중국을 아주 잘 다스렸지."

"와, 60년 동안 황제로 있었다고요?"

"흐흐, 강희제는 아버지 순치제가 젊은 나이로 세상을 떠나는 바람에 고작 여덟 살의 나이에 황제가 되었어. 그러니 60년 동안 나라를 다스렸다고 해도 세상을 떠날 때 일흔이 채 되지 않았지."

"호호, 꼬마 황제님이셨군요."

청나라에 훌륭한 황제가 줄줄이 나온 까닭은?

청나라를 세운 만주족은 지금까지의 중국 왕조와 달리 맏아들을 후계자로 삼지 않고, 자식들 중에서 제일 뛰어난 아들을 후계자로 정했어. 후계자를 정하는 방식은 매우 비밀스럽게 이뤄졌지. 황제는 평소 아들들을 유심히 지켜보다가 다음 황제로 적합한 아들의 이름을 종이에 적었어. 그리고 이 종이를 단단히 봉해 궁 안에 '정대광명'이라는 글자가 적힌 액자 뒤에 넣어 두었지. 이렇게 황제를 정하는 방식을 '태자밀건법'이라고 해. 태자밀건법을 통해 신하들이 황태자 밑으로 미리 줄을 서는 일을 막을 수 있을 뿐 아니라 모든 아들이 훌륭한 황제가 될 수 있도록 노력하게끔 하는 장점이 있었지. 청나라가 역사상 최고로 손꼽히는 훌륭한 황제를 줄줄이 배출한 건 태자밀건법 덕분이라고 할 수 있어.

➡ **'정대광명'이라 적힌 액자** 자금성에 있어. 저 액자 뒤에 후계자의 이름이 적힌 종이가 있었지.

"사실 통치 기간이 길었던 만큼 강희제가 겪은 시련도 많았어. 직접 나라를 다스리기 시작한 지 얼마 되지 않았을 때 청나라에 엄청난 일이 일어났지. 바로 오삼계를 비롯한 옛 명나라 무장들이 명나라를 부활시키겠다며 거대한 반란을 일으킨 거야."

"네에? 오삼계라면 진작 청나라에 산해관 문을 열어준 장수 아니었나요?"

아이들의 눈이 휘둥그레졌다.

"맞아. 청나라는 오삼계처럼 중국을 점령하는 데 공을 세운 한족 장수들을 번왕으로 임명하고 강남 지역의 땅을 떼어 주었어. 하지만 이들이 세력을 급속히 불리며

↑ **강희제** (재위 1661년~1722년)
60년이 넘는 재위 기간 동안 청나라를 세계 최고의 제국으로 이끈 명군주야.

➔ **삼번의 난**

평소에 불만이 있던 번왕들이 오삼계를 중심으로 모여 크게 반란을 일으켰어.

독자적으로 행동하자 청나라 조정에서는 큰 위협을 느꼈지. 그래서 강희제는 이들을 견제하기 위해 번을 없애고 번왕에게 줬던 권한을 거두어들이기로 했단다."

"강희제의 결정을 번왕들이 썩 반기지 않았을 텐데요?"

"당연하지. 번왕들은 크게 반발했어. 특히 윈난 지역을 다스리던 으삼계의 불만이 가장 컸지. 오삼계는 나라를 세우는 데 큰 공을 세운 자신을 청나라 조정이 무시한다고 분통을 터뜨렸어. 결국 다른 번왕 두 명과 함께 명나라를 부활시킨다는 명분으로 반란을 일으켰지. 이 사건을 세 명의 번왕이 반란을 일으켰다고 해서 '삼번의 난'이라고 부른단다."

"풋하, 성문을 열고 청나라를 맞이한 사람이 누군데 반란을 일으켜요?"

나선애가 어이없다는 표정을 지었다.

"근데 말이지, 반란군의 기세가 정말이지 무서웠어. 반란을 주도한

> **왕수재의 지리 사전**
>
> **윈난** 오늘날 중국 남서부 지역에 있는 성으로 미얀마, 베트남 등과 국경을 맞대고 있는 곳이야. 명차로 이름 높은 보이차의 원산지이기도 하지.

← 오늘날 윈난성 쿤밍 시
중국 남서부 지역의 윈난성은 오삼계가 청나라 조정으로부터 번왕으로 임명받고 다스린 곳이야.

번왕들부터가 평생을 전쟁터에서 지낸 장군들인 데다 내심 청나라에 불만을 품은 신사 계층이 반란에 참여했거든. 이들 반란군은 쓰촨을 시작으로 중국 서남 지역과 강남의 호광 지역을 순식간에 장악하면서 청나라를 궁지로 몰았지. 하지만 숱한 패배에도 불구하고 강희제는 군사들을 독려하고 작전을 점검하며 꿋꿋이 버텼어. 그러던 도중 오삼계가 병으로 세상을 떠나자, 반란군은 청나라 군사에 하나둘 무너져 내렸어. 번왕들이 일으킨 반란은 약 9년 만에 진압되었단다."

"까딱했다간 청나라가 망할 뻔했네요."

허영심이 안도한 듯 가슴을 쓸어내렸다.

장하다의 인물 사전

정성공 (1624년~1662년) 타이완을 근거지로 삼고 청나라에 저항한 인물이야. 정성공이 죽은 뒤에는 그의 아들과 손자가 삼번의 난에 가담해 반란을 일으켰지. 정성공 세력이 청나라에 무릎을 꿇은 이후 반청 세력은 사실상 모두 사라졌단다.

"맞아, 하마터면 나라가 산산조각 날 뻔했어. 하지만 삼번의 난을 진압하는 데 성공하면서 강희제는 번왕이 다스리던 강남 지역의 땅을 고스란히 돌려받았단다. 그리고 내친김에 타이완섬에서 청나라의 골머리를 앓게 만들던 정성공의 반청 세력도 정복했어. 이들은 명나라가 멸망한 이후 벌써 40년째 청나라에 저항해 왔거든. 강희제는 대군을 타이완섬으로 보내 이들을 위협하여 항복시켰지."

"청나라에게는 강남 지역이 엄청 골칫거리였구나."

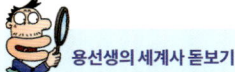

용선생의 세계사 돋보기

네르친스크 조약이 맺어질 무렵 두 나라 모두 국경 침범으로 벌어진 분쟁을 빨리 정리할 필요가 있었어. 러시아는 유럽에서 오스만 제국과 전쟁을 시작하며 동쪽에 신경 쓸 겨를이 없었거든. 한편 청나라는 러시아가 몽골과 연합하여 자신을 공격해 오지 않을까 걱정했단다.

"강희제의 골칫거리는 강남 하나만이 아녔어. 북쪽 역시 문제가 많았지. 삼번의 난으로 청나라가 혼이 쏙 나가 있는 동안 북쪽에서는 러시아가 청나라의 국경을 수시로 침범했거든. 러시아가 만주 지역 코앞까지 와서 어슬렁댔기 때문에 강희제는 이 문제에 강경하게 대처했지. 그래서 군사를 이끌고 러시아의 국경 요새를 공격했어. 결국 러시아는 청나라와 네르친스크 조약을 맺으며 더 이상 청나라 국경을 침범하지 않겠다고 한발 물러섰지. 오늘날 중국과 러시아의 대략적인 국경선은 이때 정해졌단다."

용선생의 설명에 아이들이 고개를 끄덕였다.

"네르친스크 조약으로 한숨 돌린 강희제는 칼끝을 몽골 초원으로 돌렸어. 몽골 초원의 준가르라는 부족이 러시아처럼 삼번의 난으로 청나라가 뒤숭숭한 틈을 타 국경을 얼쩡거렸기 때문이지. 강희제는 세 차례나 직접 군사를 이끌고 가 준가르를 쫓아냈어."

"정말 대단하네요. 싸웠다 하면 이기는데요?"

"아직 강희제의 업적을 다 얘기하지 않았어. 강희제는 나라 바깥을 단단히 하는 일뿐만 아니라 나라 안의 일을 살피는 데에도 매우 열심이었지. 걸핏하면 물난리를 겪던 황허강을 정비하고 대운하를 수

▲ 네르친스크 조약으로 확정된 국경

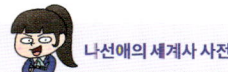

나선애의 세계사 사전

준가르 몽골 오이라트 부족의 일파야. 준가르의 지도자인 갈단 칸은 외몽골을 정복하고 토번(티베트)과 연합해 청나라를 압박하려고 했지.

▲ **아르군강** 아르군강은 네르친스크 조약으로 새롭게 정해진 러시아와 청나라의 국경선이야. 조약 이후 러시아는 청나라의 차, 비단을 수입하며 관계를 이어 나갔지.

리해 전국에 물자가 원활하게 돌아가도록 했어. 또 명나라 때부터 이어져 온 해금 정책을 풀고 외국과의 무역을 장려했지. 그 덕분에 무역으로 막대한 은을 벌어들이면서 경제가 몹시 활기를 띠었단다. 도로와 강은 물자를 실어 나르는 배와 수레로 분주했고, 사람들의 입가엔 웃음이 떠나질 않았어. 나라의 곳간에는 하얀 은이 눈처럼 수북수북 쌓였지. 마지막으로 편찬 사업에도 힘써 한자 사전이나 백과사전도 펴냈어."

"와, 강희제를 참된 명군으로 인정합니다!"

아이들이 박수를 짝짝 쳤다.

"강희제 뒤를 이은 옹정제도 매우 훌륭한 황제였어. 강희제에 비하면 황제로 있었던 시간은 짧았지만 남긴 업적만큼은 아버지 강희제에 결코 뒤지지 않는단다."

"옹정제는 어떤 업적을 남겼는데요?"

"옹정제는 아버지가 만든 제도를 최대한 활용해 부지런히 나랏일을 돌보았어. 관리들의 부패를 철저하게 단속하고 업무 능력이 뛰어난 인재를 옆에 두어 어느 때보다 일 잘하는 조정을 만들었지."

"아버지가 만든 제도를 활용했다고요?"

"강희제는 관리들을 통제하고 지방 관청을 감시하기 위해 신하들에게 매번 보고를 받았어. 신하들이 올린 보고서를 통해 황제는 나랏일이 어떻게 돌아가는지를 속속 파악하고 그때그때 알맞은 명령을 내렸지. 이때 보고서마다 붉은 글씨로 꼼꼼히 지시 사항을 적어서 보고를 올

↓ 《강희자전》
1716년, 강희제가 만든 한자 사전이야. 중국에서 쓰는 모든 한자를 한데 모아 음과 뜻을 정리했지.

린 관리에게 되돌려 보냈는데, 이걸 '주비유지'라그 해. 근데 옹정제는 이런 보고서를 하루에 적게는 20~30건, 많게는 60~70건을 일일이 처리했단다. 게다가 옹정제는 보고서에 그냥 지시 사항만 적은 게 아니라 보고서 내용이 자신이 밀사를 통해 수집한 정보와 다를 경우 보고자를 철저히 문책했지."

"으아, 그 수많은 보고서를 일일이 검토하고 답장을 썼다니 정말 감탄만 나오네요."

"황제가 빨간펜 선생님이라니……."

장하다가 괴로운 듯 머리를 쥐어뜯었다.

곽두기의 국어 사전

밀사 은밀할 밀(密), 부릴 사(使). 일이 어떻게 돌아가는지를 파악하기 위해 몰래 보낸 사람을 뜻하는 말이야.

문책 물을 문(問), 꾸짖을 책(責). 잘못을 캐묻고 꾸짖는다는 뜻이야.

주비유지 들여다보기

옹정제는 전국 각지에서 올라온 보고서를 읽고 잘못된 부분이 있으면, 자신의 의견을 격식 없이 한문으로 휘갈겨 썼어.

"웃기고 자빠졌구나. 지방관이 그따위 이유로 땅을 팔았다는 소리를 들어 본 적이 없다. 성인께서 '사소한 재주라도 볼만한 것이 있지만, 큰일을 하려면 그 재주에만 빠지지 않아야 한다.'라고 하셨는데, 이 일도 마찬가지야……."

이렇게 황제가 보고서어 조목조목 적어 넣은 지시 사항을 주비유지라고 해. 붉은 글씨로 적힌 명령은 황제가 직접 명령을 내린 지시 사항이기 때문에 받는 즉시 시행해야 했지. 훗날 13년간 옹정제가 처리한 7,000여 건의 주비유지는 수백 권의 《옹정주비유지》란 책으로 만들어졌어. 이 《옹정주비유지》는 이후 청나라 지방 관리의 참고서가 되었단다.

↑ **옹정제가 작성한 주비유지**
붉은색으로 적힌 글씨가 바로 옹정제가 작성한 거야. 주비유지는 만주어가 아닌 한족들이 쓰는 한문으로 명령문을 일일이 썼어.

"또 옹정제는 관리들이 부정부패를 저지르지 않도록 엄격하게 관리했어. 나랏돈을 몰래 빼돌린 신하가 있다면 즉시 관직을 빼앗고 빼돌린 금액을 물어내게 했지. 황족조차 예외는 아니었어. 하지만 옹정제가 신하들에게 무조건 엄격하게만 굴었던 건 아냐. 중국의 관리들은 대대로 돈에 쪼들렸는데, 이들 대부분은 한 집안을 책임지는 가장이었지. 그래서 사람들의 돈을 빼앗거나 뇌물을 받는 일이 흔했던

▲ 옹정제
(재위 1722년~1735년) 강희제의 뒤를 이어 청의 전성기를 이끈 황제야.

거야. 옹정제는 이런 현실을 매우 잘 알고 있었기에, 돈이 부족하다는 이유로 부패를 저지르지 말라며 '양렴은'이라는 특별 보너스를 줬단다."

나선애의 세계사 사전
양렴은 지방관이 부정부패를 저지르지 말라고 검소함을 기르라는 뜻에서 기를 양(養) 검소할 렴(廉) 은 은(銀) 자를 써 양렴은이라고 불렀어.

용선생의 세계사 돋보기
일조편법 명나라의 장거정이 복잡한 세금 제도를 개혁해서 토지세 중심으로 하나로 통합해 만든 세금 제도야.

"그러니까 봉급을 올려 줄 테니 딴 짓 하지 마라, 걸리면 가만두지 않겠다는 거네요."

"맞아. 근데 옹정제의 업적 중에서 가장 중요한 부분을 빼먹었구나. 아까 청나라가 과거제를 비롯한 명나라의 제도를 따랐다고 했던 거 기억나니? 청나라는 명나라의 세금 제도였던 일조편법도 그대로 가져다 썼어. 하지만 나라가 바뀌는 혼란 중에 인구와 토지 조사가 제대로 이루어지지 못한 데다 관리들이 자신들이 내야 할 세금을 농민에게 떠넘기는 바람에 세금이 제대로 걷히지 않았지."

"뭔가 대책을 세워야겠군요."

"옹정제는 세금 제도를 새로운 상황에 알맞게 손질했어. 이전까지

는 사람과 땅에 각각 세금을 매겼기 때문에 땅이 없는 농민들도 사람에 매기는 세금을 나라에 납부해야만 했지. 하지만 이제는 땅을 가진 사람만 세금을 내도록 제도를 바꿨단다. 그 덕분에 땅이 없는 가난한 농민은 세금을 내지 않아도 되었어."

용선생은 잠시 물로 목을 축인 뒤 설명을 이어 갔다.

"마지막으로 옹정제는 국경 지역에 중앙의 관리를 파견했어. 역대 중국 왕조는 한나라 때부터 국경의 이민족을 기미 정책을 통해 간접적으로 다스렸지. 하지만 옹정제는 국경 지역의 이민족을 직접 지배해 반란을 막으려고 했단다."

"그 먼 곳에 사는 이민족을 어떻게 직접 다스리겠다는 거죠?"

"옹정제는 국경 지역에 관리를 파견하고 가난한 한족 농민들을 이주시켰어. 이민족의 땅을 아예 한족이 사는 땅으로 만든 거지."

"그런 방법이 있는 줄 몰랐어요."

"이런 옹정제의 정책은 아들인 건륭제 시대까지 쭉 이어졌어. 청나라의 전성기를 이끈 황제 건륭제는 청나라를 중국 역사상 최대의 영토를 가진 나라로 만들었지."

옹정제

나선애의 세계사 사전

기미 정책 국경 가까이 있는 이민족에게 관직과 물자를 주어 어느 정도 자치를 허용하며 살게 해 주는 대신, 중국에 복종하고 다른 이민족의 침략을 막게 하는 정책이야.

↓ **유네스코 세계 유산인 베이징 이화원**
청나라 전성기인 건륭제 때 만들어진 정원이야. 항저우의 시후호를 모방해 거대한 인공 호수를 만들었지.

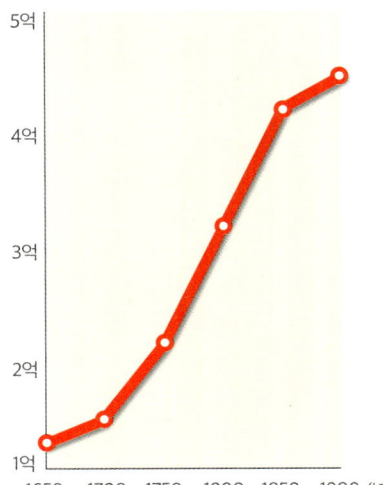

↑ **중국의 폭발적인 인구 증가**
1650년부터 1900년 사이 중국 인구는 급증했어. 오래 지속된 평화와 농업 생산성 증가가 가장 큰 원인이었지.

→ **명·청 시대와 오늘날 중국 영토 비교**

↓ **청년 시기의 건륭제**
(재위 1735년~1796년) 건륭제는 스물 넷의 젊은 나이에 황제가 되어 할아버지 강희제처럼 60년 동안 청나라를 다스렸어.

"역사상 최대의 영토라면 청나라가 얼마나 커진 거예요?"

왕수재의 질문에 용선생이 지도를 가리키며 말했다.

"건륭제가 즉위할 무렵 청나라의 국력은 절정에 이르렀어. 경제는 해를 거듭하며 성장을 거듭했고 식량 생산과 인구가 폭발적으로 늘어났지. 건륭제는 청나라의 튼튼한 국력을 바탕으로 정복 활동을 활발하게 벌였단다. 타림 분지를 비롯해 티베트고원, 오랫동안 골치를 썩였던 몽골 초원의 깊숙한 지역까지 모두 정복했어. 남쪽으로는 베트남을 비롯한 동남아시아까지 세력을 뻗쳤지."

"우아, 청나라가 지금 중국보다 훨씬 크네요."

↑ **몽골 부족을 기습하는 청나라 군대**
청나라 군대가 한밤중에 몽골 부족의 마을을 기습하고 있어. 건륭제는 두 차례에 걸친 몽골 원정에서 큰 성과를 거두었지.

↑ **각종 무기로 무장한 기병**
활과 긴 창에 능숙한 청나라 기병은 정복 전쟁의 일등 공신이었어. 강력한 군사력 덕분에 청나라는 당대 최강국이 될 수 있었단다.

"그렇지. 방금 전에 말했듯 건륭제는 자신이 점령한 땅에 아버지 옹정제처럼 지방관을 파견해 직접 다스렸어. 그뿐만 아니라 10년에 걸쳐 중국의 모든 책을 망라한 전집 《사고전서》를 펴냈지. 《사고전서》는 무려 8만 권 가까이 되는 전집이야. 그야말로 어마어마한 규모를 자랑한단다."

"잠깐만요, 그렇게 많은 책을 왜 펴낸 거죠?"

"거대한 중국을 하나로 통합하기 위해서야. 아까 말했듯이 대규모로 책을 펴내는 사업을 통해 청나라를 부정적으로 바라보거나 위협하는 사상을 검열해 사전에 뿌리를 뽑으려 했지."

"에이, 정말 그것만으로 가능할까요?"

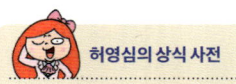

허영심의 상식 사전

판첸라마 티베트의 타쉬룬포 사원의 수장으로 티베트 불교에서 달라이 라마의 뒤를 잇는 제2의 지도자를 가리키는 말이야.

왕수재가 고개를 설레설레 저었다.

"혼인과 종교 정책도 적절히 펼쳤어. 청나라는 일찍부터 몽골인과 혼인 관계를 맺으면서 몽골을 자기편으로 끌어들였지. 또 북방 유목민이 믿는 티베트 불교의 정신적 지주인 판첸라마를 스승으로 깍듯

《사고전서》 편찬 사업

1772년, 건륭제는 학자들을 불러 모아 중국에 있는 모든 서적을 수집해 새로운 책으로 엮으라고 명령했어. 그동안 청나라는 여러 차례 대규모로 책을 펴냈지만, 대부분 옛 책의 요약본을 정리해 책으로 만든 게 전부였지. 건륭제는 요약본이 아닌 온전한 판본을 모두 모아 전집을 펴내기로 한 거야.

건륭제의 명령에 따라 3,800명이나 되는 학자들이 2년 동안 중국의 모든 책을 모아서 《논어》, 《맹자》, 《시경》 등 유교 경전은 '경(經)', 《사기》 같은 역사서는 '사(史)', 제자백가 등의 사상을 담은 서적은 '자(子)', 시나 소설 등을 모은 문학 서적은 '집(集)'으로 분류했지. 그런 뒤 이 모든 책을 무려 24번이나 검토해 《사고전서》를 펴냈어. 이렇게 만들어진 《사고전서》는 총 3,507부, 79,377권이라는 방대한 규모를 자랑하지. 편찬 사업에 동원된 학자들은 10년 이상 이 일에 매달렸다고 해.

하지만 책을 펴내는 과정에서 청나라의 지배를 반대하거나 비난하는 수백 권의 책은 금서로 지정해 모두 불태웠어. 그뿐만 아니라 문제의 책을 쓴 학자를 일일이 찾아내어 가족과 함께 유배를 보내거나 종살이를 시켰단다.

↑ 《사고전서》 건륭제 시절에 만든 《사고전서》는 총 7본이었는데, 현재 4본이 남아 있어.

↑ 《사고전서》가 소장된 자금성의 문연각

이 모셔서 만주족, 몽골인, 티베트인이 종교적 일체감을 갖도록 했단다. 그 덕분에 청나라는 혼인과 종교로 일체감을 가진 유목 민족과 중국의 풍부한 자원이 결합한 거대한 제국이 될 수 있었어."

> **용선생의 핵심 정리**
>
> 1600년대 중반부터 1700년대 후반까지 강희제, 옹정제, 건륭제 등 유능한 황제가 잇따라 즉위하며 청나라는 전성기를 맞이함.

활짝 열어젖힌 바다의 문, 청나라의 번영을 이끌다

"선생님의 설명을 듣고 나니 청나라가 진짜 대단한 나라인 거 같아요. 영토도 중국 역사상 제일 넓고 오랜 기간 전성기를 누렸잖아요."

"흐흐, 이렇게 청나라가 오랜 번영을 누린 데에는 그간 꽁꽁 닫혔던 바다의 문을 활짝 연 것도 한몫했단다. 강희제는 타이완을 정복한 뒤 광저우를 비롯한 다섯 항구를 개방하고 외국 상인들이 자유롭게 왕래하며 교역하도록 했어. 중국산 도자기와 비단은 여전히 유럽에서 인기가 많았기 때문에, 유럽 상인들은 너도나도 청나라에 구름처럼 몰려들었지. 그 덕분에 청나라는 해상 무역으로 엄청난 양의 은을 벌어들였어."

"근데 선생님, 청나라는 육상 무역은 안 했나요?"

↑ 유럽에서 묘사한 1700년대 중반 광저우 항구 풍경

만주족이 세운 중국 마지막 왕조 청나라 **411**

"물론 육상 무역도 활발했어. 건륭제 때 몽골 초원까지 청나라 영토로 만들면서 옛 비단길을 오가는 육상 무역도 청나라가 장악했거든. 중국 국경 지역의 도시에는 러시아 상인도 많았어. 러시아 상인은 시베리아의 모피를 가져와 중국 차, 비단과 바꿔 갔단다. 한창 러시아와의 무역이 활발했을 때에는 청나라가 러시아와의 무역으로 거둔 관세가 전체 관세 수입의 4분의 1을 차지할 정도였대."

"해상 무역에 육상 무역까지. 세계 최고의 부자 나라가 되었겠는걸요?"

"그렇지. 외국과의 무역으로 경제가 발달하면서 청나라 사회는 큰 변화를 겪었어. 나라 곳곳에 수많은 도시가 생겨났고, 인구도 빠르게 증가했지. 사람들의 생활 수준 또한 크게 향상되면서 이들을 대상으

↑ **러시아의 캬흐타** 바이칼호 남쪽에 위치한 도시야. 1689년 네르친스크 조약으로 교역의 자유가 허락되자 몽골 방면으로 러시아 상인이 몰려들며 만들어진 도시지. 1700년대부터 청나라와 러시아의 교역 중심지로 부상했어.

로 한 공연 예술이 속속 생겨났단다."

"어떤 공연 예술인데요?"

"대표적인 게 베이징을 중심으로 큰 인기를 끌었던 경극이야. 경극은 춤과 음악, 연극이 뒤섞인 일종의 오페라인데, 주로 영웅담이나 남녀 간의 애절한 사랑 이야기를 주제로 삼았어. 경극 공연이 열린다고 하면 구름같이 사람들이 모여들 정도로 서민들에게 인기가 매우 많았단다."

"나도 한 번 보고 싶다."

허영심이 중얼거렸다.

"그리고 그동안 사회 활동이 드물었던 여성들도 시나 소설을 쓰면서 문학 활동에 뛰어들었어. 문장도 틀에 박힌 딱딱한 문어체에서 벗

건륭제의 60세 성일 축하 공연을 위해 전국의 극단이 베이징에 모였어. 이때 베이징에 눌러앉은 안후이성 출신의 한 극단이 경극을 처음으로 선보였어.

문어체 문어체는 일상적인 대화에서 쓰는 말투가 아닌, 글에서 주로 쓰는 말투를 가리켜. 그래서 읽기에 딱딱하고 이해하기가 어렵지. 반대말은 구어체야.

↑ 경극 〈패왕별희〉 초나라와 한나라가 싸우던 시기, 항우와 그의 연인 우희의 애절한 사랑을 다룬 경극이야. 지금까지도 중국에서 엄청나게 인기 있는 공연이지.

어나 누구나 쉽게 읽고 이해할 수 있는 구어체로 바뀌었지. 그 덕분에 명나라 소설인 《삼국지》나 《서유기》 못지않게 서민들에게 인기 높은 소설도 등장했단다. 그중 《홍루몽》은 청나라 최고의 베스트셀러였어."

"그러니까 외국과의 무역으로 경제가 발달하면서 평민도 다양한 문화생활을 누리게 된 거군요."

"그렇지. 외국과의 교역은 학문 연구에도 큰 영향을 미쳤어. 특히 예수회 선교사를 통해 전해진 서양 학문의 영향으로 옛 문헌을 꼼꼼히 살펴 경전의 정확한 의미를 파악하는 고증학이 꽃을 피웠지."

"서양 학문과 고증학이 서로 무슨 상관이에요?"

"과학 혁명이 시작된 이후 유럽 학자들은 과거부터 전해 오는 사실을 그대로 믿기보다 객관적인 근거를 들어 사실을 입증하려 했어. 청나라 학자들도 선교사를 통해 서양 학문의 영향을 받아 경전의 정확한 의미를 파악하려 한 거야."

"그럼 그 전에는 의미가 정확하지 않았나요?"

"인쇄술이 발명되기 전에는 유교 경전을 새로 만들 때마다 일일이 책의 내용을 손으로 베꼈어. 그러다 보니 글자를 틀리게 옮기거나 내용이 빠지는 등 실수가 생기기 마련이었지. 그런 실수들이 쌓이다 보

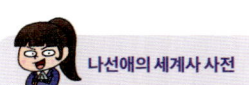

나선애의 세계사 사전

고증학 명나라 말에서 청나라 초기에 유행한 유학의 한 갈래야. 객관적인 증거를 중요시하며 경전의 정확한 의미를 파악하고자 했어. 그래서 생각할 고(考) 증거 증(證) 배울 학(學)을 써 고증학이라고 불러.

↑ **〈고소번화도〉** 청나라의 대도시 중 하나인 쑤저우의 풍경을 그린 그림이야. 그림에 등장하는 인물만 무려 4,800명으로, 쑤저우의 활기찬 분위기가 생생하게 묘사된 것으로 유명하지. 청나라가 얼마나 번영을 누렸는지를 고스란히 보여 주는 그림이란다.

니 후대에 제작된 책들은 원본과 전혀 다른 책이 되거나 잘못된 내용이 실리는 문제가 있었단다."

"아하, 고증학은 그런 잘못을 바로잡자는 학문이구나."

"그렇지. 또 고증학자들은 성리학과 양명학이 유학이 가진 원래 가치를 올바르게 이해하지 못했다고 비판했어. 성리학자와 양명학자들이 경전의 원래 뜻보다 지나치게 이상적인 내용만 중요하게 여겼다고 생각했거든. 그래서 고증학자들은 모든 경전을 성리학과 양명학 이전, 그러니까 원래의 뜻에 가장 가까운 경전으로 되돌리려고 했단다. 이를 위해 옛 문헌이나 비석에 새겨진 글자까지 모두 조사해서 잘못 옮긴 글자를 찾아내고 그 의미를 바로잡았지. 청나라 조정이 《사고전서》를 비롯해 여러 서적을 다시 펴내는 작업을 대대적으로 펼친 것도 고증학이 발전하는 데 큰 도움이 되었단다."

용선생의 설명에 모두 고개를 끄덕였다. 그때 나선애가 손을 번쩍 들었다.

"근데 선생님, 선교사들이 언제부터 중국에 들어와 있었어요?"

"1500년대 말부터 아담 샬과 같은 예수회 선교사들이 중국에서 활동했어. 예수회 선교사들은 서양 과학에 해박했기 때문에, 청나라 조

↑ **고염무** (1613년~1682년) 청나라 초기에 활동한 고증학자야. 청나라 조정에서 일하지 않고 평생 중국 각지를 돌아다니며 학문 연구에 힘썼대.

정은 선교사들을 천문이나 역법을 담당하는 관리로 등용했지. 또 선교사를 통해 유럽의 소식을 듣거나 유럽에서 온 사절과 만날 때 통역을 맡겼어. 네르친스크 조약을 맺을 때 통역을 맡은 것도 예수회 선교사였단다."

"선교사들이 중국에서 선교만 한 게 아니라 다른 일도 많이 했군요."

"응, 선교사를 가장 잘 활용한 황제가 바로 강희제야. 강희제는 러시아와 국경 문제로 충돌하는 과정에서 정확한 지도의 필요성을 뼈저리게 깨닫고 지도 제작을 전담할 기구를 만들어 선교사에게 이 일을 맡겼어. 그뿐만 아니라 강희제는 선교사들을 스승으로 모시고 수학, 물리학, 천문학 등 서양의 과학 기술을 직접 공부하기도 했지."

"이야, 무엇이든 배우려는 자세, 역시 중국 역사상 최고의 황제답군요!"

장하다가 감탄사를 내뱉었다.

"예수회 선교사들도 그렇게 생각했어. 선교사들이 유럽에 있는 예수회 본부로 보낸 보고서를 보면, 강희제가 부지런하고 현명한 군주라고 칭찬이 가득했지. 밤낮을 가리지 않고 열성적으로 일하고 공부하는 황제, 신분을 떠나 최고의 지식인을 관리로 선발하는 과거 제도, 백성에 대한 책임감이 투철한 관료들……. 선교사들이 전해 준 중국의 소식은 자기 배만 채우기에 급급한 왕과 신분만 믿고 거들먹거리는 귀족에게 신물이 난 유럽의 계몽

↑ **예수회 선교사 아담 샬 폰 벨**
(1591년~1666년) 아담 샬은 1622년 중국으로 건너와 명나라의 천문대장으로 활동했어. 훗날 황제에게 올라오는 보고문을 검토하는 관직에 오르기도 했지.

사상가들에게 그야말로 신선한 충격이었단다."

"계몽사상가들에게 청나라는 이상적인 국가로 보였겠어요."

"맞아. 볼테르를 비롯한 계몽사상가들은 열렬히 중국을 찬양했지. 그리고 유럽에서는 중국 따라 하기가 유행처럼 퍼졌어. 심지어 중국 책을 읽기 위해 한자를 공부하는 지식인도 많았지. 이런 중국 열풍은 예술과 장식에까지 번져 유럽의 귀족과 상인은 중국산 도자기로 집 안을 화려하게 장식했단다."

↑ 원명원에 지어진 서양식 건물 청나라 황제들은 서양의 문물에 매우 관심이 많았어. 건륭제는 예수회 선교사들을 시켜 별장인 원명원에 서양식 건물을 지었지.

 **용선생의 핵심 정리**

청나라 때 다시 해외 무역이 활성화됨. 무역이 활기를 띠며 상업이 발달하면서 사람들의 생활 수준이 올라갔고, 소설, 경극 등 서민 예술이 발전함. 한편 서양의 영향으로 옛 문헌을 검증해 정확한 의미를 찾는 고증학이 발달함.

청나라, 유럽 대륙과 부딪치다

"그런데 청나라와 서양의 우호적인 관계가 그리 오래가지는 못했어. 강희제가 나라를 다스리던 시기, 뒤늦게 청나라로 들어온 도미니코회가 교황청에 예수회가 우상을 숭배한다고 고발하면서 문제가 생겼지."

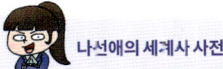 나선애의 세계사 사전

도미니코회 중세 때 생겨난 가톨릭 수도회야. 도미니코회는 사람들에게 올바른 교리를 가르치는 것을 최대 목표로 삼았어. 그래서 이단에 대해 매우 엄격한 기준을 가지고 있었지.

▲ 서십고교당 강희제 시기 예수회 선교사가 베이징에 세운 가톨릭 성당이야. 예수회는 중국에서 가톨릭 선교가 사실상 중단된 이후에도 계속 황제의 지원을 받았어.

"정말 예수회가 우상을 숭배했어요?"

곽두기가 눈을 동그랗게 뜨며 물었다.

"사실 도미니코회가 동양과 서양의 문화 차이를 이해하지 못해서 생긴 오해였어. 예수회는 해외에서 선교 활동을 벌일 때 가급적 현지 문화를 존중했지. 그래서 유교의 제사를 미신을 섬기는 우상 숭배가 아니라 오랫동안 중국이 지켜 온 전통문화로 받아들였어. 하지만 도미니코회는 중국의 제사가 우상을 숭배하는 일이라고 여겼지. 예수회 선교사들이 중국인의 제사를 막지 않고 계속 내버려 두자 도미니코회는 교황청에 예수회를 이단으로 고발했어."

"제사가 이단이라고요? 그럼 교황청은 어떤 판단을 내렸는데요?"

"도미니코회의 고발로 유럽에서는 중국의 제사가 우상 숭배냐 아니냐 하는 문제로 격렬한 논쟁이 벌어졌어. 교황청은 고심 끝에 제사가 우상을 숭배하는 의식이라는 결론을 내리고, 중국의 크리스트교 신자들에게 제사를 전면 금지하라고 명령했지. 또 예수회에는 중국에서의 활동을 중지하라고 명령했단다. 강희제는 이 소식을 듣고 불같이 화를 내며 펄쩍 뛰었어."

"아니, 황제가 왜 그렇게 화를 낸 거죠?"

"강희제는 중국의 크리스트교 신자들 역시 자신의 신하이고 백성인 만큼 당연히 자신의 명령을 들어야 한다고 생각했거든. 예수회 선교사들도 마찬가지였지. 그런데 교황청이 중국의 전통을 완전히 무시한 채 멋대로 명령을 내린 게 너무나도 불쾌했던 거야. 그래서 강

용선생의 세계사 돋보기

우리나라에서 천주교 선교가 이뤄졌을 때도 비슷한 일이 벌어졌단다. 1790년, 베이징의 가톨릭 주교는 제사가 우상 숭배라고 판단하고 조선의 천주교 신자들에게 제사를 금지했거든. 이에 따라 천주교 신자들이 제사를 거부했어. 그래서 조선에서도 제사 거부를 빌미로 본격적인 천주교 박해가 시작되었단다.

희제는 중국에서 가톨릭 선교 활동을 아예 금지하고 일부 예수회 선교사만 남긴 채 모든 선교사를 내쫓아 버렸어. 이때부터 중국에서 가톨릭 선교는 사실상 중단되었단다."

"설마 이것 때문에 청나라가 유럽과 관계를 완전히 끊어 버린 건 아니겠죠?"

허영심이 걱정스러운 표정을 지었다.

"그 정도는 아니지만 그 뒤로 청나라와 유럽 국가들 사이에는 갈등의 골이 점차 깊어졌어. 특히 건륭제 시기에 청나라는 영국과 무역 문제로 사사건건 부딪쳤지."

"영국이 왜요?"

"이 무렵 영국은 유럽의 최강국이었어. 7년 전쟁에서 프랑스를 무릎 꿇리고, 인도를 비롯한 세계 각지에 식민지를 건설한 상태였지.

▲ 광저우의 도자기 가게(왼쪽)와 도자기들(오른쪽)
청나라의 도자기는 당시 유럽인에게 인기 상품이어서 주문 제작이 많았대.

▲ 광저우 항의 모습 청나라에서 유일하게 해외 무역이 허가됐던 광저우 항의 모습이야. 저 뒤로 보이는 건물들이 외국 상인들이 머물렀던 외국 상관이란다.

근데 이런 영국도 중국에선 쩔쩔맬 수밖에 없었단다. 청나라 상인들이 영국 상품을 거들떠보지도 않았거든. 반면 영국 상인들은 청나라의 차와 도자기를 사느라 돈을 펑펑 썼지. 영국은 물건이 안 팔리는 이유가 중국이 관세를 올리고 자유 무역을 제한하기 때문이라고 비판했어. 관세를 낮추고 자유롭게 교역을 하게 해 주면 얼마든지 중국에 자기네 물건을 팔 수 있을 거라고 큰소리를 쳤지."

"어, 아까 청나라가 외국 상인들에게 자유로운 무역을 허가했다고 하셨잖아요?"

"그랬었지. 그런데 1757년, 건륭제가 광저우를 제외한 모든 항구에서 해외 무역을 금지시켰어. 그러고는 오로지 광저우 13개 상인 조합을 통해서만 교역을 하도록 허가했지. 이렇게 해외 무역을 독점하도록 특허를 받은 광저우의 상인 조합을 '공행'이라고 한단다."

"이상하다. 청나라는 해외 무역을 하면 할수록 돈을 더 많이 벌 텐데, 왜 겨우 몇몇 상인 조합을 통해서만 무역을 하도록 했어요?"

곽두기가 고개를 갸웃댔다.

"건륭제가 이런 조치를 취한 데에는 크게 두 가지 이유가 있었어. 첫째, 해외 무역으로 생기는 엄청난 이득 때문이야. 청나라 황실은 해외 무역이 황금알을 낳는 거위라는 것을 잘 알고 있었어. 그래서 황실에서 해외 무역을 독점하려고 했지. 하지만 황실에서 일일이 그 많은 무역 업무를 챙길 수 없다 보니 광저우의 몇몇 공행에 무역 독점권을 주고, 공행이 여러 세금을 대신 거둬 황실에 바치도록 한 거지."

"아하, 황실이 공행을 통해 무역 수입을 독차지하려고 했던 거군요."

"사실 영국 상인들한테서 온갖 구실로 관세를 뜯어내는 것도 공행이었어. 영국 상인은 울며 겨자 먹기 식으로 돈을 낼 수밖에 없었지. 공행한테 밉보였다간 아예 무역을 할 수 없었기 때문이야. 공행이 별의별 세금을 걷다 보니 영국 상품의 가격은 비싸질 수밖에 없었단다. 견디다 못한 영국 상인은 청나라 황실에 공행이 거두는 세금의 종류만이라도 확실히 정해 달라고 하소연했어. 하지만 공행이 거둬들인 돈은 곧 황실의 수입으로 연결됐기 때문에 황실은 꿈쩍도 하지 않았지."

"그래서 영국이 자유롭게 무역을 할 수 있도록 조치를 취해 달라고 한 거로군요."

용선생의 설명에 왕수재가 이해가 간다는 듯 고개를 끄덕였다.

"그럼 청나라 황실이 무역을 제한한 다른 이유는 뭔가요?"

"두 번째 이유는 반란에 대한 우려였어. 황실은 여전히 청나라에 복종하지 않는 세력이 외국과 손잡고 반란을 일으킬까 봐 걱정했거든. 그래서 공행 외에 다른 중국인과는 접촉하지 못하도록 외국 상인의 활동을 제한했지."

"중국에 아직도 청나라에 복종하지 않는 세력이 있었어요?"

"흐흐, 한족들은 항상 감히 입 밖에 내진 못해도 마음속 깊이 오랑캐인 만주족을 몰아내고 한족이 나라를 되찾아야 한다는 생각을 가지고 있었어. 게다가 청나라는 건륭제 시기 이후 조금씩 내리막을 걸었단다. 관리들의 질서는 흐트러졌고 곳곳에서 부정부패가 고개를 들었지. 거기다 엎친 데 덮친 격으로 흉년이 반복되면서 사람들의 불만이 폭발하기 일보 직전이었어. 그러자 사람들의 불만을 등에 업고 나라를 뒤집어 놓으려는 반란 세력이 나타났단다."

"반란 세력이 등장했다고요?"

"응. 원나라 말에도 반란을 일으킨 적이 있는 백련교도들이 이번엔 반청복명의 깃발을 올리고 반란을 일으켰어. 청나라는 진땀을 뻘뻘 흘리며 간신히 반란을 진압했지만, 한 번 터진 반란이 다시 일어나지 않으리란 보장이 없었지. 그래서 예방책으로 외국과의 접촉을 막으려고 한 거야."

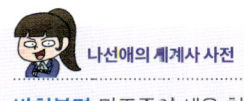

반청복명 만주족이 세운 청을 멸망시키고 한족의 나라인 명을 다시 일으켜 세우겠다는 주장이야.

"그러니까 황실의 수입을 늘리고, 외부 세력이 국내에 영향을 미치지 못하게 할 목적으로 해외 무역을 제한했다 이거죠?"

나선애가 용선생의 설명을 간단히 정리하자, 왕수재가 말을 덧붙였다.

"영국이 가만있지 않을 것 같은데요."

"맞아, 하지만 상대는 부유하고 강력한 청나라였어. 영국도 쉽게 볼 상대가 아니었지. 그래서 영국 국왕은 1792년 이 문제를 논의하기 위해 사절단을 꾸려 청나라에 보냈단다. 사절단의 단장 매카트니 백작은 건륭제를 만나 영국 상인이 청나라에 머물면서 자유로운 무역을 할 수 있도록 허가해 주고, 관세도 깎아 달라고 요청했지. 하지만 건륭제는 매카트니의 요청을

↑ **건륭제에게 인사를 올리는 영국 사절단장 매카트니 백작** 매카트니는 건륭제에게 무역을 확대하고 세금 문제를 해결해 달라고 요청했지만 별 소득이 없었어.

만주족이 세운 중국 마지막 왕조 청나라 **423**

한마디로 잘라 거절했어. '중국은 땅이 넓고 온갖 물건이 나므로 굳이 영국에서 사들일 것이 없다.'면서."

"중국이 아무리 커도 그렇지, 너무 거만한 것 아닌가요?"

"하지만 정작 청나라가 이렇게 나오니 영국 사절단도 뾰족한 수가 없었어. 결국 매카트니가 이끄는 사절단은 빈손으로 돌아갔단다. 하지만 영국이 완전히 포기한 것은 아니야. 다만 청나라가 빈틈을 보이길 기다렸을 뿐이었지. 그 틈이 보였을 때 어떤 일이 벌어졌는지는 다음 시간에 알아보자. 오늘은 여기까지."

> **용선생의 핵심 정리**
>
> 제사를 둘러싼 교황청과의 갈등으로 청나라에서 가톨릭 선교가 금지됨. 건륭제는 황실의 수입을 확보하고 반란 가능성을 차단하고자 광저우에서 공행을 통해서만 무역을 할 수 있도록 함. 공행의 횡포 때문에 영국과의 갈등이 점차 커짐.

나선애의 정리노트

1. ### 중국을 차지한 청나라
   - 명나라 말 누르하치가 흩어져 있던 만주족을 통합하여 1616년 후금을 세움.
     → 만주족을 팔기 제도로 조직해 군사력 강화
   - 누르하치의 아들 홍타이지가 나라 이름을 후금에서 청으로 바꿈.
     → 몽골, 조선 등 활발한 정복 활동, 중국의 행정 제도 수용
   - 오삼계의 항복으로 산해관을 통과해 1645년 청나라가 중국을 차지

2. ### 당근과 채찍으로 한족을 통치한 만주족
   - 한족 포용 정책: 신사 계급 특권 인정, 과거제 등 명나라 제도 수용, 만주족과 같은 수로 한족 관리 선발
   - 한족 통제 정책: 변발, 만주식 복장과 만주어 사용 강요, 한족과 만주족의 혼인 금지, 대규모 편찬 사업으로 사상 통제
   - 강희제, 옹정제, 건륭제 등 유능한 황제가 잇따라 즉위하며 전성기를 맞이함.

3. ### 외국과의 교역으로 번영을 맞이한 청나라
   - 해외 무역으로 경제 발전 → 인구 증가와 도시 발달, 생활 수준 향상 → 경극, 여류 문학과 서민 문학의 발달, 서양 학문의 영향으로 옛 문헌을 정확히 검증하는 고증학 발달
   - 예수회 선교사의 활약: 청나라 조정에서 천문, 역법, 통역을 담당, 서양의 과학 기술 전수, 중국의 선진 문화를 유럽 세계에 널리 알림.
   - 강희제의 가톨릭 선교 금지: 교황청이 제사를 금지하고 예수회의 중국 활동을 금지시키자, 일부 예수회 선교사만 남기고 모든 선교사를 쫓아냄.
   - 건륭제는 광저우에 13개 상인 조합인 공행을 설치하여 해외 무역을 독점하게 함.
     → 자유로운 무역과 관세 인하를 거절당한 영국의 불만이 커짐.

세계사 퀴즈 달인을 찾아라!

1 빈칸에 들어갈 말을 순서대로 써 보자.

명나라 말 ㉠ ○○○○가 흩어져 있던 만주족을 통합하여 1616년 후금을 세웠어. 그리고 ㉡ ○○ 제도를 통해 만주족을 여덟 개의 집단으로 나누어 군사력을 강화했지. 누르하치의 뒤를 이은 ㉢ ○○○○는 나라 이름을 후금에서 청으로 바꾸고 활발한 정복 활동을 벌였단다.

(㉠   , ㉡   , ㉢   )

3 다음 중 서로 관련 있는 것들을 바르게 연결해 보자.

① 강희제 •　　　• ㉠ 청나라의 최대 영토를 다스림.

② 옹정제 •　　　• ㉡ 삼번의 난 제압

③ 건륭제 •　　　• ㉢ 땅 소유자만 세금을 내도록 제도 개편

2 만주족의 한족 통치 방법에 대한 설명으로 옳지 <u>않은</u> 것은? (　　)

① 청나라는 한족에게 변발령을 내렸다.
② 청나라는 한족에게 만주식 복장을 강요했다.
③ 청나라는 과거제 등 명나라의 제도를 일부 받아들였다.
④ 청나라는 대규모 편찬 사업을 벌여 한족의 사상과 언어를 더욱 발전시켰다.

4 청나라의 문화에 대한 설명으로 알맞은 것에 ○표, 알맞지 않은 것에 X표 해 보자.

○ 베이징을 중심으로 경극 등의 공연 예술이 인기가 많았다. ( )

○ 서양 학문의 영향으로 옛 문헌을 검증해 정확한 의미를 찾는 학문이 발달했다. ( )

○ 해외 무역으로 경제가 발전하여 인구가 증가하면서 서민 예술이 발전했다. ( )

5 청나라의 대외 관계에 대해 잘못 설명한 친구는? ( )

 ① 해외 무역으로 엄청난 양의 은을 벌어들였어.

 ② 강희제는 공행을 설치하여 해외 무역을 독점하게 했어.

 ③ 제사를 둘러싼 교황청과의 갈등으로 유럽과는 사이가 좋지 않았어.

 ④ 예수회 선교사를 통해 전해진 서양 학문의 영향으로 고증학이 발전했어.

6 다음 설명이 가리키는 전집의 이름으로 알맞은 것은? ( )

건륭제 때 수천 명의 학자들이 10년에 걸쳐 중국의 모든 책을 모아 24번이나 검토해 8만 권 가까이 되는 전집으로 펴낸 것이다. 거대한 중국을 하나로 통합하기 위해, 책을 펴내는 과정에서 청나라에 반대하는 서적을 발견하면 금서로 지정해 불태웠다.

① 홍루몽
② 사고전서
③ 패왕별희
④ 고금도서집성

정답은 451쪽에서 확인하세요!

용선생 세계사 카페

명·청 시대를 주름잡았던 진상과 휘상

명나라 때부터 중국 상인들은 같은 고향 출신들끼리 상인 집단을 만들어 전국에서 활약했어. 이들 중에서 가장 두드러진 활약을 보인 상인들이 바로 진상과 휘상이야. 진상과 휘상은 지역 상권을 휘어잡으며 왕과 다를 바 없는 부와 번영을 누렸어. 명·청 시대, 이들 상인이 어떻게 성장했고 어떤 활동을 했는지 같이 알아보자.

진상 - 소금 상인에서 북방 무역의 주역으로

진상은 만리장성에서 가까운 산시(山西) 출신 상인들을 가리키는 말이야. 산시의 옛 지명이 '진(晉)'이기 때문에 이들을 진상이라고 불렀지. 명나라는 국경의 군인들에게 쌀을 제공하는 상인에게 그 대가로 소금 판매권을 주었어. 그래서 진상은 국경 근처의 넓은 토지를 빌려 일꾼을 고용해 농사를 지었지. 그리고 여기서 난 쌀을 군대에 바치고 소금 판매권을 따냈단다. 진상은 소금 판매를 통해 엄청난 수익을 올렸어.

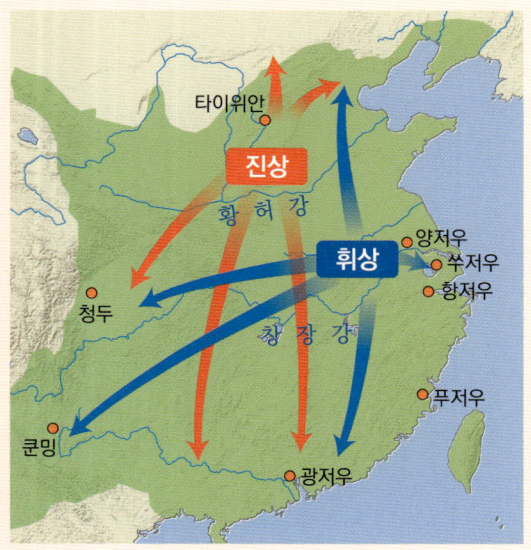

◀ 진상과 휘상의 활동

▲ 진상의 근거지이자 청나라 최대 금융가였던 핑야오 거리 핑야오는 산시(山西) 지방의 타이위안 인근에 위치한 도시야. 청나라 때에는 20개의 금융기관이 모여 있었던 금융의 중심지였어.

청나라 때는 몇몇 진상이 황실을 대신해 북방 육상 무역을 꽉 잡고 큰돈을 벌었어. 진상은 국경을 맞대고 있던 몽골인의 땅을 누비며 교역을 독점했지. 심지어 교역로 곳곳에 자리 잡은 주막과 국숫집이 모두 진상 소유였을 정도야. 진상들은 네르친스크 조약 이후 러시아와의 무역도 독점해 막대한 돈을 벌어들였단다.

휘상 - 진상을 제치고 중국 제일의 상인 집단으로

휘상은 안후이성 출신 상인들이야. 안후이성은 곡창 지대인 호광 지역과 상공업이 발달한 창장강 하구의 대도시의 중간쯤에 위치한 곳으로, 대운하와도 물길로 쉽게 연결되는 교통의 요지였지. 그래서 '농부가 셋이면 장사하는 사람이 일곱'일 정도로 상인이 많았어. 휘상은 근처의 대운하를 이용해 호광 지역의 식량을 창장강 하구의 대도시에 가져다 파는 한편, 창장강 주변에서 생산된 공산품을 대운하를 통해 전국 각지에 내다 팔며 엄청난 돈을 모았지.

1400년대 말, 은 유통이 늘어나면서 명나라 조정에서는 쌀 대신 은을 납부하는 상인에게 소금 판매권을 주기로 법을 바꾸었어. 휘상은 소금 산지인 양회 지역이 마침 근처에 있는 데다 난징, 쑤저우 등 강남의 대도시와도 가까웠기 때문에 소금 장사로 떼돈을 벌 수 있을 거라고 판단했지. 그래서 휘상은 조정에 은을 잔뜩 바치고 소금 판매권을 손에 넣었단다. 이런 생각은 보기 좋게 맞아떨어졌고, 휘상은 소금 판매를 계기로 전국 제일의 상인 집단으로 성장했어.

청나라 때 휘상들은 밀무역에도 손댔어. 일본 등지로 도자기와 비단 등을 내다 파는 밀무역꾼과 손을 잡고 막대한 이익을 남겼지.

> 예부터 유명한 소금 산지로, 중국 강남의 화이허 강 남쪽과 북부 지역을 가리켜.

▼ **휘상의 근거지 안후이성** 양쯔강 하구에 위치해 예로부터 교통의 요지였어.

↑ 안후이성 황산 시의 휘상고도 호텔 휘상들이 자주 오가던 옛 길에 지어진 호텔이야.

진상과 휘상, 금융업에 손을 뻗다

청나라가 들어선 뒤에 진상과 휘상은 이렇게 번 돈을 밑천으로 금융업에까지 진출했어. 귀중품이나 논밭을 담보로 잡고 돈을 빌려주는 전당포 사업, 전국 각지에 깔려 있는 거래망을 이용해 증서만 가지고 가면 어디서든 은으로 바꿔 주는 은행 사업도 했지. 예전에는 큰 거래에 필요한 대량의 은을 전문 운반업자들을 고용해 직접 운반해야 했지만 진상과 휘상들의 은행 덕분에 액수가 적힌 종이 한 장만 달랑 가지고 가면 됐어. 그래서 진상과 휘상의 은행은 상인한테 인기 만점이었단다. 훗날 청나라 정부가 국립은행을 세우기 전까지 진상과 휘상은 전국적인 망을 갖춘 민간 금융업자로 전성기를 누렸어.

용선생 세계사 카페

명·청 시대 베스트셀러 소설 TOP 4

중국의 수많은 소설 중 작품의 재미와 완성도 등 모든 면에서 뛰어난 네 개의 소설을 흔히 '중국 4대 소설'이라고 해. 이 4대 소설에는 나관중의 《삼국지연의》, 시내암의 《수호지》, 오승은의 《서유기》, 조설근의 《홍루몽》 등 명나라와 청나라 때 쓰인 네 작품이 꼽혀. 간혹 명나라 말 소소생이란 작가가 썼다는 소설 《금병매》가 《홍루몽》 대신 꼽히기도 해. 《삼국지연의》를 비롯한 4개 소설은 작품이 쓰인 명나라, 청나라 시기뿐 아니라 오늘날까지도 사람들에게 널리 읽히지. 또한 드라마, 영화, 게임의 단골 소재로 쓰이며 많은 사랑을 받는단다. 이들 작품이 어떤 내용인지 이 용선생과 함께 살짝 들여다볼까?

난세의 영웅호걸들이 다 모인 《삼국지연의》

《삼국지연의》, 간단히 줄여 《삼국지》라고 하는 이 소설은 우리나라에서도 매우 유명한 작품이야. 《삼국지》는 원나라 말 작가 나관중이 쓴 소설로, 후한 말부터 삼국 시대를 거쳐 진나라가 중국을 통일할 때까지 활약한 영웅들의 이야기를 다루었지.

《삼국지연의》에서 '연의'는 '옛날에 있었던 일에 이야기를 보태 재밌게 설명한 책'이란 뜻이야. 나관중은 진나라 학자 진수가 쓴 역사서 《삼국지》 외에 삼국 시대와 관련된 여러 자료를 분석해 작품을 썼지. 나관중은 한나라 황실의 후예로 알려진 '유비'란 인물이 세운 촉나라를 진정한 한나라의 계승자라고 생각했어. 그래서 나관중의 《삼국

↑ 《삼국지연의》의 한 장면 유비, 관우, 장비, 삼 형제가 적장을 사로잡은 모습을 그린 삽화야.

▲ 《서유기》의 한 장면을 묘사한 처마 그림 손오공, 삼장 법사, 저팔계, 사오정이 천축국을 향해 길을 가고 있어.

지》는 촉나라의 영웅인 유비, 관우, 장비가 주인공이란다. 하지만 결국 이들이 세운 촉나라는 역사의 흐름대로 위나라에 멸망당했고, 위나라를 계승한 진나라가 최후의 승자가 되어 중국을 통일하게 돼.

손오공의 모험 이야기 《서유기》

《서유기》란 이름은 몰라도 삼장 법사, 손오공, 저팔계, 사오정이란 이름은 다들 한 번씩 들어 봤을 거야. 《서유기》는 명나라의 작가 오승은이 지은 소설로, 당나라 때 이름 높은 스님이었던 현장 스님(삼장 법사)이 불법을 공부하러 인도로 떠난 일을 다룬 《대당서역기》를 바탕으로 재밌는 모험 이야기를 곁들인 작품이란다.

소설은 삼장 법사가 불경을 얻으러 부처님이 계신 천축국으로 떠나며 시작해. 하지만 천축국으로 가는 길에는 삼장 법사를 노리는 요괴가 가득하지. 삼장 법사는 옥황상제가 다스리는 천상에서 말썽을 피우고 벌을 받던 원숭이 손오공, 천상에서 지상으로 쫓겨난 돼지 요괴 저팔계, 강에 사는 요괴 사오정을 제자로 삼아 모험을 계속해. 결국 삼장 법사는 81가지에 이르는 고난을 이겨 내고 불경을 얻어 돌아온단다.

무협 소설의 원조 《수호전》

《수호전》은 시내암이란 작가가 원나라 말에서 명나라 초 즈음에 쓴 소설이야. 송나라 시기 산둥 지역의 '양산박'이란 곳에서 활약한 108명에 달하는 호걸들의 활약을 다뤘지. 《수호전》은 실제 역사서인 《대송선화유사》에 기록된 북송 말기에 일어난 반란과 송나라 때 전해지던 도둑 설화를 엮은 소설이야. 훗날 1500년대 무렵에는 몇 개의 에피소드가 추가된 《충의수호전》이란 이름으로 다시 출판됐단다.

송강, 노지심, 무송, 임충 등 《수호전》에 등장하는 108명의 호걸들은 학자, 농민, 상인, 도둑, 도박꾼 등 출신이 가지각색이야. 이들은 어지러운 세상에서 약자를 돕고 의로운 일에 앞장서다 그만 억울한 누명을 쓰고 양산박까지 흘러들어 왔지. 이들은 황제로부터 죄를 사면 받고 나라를 지키는 군사로 일하며 이민족을 물리치고 도적 떼를 진압하는 등 뛰어난 공을 세우지만, 안타깝게도 탐관오리의 음모와 다툼으로 슬픈 운명을 맞이하게 돼.

  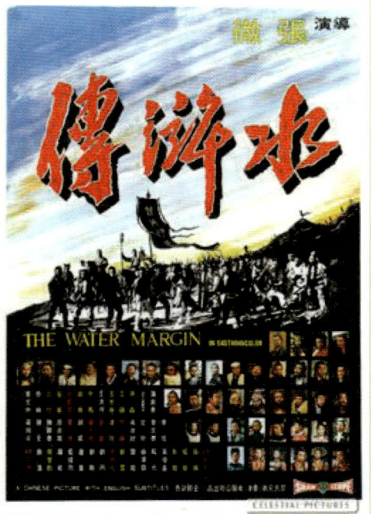

↑ 중국에서 여러 번 드라마로 각색된 《수호전》

◀ 중국에서 제작한 홍루몽 기념우표

청나라 베스트셀러《홍루몽》

《홍루몽》은 1700년대 중반 즈설근이란 사람이 쓴 장편 소설이야. 원래 80회 남짓 되는 분량이었는데, 나중에 고악이라는 사람이 40회를 보태어 120회 분량이 되었어. 소설 속 등장인물만 500명에 달하는 방대한 소설이지.

《홍루몽》은 당대 최고 귀족 집안에서 태어난 주인공 가보옥과 그의 사촌 누이인 임대옥, 설보차 사이어 피어난 애틋한 사랑과 슬픈 이별을 다룬 소설이야. 한편으론 가보옥의 누나가 황제의 애첩이 되면서 집안의 위세가 절정에 달했다가, 집안사람들의 방탕과 사치로 가문이 서서히 기울어가는 모습도 등장하지.

《홍루몽》은 100여 차례나 책으로 출판되고 숱한 후속편이 나왔을 뿐만 아니라, 청나라 말에《홍루몽》을 연구하는 학문까지 생길 정도로 청나라 사람들의 사랑을 듬뿍 받았지. 1960년대 문화대혁명으로 상당수의 중국 전통문화가 파괴당했지만《홍루몽》은 그 혼란 가운데에서도 살아남아 오늘날까지도 큰 사랑을 받는단다.

한눈에 보는 세계사-한국사 연표

세계사

1543년	코페르니쿠스, 지동설 주장
1545년	포토시 은광이 발견됨
1568년	네덜란드 독립 전쟁 시작
1571년	에스파냐, 레판토 해전에서 승리
1588년	칼레 해전에서 에스파냐 무적함대가 패배함
1592~1598년	임진왜란
1602년	네덜란드 동인도 회사 성립
1603년	에도 막부 성립
1607년	제임스타운이 건설됨
1615년	오사카 전투로 도요토미 가문 멸망
1616년	누르하치, 후금(청) 건국
1618년	30년 전쟁 시작
1620년	메이플라워호 도착, 플리머스 건설
1623년	암본 사건
1635년	프랑스, 30년 전쟁에 참전
1639년	에도 막부, 쇄국 정책 실시
1643년	프랑스, 루이 14세 즉위
1644년	이자성 북경 함락, 명나라 멸망
1648년	30년 전쟁 종료(베스트팔렌 조약) / 네덜란드 독립
1649년	영국, 찰스 1세 처형
1651년	올리버 크롬웰, 항해법 선포
1660년	영국 왕립 학회 설립
1673년	청나라에서 한족의 반란이 일어남(삼번의 난)
1683년	제2차 빈 포위
1683년	청나라, 타이완 점령
1687년	뉴턴, 《프린키피아》 출간
1688년	영국에서 명예혁명 발생
1689년	네르친스크 조약 체결
1699년	오스트리아, 오스만 제국과의 전쟁에서 승리(카를로비츠 조약)
1701년	에스파냐 왕위 계승 전쟁 시작
1703년	상트페테르부르크 건설
1713년	에스파냐 왕위 계승 전쟁 종료(위트레흐트 조약)
1733년	북아메리카에 영국 13개 식민지가 모두 자리 잡음
1740년	오스트리아 왕위 계승 전쟁 시작
1751년	프랑스에서 《백과전서》 1권이 출간됨
1756년	7년 전쟁 발발
1757년	영국, 플라시 전투에서 승리
1773년	보스턴 차 사건
1773년	푸가초프의 난
1774년	제1차 대륙 회의 개최
1795년	오스트리아, 프로이센, 러시아가 폴란드를 분할함
1796년	백련교도의 반란

갈릴레이의 망원경

프랜시스 드레이크

루이 14세

자금성

표트르 1세

한국사

1543년	백운동 서원(소수 서원) 건립
1545년	을사사화
1555년	왜구가 전라남도 강진, 진도 일대로 침입해 약탈(을묘왜변)
1592년~1598년	임진왜란
1598년	이순신이 노량 해협에서 승리

이순신 장군 동상

1623년	인조반정
1636년	병자호란
1637년	인조가 삼전도에서 청나라에 항복
1654년	조선이 청나라를 도와 러시아를 물리침(나선 정벌)
1659년	1차 예송 논쟁
1674년	2차 예송 논쟁
1678년	상평통보 전국적 사용

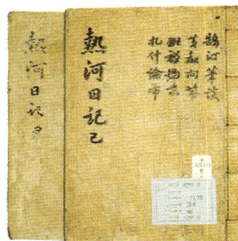
《열하일기》

1696년	안용복이 독도에서 일본인을 쫓아냄
1708년	대동법 전국적으로 시행
1712년	청나라와 조선의 국경을 확정하는 백두산정계비를 세움
1725년	탕평책 실시
1750년	균역법 실시
1760년	청계천 준천 공사
1776년	규장각 설치
1778년	박제가, 《북학의》 집필
1780년	박지원, 《열하일기》 집필
1786년	서학 금지
1791년	금난전권을 철폐
1793년	장용영 설치
1796년	수원 화성 완공

수원 화성 화서문

찾아보기

ㄱ
갈릴레오 갈릴레이 199, 217~221, 229
강희제 399~404, 406, 408, 411, 416~418
건륭제 407~411, 413, 417, 419~423
경극 413
경험주의 226, 228
계몽사상(계몽주의) 199, 234, 239, 243~244, 254, 284~286, 306
고증학 414~415
고쿄 330
고트프리트 빌헬름 라이프니츠 248, 250~253
과학 혁명 231, 233, 414
광저우 377, 411, 419, 420~421
교토 325, 330, 334, 351~353
국사조칙 275
국학 364~365
권리장전 130~131
권리청원 121

ㄴ
나가사키 324, 334, 342, 344~345
난학 347, 363~366
네르친스크 조약 301, 402~403, 412, 416, 429
노예 무역 12~13, 60~66, 114, 319
누르하치 386~389
니콜라우스 코페르니쿠스 199,

211~214, 216, 218, 220

ㄷ
대륙 회의 146, 186
대북방 전쟁 303, 320
대서양 삼각 무역 62~63, 170, 238, 319
데지마 324, 344, 347
도미니코회 417~418
도쿄 325~331, 370
도쿠가와 요시무네 359
도쿠가와 이에미쓰 335
도쿠가와 이에야스 326, 332
동인도 회사 13, 34~35, 38~39, 41~44, 47~50, 52~54, 59, 71, 102, 111, 123, 184~185, 237, 274~275
드니 디드로 199, 236, 254

ㄹ
라싸 379
레오폴트 1세 268, 273
루이 14세 80, 103~107, 110~113, 115~116, 119, 123, 138~139, 165, 232, 271, 283, 319
류큐 324, 341, 344, 362, 373
르네 데카르트 222~224, 227, 252
리슐리외 추기경 105~106, 142~143

ㅁ
마르그레테 1세 102

마리아 테레지아 286, 288~293, 320
만주족 384, 387~389, 393~396, 398~399, 410, 422~423
메이플라워호 161~163
명예혁명 128, 132
모스크바 263, 265, 302, 304
몽테스키외 243

ㅂ
바뤼흐 스피노자 224, 252
바이에른 269, 288
《백과전서》 236, 254
버지니아주 156, 160, 173
번정 개혁 324~325, 361~363, 366
베르사유 궁전 80, 103, 110, 115, 138~140, 291, 293
베를린 260, 277, 281, 284, 286, 290
베스트팔렌 평화 조약 80, 96~97, 100~101, 107, 318
보스턴 147, 166, 172, 181, 183~186
보스턴 차 사건 147, 185~186
보야르 295, 297, 300
보헤미아 81, 90~92, 219, 260, 268~269, 282, 287, 318
볼테르 199, 234~236, 306, 417
북아일랜드 200, 207
브란덴부르크 91, 260,

277~282, 286
브뤼셀 18~19, 81

ㅅ
《사고전서》 409~410, 415
사략선 21, 23, 70~71
사쓰마 324, 342, 344, 361~362
사회 계약론 241, 242
산킨코타이 335~338, 349, 351, 358
산해관 376, 391~393, 400
삼번의 난 376, 400~403
30년 전쟁 80~81, 88~92, 94~96, 99~100, 102, 105, 119, 219~220, 268~269, 272, 278, 287, 318
상트페테르부르크 261, 264, 303~304
선대제 29~31
쇄국 정책 341, 365
쇤부른 궁전 140, 292~293
슐레지엔 260, 286~288, 320~321
시베리아 263, 265~266, 301~302, 314~316, 412
식민지 의회 168~169, 181
신사 계층 394~395, 398, 402
신성 동맹 전쟁 319
신성 로마 제국 89~91, 98~99, 268, 273, 282, 288, 318
쓰시마 324, 342~344

ㅇ
아르군강 403

아이작 뉴턴 126~127, 198, 203, 213, 216, 228~231, 235, 248~253
아일랜드 26, 125, 129~130, 162, 164, 207
암스테르담 13, 15, 35, 43
애덤 스미스 198, 237~239
애팔래치아산맥 55, 174~175, 179~180
양렴은 406
에도 막부 324~325, 332, 335, 341~343, 345~346, 356~357, 366, 373
에스파냐 왕위 계승 전쟁 59, 113~114, 271, 273, 275, 318, 319~320
엘리자베스 1세 20~23, 47, 58, 118~119, 160
여진 384~387
영국 왕립 학회 127, 198, 231~232, 253
예수회 344, 414~418
예카테리나 2세 305~309
오사카 325, 338, 348, 351~353, 359~360
오삼계 376, 391~393, 400~401
오스트리아 왕위 계승 전쟁 276, 318, 320~321
헤이하치로의 난 359~360
오타와 149
오하이오강 174~175, 179
올리버 크롬웰 123~125, 240
옹정제 404~407, 409
요하네스 케플러 199, 213~218, 225

웨일스 200, 206~207
위그노 104, 106, 115, 143, 164~165
위트레흐트 조약 114
윌리엄 셰익스피어 74~77
융커 278~279, 283
이로쿼이 연맹 146, 176~177, 195
입헌 군주제 131~133, 235

ㅈ
자금성 394, 399, 410
자카르타 13, 43
장 자크 루소 242
절대 왕정 107, 111, 123
제임스 1세 47, 80, 119, 156, 160, 162~163
제임스타운 147, 155~156, 158~159, 161
젠타 전투 270
조닌 350~351, 353~356, 358, 370~373
조슈 325, 361~363
조지 1세 81, 132~133
조카마치 350~351
존 로크 198, 241~242
주비우지 405
주식회사 33~34, 38, 154~155
준가르 403
중상주의 31, 50, 105, 111, 115, 237, 273, 275

ㅊ
찰스 1세 59, 119~125, 127, 240
찰스 2세 124~127, 164

청고도 75, 123~124, 127, 147, 160~161, 163~164, 167~168
청나라 301, 365, 376~377, 390~403, 405~417, 419~424, 428~429, 431~432, 435
7년 전쟁 53, 146~147, 174, 177~180, 289~291, 293, 305, 318, 321, 419

ㅋ
카를 6세 273~275, 286
카를로비츠 조약 270~271
카리브해 12, 21, 60, 64, 70~73, 114, 171~172, 319
케임브리지 198, 203, 225, 229, 248~249
콜베르 111~112, 232

ㅌ
타이완 377, 402, 411
태자길건법 399
토머스 홉스 198, 239~242
티베트 378~380, 382~383, 408, 410
티코 브라헤 213~217, 225

ㅍ
파리 80, 83~84, 103, 106, 112, 142, 199, 223, 234, 303, 347
팔기 제도 387, 389
페르디난트 2세 91~92
폰티악 전쟁 180
폴란드 분할 307, 318, 321
표트르 1세 296~305, 314

표트르 3세 290~291, 305~306, 309
푸가초프 261, 309
프라하 81, 90, 92, 199
프랜시스 드레이크 21~23
프랜시스 베이컨 224~227
프로이센 174, 244, 260~261, 277, 278, 281~291, 295~297, 305, 307~308, 320~321
프롱드의 난 106~107
프리드리히 2세 283, 284~286, 288, 290~291, 307
프리드리히 빌헬름 1세 278, 282~283, 285
프톨레마이오스 210, 212
플리머스 147, 162~164

ㅎ
한족 389, 391, 393~398, 400, 405, 407, 422~423
합리주의 224, 226, 228, 252
합스부르크 가문 90~92, 94, 98~100, 260, 268~270, 272~273, 282, 318, 320
항해법 50, 123, 170~171
허드슨만 12, 57~59
홍타이지 388~390

참고문헌

국내 도서

2022 개정 교육과정에 따른 중학교, 고등학교 사회교과군 교과서.
21세기연구회 저/전경아 역, 《지도로 보는 세계민족의 역사》, 이다미디어, 2012.
E.H. 곰브리치 저/백승길, 이종숭 역, 《서양미술사》, 2012.
R.K. 나라얀 편저/김석희 역, 《라마야나》, 아시아, 2012.
R.K. 나라얀 편저/김석희 역, 《마하바라타》, 아시아, 2014.
가와카쓰 요시오 저/임대희 역, 《중국의 역사》, 혜안, 2004.
강선주 등저, 《마주보는 세계사 교실》, 1~8권, 웅진주니어, 2011.
강희숙, 공수진, 박미선, 이동규, 정기문 저, 《세계사 뛰어넘기 1》, 열다, 2012.
강창훈, 남종국, 윤은주, 이옥순, 이은정, 최재인 저, 《세계사 뛰어넘기 2》, 열다, 2012.
거지엔슝 편/정근희 외역, 《천추흥망》1~8권, 따뜻한손, 2010.
고려대 중국학연구소 저, 《중국지리의 즐거움》, 차이나하우스, 2012.
고처, 캔디스&월튼, 린다 저/황보영조 역, 《세계사 특강》, 삼천리, 2010.
교육공동체 나다 저, 《피터 히스토리아》1~2권, 북인더갭, 2011.
권동희 저, 《지리이야기》, 한울, 2005.
금현진 등저, 《용선생의 시끌벅적 한국사》1~10권, 사회평론, 2016.
기노 쓰라유키 외 편/구정호 역, 《고킨와카슈(상/하)》, 소명출판, 2010.
기노 쓰라유키 외 편/최충희 역, 《고금와카집》, 지만지, 2011.
기쿠치 요시오 저/이경덕 역, 《결코 사라지지 않는 로마, 신성 로마 제국》, 다른세상, 2010.
김경묵 저, 《이야기 러시아사》, 청아, 2012.
김기협 저, 《냉전 이후》, 서해문집, 2016.
김대륜, 김윤태, 안효상, 이은정, 최재인 글, 《세계사 뛰어넘기 3》, 열다, 2013.
김대호 저, 《장건, 실크로드를 개척하다》, 아카넷주니어, 2012.
김덕진 저, 《세상을 바꾼 기후》, 다른, 2013.
김명호 저, 《중국인 이야기 1~5권》, 한길사, 2016.
김상훈 저, 《통세계사 1, 2》, 다산에듀, 2015.
김성환 저, 《교실 밖 세계사여행》, 사계절, 2010.
김수행 저, 《세계대공황》, 돌베개, 2011.
김영한, 임지현 편저, 《서양의 지적 운동》, 1-2권, 지식산업사, 1994/1998.
김영호 저, 《세계사 연표사전》, 문예마당, 2012.
김원중 저, 《대항해 시대의 마지막 승자는 누구인가?》, 민음인, 2011.
김종현 저, 《영국 산업혁명의 재조명》, 서울대학교출판문화원, 2013.
김진섭 편, 《한 권으로 읽는 인도사》, 지경사, 2007.
김진호 저, 《근대 유럽의 역사: 종교개혁부터 신자유주의까지》, 한양대학교출판부, 2016.
김창성 저, 《세계사 산책》, 솔, 2003
김태권 저, 《르네상스 미술이야기》, 한겨레출판, 2012.

김현수 저, 《이야기 영국사》, 청아출판사, 2006.
김형진 저, 《이야기 인도사》, 청아출판사, 2013.
김호동 역, 《마르코 폴로의 동방견문록》, 사계절, 2005.
김호동 저, 《아틀라스 중앙유라시아사》, 사계절, 2016.
김호동 저, 《황하에서 천산까지》, 사계절, 2011.
남경태 저, 《종횡무진 동양사》, 그린비, 2013.
남경태 저, 《종횡무진 서양사(상/하)》, 그린비, 2013.
남문희 저, 《전쟁의 역사 1, 2, 3》, 휴머니스트, 2011.
남종국 저, 《지중해 교역은 유럽을 어떻게 바꾸었을까?》, 민음인, 2011.
노명식 저, 《프랑스 혁명에서 파리 코뮌까지 1789~1871》, 책과함께, 2011.
누노메 조후 등저/임대희 역, 《중국의 역사: 수당오대》, 혜안, 2001.
닐 포크너 저/이윤정 역, 《좌파 세계사》, 엑스오북스, 2016.
데라다 다카노부 저/서인범, 송정수 공역, 《중국의 역사: 대명제국》, 혜안, 2006.
데이비드 O. 모건 저/권용철 역, 《몽골족의 역사》, 모노그래프, 2012.
데이비드 아불라피아 저/이순호 역, 《위대한 바다: 지중해 2만년의 문명사》, 책과함께, 2013.
데이비드 프리스틀랜드 저, 이유영 역, 《왜 상인이 지배하는가》, 원더박스, 2016.
도널드 쿼터트 저/이은정 역, 《오스만 제국사》, 사계절, 2008.
두보, 이백 등저/최병국 편, 《두보와 이백 시선》, 한솜미디어, 2015.
라시드 앗 딘 저/김호동 역, 《부족지: 몽골 제국이 남긴 최초의 세계사》, 사계절, 2002,
라시드 앗 딘 저/김호동 역, 《칭기스칸기》, 사계절, 2003.
라시드 앗 딘 저/김호동 역, 《칸의 후예들》, 사계절, 2005.
라이프사이언스 저, 노경아 역, 《지도로 읽는다 세계5대 종교 역사도감》, 이다미디어, 2016.
라인하르트 쉬메켈 저/한국 게르만어 학회 역, 《인도유럽인, 세상을 바꾼 쿠르간 유목민》, 푸른역사 2013.
러셀 쇼토 저, 허형은 역, 《세상에서 가장 자유로운 도시, 암스테르담》, 책세상, 2016.
러셀 프리드먼 저/강미경 역, 《1차 세계대전: 모든 전쟁을 끝내기 위한 전쟁》, 두레아이들, 2013.
로버트 M. 카멕 편저/강정원 역, 《메소아메리카의 유산》, 그린비, 2014.
로버트 템플 저/과학세대 역, 《그림으로 보는 중국의 과학과 문명》, 까치, 2009.
로스 킹 저/신영화 역, 《미켈란젤로와 교황의 천장》, 다다북스, 2007.
로스 킹 저/이희재 역, 《브루넬레스키의 돔》, 세미콜론, 2007.
로저 크롤리 저/이순호 역, 《바다의 제국들》, 책과함께, 2010.
루츠 판다이크 저/안인희 역, 《처음 읽는 아프리카의 역사》, 웅진씽크빅, 2014.
류시화, 《백만 광년의 고독 속에서 한 줄의 시를 읽다》, 연금술사, 2014.

르네 그루세 저/김호동, 유원수, 정재훈 공역, 《유라시아 유목제국사》, 사계절, 1998.
르몽드 디폴로마티크 기획/권지현 등 역, 《르몽드 세계사 1, 2, 3》, 휴머니스트 2008/2010/2013.
리처드 번스타인 저/정동현 역 《뉴욕타임스 기자의 대당서역기》, 꿈꾸는돌, 2003.
린 화이트 주니어 저/강일휴 역, 《중세의 기술과 사회변화: 등자와 쟁기가 바꾼 유럽 역사》, 지식의 풍경, 2005.
마르크 블로크 저/한정숙 역, 《봉건사회 1, 2》, 한길사, 1986.
마리우스 B. 잰슨 저/김우영 등역, 《현대일본을 찾아서》, 이산, 2010.
마이클 우드 저/김승욱 역, 《인도 이야기》, 웅진지식하우스, 2009.
마이클 파이 저/김지선 역, 《북유럽세계사 1, 2》, 소와당, 2016.
마크 마조워 저/이순호 역, 《발칸의 역사》, 을유문화사, 2014.
마틴 버넬 저/오흥식 역, 《블랙 아테나 1》, 소나무, 2006.
마틴 자크 저/안세민 역, 《중국이 세계를 지배하면》, 부키, 2010.
마틴 키친 편저/유정희 역, 《사진과 그림으로 보는 케임브리지 독일사》, 시공아크로총서, 2001.
매리 하이듀즈 저/박장식, 김동역 역, 《동남아의 역사와 문화》, 솔과학, 2012.
모방푸 저, 전경아 역, 《지도로 읽는다! 중국도감》, 이다미디어, 2016.
문수인 저, 《아세안 영웅들 - 우리가 몰랐던 세계사 속 작은 거인》, 매일경제신문사, 2015.
문용식 저, 《인도의 사상과 문화》, 도서출판 여래, 2007.
미르치아 엘리아데 저/이용주 등 역, 《세계종교사상사 1, 2, 3》, 이학사, 2005.
미셸 파루티 저/ 권은미 역, 《모차르트: 신의 사랑을 받은 악동》, 시공디스커버리총서 011, 시공사, 1999.
미야자키 마사카쓰 저/노은주 역, 《지도로 보는 세계사》, 이다미디어, 2005.
미야자키 이치사다 저, 조병한 역, 《중국통사》, 서커스, 2016.
미조구치 유조 저/정태섭, 김용천 역, 《중국의 공과 사》, 신서원, 2006.
박금표 저, 《인도사 108장면》, 민족사, 2007.
박노자 저, 《거꾸로 보는 고대사》, 한겨레, 2010.
박노자 저, 《러시아는 우리에게 무엇인가》, 신인문사, 2011.
박래식 저, 《이야기 독일사》, 청아출판사, 2006.
박노자 저, 《러시아 혁명사 강의》, 나무연필, 2017.
박수철 저, 《오다 도요토미 정권의 사사지배와 천황》, 서울대학교출판문화원, 2012.
박용진 저, 《중세 유럽은 암흑시대였는가?》, 민음인, 2011.
박윤덕 등저, 《서양사강좌》, 아카넷, 2016.
박종현 저, 《희랍사상의 이해》, 종로서적, 1990.
박지향 저, 《클래식영국사》, 김영사, 2012.
박찬영, 엄정훈 등저, 《세계지리를 보다 1, 2, 3》, 리베르스쿨, 2012.
박한제, 김형종, 김병준, 이근명, 이준갑 공저, 《아틀라스 중국사》, 사계절, 2015.
배병우 등저, 《신들의 정원, 앙코르와트》, 글씨미디어, 2004.
배영수 편, 《서양사 강의》, 한울아카데미, 2000.
배재호 저, 《세계의 석굴》, 사회평론, 2015.
버나드 루이스 편/김호동 역, 《이슬람 1400년》, 까치, 2001.

베른트 슈퇴버 저/최승완 역, 《냉전이란 무엇인가》, 역사비평사, 2008.
베번 알렉산더 저/김형배 역, 《위대한 장군들은 어떻게 승리하였는가》, 홍익출판사, 2000.
벤자민 킨, 키스 헤인즈 공저/김원중, 이성훈 공역, 《라틴아메리카의 역사 상/하》, 그린비, 2014.
볼프람 폰 에센바흐 저/허창운 역, 《파르치팔》, 한길사, 2009.
브라이언 타이어니, 시드니 페인터 공저/이연규 역, 《서양 중세사》, 집문당, 2012.
브라이언 페이건 저/이희준 역 《세계 선사 문화의 이해》, 사회평론아카데미, 2015.
브라이언 페이건 저/최파일 역, 《인류의 대항해》, 미지북스, 2012.
브라이언 페이건, 크리스토퍼 스카레 등저/이청규 역, 《고대 문명의 이해》, 사회평론아카데미, 2015.
비토리오 주디치 저/남경태 역, 《20세기 세계 역사》, 사계절, 2005.
사마천 저/김원중 역 《사기 본기》, 민음사, 2015.
사마천 저/김원중 역 《사기 서》, 민음사, 2015.
사마천 저/김원중 역 《사기 세가》, 민음사, 2015.
사마천 저/김원중 역 《사기 열전 1, 2》, 민음사, 2015
사와다 아사오 저/김숙경 역, 《흉노: 지금은 사라진 고대 유목국가 이야기》, 아이필드, 2007.
새뮤얼 노아 크레이머 저/박성식 역, 《역사는 수메르에서 시작되었다》, 가람기획, 2000.
새뮤얼 헌팅턴 저/강문구, 이재영 역, 《제3의 물결: 20세기 후반의 민주화》, 인간사랑, 2011.
서영교 저, 《고대 동아시아 세계대전》, 글항아리, 2015.
서울대학교 독일학연구소 저, 《독일이야기 1, 2》, 거름, 2003.
서진영 저, 《21세기 중국정치》, 폴리테이아, 2008.
서희석, 호세 안토니오 팔마 공저, 《유럽의 첫 번째 태양, 스페인》, 을유문화사, 2015.
설혜심 저, 《소비의 역사 : 지금껏 아무도 주목하지 않은 '소비하는 인간'의 역사》, 휴머니스트, 2017.
송영배 저, 《동서 철학의 교섭과 동서양 사유 방식의 차이》, 논형, 2004.
수잔 와이즈 바우어 저/꼬마이솔 역, 《교양 있는 우리 아이를 위한 세계역사이야기》, 1-5권, 꼬마이솔, 2005.
스테파니아 스타푸티, 페데리카 코마폴리 등저/박혜원 역, 《고대 문명의 역사와 보물: 그리스/로마/아스텍/이슬람/이집트/인도/켈트/크메르/페르시아》, 생각의나무, 2008.
시바료타로 저/양억관 역, 《항우와 유방 1, 2, 3》, 달궁, 2003.
시오노 나나미 저/김석희 역, 《로마 멸망 이후의 지중해 세계(상/하)》, 한길사, 2009.
시오노 나나미 저/김석희 역, 《로마인 이야기》, 1~15권, 한길사, 2007.
신성곤, 윤혜영 저, 《한국인을 위한 중국사》, 서해문집, 2013
신승하 저, 《중국사(상/하)》, 미라엔, 2005.
신준형 저, 《뒤러와 미켈란젤로》, 사회평론, 2013.
아사다 미노루 저/이하준 역, 《동인도회사》, 피피에, 2004.
아사오 나오히로 편저/이계황, 서각수, 연민수, 임성모 역, 《새로 쓴 일본사》, 창비, 2013.
아서 코트렐 저/까치 편집부역, 《그림으로 보는 세계신화사전》, 까치, 1997.

아일린 파워 저/이종인 역, 《중세의 사람들》, 즐거운상상, 2010.
안 베르텔로트 저/체계병 역, 《아서왕》, 시공사, 2003.
안병철 저, 《이스라엘 역사》, 기븐소식, 2012.
안효상 저, 《미국은 어떻게 만들어졌을까》, 민음인, 2013.
알렉산드라 미네르비 저/조행복 역, 《사진으로 읽는 세계사 2: 나치즘》, 플래닛, 2008.
알렉산드라 미지엘린스카 외 저, 《MAPS 색칠하고 그리며 지구촌 여행하기》, 그린북, 2017.
알렉산드라 미지엘린스카 외 저, 이지원 역, 《MAPS》, 그린북, 2017.
앙투안 갈랑/임호경 역, 《천일야화 1~6》, 열린책들, 2010.
애덤 하트 데이비스 편/윤은주, 정범진, 최재인 역, 《히스토리》, 북하우스, 2009.
양은영 저, 《빅히스토리: 제국은 어떻게 나타나고 사라지는가?》, 와이스쿨 2015.
양정무 저, 《난생 처음 한번 공부하는 미술 이야기 1~4》, 사회평론, 2016.
양정무 저, 《상인과 미술》, 사회평론, 2011.
에드워드 기번 저/윤수인, 김희용 공역, 《로마제국 쇠망사 1~6》, 민음사, 2008.
에르빈 파노프스키 저/김율 역, 《고딕건축과 스콜라철학》, 한길사, 2015.
에릭 홉스봄 저/김동택 역, 《제국의 시대》, 한길사, 1998.
에릭 홉스봄 저/정도역, 차명수 공역, 《혁명의 시대》, 한길사, 1998.
에릭 홉스봄 저/정도영 역, 《자본의 시대》, 한길사, 1998.
에이브러험 애쉬 저/김하은, 신상돈 역, 《처음 읽는 러시아 역사》, 아이비북스, 2013.
엔리케 두셀 저/박병규 역, 《1492년, 타자의 은폐》, 그린비, 2011.
역사미스터리클럽 저, 안혜은 역, 《한눈에 꿰뚫는 세계사 명장면》, 이다미디어, 2017.
오토 단 저/오인석 역, 《독일 국민과 민족주의의 역사》, 한울아카데미, 1996.
윌리엄 로 저, 기세찬 역, 《하버드 중국사 청 : 중국 최후의 제국》, 너머북스, 2014.
웨난 저/이익희 역, 《마왕퇴의 귀부인 1, 2》, 일빛, 2005.
유라쿠 천황 외 저/고용환, 강용자 역, 《만엽집》, 지만지, 2009.
유세희 편, 《현대중국정치론》, 박영사, 2009.
유용태, 박진우, 박태균 공저, 《함께 읽는 동아시아 근현대사 1, 2》, 창비, 2011.
유인선 등저, 《사료로 보는 아시아사》, 종이비행기, 2014.
이강무 저, 《청소년을 위한 세계사. 서양편》, 두리미디어, 2009.
이경덕 저, 《함께 사는 세상을 보여주는 일본 신화》, 현문미디어, 2005.
이기영 저, 《고대에서 봉건사회로의 이행》, 사회평론, 2017.
이노우에 고이치 저/이경덕 역, 《살아남은 로마, 비잔틴 제국》, 다른세상, 2010.
이명현 저, 《빅히스토리: 세상은 어떻게 시작되었을까?》, 와이스쿨, 2013.
이병욱 저, 《한권으로 만나는 인도》, 너울북, 2013.
이영림, 주경철, 최갑수 공저, 《근대 유럽의 형성: 16~18세기》, 까치글방, 2011.
이영목 등저, 《검은, 그러나 어둡지 않은 아프리카》, 사회평론, 2014.

이옥순 등저, 《세계사 교과서 바로잡기》, 삼인, 2011.
이익선 저, 《만화 로마사 1, 2》, 알프레드, 2017.
이희수 저, 《이슬람의 모든 것》, 주니어김영사, 2009.
일본사학회 저, 《아틀라스 일본사》, 사계절, 2011.
임태승 저, 《중국 서예의 역사》, 미술문화, 2006.
임승희 저, 《유럽의 절대 군주는 어떻게 살았을까?》, 민음인, 2011.
임한순, 최윤영, 김길웅 공역, 《에다. 북유럽신화》, 서울대학교출판문화원, 2015.
임홍배, 송태수, 장병기 등저, 《독일 통일 20년》, 서울대학교출판문화원, 2011.
자닉 뒤랑 저/조성애 역, 《중세미술》, 생각의 나무, 2004.
장문석 저, 《근대정신은 어떻게 탄생했을까?》, 민음인, 2011.
장 콩비 저/노성기 외 역, 《세계교회사여행: 고대·중세 편》, 가톨릭출판사, 2013.
장진퀘이 저/남은숙 역, 《흉노제국 이야기》, 아이필드, 2010.
장 카르팡티에, 프랑수아 르브룅 편저/강민정, 나선희 공역, 《지중해의 역사》, 한길사, 2009.
재레드 다이어몬드 저/김진준 역, 《총, 균, 쇠》, 문학사상, 2013.
전국역사교사모임 저, 《살아있는 세계사 교과서 1, 2》, 휴머니스트, 2013.
전국역사교사모임 저, 《처음 읽는 미국사》, 휴머니스트, 2013.
전국역사교사모임 저, 《처음 읽는 인도사》, 휴머니스트, 2013.
전국역사교사모임 저, 《처음 읽는 일본사》, 휴머니스트, 2013.
전국역사교사모임 저, 《처음 읽는 중국사》, 휴머니스트, 2013.
전국역사교사모임 저, 《처음 읽는 터키사》, 휴머니스트, 2013.
전국지리교사모임 저, 《지리쌤과 함께하는 80일간의 세계여행 : 아시아·유럽 편》, 폭스코너, 2017.
전종한 등저, 《세계지리: 경계에서 권역을 보다》, 사회평론아카데미, 2017.
정기문 저, 《그리스도교의 탄생: 역사학의 눈으로 본 원시 그리스도교의 역사》, 길, 2016.
정기문 저, 《역사보다 재미있는 것은 없다》, 신서원, 2004.
정수일 편저, 《해상 실크로드 사전》, 창비, 2014.
정재서 저, 《이야기 동양신화 중국편》, 김영사, 2010.
정재훈 저, 《돌궐 유목제국사 552~745》, 사계절, 2016.
제니퍼 올드스톤무어 저/이연승 역, 《처음 만나는 도쿄》, SBI, 2009.
제임스 포사이스 저/정재겸 역, 《시베리아 원주민의 역사》, 솔, 2009
조관희, 《중국사 강의》, 궁리, 2011.
조길태 저, 《인도사》, 민음사, 2012.
조르주 루 저/김유기 역, 《메소포타미아의 역사 1, 2》, 한국문화사, 2013.
조성권 저, 《마약의 역사》, 인간사랑, 2012.
조성일 저, 《미국학교에서 가르치는 미국역사》, 소이연, 2014.
조셉 린치 저/심창섭 등역, 《중세교회사》, 솔로몬, 2005.
조셉 폰타나 저/김원중 역, 《거울에 비친 유럽》, 새물결, 2005.
조지무쇼 저, 안정미 역, 《지도로 읽는다 한눈에 꿰뚫는 전쟁사도감》, 이다미디어, 2017.
조지 바이런 저, 윤명옥 역, 《바이런 시선》, 지만지, 2015.
조지프 니덤 저/김주식 역, 《조지프 니덤의 동양항해선박사》, 문현,

2016.
조지형 등저, 《지구화 시대의 새로운 세계사》, 혜안, 2008.
조지형 저, 《빅히스토리: 세계는 어떻게 연결되었을까?》, 와이스쿨, 2013.
조흥국 등저, 《제3세계의 역사와 문화》, 한국방송통신대학교출판부, 2012.
존 루이스 개디스 저/박건영 역, 《새로 쓰는 냉전의 역사》, 사회평론, 2003.
존 리더 저/남경태 역, 《아프리카 대륙의 일대기》, 휴머니스트, 2013.
존 맥닐, 윌리엄 맥닐 공저/유철희, 김우역 역 《휴먼 웹. 세계화의 세계사》, 이산, 2010.
존 줄리어스 노리치 편/남경태 역, 《위대한 도시70》, 위즈덤하우스 2010.
존 후퍼 저, 노시내 역, 《이탈리아 사람들이라서 : 지나치게 매력적이고 엄청나게 혼란스러운》, 마티, 2017.
주경철 저, 《대항해시대: 해상 팽창과 근대 세계의 형성》, 서울대학교출판부, 2008.
주경철 저, 《히스토리아》, 산처럼, 2012.
주디스 코핀, 로버트 스테이시 등저/박상익 역, 《새로운 서양 문명의 역사. 상》, 소나무, 2014.
주디스 코핀, 로버트 스테이시 등저/손세호 역, 《새로운 서양 문명의 역사. 하》, 소나무, 2014.
중앙일보 중국연구소 외, 《공자는 귀신을 말하지 않았다》, 중앙북스, 2010.
지리교육연구회 지평 저, 《지리 교사들, 남미와 만나다》, 푸른길, 2011.
지오프리 파커 편/김성환 역, 《아틀라스 세계사》, 사계절, 2009.
찰스 다윈 저, 장순근 역, 《찰스 다윈의 비글호 항해기》, 리젬, 2013.
찰스 스콰이어 저/나영균, 전수용 공역, 《켈트 신화와 전설》, 황소자리, 2009.
최병욱 저, 《동남아시아사 –민족주의 시대》, 산인, 2016.
최병욱 저, 《동남아시아사 –전통시대》, 산인, 2015.
최재호 등저, 《한국이 보이는 세계사》, 창비, 2011.
최충희 등역, 《하쿠닌잇슈의 작품세계》, 제이언씨, 2011.
카렌 암스트롱 저/장병옥 역, 《이슬람》, 을유문화사, 2012.
콘수엘로 바렐라, 로베르토 마자라 등저/신윤경 역, 《크리스토퍼 콜럼버스》, 21세기북스, 2010.
콘스탄스 브리텐 부셔 저/강일휴 역, 《중세 프랑스의 귀족과 기사도》, 신서원, 2005.
크리스 브래지어 저/추선영 역, 《세계사, 누구를 위한 기록인가?》, 이후, 2007.
클린 존스 저/방문숙, 이호영 공역, 《사진과 그림으로 보는 케임브리지 프랑스사》, 시공아크로총서, 2001.
타밈 안사리 저/류한월 역, 《이슬람의 눈으로 본 세계사》, 뿌리와이파리, 2011.
타키투스 저/천병희 역, 《게르마니아》, 숲, 2012.
토마스 말로리 저/이현주 역, 《아서왕의 죽음 1, 2》, 나남, 2009.
파멜라 카일 크로슬리 저/강선주 역, 《글로벌 히스토리란 무엇인가》, 휴머니스트, 2010.
패트리샤 버클리 에브리 저 /이동진, 윤미경 공역, 《사진과 그림으로 보는 케임브리지 중국사》, 시공아크르총서 2010.
퍼트리샤 리프 애너월트 저/한국복식학회 역, 《세계 복식 문화사》, 예담, 2009.
페리클레스, 뤼시아스, 이소크라테스, 데모스테네스 저/김헌, 장시은, 김기흔 옮, 《그리스의 위대한 연설》, 민음사, 2012.
페르낭 브로델 저/강주헌 역, 《지중해의 기억》, 한길사, 2012.
페르낭 브로델 저/김홍식 역, 《물질문명과 자본주의 읽기》, 갈라파고스, 2014.
페르디난트 자이프트 저/차용구 역, 《중세의 빛과 그림자》, 까치글방, 2002.
폴 콜리어 등저/강민수 역, 《제2차 세계대전》, 플래닛미디어 2008.
프레드 차라 저/강경이 역, 《향신료의 지구사》, 휴머니스트, 2014.
플라노 드 카르피니, 윌리엄 루부룩 등저/김호동 역, 《몽골 제국 기행: 마르코 폴로의 선구자들》, 까치, 2015.
피터 심킨스 등저/강민수 역, 《제1차 세계대전》, 플래닛 미디어 2008.
피터 안드레아스 저/정태영 역, 《밀수꾼의 나라 미국》, 글항아리, 2013.
피터 흡커크 저/정영목 역, 《그레이트 게임: 중앙아시아를 둘러싼 숨겨진 전쟁》, 사계절, 2014.
필립 M.H. 벨 저/황의방 역, 《12전환점으로 읽는 제2차 세계대전》, 까치, 2012.
하네다 마사시 저/이수열, 구지영 역, 《동인도회사와 아시아의 바다》, 선인, 2012.
하름 더 블레이 저/유나영 역, 《왜 지금 지리학인가》 사회평론, 2015.
하야미 이타루 저/양승영 역, 《진화 고생물학》, 서울대학교출판문화원, 2012.
하우마즈 데쓰오 저/김성동 역, 《대영제국은 인도를 어떻게 통치하였는가》, 심산, 2004.
하인리히 뵐플린 저/안인희 역, 《르네상스의 미술》, 휴머니스트, 2002.
하타케야마 소 저, 김경원 역, 《대논쟁! 철학배틀》, 다산초당, 2017.
한국교부학연구회 저, 《교부학 인명·지명 용례집》, 분도출판사, 2008.
한종수 저, 굽시니스트 그림, 《2차 대전의 마이너리그》, 길찾기, 2015.
해양문화연구원 편집위원회 저, 《해양문화 02. 바다와 제국》, 해양문화, 2015.
허청웨이 편/남광철 등역, 《중국을 말한다》 1~9권, 신원문화사, 2008.
헤수스 알바레스 고메스 저/강운자 편역, 《수도생활: 역사 II》, 성바오로, 2002.
호르스트 푸어만 저/안인희 역, 《중세로의 초대》, 이다고, 2005.
홍익희 저, 《세 종교 이야기》, 행성B잎새, 2014.
황대현 저, 《서양 기독교 세계는 왜 분열되었을까?》, 민음인, 2011.
황패강 저, 《일본신화의 연구》, 지식산업사, 1996.
후지이 조지 등저/박진한, 이계황. 박수철 공역, 《쇼군 천황 국민》, 서해문집, 2012.

외국 도서

クリステル・ヨルゲンセン 等著/竹内喜, 德永優子 譯, 《戰鬪技術の歷史 3: 近世編》, 創元社, 2012.
サイモン・アングリム 等著/天野淑子 譯, 《戰鬪技術の歷史 1: 古代編》, 創元社, 2011.
じェフリー・リ・ガン, 《ウィジュアル版〈決戰〉の世界史》, 原書房,

2008.
ブライアン・レイヴァリ,《航海の歴史》,創元社, 2015.
マーティン・J・ドアティ,《図説 中世ヨーロッパ 武器・防具・戦術百科》,原書房, 2013.
マシュー・ベネット 等著/野下祥子 譯,《戰鬪技術の歷史 2: 中世編》,創元社, 2014.
リュシアン・ルスロ 等著/辻元よしふみ, 辻元玲子 譯,《華麗なるナポレオン軍の軍服》,マール社, 2014.
ロバート・B・ブルース 等著/野下祥子 譯,《戰鬪技術の歷史 4: ナポレオンの時代編》,創元社, 2013.
菊地陽太,《知識ゼロからの世界史入門 1部 近現代史》,幻冬舎, 2010.
気賀澤保規,《絢爛たる世界帝国 隋唐時代》,講談社, 2005.
金七紀男,《図説 ブラジルの-歴史》,河出書房新社, 2014.
木下康彦, 木村靖二, 吉田寅 編,《詳説世界史研究 改訂版》,山川出版社, 2013.
山内昌之,《世界の歴史 20 : 近代イスラームの挑戦》,中央公論社, 1996.
山川ビジュアル版日本史図録編集委員会,《山川 ビジュアル版日本史図録》,山川出版社, 2014.
西ヶ谷恭弘 監修,《衣食住になる日本人の歴史 1》,あすなろ書房, 2005.
西ヶ谷恭弘 監修,《衣食住になる日本人の歴史 2》,あすなろ書房, 2007.
小池徹朗 편,《新・歴史群像シリーズ 15: 大清帝國》,学習研究社, 2008.
水野大樹,《図解 古代兵器》,新紀元社, 2012.
神野正史,《世界史劇場イスラーム三国志》,ベレ出版, 2014.
神野正史,《世界史劇場イスラーム世界の起源》,ベレ出版, 2013.
五十嵐武士, 福井憲彦,《世界の歴史 21: アメリカとフランスの革命》,中央公論社, 1998.
宇山卓栄,《世界一おもしろい 世界史の授業》,KADOKAWA, 2014.
伊藤賀一,《世界一おもしろい 日本史の授業》,中経出版, 2012.
日下部公昭 等編,《山川 詳説世界史図録》,山川出版社, 2014.
井野瀬久美恵,《興亡の世界史 16: 大英帝国という経験》,講談社, 2007.
佐藤信 等編,《詳説日本史研究 改訂版》,山川出版社, 2013.
池上良太,《図解 装飾品》,新紀元社, 2012.
後藤武士,《読むだけですっきりわかる世界史 近代編》,玉島社, 2011.
後藤武士,《読むだけですっきりわかる現代編》,玉島社, 2013.
後河大貴 外,《戦国海賊伝》,笠倉出版社, 2015.
Acquaro, Enrico:《The Phoenicians: History and Treasures of An Ancient Civilization》, White Star, 2010.
Albert, Mechthild:《Das französische Mittelalter》, Klett, 2005.
Bagley, Robert:《Ancient Sichuan: Treasures from a Lost Civilization》, Princeton University Press, 2001.
Beck, B. Roger&Black, Linda:《World History: Patterns of Interaction》, Holt McDougal, 2010.
Beck, Rainer(hrsg.):《Das Mittelalter》, C.H.Beck, 1997.
Bernlochner, Ludwig(hrsg.):《Geschichten und Geschehen》, Bd. 1-6. Klett, 2004.
Bonavia, Judy:《The Silk Road》, Odyssey, 2008.
Borst, Otto:《Alltagsleben im Mittelalter》, Insel, 1983.
Bosl, Karl:《Bayerische Geschichte》, Ludwig, 1990.

Brown, Peter:《Die Entstehung des christlichen Europa》, C.H.Beck, 1999.
Bumke, Joachim:《Höfische Kultur》, Bd. 1-2. Dtv, 1986.
Celli, Nicoletta:《Ancient Thailand: History and Treasures of An Ancient Civilization》, White Star, 2010.
Cornell, Jim&Tim:《Atlas of the Roman World》, Checkmark Books, 1982.
Davidson, James West&Stoff, Michael B.:《America: History of Our Nation》, Pearson Prentice Hall, 2006.
de Vries, Jan:《Die Geistige Welt der Germanen》, WBG, 1964.
Dinzelbach, P. (hrsg.):《Sachwörterbuch der Mediävistik》, Kröner, 1992.
Dominici, David:《The Maya: History and Treasures of An Ancient Civilization》, VMB Publishers, 2010.
Duby, Georges:《The Chivalrous Society》, translated by Cynthia Postan, University of California Press, 1980.
Eco, Umberto:《Kunst und Schönheit im Mittelalter》, Dtv, 2000.
Ellis, G. Elisabeth&Esler, Anthony:《World History Survey》, Prentice Hall, 2007.
Fromm, Hermann:《Basiswissen Schule: Geschichte》, Duden, 2011.
Funcken, Liliane&Fred:《Rüstungen und Kriegsgerät im Mittelalter》, Mosaik 1979.
Gibbon, Eduard:《Die Germanen im Römischen Weltreich,》, Phaidon, 2002.
Goody, Jack:《The development of the family and marriage in Europe》, Cambridge University Press, 1988.
Grant, Michael:《Ancient History Atlas》, Macmillan, 1972.
Großbongardt, Anette&Klußmann, Uwe,《Spiegel Geschichte 5/2013: Der Erste Weltkrieg》, Spiegel, 2013.
Heiber, Beatrice(hrsg.):《Erlebte Antike》, Dtv 1996.
Hinckeldey, Ch.(hrsg.):《Justiz in alter Zeit》, Mittelalterliches Kriminalmuseum, 1989
Holt McDougal:《World History》, Holt McDougal, 2010.
Horst, Fuhrmann:《Überall ist Mittelalter》, C.H.Beck, 2003.
Horst, Uwe(hrsg.):《Lernbuch Geschichte: Mittelalter》, Klett, 2010.
Huschenbett, Dietrich&Margetts, John(hrsg.):《Reisen und Welterfahrung in der deutschen Literatur des Mittelalters》, Würzburger Beiträge zur deutschen Philologie. Bd. VII, Königshausen&Neumann, 1991.
Karpeil, Frank&Krull, Kathleen:《My World History》, Pearson Education, 2012.
Kircher, Bertram(hrsg.):《König Aruts und die Tafelrunde》, Albatros, 2007.
Klußmann, Uwe&Mohr, Joachim:《Spiegel Geschichte 5/2014: Die Weimarer Republik》, Spiegel 2014.
Klußmann, Uwe:《Spiegel Geschichte 6/2016: Russland》, Spiegel 2016.

Kölzer, Theo&Schieffer, Rudolf(hrsg.): 《Von der Spätantike zum frühen Mittelalter: Kontinuitäten und Brüche, Konzeptionen und Befunde》, Jan Thorbecke, 2009.
Langosch, Karl: 《Profile des lateinischen Mittelalters》, WBG, 1965.
Lesky, Albin: 《Vom Eros der Hellenen》, Vandenhoeck&Ruprecht, 1976.
Levi, Peter: 《Atlas of the Greek World》, Checkmark Books, 1983.
Märtle, Claudia: 《Die 101 wichtigsten Fragen: Mittelalter》 C.H.Beck, 2013.
McGraw-Hill Education: 《World History Journey Across Time》, McGraw-Hill Education, 2006.
Mohr, Joachim&Pieper, Dietmar: 《Spiegel Geschichte 6/2010: Die Wikinger》, Spiegel, 2010.
Murphey, Rhoads: 《Ottoman warfare, 1500-1700》, Rutgers University Press, 2001
Orsini, Carolina: 《The Incas: History and Treasures of An Ancient Civilization》, White Star, 2010.
Pieper, Dietmar&Mohr, Joachim: 《Spiegel Geschichte 3/2013: Das deutsche Kaiserreich》, Spiegel 2013
Pieper, Dietmar&Saltzwedel, Johannes: 《Spiegel Geschichte 4/2011: Der Dreißigjährige Krieg》, Spiegel 2011.
Pieper, Dietmar&Saltzwedel, Johannes: 《Spiegel Geschichte 6/2012: Karl der Große》, Spiegel 2012.
Pötzl, Nobert F.&Traub, Rainer: 《Spiegel Geschichte 1/2013: Das Britische Empire》, Spiegel, 2013.
Pötzl, Nobert F.&Saltzwedel: 《Spiegel Geschichte 4/2012: Die Päpste》, Spiegel, 2012.
Prentice Hall: 《History of Our World》, Pearson/Prentice Hall, 2006.
Rizza, Alfredo: 《The Assyrians and the Babylonians: History and Treasures of An Ancient Civilization》White Star, 2007.
Rösener, Werner: 《Die Bauern in der europäischen Geschichte》, C.H.Beck, 1993.
Schmidt-Wiegand: 《Deutsche Rechtsregeln und Rechtssprichwörter》, C.H.Beck, 2002.
Seibt, Ferdinand: 《Die Begründung Europas》, Fischer, 2004.
Seibt, Ferdinand: 《Glanz und Elend des Mittelalters》, Siedler, 1992.
Simek, Rudolf: 《Erde und Kosmos im Mittelalter》, Bechtermünz 2000.
Speivogel, J. Jackson: 《Glecoe World History》, McGraw-Hill Education, 2004.
Talbert, Richard: 《Atlas of Classical History》, Routledge, 2002.
Tarling, Nicholas(ed.): 《The Cambridge of History of Southeast Asia》, Vol. 1-4. Cambridge University Press 1999.
Todd, Malcolm: 《Die Germanen》Theiss, 2003.
van Royen, René&van der Vegt, Sunnyva: 《Asterix – Die ganze Wahrheit》, übersetzt von Gudrun Penndorf, C.H.Beck, 2004.
Wehli, Max: 《Geschichte der deutschen Literatur im Mittelalter》, Reclam, 1997.
Zimmermann, Martin: 《Allgemeine Bildung: Große Persönlichkeiten》, Arena, 2004.

논문

기민석, 〈고대 '의회'와 셈어 mlk〉, 《구약논단》 17, 한국구약학회, 2005, 140-160쪽.
김병준, 〈진한제국의 이민족 지배: 부도위 및 속국도위에 대한 재검토〉, 역사학보 제217집, 2013, 107-153쪽.
김인화, 〈아케메네스조 다리우스 1세의 왕권 이념 형성과 그 표상에 대한 분석〉, 서양고대사연구 38, 2014, 37-72쪽
남종국, 〈12~3세기 이자 대부를 둘러싼 논쟁: 자본주의의 서곡인가?〉, 서양사연구 제52집, 2015, 5-38쪽.
박병규, 〈스페인어권 카리브 해의 인종 혼종성과 인종민 주주의〉, 이베로아메리카 제8권, 제1호. 63-114쪽.
박병규, 〈카리브 해 지역의 문화담론과 문화모델에 관한 연구〉, 스페인 어문학 제42호, 2007, 261-278쪽.
박수철, 〈직전정권의 '무가신격화'와 천황〉, 역사교육 제121집, 2012. 221-252쪽.
손태창, 〈신 아시리아 제국 후기에 있어 대 바빌로니아 정책과 그 문제점: 기원전 745-627〉, 서양고대사연구 38, 2014, 7-35
우석균, 《《포폴 부》와 옥수수〉, 이베로아메리카연구 제8권, 1997, 65-89쪽.
유성환, 〈아마르나 시대 예술에 투영된 시간관〉, 인문과학논총, 제73권 4호, 2016, 403-472쪽.
유성환, 〈외국인에 대한 이집트인 들의 두 시선: 고왕국 시대에서 신왕국 시대까지 창작된 이집트 문학작품 속의 외국과 외국인에 대한 묘사를 중심으로〉, 서양고대사연구 제34집, 2013, 33-77쪽.
윤은주, 〈18세기 초 프랑스의 재정위기와 로 체제〉, 프랑스사연구 제16호, 2007, 5-41쪽.
이근명 〈왕안석 신법의 시행과 더간관〉, 중앙사론 제40집, 2014, 75-103쪽
이삼현 〈하무라비 法典 小考〉,《법학논총》 2, 국민대학교 법학연구소, 1990, 5-49쪽.
이은정 〈'다종교, 다민족, 다문화'적인 오스만제국의 통치 전략〉, 역사학보 제217집, 2013, 155-184쪽.
이은정. 〈오스만제국 근대 개혁기 군주의 역할: 셀림3세에서 압둴하미드 2세에 이르기까지〉, 역사학보 제 208집, 2010, 103-133쪽.
이종근, 〈고대 메소포타미아의 수메르 우르-남무 법의 도덕성에 관한 연구〉, 《법학연구》 32, 한국법학회, 2008, 1-21쪽.
이종근, 〈메소포타미아 법사상 연구: 받는 소(Goring Ox)를 중심으로〉, 《신학저평》 16, 안양대학교 신학연구소, 2003, 297-314쪽.
이종근, 〈생명 존중을 위한 메소포타미아 법들이 정의: 우르 남무와 리피트이쉬타르 법들을 중심으로〉, 《구약논단》 15, 한국구약학회, 2003, 261-297쪽.
이종득, 〈멕시코-테노츠티틀란의 성장 과정과 한계: 삼각동맹〉, 라틴아메리카연구 제23권, 3호. 111-160쪽.
이지은, 〈"인도 센서스"와 식민 지식의 구축: 19세기 긴도 사호와

정립되지 않은 카스트〉, 역사문화연구 제59집, 2016, 165-196쪽.
정기문, 〈로마 제국 초기 디아스포라 유대인의 팽창원인〉, 전북사학 제48호, 2016, 279-302쪽.
정기문, 〈음식 문화를 통해서 본 세계사〉, 역사교육 제138집, 2016, 225-250쪽.
정재훈, 〈북아시아 유목 군주권의 이념적 기초: 건국 신화의 계통적 분석을 중심으로〉, 동양사학연구 제122집, 2013, 87-133쪽.
정재훈, 〈북아시아 유목민족의 이동과 정착〉, 동양사학연구 제103집, 2008, 87-116쪽.
정혜주, 〈태초에 빛이 있었다: 마야의 천지 창조 신화〉, 이베로아메리카 제7권 2호, 2005, 31-62쪽.
조주연, 〈미학과 역사가 미술사를 만났을 때〉, 《미학》 52, 한국미학회, 2007. 373-425쪽.
최재인, 〈미국 역사교육의 쟁점과 전망: 아프리카계 미국인 역사교육을 중심으로〉, 역사비평 제110호, 2015, 232-257쪽.

인터넷 사이트

네이버 지식백과: terms.naver.com
미국 자율학습 사이트: www.khanacademy.org
미국 필라델피아 독립기념관 역사교육 사이트: www.ushistory.org
영국 브리태니커 백과사전: www.britannica.com
영국 대영도서관 아시아, 아프리카 연구 사이트: britishlibrary.typepad.co.uk/asian-and-african
영국 BBC방송 청소년 역사교육 사이트: www.bbc.co.ukschools/primaryhistory
독일 브록하우스 백과사전: www.brockhaus.de
독일 WDR방송 청소년 지식교양 사이트: www.planet-wissen.de
독일 역사박물관 www.dhm.de
독일 청소년 역사교육 사이트: www.kinderzeitmschine.de
독일 연방기록원 www.bundesarchiv.de
위키피디아: www.wikipedia.org

사진 제공

수록된 사진 중 일부는 노력에도 불구하고 저작권자를 확인하지 못하고 출간하였습니다. 확인되는 대로 최선을 다해 협의하겠습니다. 퍼블릭 도메인은 따로 표기하지 않았습니다.

표지
엘리자베스 1세 초상화 After Levina Teerlinc

1교시
암스테르담 전경 에이치디시그니처
샤토 프롱트낙 M karzarj
허드슨만 회사의 문장 Qyd
노예 제도를 반대하는 캠페인 게티이미지코리아
암스테르담 Shutterstock
영국 동인도 회사 문장 TRAJAN 117
자카르타의 네덜란드 총독부 Gupt24
가축을 키우는 초원 Shutterstock
도로 위의 운하 Dysturb.Net from Rotterdam, Netherlands
로테르담 항구 Shutterstock
물을 빼내는 풍차 Yannick HEINRICH (ArcturusM51)
로테르담 큐브하우스 Shutterstock
원예 산업 강국 네덜란드 Shutterstock
네덜란드에서 개량된 주황색 당근 Collegestudent33
벨기에의 수도 브뤼셀 Shutterstock
벨기에의 대표 항구 안트베르펜 Shutterstock
브뤼셀의 상징 오줌싸개 동상 Myrabella
스머프 Yoonseok Cha
프랄린 초콜릿 Shutterstock
와플의 고향 벨기에 Shutterstock
룩셈부르크 전경 Shutterstock
유럽 투자 은행 Palauenc05
아돌프 다리 Bjalek Michal
프랜시스 드레이크 Shutterstock
복원된 황금사슴호 Shutterstock
프랑스 북부 해안에서 바라본 영국 Rolf Süssbrich
폭풍우 치는 아일랜드의 모허 절벽 에이치디시그니처
화승총병 에이치디시그니처
세관 검사 모습 연합뉴스
영국의 모직 코트 Shutterstock
건설 중인 유럽 식민지의 모습 게티이미지코리아
오늘날의 암스테르담 증권 거래소 게티이미지코리아
영국 동인도 회사 동전 Hermann Junghans
영국은행 Shutterstock
네덜란드 동인도 회사의 깃발 McKarri
자카르타의 전경 Shutterstock
암본섬 807th Medical Command from Salt Lake City (Fort Douglas), UT, USA
콜카타 Shutterstock
면직물을 짜고 있는 인도 사람들 에이치디시그니처
캘리코로 만든 옷 Hugo Maertens, Bruges
퐁디셰리 Karthik Easvur
세인트로렌스강 Joël Truchon
퀘벡 Shutterstock
북극허에서 얼음을 깨며 나아가는 쇄빙선 Wofratz
왕립 아프리카 회사의 문장 https://pennsylvaniahistory.wordpress.com/tag/royal-african-company
사탕수수 농장에서 일하는 노예 Shutterstock
영국 노예 무역선의 단면도 Shutterstock
카리브해 마르티니크섬의 사탕수수 농장 게티이미지코리아
쿠바의 노예 감시탑 Shutterstock
해적기 Shutterstock
영화 〈캐리비안의 해적〉의 전투 장면 에이치디시그니처
포트로열 게티이미지코리아
〈캐리비안의 해적 4〉의 에드워드 티치 Album
글로브 극장 Shutterstock
글로브 극장 내부 Maschinenjunge
코델리아와 리어왕 Folger Shakespeare Library DC
영화포 〈로미오와 줄리엣〉 에이치디시그니처
영화포 〈베니스의 상인〉 이미지코리아

2교시
파리 근처에 위치한 베르사유 궁전 게티이미지코리아
스웨덴 국왕 구스타프 2세 Rama
브뤼셀 시청사 Ben2
프라하 성 비타 대성당 Oliver Beckstein
루브르 박물관 Benh LIEU SONG
파리 전경 게티이미지코리아
기차역을 개조해 만든 오르세 미술관 ktanaka
조르주 퐁피두 센터 Shutterstock
파리 패션 위크 Simon Ackerman
루이뷔통 미술관 에이치디시그니처
향수를 만드는 조향사 Agefotostock
휴양 도시 니스의 해변 Shutterstock
마르세유 / 몽생미셸 Shutterstock
몽블랑 산자락에서 스키를 즐기는 사람들 Shutterstock
영화의 도시 칸 게티이미지코리아

생테밀리옹의 와인 숙성 창고 Dennis Jarvis from Halifax, Canada
보르도 와인 Alex Brown
와인 생산지 생테밀리옹 Chensiyuan
프랑스 음식점 Shutterstock
코코뱅 Shutterstock
트뤼프 Shutterstock
푸아그라 Shutterstock
에스카르고 Shutterstock
바게트 Shutterstock
프라하성 투척 사건 The Bridgeman Art Library
프라하의 전경 Shutterstock
오스나브뤼크 시청 MrsMyer
베스트팔렌 평화 조약 문서 게티이미지코리아
슈체친 Shutterstock
알자스 지방 포도밭과 와인 Shutterstock / Véronique PAGNIER
마르그레테 1세 Topfoto
베르사유 궁전 전경 ToucanWings
루이 14세 동상 Shutterstock
루이 14세의 침실 Jean-Marie Hullot
프롱드의 난을 진압하는 루이 14세 Daniel Villafruela.
루이 14세 시기의 프랑스 금화 cgb
캐나다의 프랑스 식민지 마을 Dlanglois
웨스트민스터궁 Shutterstock
에든버러 Shutterstock
토론 중인 의원들 연합뉴스
세인트 자일스 대성당 Shutterstock
올리버 크롬웰 Shutterstock
아일랜드 주민을 학살하는 영국군 게티이미지코리아
영국 왕립 학회 Kaihsu Tai
토리당과 휘그당 에이치디시그니처
의회에서 연설하는 영국의 테리사 메이 총리 연합뉴스
왕실 소성당 Shutterstock
거울의 방 Myrabella
궁전 Shutterstock
아폴론 분수 Shutterstock
오스트리아 쇤부른궁의 정원 Shutterstock
베르사유 궁전 정원 Shutterstock
베르사유 궁전에 조각된 포도나무의 신 디오니소스상 Shutterstock
운하 Shutterstock
운하에 배를 띄우서 놀고 있는 귀족들 게티이미지코리아
다르타냥과 삼총사 동상 Agefotostock
영화 〈삼총사〉(1993) 포스터 Walt Disney Pictures
우리나라 뮤지컬 〈삼총사〉 연합뉴스

3교시

보스턴 전경 Shutterstock
뉴욕 Shutterstock
이로쿼이 연맹의 원주민들 에이치디시그니처
메이플라워호 Shutterstock

제임스타운 David from Washington, DC
퀘벡에서 열리는 누벨 프랑스 축제 에이치디시그니처
캐나다 제1의 도시 토론토 Shutterstock
오대호의 나이아가라 폭포 Shutterstock
캐나다 근위병 교대식 Yann Fauché & Alma Mulalic
캐나다 최대 항구 도시 밴쿠버 Shutterstock
밴쿠버의 차이나타운 Xicotencatl
매니토바주 위니펙의 리틀 이탈리아 에이치디시그니처
토론토의 코리아타운 게티이미지코리아
밴프 국립 공원 Shutterstock
오로라 Shutterstock
비버와 곰이 새겨진 캐나다 동전 Wikipedia
밴쿠버 휘슬러의 스키장 Shutterstock
캐나다 아이스하키 국가 대표팀 s.yume
얼어붙은 호수 위에서 아이스하키를 즐기는 사람들 Shutterstock
단풍나무 수액을 채취하는 모습 Shutterstock
전통 간식 메이플 테피 Shutterstock
퀘벡의 전통 음식 토르티에 Shutterstock
캐나다의 5달러 지폐 에이치디시그니처
1670년대 버지니아주의 담배 농장 에이치디시그니처
존 스미스 Ken Lund from Reno, Nevada, USA
플리머스의 바위와 기념 건축물 Robert Linsdell / Shutterstock
칠면조 요리 Shutterstock
버지니아 총독 관저 Sebastian Hirsch
버지니아의 식민지 의회 게티이미지코리아
당밀과 럼 Shutterstock / Ralf Roletschek
윌리엄스버그 식민지 법원 게티이미지코리아 / Bradley Jones
오하이오강 주변의 넓은 평원 Shutterstock
원주민과 모피를 거래하는 유럽 상인 게티이미지코리아
퀘벡 함락 에이치디시그니처
보스턴 항구 Shutterstock
올드 스테이트 하우스 Wikipedia
홍차 Shutterstock
다양한 아메리카 원주민 부족들 에이치디시그니처
부족 회의 모습 The Bridgeman Art Library
다양한 모습의 토템 기둥 Shutterstock
썰매를 타는 이누이트 Ansgar Walk
얼음집 이글루 내부 Agefotostock
왕연어 Coleman Phil, U.S. Fish and Wildlife Service
북서 태평양 연안 하이다 부족의 카누 Susan Hubbard
짚으로 엮어서 만든 추마시 부족의 집 NeoPrometheusX
추마시 부족이 만든 바구니 Howcheng
푸에블로 부족 Einar E. Kvaran aka Carptrash
푸에블로 부족의 공동 주택 Luca Galuzzi (Lucag)
긴 집 Shutterstock
카호키아 상상도와 현재 모습 H. Rowe / Skubasteve834

4교시

영국 케임브리지 대학교 Shutterstock

니콜라우스 코페르니쿠스 Shutterstock
계몽사상가들의 모임 Topfoto
템스강 주변의 국회 의사당과 브 벤 Shutterstock
가발을 쓴 영국 판사 Seanjacksontc
세계 금융의 중심 시티 오브 런던 Shutterstock
런던 지하철과 2층 버스 Wise Traveller / Tom Page, UK
버킹엄궁 Shutterstock
근위병 교대식 Shutterstock
옥스퍼드 대학 Shutterstock
케임브리지 대학 Shutterstock
영국 박물관 Shutterstock
로제타석 게티이미지코리아
웨스트엔드 극장가의 뮤지컬 전용 극장 MrsEllacott
뮤지컬 〈캣츠〉의 한 장면 Effie
웨스트엔드 극장가의 티켓 박스 에이치디시그너쳐
스코틀랜드의 수도 에든버러 Shutterstock
에든버러성 Shutterstock
에든버러 거리 공연 예술가 Festival Fringe Society
에든버러의 세인트 자일스 대성당 Shutterstock
킬트를 입고 백파이프를 부는 스코틀랜드인 Postdlf
웨일스의 중심지 카디프 Postdf from w
웨일스의 교통 표지판 Shutterstock
카디프성 Shutterstock
홍차와 스콘 Shutterstock
스코틀랜드의 해기스 Shutterstock
라간강 하구에 위치한 벨파스트 Shutterstock
벨파스트의 피스라인 Shutterstock
피시앤칩스 Shutterstock
로스트 비프 Shutterstock
웨일스의 카울 Shutterstock
《박물지》 Bjoertvedt
프롬보르크 성당 Shutterstock
티코 브라헤와 요하네스 케플러 Shutterstock
갈릴레이 망원경 게티이미지코리아
피사 대성당의 갈릴레오 램프 JcJan
이탈리아 피렌체의 갈릴레오 갈릴레이 박물관 Museo Galileo
이단 심판을 받는 갈릴레이의 모습 에이치디시그너쳐
갈릴레오 갈릴레이의 《두 우주 체계에 대한 대화》 Museo Galileo - Istituto e Museo di Storia della Scienza
파리 5대학 Connie Ma from Chicago, USA
트리니티 칼리지 Rafa Esteve
시계 Shutterstock
케임브리지 대학 Shutterstock
왕립 학회의 모습 http://wellccmeimages org/
카페 프로코프 LPLT / Wikimedia Commons
애덤 스미스가 공부하고 강의한 글래스고 대학교 Shutterstock
울즈소프 저택 Shutterstock
프리즘을 통해 빛의 스펙트럼을 연구하는 뉴턴 에이치디시그너쳐
트리니티 칼리지의 사과나무 Loodog

하노버의 라이프니츠 하우스 Shutterstock
베네딕트 사보이 David Ertl
뮌헨 독일 박물관 Max-k muc
라이프니츠가 발명한 계산기 Hannes Grobe

5교시

오스트리아 빈 호프부르크 왕궁 토픽이미지스
프로이센의 검은 독수리 문장 David Liuzzo
브란덴부르크 문 Drrcs15
슐레지엔 Shutterstock
빈 쇤부른 궁전 Thomas Wolf, www.foto-tw.de
모스크바 전경 Shutterstock
모스크바 강변에 위치한 크렘린 궁전 Shutterstock
러시아의 세계 최대 천연가스 기업 가스프롬 52655f
예르디타시 미술관 Shutterstock
페트로파블롭스크 요새 Andrew Shiva
네바강이 흐르는 상트페테르부르크 전경 Shutterstock
바이칼호를 지나는 시베리아 횡단 열차 게티이미지코리아
기차 안에서 휴식을 취하는 승객들 에이치디시그너쳐
예카테린부르크 Shutterstock
예카테린부르크의 아시아-유럽 경계탑 Jirka.h23
노보시비르스크의 발레 극장 Shutterstock
시베리아 제1도시 노보시비르스크 Shutterstock
블라디보스토크 Shutterstock
신한촌 기념비 뉴스뱅크
볼쇼이 발레단 프리마 발레리나 Ирина Лепнёва
전통 사우나 바냐 게티이미지코리아
봄맞이 축제 마슬레니차 게티이미지코리아
세르비아의 스렘스키카를로브치 Shutterstock
알프스 젬머링 고개 Shutterstock
이탈리아 트리에스테 Shutterstock
독일 남부의 호엔촐레른성 Shutterstock
독일 브란덴부르크 지방의 농촌 Shutterstock
마이센 도자기 World Imaging
프로이센 공국의 수도였던 칼리닌그라드 Shutterstock
프로이센의 수업 모습 AKG Images
쿠너스도르프 승전 기념 우표 123RF
잘츠부르크 페스티벌 연합뉴스
아르한겔스크 풍경 Shutterstock
보야르 게티이미지코리아
모스크바의 표트르 1세 동상 e_chaya
상트페테르부르크 Shutterstock
상트페테르부르크 건설을 감독하는 표트르 1세 에이치디시그너쳐
예르미타시 미술관 A.Savin
하늘에서 본 겨울의 시베리아 Shutterstock
트로이카 에이치디시그너쳐
바이칼호 Shutterstock
야쿠츠크 탐험대 기지 Shutterstock
오호츠크해 Shutterstock

아무르강 Shutterstock

6교시
도쿄 중심지에 자리 잡은 고쿄 게티이미지코리아
시마바라의 난을 이끈 아마쿠사 시로 STA3816
에도성으로 향하는 통신사 행렬 북앤포토
가고시마 Sanjo
하기성 복원 모형 TT mk2
후지산이 보이는 도쿄 전경 Morio
도쿄 도청사 Shutterstock
세계 금융의 중심 도쿄 증권거래소 에이치디시그니처
산리오 퓨로랜드 Kakidai
헬로키티 매장 Daniel Dobkin
지브리 미술관 Tomi Mäkitalo
유명 장난감 회사 반다이 본사 앞 게티이미지코리아
도쿄 최대 쇼핑 명소 신주쿠 663highland
도쿄의 패션 1번지 하라쿠쿠 Kakidai
고급 상점이 즐비한 긴자 Jordy Meow
도쿄 중심부에 자리한 고쿄 Shutterstock
차기 천황 나루히토 왕세자 부부와 아이코 공주 水資源機構
가쿠슈인 대학교 Nesnad
아베 총리와 오바마 대통령 The White House
에도의 향토 요리였던 스시 Shutterstock
도쿄 장어구이 Shutterstock
히타치 번이 있었던 이바라키현의 모습 Shutterstock
마쓰모토성의 천수각 663highland
미토 번의 번교 Tonatsu
쓰시마섬의 이즈하라 항 Ackeyyama
1500년대 말 일본의 성모상 Giljae Lee
그리스도교도 색출에 쓰인 동판 Wikipedia
에도 시대에 쓰인 화폐들 David Monniaux / Wikipedia
일본 쌀 최대 생산지인 에치고평야 Nihongo1234
쪽 Udo Schröter
교토의 특산품 가게 에이치디시그니처
우키요에를 제작하는 장인 David Monniaux
아사마산 Σ64
혼슈의 관문 간몬 해협의 간몬교 Shutterstock
공연 중인 가부키 배우 Iensonjapan from Osaka, Japan
경기 중인 스모 선수들 Eckhard Pecher / User: Arcimboldo
경기 전 의식을 치르는 선수들 Simon Q
일본 전통 악기 샤미센 Rdsmith4
닌교조루리를 준비하는 연기자들 게티이미지코리아

7교시
광저우의 펄강 전경 게티이미지코리아
산해관 Shutterstock
자금성 태화전 Shutterstock
정성공 Gisling

광저우 Shutterstock
라싸 에이치디시그니처
포탈라궁 Shutterstock
쇼둔제 게티이미지코리아
조캉 사원 Shutterstock
14대 달라이 라마 *christopher*
시짱고원의 태양열 발전 시설 에이치디시그니처
드높은 산 사이를 지나는 기차 Shutterstock
칭짱 철도 기차 내부 에이치디시그니처
기차의 해발 고도를 알려 주는 전광판 Yaohua2000
야크 젖으로 만든 버터 게티이미지코리아
야크 Shutterstock
짠바와 쑤유차 Wikipedia
짠바 반죽을 만드는 모습 에이치디시그니처
전통의상을 입은 티베트 여인 Shutterstock
소금 마을 옌징 에이치디시그니처
탕카를 그리는 모습 Luca Galuzzi (Lucag), edited by Fir0002
헤이룽장성 하이린 시 xue siyang (df45086)
여진을 통일하고 후금을 세운 누르하치 AKG Images
팔기군 복장 《中華文明傳眞》10권, 14p
팔기군 깃발 Sodacan
랴오둥의 군사 요충지 영원성 연합뉴스
삼전도의 굴욕 Kang Byeong Kee
이자성 동상 Sunatnight
자금성 안의 건청문 현판 Wikipedia
자금성과 베이징 Shutterstock
《고금도서집성》 서울대학교규장각한국학연구원
자금성 건청궁에 있는 '정대광명' DF08
아르군강 게티이미지코리아
《강희자전》 Doctoroftcm
유네스코 세계유산인 베이징 이화원 Shutterstock
《사고전서》가 소장된 자금성의 문연각 연합뉴스
러시아의 캬흐타 Аредиј Зарубnat Russian Wikipedia
경극 〈패왕별희〉 Photoshot
고염무 Gisling
서십고교당 Shutterstock
청나라 도자기들 World Imaging, Hallwyl Museum / Jens Mohr
광저우 항의 모습 The Bridgeman Art Library
핑야오 거리 Bairuilong
휘상의 근거지 후이저우 Shutterstock
안후이성 황산 시의 휘상고도 호텔 江上清风1961
〈서유기〉의 한 장면을 묘사한 처마 그림 Wikipedia
중국에서 여러 번 드라마로 각색된《수호전》 Wikipedia
중국에서 제작한 홍루몽 기념우표 연합뉴스

연표
이순신 장군 동상 Shutterstock
수원 화성 화서문 bifyu

퀴즈 정답

1교시

1. ④
2. 칼레
3. ①
4. ③
5. ①
6. ④
7. O, O, X, O

2교시

1. ②
2. ③
3. ③
4. 명예혁명
5. ①
6. ①-ⓒ, ②-㉠, ③-㉣, ④-ⓒ

3교시

1. ③
2. ②
3. 7년
4. ③
5. ①
6. 보스턴 차 사건

4교시

1. O, O, X
2. ④
3. 갈릴레오 갈릴레이
4. ① 데카르트, ② 경험주의
5. ④
6. ①-㉠, ②-㉣, ③-ⓒ, ④-ⓒ

5교시

1. ③
2. ②
3. 표트르 대제(표트르 1세)
4. ③
5. 상트페테르부르크
6. ①

6교시

1. ③
2. 산킨코타이
3. O, X, O
4. ①
5. ③
6. ①-ⓒ, ②-ⓒ, ③-㉠

7교시

1. ㉠ 누르하치, ⓒ 팔기, ⓒ 홍타이지
2. ④
3. ①-ⓒ, ②-ⓒ, ③-㉠
4. O, O, O
5. ②
6. ②

451

일러두기

• 맞춤법과 띄어쓰기는 국립국어원에서 펴낸 《표준국어대사전》을 따랐습니다.
• 역사 용어와 띄어쓰기는 《교과서 편수자료》의 표기 원칙을 따랐습니다.
  단, 학계의 일반적인 표기와 다른 경우 감수자의 자문을 거쳐 학계의 표기를 따랐습니다.
• 중국의 지명은 현재까지 남아 있는 지명은 중국어 발음, 남아 있지 않은 지명은 한자음을 따랐습니다.
• 중국의 인명은 변법자강 운동을 기준으로 그 이전은 한자음, 그 이후는 중국어 발음을 따라하는 것을 원칙으로 했습니다.
• 일본의 지명과 인명은 일본어 발음을 따랐습니다.

• 이 책에 실린 사진은 북앤포토를 통해 저작권자로부터 사용허가를 받았습니다.
• 일부 사진은 wikipedia commons public domain에 게재되어 있습니다.
• 저작권자와 접촉이 되지 않는 등 불가피한 사정으로 사용 허가를 받지 못한 사진에 대해서는
  저작권자의 허락을 구하는 대로 게재 허락을 받고 사용료를 지불하겠습니다.
• 이 책에 실려 있는 지도와 그림의 저작권은 별도의 표기가 없는 한 (주)사회평론에 있습니다.

교양으로 읽는 용선생 세계사 ⑧ 분출하는 유럽, 정점에 선 아시아 — 절대 왕정, 과학 혁명과 계몽주의, 청나라, 에도 막부

전면 개정판 1쇄 발행   2025년 7월 23일

글	이희건, 차윤석, 김선빈, 박병익, 김선혜
그림	이우일, 박기종
지도	김경진
구성	장유영, 정지윤
자문 및 감수	박수철, 윤은주, 이근명, 최재인
교과 과정 감수	박혜정, 한유라, 원지혜
어린이사업본부	이승필
편집	송용운, 김언진, 윤선아
마케팅	윤영채, 정하연, 안은지, 박찬수, 염승연
경영지원	나연희, 주광근, 오민정, 정민희, 김수아, 김승현
디자인	이수경
본문디자인	박효영, 최한나
사진	북앤포토
영상 제작	(주)트립클립
펴낸이	윤철호
펴낸곳	(주)사회평론
전화	02-326-1182
팩스	02-326-1626
주소	03993 서울시 마포구 월드컵북로6길 56 사평빌딩
용선생 클래스	yongclass.com
출판등록	1993년 10월 6일 제 10-876호

ⓒ사회평론, 2017

ISBN 979-11-6273-367-7 73900

• 이 책 내용의 일부나 전부를 다시 사용하려면 저작권자와 사회평론의 동의를 받아야 합니다.
• 잘못 만들어진 책은 구입하신 곳에서 바꾸어 드립니다.

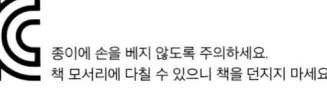

이 책을 만드는 데 강의, 자문, 감수하신 분

강영순(한국외국어대학교 강사)
아세아연합신학대학교 아세아학과를 졸업하고 한국외국어대학교 대학원 아시아학과에서 석사 학위를, 국립 인도네시아대학교에서 박사 학위를 받았습니다. 현재 한국외국어대학교 말레이·인도네시아어통번역 학과에서 강의를 하고 있습니다. 〈인도네시아 환경정치에 대한 연구: 열대림을 중심으로〉, 〈수까르노와 이승만: 제2차 세계 대전 후 건국 지도자 비교〉, 〈인도네시아 서 파푸아 특별자치제에 관한 연구〉 등의 논문을 지었습니다.

김광수(한국외국어대학교 HK교수)
한국외국어대학교를 졸업하고 남아프리카 공화국 노스-웨스트대학교 역사학과에서 석사·박사 학위를 받았습니다. 현재 한국외국어대학교 아프리카연구소 HK교수로 재직 중입니다. 지은 책으로 《스와힐리어 연구》, 《에티오피아 악숨 문명》 등이 있고, 함께 지은 책으로 《7인 7색 아프리카》, 《남아프리카사》 등이 있으며 《현대 아프리카의 이해》를 우리말로 옮겼습니다.

김병준(서울대학교 교수)
서울대학교 동양사학과를 졸업하고 같은 학교 대학원에서 석사·박사 학위를 받았습니다. 현재 서울대학교 역사학부 교수로 재직 중입니다. 《순간과 영원: 중국고대의 미술과 건축》, 《고사변 자서》 등을 우리말로 옮겼고, 《중국고대 지역문화와 군현지배》 등을 지었습니다. 함께 지은 책으로 《사료로 보는 아시아사》, 《역사학의 성과와 역사교육의 방향》, 《동아시아의 문화교류와 소통》 등이 있습니다.

남종국(이화여자대학교 교수)
서울대학교 서양사학과를 졸업하고 같은 학교 대학원에서 석사 학위를, 프랑스 파리1대학에서 박사 학위를 받았습니다. 현재 이화여대 사학과 교수로 재직하고 있습니다. 지은 책으로 《이탈리아 상인의 위대한 도전》, 《지중해 교역은 유럽을 어떻게 바꾸었을까?》, 《세계사 뛰어넘기》 등이 있으며 《프라토의 중세 상인》을 우리말로 옮겼습니다.

박병규(서울대학교 HK교수)
고려대학교 서어서문학과를 졸업하고 멕시코 국립대학(UNAM)에서 문학 박사 학위를 받았습니다. 현재는 서울대 라틴아메리카연구소 HK교수로 재직 중입니다. 《불의 기억》, 《파블로 네루다 자서전 - 사랑하고 노래하고 투쟁하며》, 《1492년, 타자의 은폐》 등을 우리 말로 옮겼습니다.

박상수(고려대학교 교수)
고려대학교 사학과를 졸업하고 같은 학교 대학원에서 석사학위와 박사과정 수료를, 프랑스 국립 사회과학고등연구원에서 박사 학위를 받았습니다. 현재 고려대학교 사학과 교수로 재직하고 있습니다. 지은 책으로 《중국혁명과 비밀결사》 등이 있고, 함께 지은 책으로는 《동아시아, 인식과 역사적 실재: 전시기(戰時期)에 대한 조명》 등이 있습니다. 《중국현대사 - 공산당, 국가, 사회의 격동》을 우리 말로 옮겼습니다.

박수철(서울대학교 교수)
서울대학교 역사교육과를 졸업하고 같은 대학 대학원 동양사학과에서 석사를, 일본 교토대에서 박사 학위를 받았습니다. 현재는 서울대학교 역사학부 교수로 재직 중입니다. 지은 책으로는 《오다·도요토미 정권의 사사지배와 천황》이 있으며, 함께 지은 책으로는 《아틀라스 일본사》, 《사료로 보는 아시아사》, 《일본사의 변혁기를 본다》 등이 있습니다.

성춘택(경희대학교 교수)
서울대학교 고고미술사학과와 대학원에서 고고학을 전공했으며, 워싱턴 대학교 인류학과에서 고고학으로 석사와 박사 학위를 받았습니다. 현재 경희대학교 사학과 교수로 재직 중입니다. 《석기고고학》이란 책을 쓰고, 《고고학》, 《다윈 진화고고학》, 《인류학과 고고학》 등을 우리말로 옮겼습니다.

유성환(서울대학교 강사)
부산대학교 영문학과를 졸업하고 미국 브라운대학교에서 박사 학위를 받았습니다. 현재 서울대 아시아언어문명학부에서 강의를 하고 있습니다. 〈이히, 시스트럼 연주자 - 이히를 통해 본 어린이 신 패턴〉과 〈외국인에 대한 이집트인들의 두 시선〉 등의 논문을 지었습니다.

윤은주(국민대학교 강의 전담 교수)
서울대학교 서양사학과를 졸업하고 프랑스 사회과학고등연구원에서 박사 학위를 받았습니다. 현재 국민대학교 교양대학 강의 전담 교원으로 일하고 있습니다. 《넬슨 만델라 평전》을 우리말로 옮겼으며 《히스토리》의 4~5장과 유럽 국가들의 연표를 우리말로 옮겼습니다.

이근명(한국외국어대학교 교수)
서울대학교 동양사학과를 졸업하고 같은 학교 대학원에서 석사·박사 학위를 받았습니다. 현재 한국외국어대학교 사학과 교수로 재직하고 있습니다. 지은 책으로는 《남송 시대 복건 사회의 변화와 식량 수급》, 《아틀라스 중국사(공저)》, 《동북아 중세의 한족과 북방민족》 등이 있고, 《중국역사》, 《중국의 시험지옥 - 과거》, 《송사 외국전 역주》 등을 우리말로 옮겼습니다.

이은정(서울대학교 강사)
한국외국어대학교 터키어과를 졸업하고 터키 국립 앙카라 대학교 역사학과에서 석사 학위를, 서울대학교 서양사학과에서 박사 학위를 받았습니다. 현재는 서울대학교 등에서 강의를 하고 있습니다. 〈16 - 17세기 오스만 황실 여성의 사회적 위상과 공적 역할 - 오스만 황태후의 역할을 중심으로〉와 〈'다종교·다민족·다문화'적인 오스만 제국의 통치전략〉 등의 논문을 지었습니다.

이지은(한국외국어대학교 전임연구원)
이화여대 사학과를 졸업하고 한국외국어대학교와 인도 델리대학교, 네루대학교에서 석사·박사 학위를 받았습니다. 현재 한국외국어대학교 인도연구소 전임연구원으로 일하고 있습니다. 함께 지은 책으로는 《탈서구중심주의는 가능한가》가 있으며 〈인도 식민지 시기와 국가형성기 하층카스트 엘리트의 저항 담론 형성과 역사인식〉, 〈반서구중심주의에서 원리주의까지〉 등의 논문을 지었습니다.

정기문(군산대학교 교수)
서울대학교 역사교육과를 졸업하고 같은 학교 대학원에서 석사·박사 학위를 받았습니다. 현재 군산대학교 사학과 교수로 재직하고 있습니다. 지은 책으로는 《한국인을 위한 서양사》, 《내 딸을 위한 여성사》, 《역사란 무엇인가》 등이 있고, 《역사, 시민이 묻고 역사가가 답하고 저널리스트가 논하다》, 《고대 로마인의 생각과 힘》, 《지식의 재발견》 등을 우리말로 옮겼습니다.

정재훈(경상대학교 교수)
서울대학교 동양사학과를 졸업하고 같은 학교 대학원에서 석사·박사 학위를 받았습니다. 현재 경상대학교 사학과 교수로 재직 중입니다. 지은 책으로는 《돌궐 유목제국사》, 《위구르 유목 제국사(744~840)》 등이 있고 《유라시아 유목제국사》, 《사료로 보는 아시아사》 등을 우리말로 옮겼습니다.

최재인(서울대학교 강사)
서울대학교 서양사학과를 졸업하고 같은 학교 대학원에서 석사·박사 학위를 받았습니다. 현재 서울대학교 강사로 일하고 있습니다. 함께 지은 책으로 《서양여성들 근대를 달리다》, 《여성의 삶과 문화》, 《다민족 다인종 국가의 역사인식》, 《동서양 역사 속의 다문화적 전개양상》 등이 있고, 《가부장제와 자본주의》, 《유럽의 자본주의》, 《세계사 공부의 기초》 등을 우리말로 옮겼습니다.